Anja Hohrath, Julia Hohrath

Handlungssituationen Wirtschaft

IT-Berufe und IT-Assistenten

5. Auflage

Bestellnummer 20540

■ Bildungsverlag EINS
westermann

service@bv-1.de
www.bildungsverlag1.de

Bildungsverlag EINS GmbH
Ettore-Bugatti-Straße 6-14, 51149 Köln

ISBN 978-3-427-**20540**-1

westermann GRUPPE

Vorwort

Dieses Buch richtet sich an Auszubildende in den IT-Berufen und Assistentenbildungsgängen. Die Handlungssituationen decken alle wesentlichen Unterrichtsinhalte ab, die für diese Berufsgruppen im Unterrichtsfach „Wirtschafts- und Betriebslehre" vorgesehen sind. Eine Zuordnung der einzelnen Handlungssituationen zu den entsprechenden kaufmännisch geprägten Lernfeldern der IT-Berufe des dualen Systems findet sich im Inhaltsverzeichnis.

Durch die Darstellung von Handlungssituationen soll der Bezug des kaufmännischen Fachwissens zu beruflichen Handlungen verdeutlicht werden. Das Fachwissen soll nicht losgelöst vom praktischen Einsatz „gepaukt", sondern praxisnah vermittelt werden. Aktuelle Gesetzesänderungen wurden bis zum 01.01.2017 berücksichtigt. Dabei kann das Buch sowohl als begleitende, unterstützende oder vertiefende Unterrichtshilfe eingesetzt werden.

Um den Schülerinnen und Schülern den Zugang zu den Lerninhalten zu erleichtern, werden die Informationen in einer einfachen und leicht verständlichen Form dargeboten. Wichtig sind neben der Vermittlung der Fachkompetenz auch die Förderung der Methoden- und Sozialkompetenz. Bei der Bearbeitung der Handlungssituationen müssen unterschiedliche Methoden zur Problemlösung angewandt werden. Viele Aufgaben müssen in Partner- oder Gruppenarbeit gelöst werden. Der Präsentation der Arbeitsergebnisse wird eine große Bedeutung zugeschrieben. Durch zahlreiche Vertiefungsaufgaben kann der Lernstoff intensiv geübt werden.

Jedes Kapitel untergliedert sich in vier Bereiche:
1. Information über die wichtigsten Themen, die in dem Kapitel behandelt werden, sowie Hinweise zu möglichen Verknüpfungen mit anderen Unterrichtsfächern oder Themenschwerpunkten. Diese Hinweise erheben keinen Anspruch auf Vollständigkeit, sondern sollen als Anregung dienen, wie das Fach „Wirtschafts- und Betriebslehre" mit anderen Unterrichtsfächern verknüpft werden kann, um den Schülern ein ganzheitliches Lernen zu ermöglichen.
2. Darstellung einer komplexen Handlungssituation. Die Handlungssituation wird in einzelne Situationsbeschreibungen unterteilt. Zu jeder Situationsbeschreibung werden Fragen oder Bearbeitungshinweise gegeben.
3. Im Informationsteil werden alle für die Bearbeitung der Handlungssituation wichtigen Informationen dargestellt.
4. Weitere Aufgaben zur Vertiefung und Anwendung des Gelernten finden Sie im Anschluss an den Informationsteil. Die Aufgaben können sowohl begleitend zur Erarbeitung der Handlungssituationen eingesetzt werden als auch zur Eigenkontrolle oder Vertiefung nach der Bearbeitung der Handlungssituation. Zum schnelleren Auffinden der Aufgaben sind die Seiten grün hinterlegt.

Wir wünschen allen Schülern und Lehrern viel Spaß und Erfolg mit dem Buch.

Anja und Julia Hohrath

Inhalt

Lernfeld 3

WiSo

Lernfeld 3

WiSo

Lernfeld 1, 3

WiSo

Handlungssituation 4:
Umfeld und Organisationsstruktur der Sportbekleidung
Brinkhold GmbH 82

Handlungssituation 5:
Planung des Arbeitsablaufs
bei der Einrichtung eines Schulungsraums 106

Handlungssituation 6:
Prozessorientierte Organisation der Lagerverwaltung 125

Handlungssituation 7:
Ein Tag im Leben eines Verkäufers 139

Handlungssituation 8:
Beschaffung der Hardware zur
Einrichtung eines Schulungsraums 152

Lernfeld
3, 8

Handlungssituation 9:
Vermarktung von solargetriebenen Rasenmähern 182

Lernfeld
1, 3, 8

WiSo

Handlungssituation 10:
Finanzierung eines Autos 214

Lernfeld
3, 8

Handlungssituation 11:
Einführung in die Finanzbuchhaltung. 225

Handlungssituation 12:
Die Meier-Drucker OHG erhält eine Kosten-
und Leistungsrechnung 240

Handlungssituation 13:
Nichts als Zahlen – oder?. 278

Lernfeld
3, 11

Lernfeld
3, 11

Lernfeld
3, 11

WiSo

Lernfeld 11

Lernfeld 3

Schulabgänger: Berufsausbildung ist besonders beliebt

So viele Jugendliche starteten 2012 in eine/ein

Berufsausbildung		Integrationsmaßnahme		weiterführende Schule mit dem Ziel, eine Hochschulzugangsberechtigung zu erwerben
darunter:		darunter:		
Duale Berufsausbildung	512.773	Berufsvorbereitender Bildungsgang der Bundesagentur für Arbeit	54.699	
Schulische Ausbildung in Berufen des Gesundheits-, Erziehungs- und Sozialwesens	162.363	Einstiegsqualifizierungen	12.558	Studium

730.352	266.732	505.129	496.083

Insgesamt 1.998.296

Quellen: Statistische Ämter des Bundes und der Länder, Bundesagentur für Arbeit

Institut der deutschen Wirtschaft Köln

© 2013 IW Medien · iwd 13

◢ **Themen**
- Duale Berufsausbildung
- Vollschulische Berufsausbildung
- Berufsausbildungsvertrag
- Berufsbildungsgesetz
- Bundesurlaubsgesetz
- Arbeitszeitgesetz
- Jugendarbeitsschutzgesetz
- Mutterschutzgesetz
- Bundeselterngeld- und Elternzeitgesetz
- Betriebsverfassungsgesetz
- Schülervertretung
- Institutionen zur Durchsetzung der Ansprüche
- Leben, Lernen und Arbeiten in Europa
- der deutsche Qualifikationsrahmen

◢ **Mögliche Verknüpfungen zu anderen Themengebieten/Fächern**
- Politik: Tarifrecht, Arbeitsrecht, Europäische Union
- Personalwesen: Organisation der Berufsausbildung aus Sicht der Unternehmen

9

Thomas Frei und Anja Winter sind befreundet. Die beiden 17-Jährigen haben gerade an der Realschule die Fachoberschulreife erworben. Thomas Frei beginnt im August eine Ausbildung zum Fachinformatiker mit dem Schwerpunkt Anwendungsentwicklung und Anja Winter hat sich für die vollschulische Ausbildung zur Informationstechnischen Assistentin entschieden.

1. Welche Vor- und Nachteile sehen Sie bei einer Ausbildung im dualen System im Vergleich zu einer rein schulischen Ausbildung?

2. Erkundigen Sie sich, welche vollschulischen Ausbildungsgänge an Ihrer Schule angeboten werden.

3. Anja Winter absolviert im Rahmen ihrer Ausbildung ein 8-wöchiges Praktikum. Unterliegt sie dann den Bestimmungen des Jugendarbeitsschutzgesetzes?

4. Muss Anja Winter vor Antritt des Praktikums eine ärztliche Untersuchung gemäß § 32 des Jugendarbeitsschutzgesetzes durchführen lassen?

15.07.2016

Thomas Frei hat den Berufsausbildungsvertrag gerade unterschrieben (siehe Seite 11).

5. Nennen Sie die wichtigsten Gesetze, die im Rahmen der Berufsausbildung im dualen System zu beachten sind.

6. Prüfen Sie, ob der Ausbildungsvertrag den gesetzlichen Bestimmungen entspricht.

7. Welchen Sinn hat die Vereinbarung einer Probezeit?

8. Wie lang ist die vereinbarte Probezeit?

Besuch in der Berufsschule

Thomas Frei geht im ersten Ausbildungsjahr einmal in der Woche in die Berufsschule. Er hat acht Unterrichtsstunden à 45 Minuten. Um 14:30 Uhr ist die Schule zu Ende.

9. Da er an den übrigen Tagen bis 17:00 Uhr arbeitet, hat sein Ausbilder ihn aufgefordert, nach der Schule noch für zwei Stunden in den Betrieb zu kommen. Ist diese Regelung mit dem Jugendarbeitsschutzgesetz vereinbar?

10. Da ein Lehrer erkrankt ist, fallen in der ersten Novemberwoche 2016 die letzten vier Unterrichtsstunden aus. Thomas Frei freut sich über die gewonnene freie Zeit und geht nach Hause. Am nächsten Tag erhält er von seinem Ausbilder eine Abmahnung, da er seiner Meinung nach verpflichtet war, nach der Schule noch in den Betrieb zu kommen. Hat der Ausbilder Recht?

11. Thomas Frei möchte nicht mehr in die Berufsschule gehen, stattdessen möchte er lieber fünf Tage in der Woche in dem Ausbildungsbetrieb arbeiten. Kann er diese Vereinbarung mit seinem Ausbildungsbetrieb treffen?

IHK Nord Westfalen

Berufsausbildungsvertrag
(§§ 10, 11 Berufsausbildungsgesetz – BBiG)

Zwischen der/dem Ausbildenden (Ausbildungsbetrieb)

Der Ausbildungsbetrieb gehört zum öffentlichen Dienst ☐

Firmenident-Nr.

Tel.-Nr.

Name und Anschrift des Ausbildenden (Ausbildungsbetrieb)

Firma Musternet GmbH

Straße, Haus-Nr.

Musterstr. 14

PLZ	Ort
12345	Muster

E-Mail-Adresse des Ausbildenden

mustermann@musternet.de

Verantwortliche/r Ausbilder/in:

Herr/Frau

Herr Behrens   28.11.1972

und der/dem Auszubildenden   weiblich ☐   männlich ☒

Name	Vorname
Frei	Thomas

Straße, Haus-Nr.

Hauptstr. 23

PLZ	Ort
12345	Muster

Geburtsdatum

06.06.1999

Staatsangehörigkeit	Gesetzl. Vertreter	Eltern	Vater	Mutter	Vormund
deutsch		☒	☐	☐	☐

Namen, Vornamen der gesetzlichen Vertreter

Eheleute Birgit und Klaus Frei

Straße, Hausnummer

Hauptstr. 23

PLZ	Ort
12345	Muster

wird nachstehender Vertrag zur Ausbildung im Ausbildungsberuf

Fachinformatiker/-in

mit der Fachrichtung/dem Schwerpunkt/ dem Wahlbaustein/Einsatzgebiet etc.

Anwendungsentwicklung

nach Maßgabe der Ausbildungsordnung geschlossen.

Änderungen des wesentlichen Vertragsinhaltes sind von der/dem Ausbildenden unverzüglich zur Eintragung in das Verzeichnis der Berufsausbildungsverhältnisse bei der Industrie- und Handelskammer anzuzeigen.

Zuständige Berufsschule

Berufskolleg Muster

Die beigefügten Angaben zur sachlichen und zeitlichen Gliederung des Ausbildungsablaufs (Ausbildungsplan) sind Bestandteil dieses Vertrages.

Duales Studium: ☐ ja ☒ nein

Vorausgegangene Berufsausbildung/Vorbildung/Grundbildung:

von mindestens 6 Monaten – weitere Hinweise siehe Rückseite des Antrages auf Eintragung[6])

Erfolgreich abgeschlossen: ja/nein

1.	☐	☐
2.	☐	☐
3.	☐	☐

A Die Ausbildungszeit beträgt nach der Ausbildungsordnung **36** Monate.

Es wird eine Anrechnung/Verkürzung von ___ Monaten beantragt.

Das Berufsausbildungsverhältnis

beginnt am **01.08.2016**   endet am **31.07.2019**

B Die Probezeit (§ 1 Nr. 2) beträgt 1 ☐ 2 ☐ 3 ☐ 4 ☒ Monate.[3])

C Die Ausbildung findet vorbehaltlich der Regelungen nach D (§ 3 Nr. 12) in **Muster**

und den mit dem Betriebssitz für die Ausbildung üblicherweise zusammenhängenden Bau-, Montage- und sonstigen Arbeitsstellen statt.

D Ausbildungsmaßnahmen außerhalb der Ausbildungsstätte (§ 3 Nr. 12) (mit Zeitraumangabe)

E Der Ausbildende zahlt der/dem Auszubildenden eine angemessene Vergütung (§ 5); diese beträgt zurzeit monatlich brutto:

EUR	600	650	700	
im	ersten	zweiten	dritten	vierten

Ausbildungsjahr.

F Die regelmäßige tägliche Ausbildungszeit beträgt **8,00** Stunden.[4])

Die regelmäßige wöchentl. Ausbildungszeit beträgt **40,00** Stunden.[4])

Teilzeitausbildung wird beantragt: ☐ ja ☐ nein siehe Rückseite Punkt 9c

G Der Ausbildende gewährt der/dem Auszubildenden Urlaub nach den geltenden Bestimmungen. Es besteht ein Urlaubsanspruch

im Jahr	2016	2017	2018	2019	20xx
Werktage	13	30	30	18	
Arbeitstage					

H Hinweise auf anzuwendende Tarifverträge und Betriebsvereinbarungen; sonstige Vereinbarungen

J Die beigefügten Vereinbarungen sind Gegenstand dieses Vertrages und werden anerkannt.

Ort und Datum Muster, 15.07.2016

Die/Der Ausbildende:

Stempel und Unterschrift

Die/Der Auszubildende:

Vor- und Familienname

Gesetzl. Vertreter der/des Auszubildenden:

Birgit Frei , K. Frei

Gesetzl. Vertreter

Arbeits- und Pausenzeiten

Thomas Frei hat sich inzwischen gut eingelebt. Nur die langen Arbeitszeiten machen ihm immer noch zu schaffen.

12. Wegen der guten Auftragslage soll Thomas Frei im Dezember 2016 an fünf Arbeitstagen pro Woche jeweils neun Stunden arbeiten. Ist das nach dem Jugendarbeitsschutzgesetz erlaubt?

13. Thomas Frei möchte gerne täglich nur eine einzige Pause von 15 Minuten machen, um dadurch etwas früher nach Hause gehen zu können. Sein Ausbilder legt ihm daraufhin nahe, doch einmal das Jugendarbeitsschutzgesetz etwas genauer zu lesen. Ist die von Thomas Frei vorgeschlagene Pausenregelung erlaubt?

14. Nach seinem 18. Geburtstag schlägt Thomas Frei seinem Ausbilder noch einmal die gleiche Pausenregelung vor, da er ja jetzt nicht mehr dem Jugendarbeitsschutzgesetz unterliegen würde. Sein Ausbilder verweist ihn dieses Mal auf das Arbeitszeitgesetz. Hat Thomas Frei jetzt mit seinem Vorschlag Erfolg?

Urlaub

Anja Winter und Thomas Frei möchten gerne in den Sommerferien gemeinsam in den Urlaub fahren. Der Ausbilder von Thomas Frei lehnt es aber ab, ihm während der Ferien freizugeben. In dieser Zeit kann nur Eltern mit schulpflichtigen Kindern Urlaub gewährt werden. Er schlägt vor, immer die Tage, an denen keine Berufsschule ist, freizunehmen und mehrere kleine Kurzurlaube zu machen. Das würde sowieso mehr Spaß machen.

15. Ist diese Regelung mit dem Bundesurlaubsgesetz und dem Jugendarbeitsschutzgesetz vereinbar?

16. Wie viele Urlaubstage stehen einem 17-jährigen Auszubildenden nach dem Jugendarbeitsschutzgesetz in einem Jahr zu?

17. In welchem Gesetz wird der Urlaubsanspruch geregelt, wenn Thomas Frei volljährig ist?

Beendigung des Ausbildungsverhältnisses

Thomas Frei ist inzwischen im dritten Ausbildungsjahr. Das Ausbildungsverhältnis endet laut Vertrag am 31.07.2019.

18. Welche Alternativen gibt es noch, das Ausbildungsverhältnis zu beenden?

19. Den Tag vor der Abschlussprüfung nimmt Thomas Frei sich frei. Darf sein Chef ihm hierfür einen Tag Urlaub anrechnen?

Abschlussprüfung

Thomas Frei besteht die Abschlussprüfung leider nicht.

20. Welche Möglichkeiten hat er jetzt?

Zeugnis

Ein halbes Jahr später: Thomas Frei hat die Abschlussprüfung knapp bestanden. Aufgrund der schlechten Leistungen wird er nicht von seinem Ausbildungsbetrieb übernommen. Um sich besser bewerben zu können, bittet er den Ausbilder um ein Zeugnis über seine Zeit in dem Ausbildungsbetrieb.

21. Ist der Ausbilder verpflichtet, ein Zeugnis auszustellen?

22. Welche Inhalte müssen in dem Zeugnis stehen?

23. Thomas Frei möchte sich mit dem Zeugnis gerne in Frankreich bewerben. Welchen Service der EU sollte er nutzen, um seine Bewerbungsunterlagen aufzubereiten?

1 Informationen zur Handlungssituation

Damit ein Arbeitnehmer auf dem Arbeitsmarkt bestehen kann, ist eine gute Ausbildung wichtig. Untersuchungen des Statistischen Bundesamtes haben ergeben, dass, je qualifizierter ein Arbeitnehmer ist, desto geringer sein Risiko ist, arbeitslos zu werden. Ohne eine abgeschlossene Berufsausbildung wird es immer schwerer, wenn nicht in Zukunft beinahe aussichtslos, einen Arbeitsplatz zu finden, mit dem man den Lebensunterhalt bestreiten kann.

Viele Schüler entscheiden sich daher nach der Beendigung der allgemeinbildenden Schule für eine Berufsausbildung. Sie haben dabei die Wahl zwischen einem Ausbildungsberuf im dualen System oder einer vollschulischen Ausbildung.

Entscheiden sie sich für eine vollschulische Ausbildung, können sie entweder eine berufliche Grundbildung (z. B. Informationstechnik, Metalltechnik, Holztech-

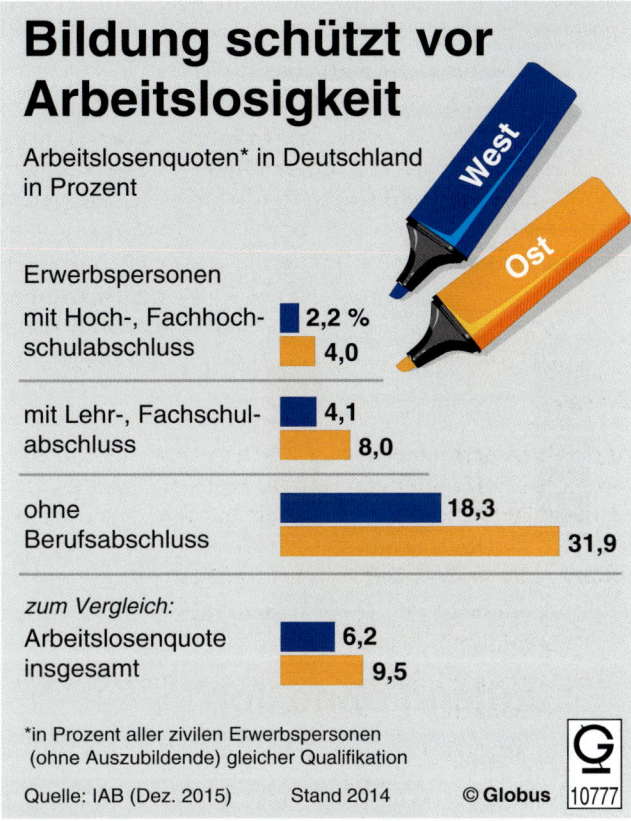

nik, Kraftfahrzeugtechnik) erwerben oder eine komplette Ausbildung an einem Berufskolleg absolvieren. Gleichzeitig besteht dann i. d. R. die Möglichkeit, die Fachhochschulreife oder auch die allgemeine Hochschulreife zu erwerben. Beispiele für solche Ausbildungsgänge sind der staatlich geprüfte Informationstechnische Assistent, der Gestaltungstechnische Assistent oder der Betriebsinformatiker.

1.1 Das duale Ausbildungssystem

Die Berufsausbildung findet in Deutschland nicht nur in dem Betrieb, mit dem der Auszubildende einen Ausbildungsvertrag abgeschlossen hat, sondern auch in der Berufsschule statt. Dieser Organisation der Ausbildung an zwei (= dual) für die Ausbildung zuständigen Lernorten hat das deutsche duale Ausbildungssystem seinen Namen zu verdanken.

Duales Ausbildungssystem		
	Ausbildungsbetrieb	**Berufsschule**
Aufgabe	Einführung in die Arbeitswelt und Vermittlung des **fachpraktischen** Teils der Ausbildung	Vermittlung des **fachtheoretischen** Teils der Ausbildung und Vertiefung bzw. Erweiterung der allgemeinen Bildung
Aufsicht	Kammern	Kultusministerium
Gesetzliche Grundlage	Berufsbildungsgesetz	Schulgesetz

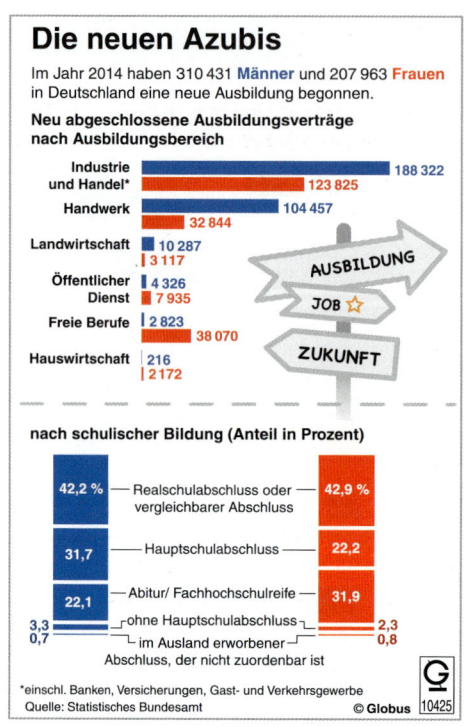

Die neuen Azubis

Im Jahr 2014 haben 310 431 **Männer** und 207 963 **Frauen** in Deutschland eine neue Ausbildung begonnen.

Neu abgeschlossene Ausbildungsverträge nach Ausbildungsbereich

Bereich	Männer	Frauen
Industrie und Handel*	188 322	123 825
Handwerk	104 457	32 844
Landwirtschaft	10 287	3 117
Öffentlicher Dienst	4 326	7 935
Freie Berufe	2 823	38 070
Hauswirtschaft	216	2 172

nach schulischer Bildung (Anteil in Prozent)

	Männer	Frauen
Realschulabschluss oder vergleichbarer Abschluss	42,2 %	42,9 %
Hauptschulabschluss	31,7	22,2
Abitur/ Fachhochschulreife	22,1	31,9
ohne Hauptschulabschluss	3,3	2,3
im Ausland erworbener Abschluss, der nicht zuordenbar ist	0,7	0,8

*einschl. Banken, Versicherungen, Gast- und Verkehrsgewerbe
Quelle: Statistisches Bundesamt   © Globus 10425

Für Jugendliche und Erwachsene gilt die **Berufs-schulpflicht** i. d. R. solange ein Berufsausbildungs-verhältnis besteht, das vor Vollendung des ein-undzwanzigsten Lebensjahres begonnen worden ist.

Ist ein Auszubildender bei Antritt der Ausbildung mindestens 21 Jahre alt, kann er die Berufsschu-le freiwillig besuchen. Er muss dann für die ent-sprechende Zeit vom Betrieb freigestellt werden (siehe § 15 BBiG).

Aufgrund der hohen Jugendarbeitslosigkeit in Europa möchten viele europäische Länder ihr Be-rufsbildungssystem reformieren und sich stärker am deutschen System der dualen Ausbildung ori-entieren.

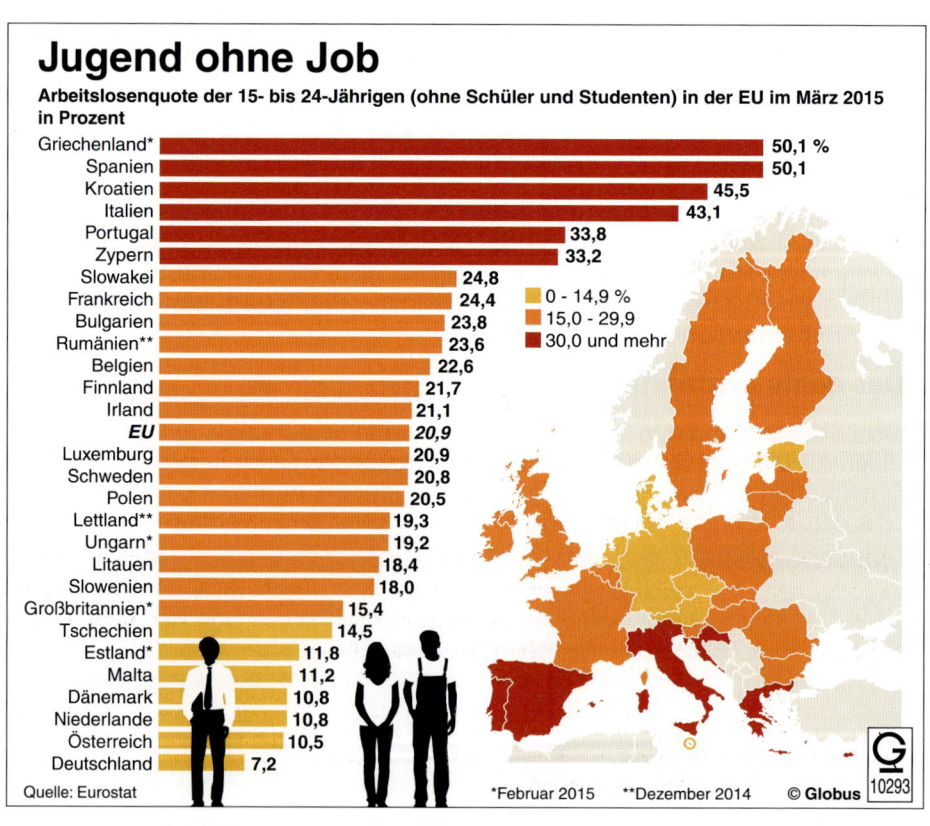

Jugend ohne Job

Arbeitslosenquote der 15- bis 24-Jährigen (ohne Schüler und Studenten) in der EU im März 2015 in Prozent

Griechenland*	50,1 %
Spanien	50,1
Kroatien	45,5
Italien	43,1
Portugal	33,8
Zypern	33,2
Slowakei	24,8
Frankreich	24,4
Bulgarien	23,8
Rumänien**	23,6
Belgien	22,6
Finnland	21,7
Irland	21,1
EU	*20,9*
Luxemburg	20,9
Schweden	20,8
Polen	20,5
Lettland**	19,3
Ungarn*	19,2
Litauen	18,4
Slowenien	18,0
Großbritannien*	15,4
Tschechien	14,5
Estland*	11,8
Malta	11,2
Dänemark	10,8
Niederlande	10,8
Österreich	10,5
Deutschland	7,2

0 - 14,9 %
15,0 - 29,9
30,0 und mehr

Quelle: Eurostat   *Februar 2015   **Dezember 2014   © Globus 10293

1.2 Die wichtigsten Rechtsgrundlagen während und unmittelbar nach der Ausbildung

Um eine qualifizierte und einheitliche Berufsausbildung zu gewährleisten, wurde die Vertragsfreiheit beim Abschluss eines Ausbildungsvertrages stark eingeschränkt. Ein Ausbildungsverhältnis, aber auch jedes andere Arbeitsverhältnis, unterliegt zahlreichen gesetzlichen Regelungen. Genannt werden können hier

- das Berufsbildungsgesetz,
- die Handwerksordnung,
- das Bundesurlaubsgesetz,
- das Arbeitszeitgesetz,
- das Jugendarbeitsschutzgesetz,
- das Mutterschutzgesetz,
- das Sozialgesetzbuch,
- das Kündigungsschutzgesetz sowie
- das Betriebsverfassungsgesetz.

Für alle zugelassenen Ausbildungsberufe gibt es darüber hinaus eine Ausbildungsordnung, die die wesentlichen Inhalte der betrieblichen Ausbildung festlegt, sowie schulische Rahmenlehrpläne des Bundes und entsprechende Lehrpläne der einzelnen Länder. Auszüge der wichtigsten Gesetze werden im Folgenden kurz dargestellt.[1]

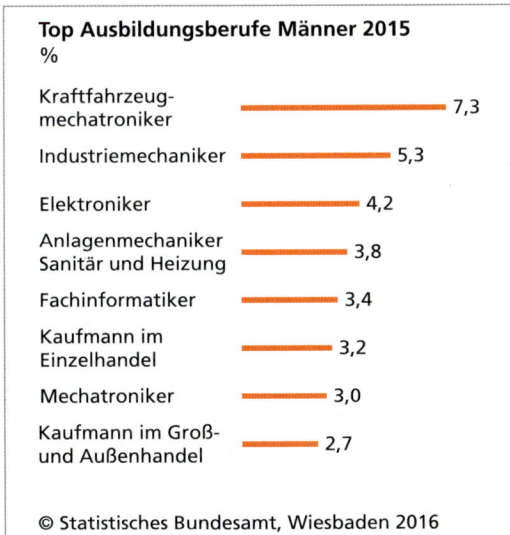

Top Ausbildungsberufe Männer 2015
%

Beruf	%
Kraftfahrzeugmechatroniker	7,3
Industriemechaniker	5,3
Elektroniker	4,2
Anlagenmechaniker Sanitär und Heizung	3,8
Fachinformatiker	3,4
Kaufmann im Einzelhandel	3,2
Mechatroniker	3,0
Kaufmann im Groß- und Außenhandel	2,7

© Statistisches Bundesamt, Wiesbaden 2016

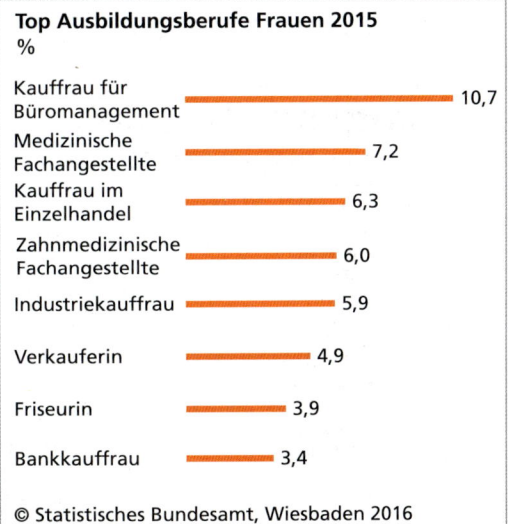

Top Ausbildungsberufe Frauen 2015
%

Beruf	%
Kauffrau für Büromanagement	10,7
Medizinische Fachangestellte	7,2
Kauffrau im Einzelhandel	6,3
Zahnmedizinische Fachangestellte	6,0
Industriekauffrau	5,9
Verkäuferin	4,9
Friseurin	3,9
Bankkauffrau	3,4

© Statistisches Bundesamt, Wiesbaden 2016

1.2.1 Das Berufsbildungsgesetz (BBiG)

Im Berufsbildungsgesetz ist festgelegt, welche Rechte und Pflichten Ausbilder und Auszubildende jeweils haben. Es gilt für die Berufsbildung, soweit sie nicht in berufsbildenden Schulen durchgeführt wird, die den Schulgesetzen der Länder unterstehen. Es gilt auch nicht für die Ausbildung in einem öffentlich-rechtlichen Dienstverhältnis.

---

[1] Den vollständigen Gesetzestext sowie die hier nicht näher beschriebenen Gesetze können z. B. bei www.juris.de nachgelesen werden.

Auszug aus dem Berufsbildungsgesetz (BBiG)	
Allgemeine Vorschriften	
§ 1 Ziele und Begriffe der Berufsbildung	(1) Berufsbildung im Sinne dieses Gesetzes sind die Berufsvorbereitung, die Berufsausbildung, die berufliche Fortbildung und die berufliche Umschulung.
	(3) Die Berufsausbildung hat die für die Ausübung einer qualifizierten beruflichen Tätigkeit in einer sich wandelnden Arbeitswelt notwendigen beruflichen Fertigkeiten, Kenntnisse und Fähigkeiten (berufliche Handlungsfähigkeit) in einem geordneten Ausbildungsgang zu vermitteln. Sie hat ferner den Erwerb der erforderlichen Berufserfahrungen zu ermöglichen.
Ordnung der Berufsausbildung, Anerkennung von Ausbildungsberufen	
§ 4 Anerkennung von Ausbildungsberufen	(1) Als Grundlage für eine geordnete und einheitliche Berufsausbildung kann das Bundesministerium für Wirtschaft und Arbeit … Ausbildungsberufe staatlich anerkennen und hierfür Ausbildungsordnungen nach § 5 erlassen.
	(2) Für einen anerkannten Ausbildungsberuf darf nur nach der Ausbildungsordnung ausgebildet werden.
	…
§ 5 Ausbildungsordnung	(1) Die Ausbildungsordnung hat festzulegen
	1. die Bezeichnung des Ausbildungsberufes, der anerkannt wird,
	2. die Ausbildungsdauer; sie soll nicht mehr als drei und nicht weniger als zwei Jahre betragen,
	3. die beruflichen Fertigkeiten, Kenntnisse und Fähigkeiten, die mindestens Gegenstand der Berufsausbildung sind (Ausbildungsberufsbild),
	4. eine Anleitung zur sachlichen und zeitlichen Gliederung der Vermittlung der beruflichen Fertigkeiten, Kenntnisse und Fähigkeiten (Ausbildungsrahmenplan),
	5. die Prüfungsanforderungen.
§ 8 Abkürzung und Verlängerung der Ausbildungszeit	(1) Auf gemeinsamen Antrag der Auszubildenden und Ausbildenden hat die zuständige Stelle die Ausbildungszeit zu kürzen, wenn zu erwarten ist, dass das Ausbildungsziel in der gekürzten Zeit erreicht wird. Bei berechtigtem Interesse kann sich der Antrag auch auf die Verkürzung der täglichen oder wöchentlichen Ausbildungszeit richten (Teilzeitberufsausbildung).
	(2) In Ausnahmefällen kann die zuständige Stelle auf Antrag Auszubildender die Ausbildungszeit verlängern, wenn die Verlängerung erforderlich ist, um das Ausbildungsziel zu erreichen. Vor der Entscheidung … sind die Ausbildenden zu hören.
Begründung des Ausbildungsverhältnisses	
§ 10 Vertrag	(1) Wer andere Personen zur Berufsausbildung einstellt (Ausbildende), hat mit den Auszubildenden einen Berufsausbildungsvertrag zu schließen.
	(2) Auf den Berufsausbildungsvertrag sind, soweit sich aus seinem Wesen und Zweck und aus diesem Gesetz nichts anderes ergibt, die für den Arbeitsvertrag geltenden Rechtsvorschriften und Rechtsgrundsätze anzuwenden.
	…
	(5) Zur Erfüllung der vertraglichen Verpflichtungen der Ausbildenden können mehrere natürliche oder juristische Personen in einem Ausbildungsverbund zusammenwirken, soweit die Verantwortlichkeit für die einzelnen Ausbildungsabschnitte sowie für die Ausbildungszeit insgesamt sichergestellt ist (Verbundausbildung).
§ 11 Vertragsniederschrift	(1) Ausbildende haben unverzüglich nach Abschluss des Berufsausbildungsvertrages, spätestens vor Beginn der Berufsausbildung, den wesentlichen Inhalt des Vertrages … schriftlich niederzulegen. … In die Niederschrift sind mindestens aufzunehmen
	1. Art, sachliche und zeitliche Gliederung sowie Ziel der Berufsausbildung, insbesondere die Berufstätigkeit, für die ausgebildet werden soll,
	2. Beginn und Dauer der Berufsausbildung,

Auszug aus dem Berufsbildungsgesetz (BBiG)

	3. Ausbildungsmaßnahmen außerhalb der Ausbildungsstätte,
	4. Dauer der regelmäßigen täglichen Ausbildungszeit,
	5. Dauer der Probezeit,
	6. Zahlung und Höhe der Vergütung,
	7. Dauer des Urlaubs,
	8. Voraussetzungen, unter denen der Berufsausbildungsvertrag gekündigt werden kann,
	9. ein ... Hinweis auf die Tarifverträge, Betriebs- oder Dienstvereinbarungen, die auf das Berufsausbildungsverhältnis anzuwenden sind.
	(2) Die Niederschrift ist von den Ausbildenden, den Auszubildenden und deren gesetzlichen Vertretern und Vertreterinnen zu unterzeichnen.
	(3) Ausbildende haben den Auszubildenden und deren gesetzlichen Vertretern und Vertreterinnen eine Ausfertigung der unterzeichneten Niederschrift unverzüglich auszuhändigen.
§ 12 Nichtige Vereinbarungen	(1) Eine Vereinbarung, die Auszubildende für die Zeit nach Beendigung des Berufsausbildungsverhältnisses in der Ausübung ihrer beruflichen Tätigkeit beschränkt, ist nichtig. Dies gilt nicht, wenn sich Auszubildende innerhalb der letzten sechs Monate des Berufsausbildungsverhältnisses dazu verpflichten, nach dessen Beendigung mit den Ausbildenden ein Arbeitsverhältnis einzugehen. ...

Pflichten der Auszubildenden

§ 13 Verhalten während der Berufsausbildung	Auszubildende haben sich zu bemühen, die berufliche Handlungsfähigkeit zu erwerben, die zum Erreichen des Ausbildungsziels erforderlich ist. Sie sind ... verpflichtet, 1. die ihnen im Rahmen der Berufsausbildung aufgetragenen Aufgaben sorgfältig auszuführen, 2. an Ausbildungsmaßnahmen teilzunehmen, für die sie ... freigestellt werden, 3. den Weisungen zu folgen, die ihnen im Rahmen der Berufsausbildung von Ausbildenden, von Ausbildern oder Ausbilderinnen oder von anderen weisungsberechtigten Personen erteilt werden, 4. die für die Ausbildungsstätte geltende Ordnung zu beachten, 5. Werkzeug, Maschinen und sonstige Einrichtungen pfleglich zu behandeln, 6. über Betriebs- und Geschäftsgeheimnisse Stillschweigen zu wahren.

Pflichten der Ausbildenden

§ 14 Berufsausbildung	(1) Ausbildende haben 1. dafür zu sorgen, dass den Auszubildenden die berufliche Handlungsfähigkeit vermittelt wird, die zum Erreichen des Ausbildungsziels erforderlich ist, und die Berufsausbildung in einer durch ihren Zweck gebotenen Form planmäßig, zeitlich und sachlich gegliedert so durchzuführen, dass das Ausbildungsziel in der vorgesehenen Ausbildungszeit erreicht werden kann, 2. selbst auszubilden oder einen Ausbilder oder eine Ausbilderin ausdrücklich damit zu beauftragen, 3. Auszubildenden kostenlos die Ausbildungsmittel, insbesondere Werkzeuge und Werkstoffe zur Verfügung zu stellen, die zur Berufsausbildung und zum Ablegen von Zwischen- und Abschlussprüfungen, auch soweit solche nach Beendigung des Berufsausbildungsverhältnisses stattfinden, erforderlich sind, 4. Auszubildende zum Besuch der Berufsschule sowie zum Führen von schriftlichen Ausbildungsnachweisen anzuhalten, soweit solche im Rahmen der Berufsausbildung verlangt werden, und diese durchzusehen, 5. dafür zu sorgen, dass Auszubildende charakterlich gefördert sowie sittlich und körperlich nicht gefährdet werden.

Auszug aus dem Berufsbildungsgesetz (BBiG)

	(2) Auszubildenden dürfen nur Aufgaben übertragen werden, die dem Ausbildungszweck dienen und ihren körperlichen Kräften angemessen sind.
§ 15 Freistellung	Ausbildende haben Auszubildende für die Teilnahme am Berufsschulunterricht und an Prüfungen freizustellen. Das Gleiche gilt, wenn Ausbildungsmaßnahmen außerhalb der Ausbildungsstätte durchzuführen sind.
§ 16 Zeugnis	(1) Ausbildende haben den Auszubildenden bei Beendigung des Berufsausbildungsverhältnisses ein schriftliches Zeugnis auszustellen. ...
	(2) Das Zeugnis muss Angaben enthalten über Art, Dauer und Ziel der Berufsausbildung sowie über die erworbenen beruflichen Fertigkeiten, Kenntnisse und Fähigkeiten der Auszubildenden. Auf Verlangen Auszubildender sind auch Angaben über Verhalten und Leistung aufzunehmen.

Vergütung

§ 17 Vergütungsanspruch	(1) Ausbildende haben Auszubildenden eine angemessene Vergütung zu gewähren. Sie ist nach dem Lebensalter der Auszubildenden so zu bemessen, dass sie mit fortschreitender Berufsausbildung, mindestens jährlich, ansteigt.
	...
	(3) Eine über die vereinbarte regelmäßige tägliche Ausbildungszeit hinausgehende Beschäftigung ist besonders zu vergüten oder durch entsprechende Freizeit auszugleichen.

Beginn und Beendigung des Ausbildungsverhältnisses

§ 20 Probezeit	Das Berufsausbildungsverhältnis beginnt mit der Probezeit. Sie muss mindestens einen Monat und darf höchstens vier Monate betragen.
§ 21 Beendigung	(1) Das Berufsausbildungsverhältnis endet mit dem Ablauf der Ausbildungszeit. Im Falle der Stufenausbildung endet es mit Ablauf der letzten Stufe.
	(2) Bestehen Auszubildende vor Ablauf der Ausbildungszeit die Abschlussprüfung, so endet das Berufsausbildungsverhältnis mit Bekanntgabe des Ergebnisses durch den Prüfungsausschuss.
	(3) Bestehen Auszubildende die Abschlussprüfung nicht, so verlängert sich das Berufsausbildungsverhältnis auf ihr Verlangen bis zur nächstmöglichen Wiederholungsprüfung, höchstens um ein Jahr.
§ 22 Kündigung	(1) Während der Probezeit kann das Berufsausbildungsverhältnis jederzeit ohne Einhalten einer Kündigungsfrist gekündigt werden.
	(2) Nach der Probezeit kann das Berufsausbildungsverhältnis nur gekündigt werden 1. aus einem wichtigen Grund ohne Einhalten einer Kündigungsfrist, 2. von Auszubildenden mit einer Kündigungsfrist von vier Wochen, wenn sie die Berufsausbildung aufgeben oder sich für eine andere Berufstätigkeit ausbilden lassen wollen.
	(3) Die Kündigung muss schriftlich und in den Fällen des Absatzes 2 unter Angabe der Kündigungsgründe erfolgen.
	(4) Eine Kündigung aus einem wichtigen Grund ist unwirksam, wenn die ihr zugrunde liegenden Tatsachen dem zur Kündigung Berechtigten länger als zwei Wochen bekannt sind. Ist ein vorgesehenes Güteverfahren vor einer außergerichtlichen Stelle eingeleitet, so wird bis zu dessen Beendigung der Lauf dieser Frist gehemmt.
§ 23 Schadensersatz bei vorzeitiger Beendigung	(1) Wird das Berufsausbildungsverhältnis nach der Probezeit vorzeitig gelöst, so können Ausbildende oder Auszubildende Ersatz des Schadens verlangen, wenn die andere Person den Grund für die Auflösung zu vertreten hat. Dies gilt nicht im Falle des § 22 Abs. 2 Nr. 2.
	(2) Der Anspruch erlischt, wenn er nicht innerhalb von drei Monaten nach Beendigung des Berufsausbildungsverhältnisses geltend gemacht wird.

Auszug aus dem Berufsbildungsgesetz (BBiG)

Sonstige Vorschriften

§ 24 Weiterarbeit	Werden Auszubildende im Anschluss an das Berufsausbildungsverhältnis beschäftigt, ohne dass hierüber ausdrücklich etwas vereinbart worden ist, so gilt ein Arbeitsverhältnis auf unbestimmte Zeit als begründet.
§ 25 Unabdingbarkeit	Eine Vereinbarung, die zuungunsten Auszubildender von den Vorschriften dieses Teils des Gesetzes abweicht, ist nichtig.

Prüfungswesen

§ 37 Abschlussprüfung	(1) In den anerkannten Ausbildungsberufen sind Abschlussprüfungen durchzuführen. Die Abschlussprüfung kann im Falle des Nichtbestehens zweimal wiederholt werden. …
	(2) Dem Prüfling ist ein Zeugnis auszustellen. Ausbildenden werden auf deren Verlangen die Ergebnisse der Abschlussprüfung der Auszubildenden übermittelt. …
	(3) Dem Zeugnis ist auf Antrag der Auszubildenden eine englischsprachige und eine französischsprachige Übersetzung beizufügen. Auf Antrag der Auszubildenden kann das Ergebnis berufsschulischer Leistungsfeststellungen auf dem Zeugnis ausgewiesen werden.
	(4) Die Abschlussprüfung ist für Auszubildende gebührenfrei.
§ 43 Zulassung zur Abschlussprüfung	(1) Zur Abschlussprüfung ist zuzulassen, 1. wer die Ausbildungszeit zurückgelegt hat oder wessen Ausbildungszeit nicht später als zwei Monate nach dem Prüfungstermin endet, 2. wer an vorgeschriebenen Zwischenprüfungen teilgenommen sowie vorgeschriebene schriftliche Ausbildungsnachweise geführt hat und 3. wessen Berufsausbildungsverhältnis in das Verzeichnis der Berufsausbildungsverhältnisse eingetragen … ist, … .
	(2) Zur Abschlussprüfung ist ferner zuzulassen, wer in einer berufsbildenden Schule oder einer sonstigen Berufsbildungseinrichtung ausgebildet worden ist, wenn dieser Bildungsgang der Berufsausbildung in einem anerkannten Ausbildungsberuf entspricht. Ein Bildungsgang entspricht der Berufsausbildung in einem anerkannten Ausbildungsberuf, wenn er 1. nach Inhalt, Anforderung und zeitlichem Umfang der jeweiligen Ausbildungsordnung gleichwertig ist, 2. systematisch, insbesondere im Rahmen einer sachlichen und zeitlichen Gliederung, durchgeführt wird und 3. durch Lernortkooperation einen angemessenen Anteil an fachpraktischer Ausbildung gewährleistet.
§ 45 Zulassung in besonderen Fällen	(1) Auszubildende können nach Anhörung der Ausbildenden und der Berufsschule vor Ablauf ihrer Ausbildungszeit zur Abschlussprüfung zugelassen werden, wenn ihre Leistungen dies rechtfertigen.
	(2) Zur Abschlussprüfung ist auch zuzulassen, wer nachweist, dass er mindestens das Eineinhalbfache der Zeit, die als Ausbildungszeit vorgeschrieben ist, in dem Beruf tätig gewesen ist, in dem die Prüfung abgelegt werden soll. …

Organisation der Berufsbildung

§ 71 Zuständige Stelle	(1) Für die Berufsbildung in Berufen der Handwerksordnung ist die Handwerkskammer zuständige Stelle im Sinne dieses Gesetzes.
	(2) Für die Berufsbildung in nichthandwerklichen Gewerbeberufen ist die Industrie- und Handelskammer zuständige Stelle im Sinne dieses Gesetzes. …

Auszug aus dem Berufsbildungsgesetz (BBiG)

§ 76 Überwachung und Beratung	(1) Die zuständige Stelle überwacht die Durchführung 1. der Berufsausbildungsvorbereitung, 2. der Berufsausbildung und 3. der beruflichen Umschulung und fördert diese durch Beratung der an der Berufsbildung beteiligten Personen. ... (2) Ausbildende, Umschulende und Anbieter von Maßnahmen der Berufsausbildungsvorbereitung sind auf Verlangen verpflichtet, die für die Überwachung notwendigen Auskünfte zu erteilen und Unterlagen vorzulegen sowie die Besichtigung der Ausbildungsstätten zu gestatten. ...

1.2.2 Das Bundesurlaubsgesetz (BUrlG)

Der Anspruch auf einen bezahlten Urlaub ist im Bundesurlaubsgesetz geregelt.

Auszug aus dem Bundesurlaubsgesetz (BUrlG)

§ 1 Anspruch	Jeder Arbeitnehmer hat in jedem Kalenderjahr Anspruch auf bezahlten Erholungsurlaub.
§ 3 Dauer	(1) Der Urlaub beträgt jährlich mindestens 24 Werktage. (2) Als Werktage gelten alle Tage, die nicht Sonn- oder gesetzliche Feiertage sind.
§ 4 Wartezeit	Der volle Urlaubsanspruch wird erstmalig nach sechsmonatigem Bestehen des Arbeitsverhältnisses erworben.
§ 7 Zeitpunkt, Übertragbarkeit und Abgeltung des Urlaubs	(1) Bei der zeitlichen Festlegung des Urlaubs sind die Urlaubswünsche des Arbeitnehmers zu berücksichtigen, es sei denn, dass ihrer Berücksichtigung dringende betriebliche Belange oder Urlaubswünsche anderer Arbeitnehmer, die unter sozialen Gesichtspunkten den Vorrang verdienen, entgegenstehen. ... (2) Der Urlaub ist zusammenhängend zu gewähren, es sei denn, dass dringende betriebliche oder in der Person des Arbeitnehmers liegende Gründe eine Teilung des Urlaubs erforderlich machen. ... (3) Der Urlaub muss im laufenden Kalenderjahr gewährt und genommen werden. Eine Übertragung des Urlaubs auf das nächste Kalenderjahr ist nur statthaft, wenn dringende betriebliche oder in der Person des Arbeitnehmers liegende Gründe dies rechtfertigen. Im Fall der Übertragung muss der Urlaub in den ersten 3 Monaten des folgenden Kalenderjahrs gewährt und genommen werden. ... (4) Kann der Urlaub wegen Beendigung des Arbeitsverhältnisses ganz oder teilweise nicht mehr gewährt werden, so ist er abzugelten.
§ 9 Erkrankung	Erkrankt ein Arbeitnehmer während des Urlaubs, so werden die durch ärztliches Zeugnis nachgewiesenen Tage ... auf den Jahresurlaub nicht angerechnet.
§ 11 Urlaubsentgelt	(1) Das Urlaubsentgelt bemisst sich nach dem durchschnittlichen Arbeitsverdienst, das der Arbeitnehmer in den letzten 13 Wochen vor dem Beginn des Urlaubs erhalten hat, mit Ausnahme des zusätzlich für Überstunden gezahlten Arbeitsverdienstes. ... (2) Das Urlaubsentgelt ist vor Antritt des Urlaubs auszuzahlen.

1.2.3 Das Arbeitszeitgesetz (ArbZG)

Die maximale Arbeitszeit für Arbeitnehmer, die mindestens 18 Jahre alt sind, wird im Arbeitszeitgesetz festgelegt.

Auszug aus dem Arbeitszeitgesetz (ArbZG)	
§ 3 Arbeitszeit der Arbeitnehmer	Die werktägliche Arbeitszeit der Arbeitnehmer darf 8 Stunden nicht überschreiten. Sie kann auf bis zu 10 Stunden nur verlängert werden, wenn innerhalb von 6 Kalendermonaten oder innerhalb von 24 Wochen im Durchschnitt 8 Stunden werktäglich nicht überschritten werden.
§ 4 Ruhepausen	Die Arbeit ist durch im Voraus feststehende Ruhepausen von mindestens 30 Minuten bei einer Arbeitszeit von mehr als 6 bis zu 9 Stunden und 45 Minuten bei einer Arbeitszeit von mehr als 9 Stunden insgesamt zu unterbrechen. Die Ruhepausen … können in Zeitabschnitte von jeweils mindestens 15 Minuten aufgeteilt werden. Länger als 6 Stunden hintereinander dürfen Arbeitnehmer nicht ohne Ruhepause beschäftigt werden.
§ 5 Ruhezeit	(1) Die Arbeitnehmer müssen nach Beendigung der täglichen Arbeitszeit eine ununterbrochene Ruhezeit von mindestens elf Stunden haben. …

1.2.4 Das Jugendarbeitsschutzgesetz (JarbSchG)

Kinder und Jugendliche werden über die oben dargestellten Gesetze hinaus durch das Jugendarbeitsschutzgesetz geschützt.

Auszug aus dem Jugendarbeitsschutzgesetz (JarbSchG)	
§ 1 Geltung	(1) Dieses Gesetz gilt für die Beschäftigung von Personen, die noch nicht 18 Jahre alt sind, …
§ 2 Kind, Jugendlicher	(1) Kind im Sinne dieses Gesetzes ist, wer noch nicht 15 Jahre alt ist. (2) Jugendlicher im Sinne dieses Gesetzes ist, wer 15, aber noch nicht 18 Jahre alt ist. (3) Auf Jugendliche, die der Vollzeitschulpflicht unterliegen, finden die für Kinder geltenden Vorschriften Anwendung.
§ 5 Verbot der Beschäftigung von Kindern	(1) Die Beschäftigung von Kindern (§ 2 Abs. 1) ist verboten. (2) Das Verbot des Absatzes 1 gilt nicht für die Beschäftigung von Kindern 1. zum Zwecke der Beschäftigungs- und Arbeitstherapie, 2. im Rahmen des Betriebspraktikums während der Vollzeitschulpflicht, 3. in Erfüllung einer richterlichen Weisung. …
§ 8 Dauer der Arbeitszeit	(1) Jugendliche dürfen nicht mehr als 8 Stunden täglich und nicht mehr als 40 Stunden wöchentlich beschäftigt werden. … (2a) Wenn an einzelnen Werktagen die Arbeitszeit auf weniger als 8 Stunden verkürzt ist, können Jugendliche an den übrigen Werktagen derselben Woche 8,5 Stunden beschäftigt werden. …

Auszug aus dem Jugendarbeitsschutzgesetz (JarbSchG)

§ 9 Berufsschule	(1) Der Arbeitgeber hat den Jugendlichen für die Teilnahme am Berufsschulunterricht freizustellen. Er darf den Jugendlichen nicht beschäftigen 1. vor einem vor 9 Uhr beginnenden Unterricht; dies gilt auch für Personen, die über 18 Jahre alt und noch berufsschulpflichtig sind, 2. an einem Berufsschultag mit mehr als 5 Unterrichtsstunden von mindestens je 45 Minuten, einmal in der Woche, 3. in Berufsschulwochen mit einem planmäßigen Blockunterricht von mindestens 25 Stunden an mindestens 5 Tagen; zusätzliche betriebliche Ausbildungsveranstaltungen bis zu 2 Stunden wöchentlich sind zulässig. (2) Auf die Arbeitszeit werden angerechnet 1. Berufsschultage nach Abs. 1 Nr. 2 mit 8 Stunden, 2. Berufsschulwochen nach Abs. 1 Nr. 3 mit 40 Stunden, 3. im Übrigen die Unterrichtszeit einschließlich der Pausen. (3) Ein Entgeltausfall darf durch den Besuch der Berufsschule nicht eintreten.
§ 10 Prüfungen und außerbetriebliche Ausbildungsmaßnahmen	(1) Der Arbeitgeber hat den Jugendlichen 1. für die Teilnahme an Prüfungen und Ausbildungsmaßnahmen, die aufgrund öffentlich-rechtlicher oder vertraglicher Bestimmungen außerhalb der Ausbildungsstätte durchzuführen sind, 2. an dem Arbeitstag, der der schriftlichen Abschlussprüfung unmittelbar vorangeht, freizustellen. … Ein Entgeltausfall darf nicht eintreten.
§ 11 Ruhepausen, Aufenthaltsräume	(1) Jugendlichen müssen im Voraus feststehende Ruhepausen von angemessener Dauer gewährt werden. Die Ruhepausen müssen mindestens betragen 1. 30 Minuten bei einer Arbeitszeit von mehr als 4,5 bis zu 6 Stunden, 2. 60 Minuten bei einer Arbeitszeit von mehr als 6 Stunden. Als Ruhepause gilt nur eine Arbeitsunterbrechung von mindestens 15 Minuten. (2) Die Ruhepausen müssen in angemessener zeitlicher Lage gewährt werden, frühestens eine Stunde nach Beginn und spätestens eine Stunde vor Ende der Arbeitszeit. Länger als 4,5 Stunden hintereinander dürfen Jugendliche nicht ohne Ruhepause beschäftigt werden. …
§ 13 Tägliche Freizeit	Nach Beendigung der täglichen Arbeitszeit dürfen Jugendliche nicht vor Ablauf einer ununterbrochenen Freizeit von mindestens 12 Stunden beschäftigt werden.
§ 14 Nachtruhe	(1) Jugendliche dürfen nur in der Zeit von 6 bis 20 Uhr beschäftigt werden. …
§ 15 5-Tage-Woche	Jugendliche dürfen nur an 5 Tagen in der Woche beschäftigt werden. Die beiden wöchentlichen Ruhetage sollen nach Möglichkeit aufeinander folgen.
§ 16 Samstagsruhe	(1) An Samstagen dürfen Jugendliche nicht beschäftigt werden. … (Ausnahmeregelungen)
§ 17 Sonntagsruhe	(1) An Sonntagen dürfen Jugendliche nicht beschäftigt werden. … (Ausnahmeregelungen)
§ 18 Feiertagsruhe	(1) Am 24. und 31. Dezember nach 14:00 Uhr und an gesetzlichen Feiertagen dürfen Jugendliche nicht beschäftigt werden. … (Ausnahmeregelungen)
§ 19 Urlaub	(1) Der Arbeitgeber hat Jugendlichen für jedes Kalenderjahr einen bezahlten Erholungsurlaub zu gewähren. (2) Der Urlaub beträgt jährlich 1. mindestens 30 Werktage, wenn der Jugendliche zu Beginn des Kalenderjahrs noch nicht 16 Jahre alt ist,

Auszug aus dem Jugendarbeitsschutzgesetz (JarbSchG)

	2. mindestens 27 Werktage, wenn der Jugendliche zu Beginn des Kalenderjahrs noch nicht 17 Jahre alt ist,
	3. mindestens 25 Werktage, wenn der Jugendliche zu Beginn des Kalenderjahrs noch nicht 18 Jahre alt ist. ...
	(3) Der Urlaub soll Berufsschülern in der Zeit der Berufsschulferien gegeben werden. Soweit er nicht in den Berufsschulferien gegeben wird, ist für jeden Berufsschultag, an dem die Berufsschule während des Urlaubs besucht wird, ein weiterer Urlaubstag zu gewähren. ...
§ 22 Gefährliche Arbeiten	(1) Jugendliche dürfen nicht beschäftigt werden 1. mit Arbeiten, die ihre physische oder psychische Leistungsfähigkeit übersteigen, 2. mit Arbeiten, bei denen sie sittlichen Gefahren ausgesetzt sind, 3. mit Arbeiten, die mit Unfallgefahren verbunden sind, von denen anzunehmen ist, dass Jugendliche sie wegen mangelnden Sicherheitsbewusstseins oder mangelnder Erfahrung nicht erkennen oder nicht abwenden können, 4. mit Arbeiten, bei denen ihre Gesundheit durch außergewöhnliche Hitze oder Kälte oder starke Nässe gefährdet wird, 5. mit Arbeiten, bei denen sie schädlichen Einwirkungen von Lärm, Erschütterungen oder Strahlen ausgesetzt sind, ...
§ 29 Unterweisung über Gefahren	(1) Der Arbeitgeber hat die Jugendlichen vor Beginn der Beschäftigung und bei wesentlicher Änderung der Arbeitsbedingungen über die Unfall- und Gesundheitsgefahren, denen sie bei der Beschäftigung ausgesetzt sind, sowie über die Einrichtungen und Maßnahmen zur Abwendung dieser Gefahren zu unterweisen. ...
§ 32 Erstuntersuchung	(1) Ein Jugendlicher, der in das Berufsleben eintritt, darf nur beschäftigt werden, wenn 1. er innerhalb der letzten vierzehn Monate von einem Arzt untersucht worden ist und 2. dem Arbeitgeber eine von diesem Arzt ausgestellte Bescheinigung vorliegt. (2) Abs. 1 gilt nicht für eine nur geringfügige oder eine nicht länger als zwei Monate dauernde Beschäftigung mit leichten Arbeiten, von denen keine gesundheitlichen Nachteile für den Jugendlichen zu befürchten sind.
§ 33 Erste Nachuntersuchung	(1) Ein Jahr nach Aufnahme der ersten Beschäftigung hat sich der Arbeitgeber die Bescheinigung eines Arztes darüber vorlegen zu lassen, dass der Jugendliche nachuntersucht worden ist ...

1.2.5 Das Mutterschutzgesetz (MuSchG)

Zum Schutz von erwerbstätigen Müttern, insbesondere direkt vor und nach der Entbindung, hat der Gesetzgeber das Mutterschutzgesetz erlassen.

Familien in Deutschland

13 Millionen minderjährige Kinder wohnen in **8,1 Millionen** Familien.

Die Mütter sind bei der Geburt der Kinder im Durchschnitt **30,9 Jahre** alt.

1,47 Kinder bekommt eine Frau in Deutschland statistisch gesehen.

Knapp **715 000** Kinder **wurden 2014 geboren.**

35 % aller Kinder werden außerhalb einer Ehe geboren.

Die Erwachsenen sind in **69 %** der Familien mit minderjährigen Kindern **Ehepaare**. **20 %** sind **Alleinerziehende** und **10 %** wohnen in **Lebensgemeinschaften.***

Quelle: Statistisches Bundesamt
*rundungsbed. Differenzen   Stand 2014

dpa-Story • 0005

Auszug aus dem Mutterschutzgesetz (MuSchG)	
§ 1 Geltung	Dieses Gesetz gilt … für Frauen, die in einem Arbeitsverhältnis stehen, …
§ 2 Gestaltung des Arbeitsplatzes	(1) Wer eine werdende oder stillende Mutter beschäftigt, hat bei der Einrichtung und der Unterhaltung des Arbeitsplatzes … und bei der Regelung der Beschäftigung die erforderlichen Vorkehrungen und Maßnahmen zum Schutze von Leben und Gesundheit der werdenden oder stillenden Mutter zu treffen. …
§ 3 Beschäftigungsverbote für werdende Mütter	(1) Werdende Mütter dürfen nicht beschäftigt werden, soweit nach ärztlichem Zeugnis Leben oder Gesundheit von Mutter oder Kind bei Fortdauer der Beschäftigung gefährdet ist. (2) Werdende Mütter dürfen in den letzten sechs Wochen vor der Entbindung nicht beschäftigt werden, es sei denn, dass sie sich zur Arbeitsleistung ausdrücklich bereit erklären; die Erklärung kann jederzeit widerrufen werden.
§ 4 Weitere Beschäftigungsverbote	(1) Werdende Mütter dürfen nicht mit schweren körperlichen Arbeiten und nicht mit Arbeiten beschäftigt werden, bei denen sie schädlichen Einwirkungen von gesundheitsgefährdenden Stoffen oder Strahlen von Staub, Gasen oder Dämpfen, von Hitze, Kälte oder Nässe, von Erschütterungen oder Lärm ausgesetzt sind. …
§ 5 Mitteilungspflicht, ärztliches Zeugnis	(1) Werdende Mütter sollen dem Arbeitgeber ihre Schwangerschaft und den mutmaßlichen Tag der Entbindung mitteilen, sobald ihnen ihr Zustand bekannt ist. Auf Verlangen des Arbeitgebers sollen sie das Zeugnis eines Arztes oder einer Hebamme vorlegen. Der Arbeitgeber hat die Aufsichtsbehörde unverzüglich von der Mitteilung der werdenden Mutter zu benachrichtigen. Er darf die Mitteilung der werdenden Mutter Dritten nicht unbefugt bekannt geben. …
§ 6 Beschäftigungsverbote nach der Entbindung	(1) Mütter dürfen bis zum Ablauf von acht Wochen, bei Früh- und Mehrlingsgeburten bis zum Ablauf von zwölf Wochen nach der Entbindung nicht beschäftigt werden. Bei Frühgeburten und sonstigen vorzeitigen Entbindungen verlängern sich die Fristen nach Satz 1 zusätzlich um den Zeitraum der Schutzfrist nach § 3 Abs. 2, der nicht in Anspruch genommen werden konnte. …
§ 8 Mehrarbeit, Nacht- und Sonntagsarbeit	(1) Werdende und stillende Mütter dürfen nicht mit Mehrarbeit, nicht in der Nacht zwischen 20 und 6 Uhr und nicht an Sonn- und Feiertagen beschäftigt werden. …
§ 9 Kündigungsverbot	(1) Die Kündigung gegenüber einer Frau während der Schwangerschaft und bis zum Ablauf von vier Monaten nach der Entbindung ist unzulässig, wenn dem Arbeitgeber zur Zeit der Kündigung die Schwangerschaft oder Entbindung bekannt war oder innerhalb zweier Wochen nach Zugang der Kündigung mitgeteilt wird; …
§ 13 Mutterschaftsgeld	(1) Frauen, die Mitglied einer gesetzlichen Krankenkasse sind, erhalten für die Zeit der Schutzfristen … sowie für den Entbindungstag Mutterschaftsgeld. …

1.2.6 Das Bundeselterngeld- und Elternzeitgesetz (BEEG)

Das BEEG vom 05.12.2006 ist das jüngste der hier vorgestellten Gesetze. Die Regelungen des Gesetzes zum Erziehungsgeld und zur Elternzeit sollen die Vereinbarkeit von Familie und Beruf für die Eltern verbessern. Beabsichtigt war auch, einen Anreiz für die Väter zu schaffen, für eine begrenzte Zeit zu Hause zu bleiben und die Versorgung der Kinder zu übernehmen.

Auszug aus dem Bundeselterngeld- und Elternzeitgesetz (BEEG)	
Abschnitt 1: Elterngeld	
§ 1 Berechtigte	(1) Anspruch auf Elterngeld hat, wer 1. einen Wohnsitz oder seinen gewöhnlichen Aufenthalt in Deutschland hat, 2. mit seinem Kind in einem Haushalt lebt, 3. dieses Kind selbst betreut und erzieht und keine oder keine volle Erwerbstätigkeit ausübt. … (6) Eine Person ist nicht voll erwerbstätig, wenn ihre wöchentliche Arbeitszeit 30 Wochenstunden im Durchschnitt des Monats nicht übersteigt, sie eine Beschäftigung zur Berufsausbildung ausübt oder sie eine geeignete Tagespflegeperson … ist …

Auszug aus dem Bundeselterngeld- und Elternzeitgesetz (BEEG)

§ 2 Höhe des Elterngeldes	

§ 2
Höhe des
Elterngeldes

(1) Elterngeld wird in Höhe von 67 % des Einkommens aus Erwerbstätigkeit vor der Geburt des Kindes gewährt. Es wird bis zu einem Höchstbetrag von 1 800,00 € monatlich für volle Monate gezahlt, in denen die berechtigte Person kein Einkommen aus Erwerbstätigkeit hat. Das Einkommen aus Erwerbstätigkeit errechnet sich nach Maßgabe der §§ 2 c bis 2 f aus der um die Abzüge für Steuern und Sozialabgaben verminderten Summe der positiven Einkünfte aus

1. nichtselbständiger Arbeit nach § 2 Abs. 1 Satz 1 Nummer 4 des Einkommensteuergesetzes sowie

2. Land- und Forstwirtschaft, Gewerbebetrieb und selbständiger Arbeit nach § 2 Abs. 1 Satz 1 Nummer 1 bis 3 des Einkommensteuergesetzes,

die im Inland zu versteuern sind und die die berechtigte Person durchschnittlich monatlich im Bemessungszeitraum nach § 2b oder in Monaten der Bezugszeit nach § 2 Abs. 3 hat.

(2) In den Fällen, in denen das Einkommen aus Erwerbstätigkeit vor der Geburt geringer als 1 000,00 € war, erhöht sich der Prozentsatz von 67 % um 0,1 Prozentpunkte für je 2,00 €, um die dieses Einkommen den Betrag von 1 000,00 € unterschreitet, auf bis zu 100 %. In den Fällen, in denen das Einkommen aus Erwerbstätigkeit vor der Geburt höher als 1 200 € war, sinkt der Prozentsatz von 67 % um 0,1 Prozentpunkte für je 2,00 €, um die dieses Einkommen den Betrag von 1 200,00 € überschreitet, auf bis zu 65 %.

(3) Für Monate nach der Geburt des Kindes, in denen die berechtigte Person ein Einkommen aus Erwerbstätigkeit hat, das durchschnittlich geringer ist als das Einkommen aus Erwerbstätigkeit vor der Geburt, wird Elterngeld in Höhe des nach Abs. 1 oder 2 maßgeblichen Prozentsatzes des Unterschiedsbetrages dieser Einkommen aus Erwerbstätigkeit gezahlt. Als Einkommen aus Erwerbstätigkeit vor der Geburt ist dabei höchstens der Betrag von 2 770,00 € anzusetzen. Der Unterschiedsbetrag nach Satz 1 ist für das Einkommen aus Erwerbstätigkeit in Monaten, in denen die berechtigte Person Elterngeld im Sinne des § 4 Abs. 2 Satz 2 in Anspruch nimmt, und in Monaten, in denen sie Elterngeld Plus im Sinne des § 4 Abs. 3 Satz 1 in Anspruch nimmt, getrennt zu berechnen.

(4) Elterngeld wird mindestens in Höhe von 300,00 € gezahlt. Dies gilt auch, wenn die berechtigte Person vor der Geburt des Kindes kein Einkommen aus Erwerbstätigkeit hat.

§ 4
Bezugs-
zeitraum

(1) Elterngeld kann in der Zeit vom Tag der Geburt bis zur Vollendung des 14. Lebensmonats des Kindes bezogen werden. ...

(2) ... Die Eltern haben insgesamt Anspruch auf 12 Monatsbeiträge. Sie haben Anspruch auf zwei weitere Monatsbeiträge, wenn für zwei Monate eine Minderung des Einkommens aus Erwerbstätigkeit erfolgt. Die Eltern können die jeweiligen Monatsbeiträge abwechselnd oder gleichzeitig beziehen.

(3) Ein Elternteil kann höchstens für 12 Monate Elterngeld beziehen. Elterngeld für 14 Monate steht einem Elternteil auch zu, wenn 1. ihm die elterliche Sorge ... allein zusteht ... 2. eine Minderung des Einkommens aus Erwerbstätigkeit erfolgt und 3. der andere Elternteil weder mit ihm noch mit dem Kind in einer Wohnung lebt. ...

§ 10
Verhältnis
zu anderen
Sozialleistun-
gen

(1) Das Elterngeld, das Betreuungsgeld und jeweils vergleichbare Leistungen der Länder sowie die nach § 3 oder § 4 c auf die jeweilige Leistung angerechneten Einnahmen oder Leistungen bleiben bei Sozialleistungen, deren Zahlung von anderen Einkommen abhängig ist, bis zu einer Höhe von insgesamt 300,00 € im Monat als Einkommen unberücksichtigt.

Auszug aus dem Bundeselterngeld- und Elternzeitgesetz (BEEG)	
	(2) Das Elterngeld, das Betreuungsgeld und jeweils vergleichbare Leistungen der Länder sowie die nach § 3 oder § 4 c auf die jeweilige Leistung angerechneten Einnahmen oder Leistungen dürfen bis zu einer Höhe von insgesamt 300,00 € nicht dafür herangezogen werden, um auf Rechtsvorschriften beruhende Leistungen anderer, auf die kein Anspruch besteht, zu versagen.
	(3) Soweit die berechtigte Person Elterngeld Plus bezieht, bleibt das Elterngeld nur bis zur Hälfte des Anrechnungsfreibetrags, der nach Abzug der anderen nach Abs. 1 nicht zu berücksichtigenden Einnahmen für das Elterngeld verbleibt, als Einkommen unberücksichtigt und darf nur bis zu dieser Höhe nicht dafür herangezogen werden, um auf Rechtsvorschriften beruhende Leistungen anderer, auf die kein Anspruch besteht, zu versagen. ...
Abschnitt 2: Elternzeit	
§ 15 **Anspruch**	... (2) Der Anspruch auf Elternzeit besteht bis zur Vollendung des dritten Lebensjahres eines Kindes ... Bei mehreren Kindern besteht der Anspruch auf Elternzeit für jedes Kind, auch wenn sich die Zeiträume ... überschneiden. (3) Die Elternzeit kann, auch anteilig, von jedem Elternteil allein oder von beiden Eltern gemeinsam genommen werden. (4) Der Arbeitnehmer darf während der Elternzeit nicht mehr als 30 Wochenstunden erwerbstätig sein. ...
§ 18 Kündi- gungsschutz	(1) Der Arbeitgeber darf das Arbeitsverhältnis ab dem Zeitpunkt, von dem an Elternzeit verlangt worden ist, höchstens jedoch acht Wochen vor Beginn der Elternzeit, und während der Elternzeit nicht kündigen. ...

1.2.7 Das Betriebsverfassungsgesetz (BetrVG)

Das Betriebsverfassungsgesetz befasst sich mit der Zusammenarbeit zwischen den Arbeitnehmern und dem Arbeitgeber in einem Betrieb.
Um die Rechte von Jugendlichen und Auszubildenden zu wahren, sieht das Betriebsverfassungsgesetz eine Jugend- und Auszubildendenvertretung vor.

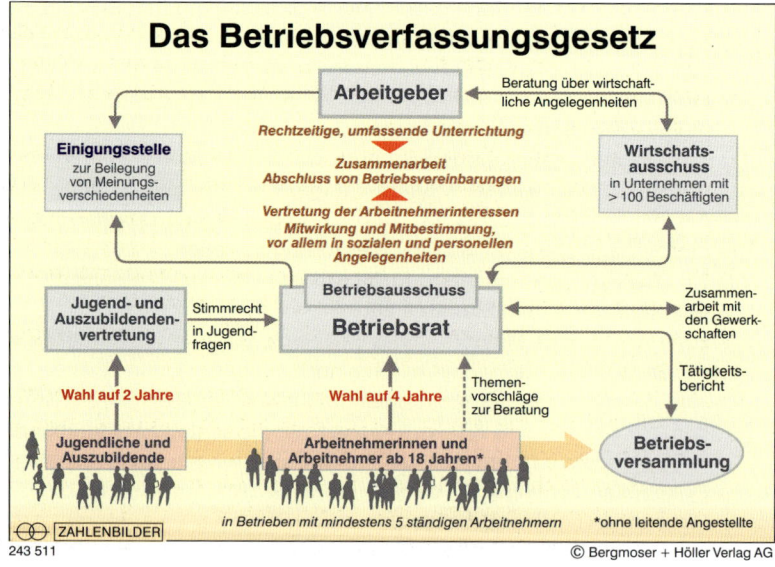

Auszug aus dem Betriebsverfassungsgesetz (BetrVG)

Allgemeine Vorschriften

§ 1 Errichtung von Betriebsräten	(1) In Betrieben mit in der Regel mindestens fünf ständigen wahlberechtigten Arbeitnehmern, von denen drei wählbar sind, werden Betriebsräte gewählt. Dies gilt auch für gemeinsame Betriebe mehrerer Unternehmen. …

Der Betriebsrat

§ 7 Wahlberechtigung	Wahlberechtigt sind alle Arbeitnehmer des Betriebs, die das 18. Lebensjahr vollendet haben …
§ 8 Wählbarkeit	(1) Wählbar sind alle Wahlberechtigten, die sechs Monate dem Betrieb angehören …
§ 9 Zahl der Betriebsratsmitglieder	Der Betriebsrat besteht in Betrieben mit in der Regel 5 bis 20 wahlberechtigten Arbeitnehmern aus einer Person, 21 bis 50 wahlberechtigten Arbeitnehmern aus 3 Mitgliedern, 51 wahlberechtigten Arbeitnehmern bis 100 Arbeitnehmern aus 5 Mitgliedern, 101 bis 200 Arbeitnehmern aus 7 Mitgliedern, … 7001 bis 9000 Arbeitnehmern aus 35 Mitgliedern. In Betrieben mit mehr als 9000 Arbeitnehmern erhöht sich die Zahl der Mitglieder des Betriebsrats für je angefangene weitere 3000 Arbeitnehmer um 2 Mitglieder.
§ 21 Amtszeit	Die regelmäßige Amtszeit des Betriebsrats beträgt vier Jahre. …
§ 38 Freistellungen	(1) Von ihrer beruflichen Tätigkeit sind mindestens freizustellen in Betrieben mit i. d. R. 200 bis 500 Arbeitnehmern ein Betriebsratsmitglied, 501 bis 900 Arbeitnehmern 2 Betriebsratsmitglieder, 901 bis 1500 Arbeitnehmern 3 Betriebsratsmitglieder, …, 9001 bis 10000 Arbeitnehmern 12 Betriebsratsmitglieder. In Betrieben mit über 10000 Arbeitnehmern ist für je angefangene weitere 2000 Arbeitnehmer ein weiteres Betriebsratsmitglied freizustellen. …

Betriebsversammlung

§ 43 Betriebsversammlung	(1) Der Betriebsrat hat einmal in jedem Kalendervierteljahr eine Betriebsversammlung einzuberufen und in ihr einen Tätigkeitsbericht zu erstatten. …

Jugend- und Auszubildendenvertretung

§ 60 Errichtung und Aufgabe	(1) In Betrieben mit in der Regel mindestens fünf Arbeitnehmern, die das 18. Lebensjahr noch nicht vollendet haben … oder die zu ihrer Berufsausbildung beschäftigt sind und das 25. Lebensjahr noch nicht vollendet haben, werden Jugend- und Auszubildendenvertretungen gewählt. …
§ 61 Wahlberechtigung, Wählbarkeit	(1) Wahlberechtigt sind alle in § 60 Abs. 1 genannten Arbeitnehmer des Betriebs. (2) Wählbar sind alle Arbeitnehmer des Betriebs, die das 25. Lebensjahr noch nicht vollendet haben; … Mitglieder des Betriebsrats können nicht zu Jugend- und Auszubildendenvertretern gewählt werden.
§ 64 Zeitpunkt der Wahlen, Amtszeit	(1) Die regelmäßigen Wahlen der Jugend- und Auszubildendenvertretung finden alle 2 Jahre in der Zeit vom 1. Oktober bis 30. November statt. … (2) Die regelmäßige Amtszeit der Jugend- und Auszubildendenvertretung beträgt zwei Jahre. …
§ 70 Allgemeine Aufgaben	(1) Die Jugend- und Auszubildendenvertretung hat folgende allgemeine Aufgaben: 1. Maßnahmen, die den in § 60 Abs. 1 genannten Arbeitnehmern dienen, insbesondere in Fragen der Berufsbildung und der Übernahme der zu ihrer Berufsausbildung Beschäftigten in ein Arbeitsverhältnis, beim Betriebsrat zu beantragen; 1a. Maßnahmen zur Durchsetzung der tatsächlichen Gleichstellung der in § 60 Abs. 1 genannten Arbeitnehmer … beim Betriebsrat zu beantragen;

Auszug aus dem Betriebsverfassungsgesetz (BetrVG)

2. darüber zu wachen, dass die zugunsten der in § 60 Abs. 1 genannten Arbeitnehmer geltenden Gesetze, Verordnungen, Unfallverhütungsvorschriften, Tarifverträge und Betriebsvereinbarungen durchgeführt werden;

3. Anregungen von in § 60 Abs. 1 genannten Arbeitnehmern, insbesondere in Fragen der Berufsbildung, entgegenzunehmen und, falls sie berechtigt erscheinen, beim Betriebsrat auf eine Erledigung hinzuwirken. ...

4. die Integration ausländischer, in § 60 Abs. 1 genannter Arbeitnehmer im Betrieb zu fördern und entsprechende Maßnahmen beim Betriebsrat zu beantragen. ...

Mitwirkung und Mitbestimmung der Arbeitnehmer

§ 78a Schutz Auszubildender in besonderen Fällen	(1) Beabsichtigt der Arbeitgeber, einen Auszubildenden, der Mitglied der Jugend- und Auszubildendenvertretung, des Betriebsrats, ... ist, nach Beendigung des Berufsausbildungsverhältnisses nicht in ein Arbeitsverhältnis auf unbestimmte Zeit zu übernehmen, so hat er dies drei Monate vor Beendigung des Berufsausbildungsverhältnisses dem Auszubildenden schriftlich mitzuteilen.
	(2) Verlangt ein in Abs. 1 genannter Auszubildender innerhalb der letzten drei Monate vor Beendigung des Berufsausbildungsverhältnisses schriftlich vom Arbeitgeber die Weiterbeschäftigung, so gilt zwischen Auszubildendem und Arbeitgeber im Anschluss an das Berufsausbildungsverhältnis ein Arbeitsverhältnis auf unbestimmte Zeit als begründet. ...
	(3) Die Absätze 1 und 2 gelten auch, wenn das Berufsausbildungsverhältnis vor Ablauf eines Jahres nach Beendigung der Amtszeit der Jugend- und Auszubildendenvertretung, ... endet.
§ 80 Allgemeine Aufgaben	(1) Der Betriebsrat hat folgende allgemeine Aufgaben: 1. darüber zu wachen, dass die zugunsten der Arbeitnehmer geltenden Gesetze, Verordnungen, Unfallverhütungsvorschriften, Tarifverträge und Betriebsvereinbarungen durchgeführt werden; 2. Maßnahmen, die dem Betrieb und der Belegschaft dienen, beim Arbeitgeber zu beantragen; 2a. die Durchsetzung der tatsächlichen Gleichstellung von Frauen und Männern, ... 2b. die Vereinbarkeit von Familie und Erwerbstätigkeit zu fördern; 3. Anregungen von Arbeitnehmern und der Jugend- und Auszubildendenvertretung entgegenzunehmen und, falls sie berechtigt erscheinen, durch Verhandlungen mit dem Arbeitgeber auf eine Erledigung hinzuwirken; ... 4. die Eingliederung Schwerbehinderter und sonstiger besonders schutzbedürftiger Personen zu fördern; 5. die Wahl einer Jugend- und Auszubildendenvertretung vorzubereiten und durchzuführen ...; 6. die Beschäftigung älterer Arbeitnehmer im Betrieb zu fördern; 7. die Integration ausländischer Arbeitnehmer im Betrieb und das Verständnis zwischen ihnen und den deutschen Arbeitnehmern zu fördern sowie Maßnahmen zur Bekämpfung von Rassismus und Fremdenfeindlichkeit im Betrieb zu beantragen; 8. die Beschäftigung im Betrieb zu fördern und zu sichern; 9. Maßnahmen des Arbeitsschutzes und des betrieblichen Umweltschutzes zu fördern. (2) Zur Durchführung seiner Aufgaben nach diesem Gesetz ist der Betriebsrat rechtzeitig und umfassend vom Arbeitgeber zu unterrichten; ...

Auszug aus dem Betriebsverfassungsgesetz (BetrVG)

§ 87 Mitbestim- mungsrechte	(1) Der Betriebsrat hat, soweit eine gesetzliche oder tarifliche Regelung nicht besteht, in folgenden Angelegenheiten mitzubestimmen: 1. Fragen der Ordnung des Betriebs und des Verhaltens der Arbeitnehmer im Betrieb; 2. Beginn und Ende der täglichen Arbeitszeit einschließlich der Pausen sowie Verteilung der Arbeitszeit auf die einzelnen Wochentage; 3. vorübergehende Verkürzung oder Verlängerung der betriebsüblichen Arbeitszeit; 4. Zeit, Ort und Art der Auszahlung der Arbeitsentgelte; 5. Aufstellung allgemeiner Urlaubsgrundsätze und des Urlaubsplans sowie die Festsetzung der zeitlichen Lage des Urlaubs für einzelne Arbeitnehmer, wenn zwischen dem Arbeitgeber und den beteiligten Arbeitnehmern kein Einverständnis erzielt wird; 6. Einführung und Anwendung von technischen Einrichtungen, die dazu bestimmt sind, das Verhalten oder die Leistung der Arbeitnehmer zu überwachen; 7. Regelungen über die Verhütung von Arbeitsunfällen und Berufskrankheiten sowie über den Gesundheitsschutz im Rahmen der gesetzlichen Vorschriften oder der Unfallverhütungsvorschriften; 8. Form, Ausgestaltung und Verwaltung von Sozialeinrichtungen, deren Wirkungsbereich auf den Betrieb, das Unternehmen oder den Konzern beschränkt ist; 9. Zuweisung und Kündigung von Wohnräumen, die den Arbeitnehmern mit Rücksicht auf das Bestehen eines Arbeitsverhältnisses vermietet werden, sowie die allgemeine Festlegung der Nutzungsbedingungen; 10. Fragen der betrieblichen Lohngestaltung, insbesondere die Aufstellung von Entlohnungsgrundsätzen und die Einführung und Anwendung von neuen Entlohnungsmethoden sowie deren Änderung; 11. Festsetzung der Akkord- und Prämiensätze und vergleichbarer leistungsbezogener Entgelte, einschließlich der Geldfaktoren; 12. Grundsätze über das betriebliche Vorschlagswesen; 13. Grundsätze über die Durchführung von Gruppenarbeit; ... (2) Kommt eine Einigung über eine Angelegenheit nach Abs. 1 nicht zustande, so entscheidet die Einigungsstelle. Der Spruch der Einigungsstelle ersetzt die Einigung zwischen Arbeitgeber und Betriebsrat.
§ 99 Mitbestim- mung bei personellen Einzelmaß- nahmen	(1) In Unternehmen mit in der Regel mehr als zwanzig wahlberechtigten Arbeitnehmern hat der Arbeitgeber den Betriebsrat vor jeder Einstellung, Eingruppierung, Umgruppierung und Versetzung zu unterrichten, ihm die erforderlichen Bewerbungsunterlagen vorzulegen und Auskunft über die Person der Beteiligten zu geben; er hat dem Betriebsrat unter Vorlage der erforderlichen Unterlagen Auskunft über die Auswirkungen der geplanten Maßnahme zu geben und die Zustimmung des Betriebsrats zu der geplanten Maßnahme einzuholen. Bei Einstellungen und Versetzungen hat der Arbeitgeber insbesondere den in Aussicht genommenen Arbeitsplatz und die vorgesehene Eingruppierung mitzuteilen. ... (2) Der Betriebsrat kann die Zustimmung verweigern, ...
§ 102 Mitbestim- mung bei Kündigungen	(1) Der Betriebsrat ist vor jeder Kündigung zu hören. Der Arbeitgeber hat ihm die Gründe für die Kündigung mitzuteilen. Eine ohne Anhörung des Betriebsrats ausgesprochene Kündigung ist unwirksam.

Auszug aus dem Betriebsverfassungsgesetz (BetrVG)

(2) Hat der Betriebsrat gegen eine ordentliche Kündigung Bedenken, so hat er diese unter Angabe der Gründe dem Arbeitgeber spätestens innerhalb einer Woche schrift-lich mitzuteilen. Äußert er sich innerhalb dieser Frist nicht, gilt seine Zustimmung zur Kündigung als erteilt. Hat der Betriebsrat gegen eine außerordentliche Kündigung Bedenken, so hat er diese unter Angabe der Gründe dem Arbeitgeber unverzüglich, spätestens jedoch innerhalb von drei Tagen, schriftlich mitzuteilen. Der Betriebsrat soll, ... den betroffenen Arbeitnehmer hören.

(3) Der Betriebsrat kann innerhalb der Frist des Absatzes 2 Satz 1 der ordentlichen Kündigung widersprechen, ...

(4) Kündigt der Arbeitgeber, obwohl der Betriebsrat nach Abs. 3 der Kündigung widersprochen hat, so hat er dem Arbeitnehmer mit der Kündigung eine Abschrift der Stellungnahme des Betriebsrats zuzuleiten.

(5) Hat der Betriebsrat einer ordentlichen Kündigung frist- und ordnungsgemäß widersprochen, und hat der Arbeitnehmer nach dem Kündigungsschutzgesetz Klage auf Feststellung erhoben, dass das Arbeitsverhältnis durch die Kündigung nicht aufgelöst ist, so muss der Arbeitgeber auf Verlangen des Arbeitnehmers diesen nach Ablauf der Kündigungsfrist bis zum rechtskräftigen Abschluss des Rechtsstreits bei unveränderten Arbeitsbedingungen weiterbeschäftigen. ...

1.2.8 Institutionen zur Durchsetzung der Ansprüche

Entstehen während der Ausbildung Probleme mit dem Arbeitgeber, stehen den Auszubildenden zahlreiche Ansprechpartner zur Verfügung. Bei Fragen des Betriebs- und Gefahrenschutzes können sich die Auszubildenden an die **staatlichen Gewerbeaufsichtsämter** sowie an die **Berufsgenossenschaften** wenden. Bei Problemen mit anderen Mitarbeitern oder dem Arbeitgeber sollte sich der Auszubildende zunächst an den **Betriebsrat** und insbesondere an die **Jugend- und Auszubildendenvertretung** wenden.

Die **Industrie- und Handelskammer** bzw. die **Handwerkskammern** als Aufsichtsbehörden für eine ordnungsgemäße Ausbildung sind ebenfalls Ansprechpartner. Bei den Kammern werden auch die Berufsausbildungsverzeichnisse geführt. Sie überwachen die Eignung der Ausbildungsstätten, beraten und schlichten bei Problemen in der Ausbildung und bilden Prüfungsausschüsse zur Durchführung von Zwischen- und Abschlussprüfungen. Unterstützung wird darüber hinaus auch von den **Gewerkschaften** gewährt. Wird keine gütliche Einigung gefunden, müssen die **Arbeitsgerichte** angerufen werden.

1.3 Schülervertretung

Ebenso wie die Arbeitnehmer in den Betrieben durch den Betriebsrat vertreten werden, gibt es an den Schulen eine Schülervertretung.

*Die **Schülervertretung** (SV) ist die offizielle Vertretung der Schüler einer Schule.*

Nach dem Schulmitwirkungsgesetz, dem SV-Erlass sowie der Allgemeinen Schulordnung stehen der Schülervertretung einige Mitwirkungsmöglichkeiten zur Verfügung:

— Vertretung der Interessen der Schüler bei der Gestaltung der Bildungs- und Erziehungsarbeit sowie

— Förderung der fachlichen, sportlichen, kulturellen, politischen und sozialen Interessen der Schüler.

1.3.1 Die Organe der Schülervertretung an berufsbildenden Schulen

Jede Klasse wählt einen **Klassensprecher**. Dieser vertritt die Interessen der Klasse und informiert die Klasse über die Aktivitäten der Schülervertretung (SV). Darüber hinaus leitet er die SV-Verfügungsstunde, die bei Vollzeitklassen monatlich und bei Teilzeitklassen einmal im Quartal abgehalten werden können.

Der **Schülerrat** besteht aus den Klassensprechern. Aus seiner Mitte werden Schüler gestellt, die an Schulkonferenzen und Teilkonferenzen teilnehmen. Der Schülerrat wählt auch die Verbindungslehrer sowie einen **Schülersprecher**. Dieser ist zugleich Vorsitzender des Schülerrats und Sprecher der SV.

Maximal zweimal im Jahr kann eine **Schülerversammlung**, bestehend aus allen Schülern der Schule, einberufen werden.

1.4 Leben, Lernen und Arbeiten in Europa

Auslandserfahrungen und gute **Fremdsprachenkenntnisse** sind heute wichtige Bausteine in der Karriereplanung. Es gibt daher zahlreiche Förderprogramme der Länder, vieler privater Institutionen und Stiftungen und der Europäischen Union, um Schülern, Auszubildenden und Arbeitnehmern einen Auslandsaufenthalt zu ermöglichen.

Schüler können sich z. B. auf der Homepage der Schulministerien informieren[1].

---

[1] Beispielsweise für NRW: www.schulministerium.nrw.de/BP/Schueler/Schueleraustausch/Schueleraustausch/AustauschIndividuell/

Ende Juni 2013 verständigten sich die EU-Mitgliedsstaaten mit dem EU-Parlament auf das neue Programm für Bildung, Jugend und Sport ERASMUS+, das am 01.01.2014 startete. ERASMUS+ wird eine Laufzeit von 2014 bis 2020 haben und voraussichtlich über eine Mittelausstattung von mindestens 13 Milliarden € verfügen. 10 Milliarden € entfallen dabei auf die folgenden Programme:

Leonardo da Vinci	Gefördert wird die Zusammenarbeit in der beruflichen Aus- und Weiterbildung in der EU. Ein Schwerpunkt liegt dabei auf der Unterstützung von Auslandsaufenthalten. Darüber hinaus sollen die Berufsbildungssysteme in den Mitgliedsstaaten verbessert werden.
Grundtvig	Dieses Programm bezieht sich auf die Erwachsenenbildung. Zum einen sollen die durch die Alterung der Bevölkerung entstehenden Bildungsherausforderungen angegangen werden. Zum anderen unterstützt das Programm Erwachsene bei der Erweiterung und Vertiefung ihres Wissens und ihrer Kompetenzen.
Comenius	COMENIUS dient der Förderung der Mobilität von Schülern, Lehramtsstudierenden und Lehrkräften. Im Vordergrund steht das Erlernen moderner Fremdsprachen. Dies soll u. a. durch die Zusammenarbeit und Partnerschaft schulischer Einrichtungen in Europa erreicht werden. Das Programm richtet sich daher an vorschulische Einrichtungen und Schulen bis zum Ende des Sekundarbereichs II sowie an Einrichtungen und Organisationen der Schulverwaltung und der Lehreraus- und -fortbildung. Gefördert werden Schulpartnerschaften, Regio-Partnerschaften im schulischen Bereich zwischen Regionen und Gemeinden sowie Auslandsaufenthalte von Lehramtsstudenten und Fortbildungen für Lehrer.
Erasmus	Erasmus wendet sich an Studierende, die im Ausland studieren oder arbeiten möchten. Außerdem wird die Zusammenarbeit zwischen Hochschulen in ganz Europa gefördert. Neben Studierenden werden auch Hochschuldozenten und in der freien Wirtschaft tätige Personen, die im Ausland lehren möchten, sowie Hochschulmitarbeiter, die sich beruflich weiterqualifizieren möchten, unterstützt.

Bei Bewerbungen für das europäische Ausland ist es sinnvoll, den kostenlosen Service der Europäischen Kommission **Europass** zu nutzen. Mit standardisierten Dokumenten können im In- und Ausland erworbene Qualifikationen und Kompetenzen europaweit verständlich dokumentiert werden. Der Europass beinhaltet einen Lebenslauf, einen Sprachenpass, einen Mobilitätsnachweis sowie die Möglichkeit zusätzliche Informationen zum Berufs- oder Hochschulabschluss anzugeben.

1.4.1 Der Deutsche Qualifikationsrahmen (DQR)

Der Deutsche Qualifikationsrahmen (DQR) unterteilt das Bildungssystem in acht Niveaustufen. Hauptziel ist es, das deutsche Bildungssystem transparenter zu gestalten: So ist zum Beispiel der Meister gleichrangig mit einem Bachelorabschluss. Diese Niveaustufen werden seit 2014 auf Abschlusszeugnissen ausgewiesen.[1] Trotzdem qualifiziert das Erreichen einer bestimmten Stufe nicht dazu, einen Zugang zur nächsthöheren zu erlangen: Ein Abschluss als Meister ist demnach keine Zugangsberechtigung zu einem Masterstudium, obwohl er laut Niveaustufe gleichrangig mit einem Bachelorabschluss ist.

Es existiert ein entsprechendes europäisches Pendant: der Europäische Qualifikationsrahmen (EQR). Dieser ermöglicht es, ein bestimmtes Niveau der Ausbildung auf europäischer Ebene verständlich und einheitlich zu gestalten – trotz der vielen verschiedenen Bildungssysteme. Das soll einen Wechsel in ein anderes europäisches Land, um dort zu arbeiten, vereinfachen.

---

[1] Genauere Informationen zum DQR findet man auf der Website www.dqr.de/index.php.

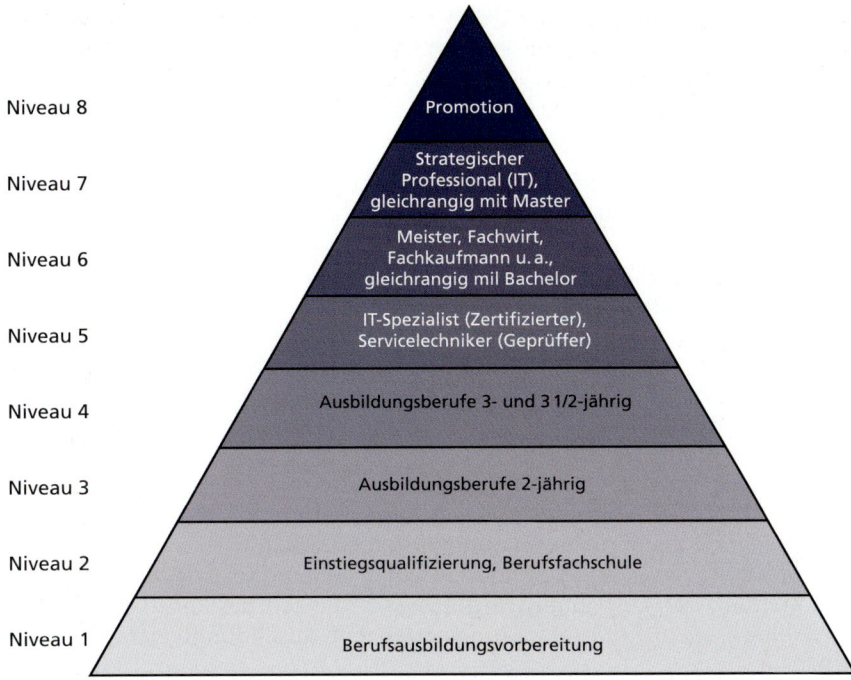

Niveau 8 — Promotion

Niveau 7 — Strategischer Professional (IT), gleichrangig mit Master

Niveau 6 — Meister, Fachwirt, Fachkaufmann u. a., gleichrangig mil Bachelor

Niveau 5 — IT-Spezialist (Zertifizierter), Servicelechniker (Geprüffer)

Niveau 4 — Ausbildungsberufe 3- und 3 1/2-jährig

Niveau 3 — Ausbildungsberufe 2-jährig

Niveau 2 — Einstiegsqualifizierung, Berufsfachschule

Niveau 1 — Berufsausbildungsvorbereitung

Niveaustufen des DQR (in Anlehnung an: IHK Mittleres Ruhrgebiet (Hrsg.): Deutscher Qualifikationsrahmen (DQR), veröff. am 21.03.2016 unter: http://ihk-bic.de/ihk-praxisstudium/deutscher-qualifikationsrahmen-dqr)

Auch bei den Bruttolöhnen ziehen die Meister und Techniker oft mit den Akademikern gleich. Ein Gutachten des Instituts der deutschen Wirtschaft Köln zeigt, dass 28 % der Meister und Techniker einen höheren Stundenlohn haben als ein Durchschnittsakademiker. Die Durchschnittsgehälter von vielen Berufsgruppen findet man im Entgeltatlas der Bundesagentur für Arbeit (https://entgelatlas.arbeitsagentur.de).

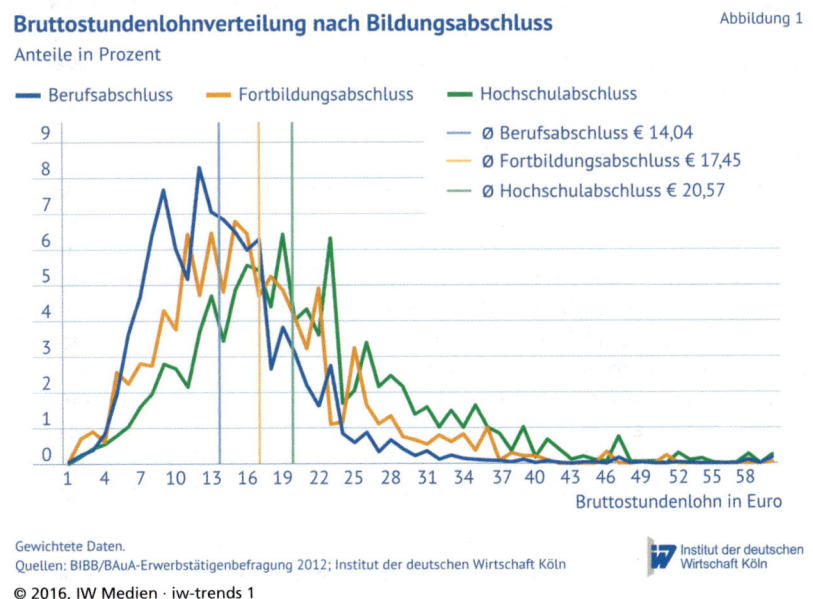

Bruttostundenlohnverteilung nach Bildungsabschluss   Abbildung 1

Anteile in Prozent

— Berufsabschluss   — Fortbildungsabschluss   — Hochschulabschluss

— Ø Berufsabschluss € 14,04
— Ø Fortbildungsabschluss € 17,45
— Ø Hochschulabschluss € 20,57

Bruttostundenlohn in Euro

Gewichtete Daten.
Quellen: BIBB/BAuA-Erwerbstätigenbefragung 2012; Institut der deutschen Wirtschaft Köln

Institut der deutschen Wirtschaft Köln

Vertiefungsaufgaben zur Handlungssituation 1

1. Erläutern Sie das duale Ausbildungssystem mit seinen Lernorten. Nennen Sie zwei Vorteile dieses Systems.

2. Welche Aussage(n) zur Berufsausbildung ist/sind falsch?
   a) Jugendliche dürfen auch in nicht anerkannten Ausbildungsberufen ausgebildet werden.
   b) Die Ausbildung hat den Erwerb der erforderlichen Berufserfahrung zu ermöglichen.
   c) Die Probezeit dauert mindestens einen Monat.

3. Geben Sie jeweils an, ob die nachfolgenden Aussagen zum Berufsausbildungsvertrag richtig oder falsch sind.
   a) Die Berufsschulpflicht besteht grundsätzlich solange auch ein Berufsausbildungsverhältnis besteht.
   b) Während der Probezeit ist die Kündigung nur seitens des Auszubildenden möglich.
   c) Nach der Probezeit kann das Ausbildungsverhältnis gekündigt werden, wenn der Auszubildende die Berufsausbildung aufgeben will.
   d) Die Vergütung des Auszubildenden soll dem Lebensalter angemessen sein.
   e) Eine Kürzung der Ausbildungsvergütung für die Zeit des Berufsschulbesuchs kann durch eine zusätzliche Vereinbarung neben dem Ausbildungsvertrag getroffen werden.
   f) Ruhepausen können nach dem Jugendarbeitsschutzgesetz sowohl zu Beginn als auch am Ende der Arbeitszeit eingelegt werden.

4. Wie heißen die Vertragspartner bei einem Ausbildungsvertrag?

5. Welche Form ist bei dem Abschluss eines Ausbildungsvertrags vorgeschrieben?

6. Ein Firmeninhaber vereinbart am 5. Mai mit einem 17-Jährigen und dessen Eltern, den Jugendlichen ab dem 1. August zum Fachinformatiker auszubilden. Welche Aussagen über diesen Berufsausbildungsvertrag sind falsch?
   a) Der Vertrag kann mündlich abgeschlossen werden.
   b) Er muss dem Berufsbildungsgesetz entsprechen.
   c) Er muss unverzüglich der IHK zur Eintragung in das Verzeichnis der Berufsausbildungsverhältnisse eingereicht werden.
   d) Die Probezeit kann bis zum 1. Februar des darauffolgenden Jahres dauern.

7. a) Welche Inhalte müssen mindestens in einem Berufsausbildungsvertrag stehen?
   b) Wer muss den Berufsausbildungsvertrag bei einem minderjährigen Auszubildenden unterzeichnen?

8. Welche rechtlichen Verpflichtungen muss ein Ausbildender bei Abschluss eines Berufsausbildungsvertrags übernehmen?
   Er muss
   a) die in der Ausbildungsordnung genannten Fertigkeiten, Fähigkeiten und Kenntnisse vermitteln.
   b) die für den Besuch der Berufsschule erforderlichen Bücher kostenlos zur Verfügung stellen.

c) den Auszubildenden zum Besuch der Berufsschule anhalten.

d) selbst ausbilden oder einen Ausbilder bzw. eine Ausbilderin mit der Ausbildung ausdrücklich beauftragen.

9. Einige Unternehmen scheuen sich einen Auszubildenden einzustellen, da ihnen die Kosten zu hoch sind. Welchen Nutzen kann man auf der Gegenseite anführen?

10. Ein Auszubildender im ersten Ausbildungsjahr hat erhebliche unentschuldigte Fehlzeiten beim Berufsschulunterricht. Darf der Ausbildende ihn kündigen?

11. Welche Aussage über Kinderarbeit in Deutschland ist richtig?

a) Kinderarbeit ist nur noch in der Landwirtschaft erlaubt.

b) Die Beschäftigung von Kindern ist grundsätzlich verboten.

c) Kinder dürfen im elterlichen Betrieb wöchentlich 10 Stunden beschäftigt werden.

12. Die 17-jährige Eva Fleißig hat von 9:00 Uhr bis 12:30 Uhr Berufsschulunterricht (vier Schulstunden zuzüglich der Pausen). Wie viele Stunden und Minuten darf sie an diesem Tag noch beschäftigt werden?

13. a) Ein 17-jähriger Auszubildender möchte wissen, ob er nach dem Berufsschulunterricht noch zur Arbeit gehen muss. Der Berufsschulunterricht dauert sechs Schulstunden und findet an einem Unterrichtstag je Woche statt.

b) Wie würde Ihre Entscheidung lauten, wenn der Auszubildende 18 Jahre alt ist?

14. Der 16-jährige Auszubildende zum IT-Systemelektroniker soll mit seinem Chef über das Wochenende auf Montage fahren. Der Auszubildende wendet ein, dass dies nicht mit dem Jugendarbeitsschutzgesetz vereinbar ist. Hat er Recht?

15. Welche Pausenregelung entspricht den Mindestvorschriften des Jugendarbeitsschutzgesetzes?

a) Arbeitszeit: 420 Minuten, Pause 40 Minuten

b) Arbeitszeit: 360 Minuten, Pause 30 Minuten

16. Ein Auszubildender bringt in der Berufsschule nur mangelhafte Leistungen. Darf der Ausbildende ihm dann kündigen?

17. Geben Sie jeweils an, ob das Ausbildungsverhältnis

(1) kraft Gesetz   (2) durch eine Kündigung oder   (3) nicht   beendet wird.

a) Der Auszubildende hat die Abschlussprüfung nicht bestanden und möchte das Ausbildungsverhältnis nicht fortsetzen.

b) Der Ausbildungsbetrieb wird verkauft und weitergeführt.

c) Der Auszubildende hat die Abschlussprüfung bestanden.

d) Der Auszubildende möchte das Ausbildungsverhältnis auflösen, um einen anderen Beruf zu erlernen.

18. Im Schnitt brechen ca. 20 % der Auszubildenden ihre Ausbildung vorzeitig ab. Die Abbruchquote ist jedoch von Beruf zu Beruf sehr unterschiedlich. Welche Gründe können dafür sprechen, eine Berufsausbildung abzubrechen?

19. Seit 2007 können frischgebackene Eltern vom Staat bis zu 14 Monate Elterngeld von bis zu 1 800,00 € im Monat erhalten, um die berufliche Auszeit finanziell zu erleichtern. In den ersten Jahren nach Einführung des Elterngeldes haben die meisten Mütter für 12 Monate Elterngeld bezogen, während die Väter in der Regel nur zwei Monate beantragt haben. Woran liegen Ihrer Meinung nach die deutlichen Unterschiede zwischen den Antragszahlen der Frauen im Vergleich zu den Männern?

20. Geben Sie jeweils an, ob die nachfolgenden Sachverhalte bezüglich der Berufsausbildung

(1) im BBiG,   (2) im JArbSchG   oder (3) in keiner dieser Rechtsgrundlagen geregelt ist.

a) Dauer der Probezeit
b) Erstuntersuchung bei minderjährigen Auszubildenden
c) Kündigung eines Auszubildenden
d) Jugendliche dürfen grundsätzlich nur in der Zeit von 6:00 Uhr bis 20:00 Uhr beschäftigt werden.
e) Der Urlaub beträgt bis zum vollendeten 21. Lebensjahr mindestens 25 Tage.

21. Geben Sie jeweils an, ob die nachfolgenden Aussagen zur Jugend- und Auszubildendenvertretung richtig oder falsch sind.
a) Wahlberechtigt sind nur jugendliche Arbeitnehmer
b) In Betrieben mit mindestens fünf jugendlichen Arbeitnehmern oder solchen, die zu ihrer Berufsausbildung beschäftigt sind und das 25. Lebensjahr noch nicht vollendet haben, werden Jugend- und Auszubildendenvertretungen gewählt.
c) Für Jugend- und Auszubildendenvertreter besteht kein besonderer Kündigungsschutz.

22. Nehmen Sie Stellung zu folgender Aussage: Die ordentliche Kündigung einer schwangeren Frau ist unzulässig.

23. In welchem Zeitraum dürfen werdende Mütter nicht beschäftigt werden?

24. Bei welchen Aufgaben handelt es sich um Aufgaben des Betriebsrates?
a) Überwachung der Einhaltung von Unfallverhütungsvorschriften
b) Ausstellung von Arbeitszeugnissen
c) Förderung der Beschäftigung von älteren Arbeitnehmern
d) Weiterleitung von Beschwerden der Mitarbeiter

25. In welchen der unten stehenden Fälle hat der Betriebsrat ein Mitbestimmungsrecht?
a) Festlegung der täglichen Arbeitszeiten
b) Entscheidung über die Teilnahme eines Mitarbeiters an einer Fortbildung
c) Aufstellung des Urlaubsplans
d) Aufstellung von Entlohnungsgrundsätzen
e) Benutzung der Dienstfahrzeuge
f) Kündigungen

26. Wie lange dauert die regelmäßige Amtszeit des Betriebsrats?

27. Für die duale Ausbildung sind neben den Betrieben und der Berufsschule auch die Industrie- und Handelskammer oder die Handwerkskammer und ggf. die Innung zuständig. Welcher/welchen Institution(en) gehört Ihr Ausbildungsbetrieb an. Kennzeichnen Sie diese anhand folgender Merkmale
   a) Wer ist Mitglied?
   b) Gehört man der Institution freiwillig oder per Gesetz an?
   c) Welche Aufgaben hat die Institution?

28. Wie heißen Schülersprecher und Verbindungslehrer an Ihrer Schule?

29. Nennen Sie Beispiele für die SV-Arbeit an Ihrer Schule.

30. Eine 16-jährige Auszubildende möchte einen Teil der Ausbildung im europäischen Ausland absolvieren. Welche Aussage zum Dienst „europass" ist falsch?
   a) Der europass ist ein kostenloser Service der Europäischen Union.
   b) Durch den europass soll die Mobilität der Bürger der Europäischen Union gefördert werden.
   c) Der europass zertifiziert Fremdsprachenkenntnisse.
   d) Der europass stellt standardisierte und europaweit einheitliche Dokumente zur Darstellung von Qualifikationsprofilen zur Verfügung.
   e) Der europass besteht aus folgenden Dokumenten, die der Bürger auswählen kann: Lebenslauf, Sprachenpass, Zeugniserläuterung, Mobilität, Diploma Supplement.

31. Bei „Leonardo da Vinci" handelt es sich um ein europäisches Programm für die berufliche Bildung. Welche Aussage ist in diesem Zusammenhang nicht richtig?
   a) Das Programm unterstützt und ergänzt die Berufsbildungspolitik der teilnehmenden Staaten.
   b) Das Leonardo da Vinci-Programm fördert weltweit Bürgerinnen und Bürger beim Erwerb internationaler Kompetenzen.
   c) Leonardo da Vinci unterstützt zentrale europäische Reformvorhaben, wie z.B. die Entwicklung eines Kreditpunktesystems in der beruflichen Bildung.
   d) Leonardo da Vinci richtet sich u.a. an Einrichtungen der beruflichen Bildung wie berufsbildende Schulen sowie außer- und überbetriebliche Bildungsstätten.
   e) Im Programm Leonardo da Vinci werden u.a. Auslandsaufenthalte in der beruflichen Aus- und Weiterbildung gefördert.

32. Internationale Erfahrung wird für das Berufsleben immer wichtiger. Erläutern Sie zwei Gründe, die dafür sprechen, ein Berufspraktikum im Ausland zu absolvieren.

2 Die erste Stelle

Themen
- Bewerbung
- Arbeitsvertrag
- Tarifvertrag
- Kündigung
- Arbeitszeugnis
- Geringfügig Beschäftigte
- Sozialversicherungen (Krankenversicherung, Pflegeversicherung, Rentenversicherung, Arbeitslosenversicherung, Unfallversicherung)
- Berufliche Fortbildung
- Berufliche Umschulung

Mögliche Verknüpfungen zu anderen Themengebieten/Fächern
- Tabellenkalkulation: Berechnung des Nettoentgelts
- Politik: Sozialpolitik (Solidaritätsprinzip und Subsidiaritätsprinzip)

*Marion Bremer hat gerade ihre Ausbildung zur Informationstechnischen Assistentin erfolg-
reich abgeschlossen. Da es in ihrer Heimatstadt zur Zeit leider keine Stellenangebote für sie
gibt, hat sie sich bei einer kleinen Werbeagentur in Berlin beworben. Morgen hat sie um 11:00
Uhr ein Vorstellungsgespräch in der Agentur.*

1. Wie sollte sich Marion Bremer auf das Gespräch vorbereiten?

2. Überlegen Sie sich mögliche Fragen, die ihr in dem Vorstellungsgespräch gestellt werden könnten.

3. Wer trägt die Kosten für die Zugfahrt nach Berlin? Sie ist in der 2. Klasse gefahren.

*Marion Bremer hat es geschafft. Im kommenden Monat tritt sie die Stelle in der kleinen Wer-
beagentur in Berlin an. Ihr Anfangsgehalt beträgt 1 700,00 € brutto. Darüber hinaus erhält
sie 30,00 € vermögenswirksame Leistungen.*

4. Welche Pflichten entstehen Marion Bremer aus dem Arbeitsvertrag?

5. In welchen Zweigen der Sozialversicherung ist Marion Bremer durch ihre Berufstätig-
   keit automatisch versichert?

6. Welcher Lohnsteuerklasse unterliegt Marion Bremer?

7. Informieren Sie sich über die Posten der Entgeltabrechnung und berechnen Sie den
   Bruttolohn, das Nettoeinkommen sowie den auszuzahlenden Betrag für Marion Bremer. Sie ist 21 Jahre alt, ledig und hat keine Kinder. Marion Bremer ist Mitglied in
   der evangelischen Kirche. Ihr Kirchensteuersatz beträgt 9 % von der Lohn- bzw. Einkommenssteuer Ihre Krankenkasse hat einen Beitragssatz von 15,5 % (Hinweis: Der
   Arbeitnehmeranteil beträgt 8,2 %). Die Lohnsteuer beträgt 183,83 €.

4 Monate später

*Marion Bremer hat sich inzwischen gut in der Werbeagentur eingelebt. Sie betreut mittler-
weile selbstständig einige Kunden. Auf dem Weg zu einem Kunden rutscht sie aus und fällt
eine Treppe herunter.*

8. Welche Versicherung übernimmt in diesem Fall die entstehenden Kosten?

1 Jahr später

Marion Bremer hat einen Bandscheibenvorfall. Sie ist 10 Wochen lang krank.

9. Woher bezieht sie in dieser Zeit ihr Einkommen?

Nach zwei Jahren

*Leider sind in letzter Zeit die Aufträge für die Werbeagentur stark rückläufig. Marion Bremer
wird daher aus betrieblichen Gründen gekündigt.*

10. Um welche Art der Kündigung handelt es sich?

11. Warum muss der Arbeitgeber die Kündigung begründen?

12. Wann sollte sich Marion Bremer bei der Agentur für Arbeit arbeitssuchend melden?

13. Wie hoch wird ggf. das Arbeitslosengeld I sein und wie lange kann Marion Bremer maximal Arbeitslosengeld I erhalten?

14. Was passiert, wenn Marion Bremer dann immer noch keine neue Stelle gefunden hat?

Marion Bremer möchte von ihrem Arbeitgeber gerne ein qualifiziertes Arbeitszeugnis erhalten. Ihrem Chef ist das zu aufwendig.

15. Kann der Chef ihr die Bitte nach einem qualifizierten Zeugnis abschlagen?

Widerwillig schreibt ihr der Chef ein Zeugnis.

Auszug aus dem Zeugnis

... Marion Bremer hat unseren Erwartungen entsprochen. Sie erledigte die ihr übertragenen Aufgaben mit Fleiß und großem Interesse.

Ihr Verhalten gegenüber Vorgesetzten, Mitarbeitern und Geschäftspartnern war in jeder Hinsicht einwandfrei.

Für die Zukunft wünschen wir Frau Bremer, dass sie auf ihrem weiteren Lebensweg viel Erfolg haben wird.

...

16. Interpretieren Sie für Marion Bremer das Zeugnis.

2 Informationen zur Handlungssituation

2.1 Der Arbeitsvertrag

2.1.1 Anbahnung

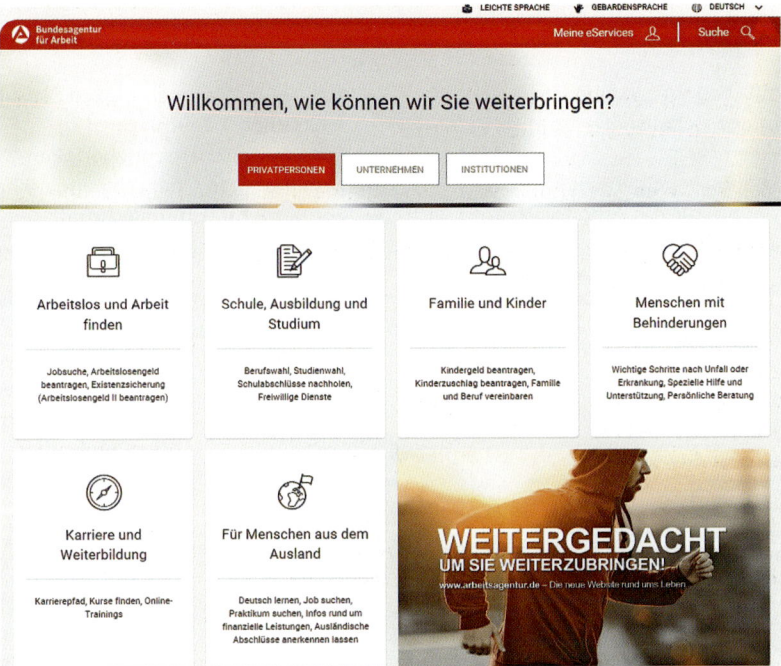

Sucht ein Arbeitnehmer eine neue Stelle, hat er zahlreiche Möglichkeiten sich zu informieren. Genannt werden können hier beispielsweise diverse Jobbörsen, wie z. B. die Jobbörse der Bundesagentur für Arbeit oder Stellenangebote in Zeitungen. Oft ist es aber auch hilfreich, sich über Freunde und Bekannte zu erkundigen. Ebenfalls zum Erfolg führen kann es auch, wenn ein Arbeitssuchender sich direkt bei einem Unternehmen bewirbt, auch wenn dieses gerade keine offene Stelle ausgeschrieben hat.

Der erste Kontakt erfolgt meistens über ein **Bewerbungsschreiben**, dem eine **Bewerbungsmappe** beigefügt ist. Die wichtigsten Inhalte der Bewerbungsmappe sind: ein Foto, der Lebenslauf, die wichtigsten Schulzeugnisse, Arbeitszeugnisse, Bestätigungen von geleisteten Praktika und ggf. ein Nachweis von Zusatzqualifikationen. In einigen Berufen wird darüber hinaus eine Arbeitsprobe oder ein polizeiliches Führungszeugnis verlangt.

Bevor es zum Abschluss eines Arbeitsvertrages kommt, werden die beiden Vertragsparteien i. d. R. ein **Bewerbungsgespräch** führen, um sich gegenseitig besser kennenzulernen und mögliche Informationslücken zu schließen. Dabei verfolgen Arbeitgeber und Arbeitnehmer allerdings unterschiedliche Interessen:
- Der Arbeitgeber hat ein Interesse, sich über die persönlichen Verhältnisse des Bewerbers zu erkundigen, um diesen möglichst gut einschätzen zu können.
- Der Bewerber ist hingegen daran interessiert, seine Privatsphäre zu schützen.

Um diesen Konflikt zu lösen, hat der Gesetzgeber folgende Grundsätze festgelegt:
- Persönliche Fragen sind zulässig, wenn das Interesse des Arbeitgebers überwiegt und die Frage für den Arbeitsplatz relevant ist.
- Auf unzulässige Fragen darf der Arbeitnehmer lügen, ohne dass dies Konsequenzen für ihn hat.
- Der Arbeitgeber muss sich alle für ihn wichtigen Informationen erfragen. Der Bewerber hat keine Offenbarungspflicht.

Zulässige Fragen	Unzulässige Fragen
z. B. Fragen	z. B. Fragen
- zum beruflichen Werdegang	- zur Religionszugehörigkeit (Ausnahme bei kirchlichen Trägern)
- zur bisherigen Gehaltshöhe	- zur Gewerkschaftszugehörigkeit
- zum Familienstand	- zum Bestehen einer Schwangerschaft
- Schwerbehinderteneigenschaft	- zur Betriebsratsmitgliedschaft
- Vorstrafen, die für das Arbeitsverhältnis wichtig sein könnten	- über die politische Anschauung

Die Kosten für die Vorstellung werden i. d. R. von den Arbeitgebern ersetzt. Das ist nur dann nicht der Fall, wenn dies der Arbeitgeber zuvor ausdrücklich ausgeschlossen hat.

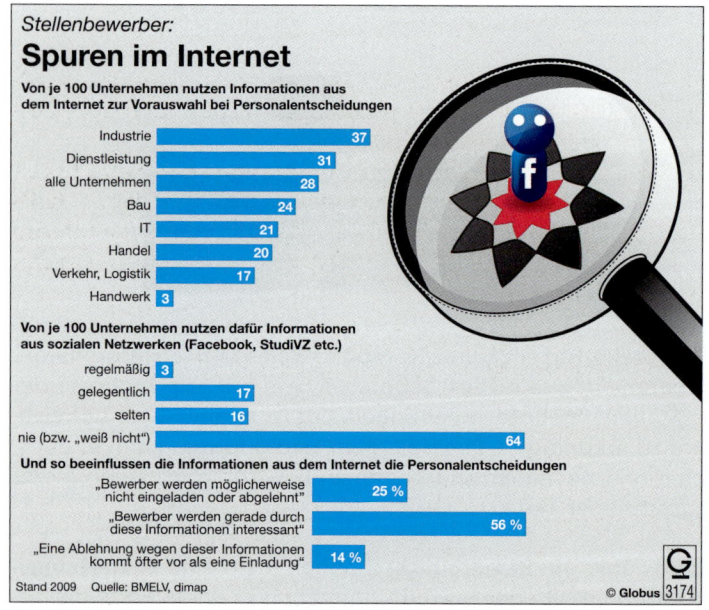

Stellenbewerber:
Spuren im Internet
Von je 100 Unternehmen nutzen Informationen aus dem Internet zur Vorauswahl bei Personalentscheidungen

Industrie 37
Dienstleistung 31
alle Unternehmen 28
Bau 24
IT 21
Handel 20
Verkehr, Logistik 17
Handwerk 3

Von je 100 Unternehmen nutzen dafür Informationen aus sozialen Netzwerken (Facebook, StudiVZ etc.)
regelmäßig 3
gelegentlich 17
selten 16
nie (bzw. „weiß nicht") 64

Und so beeinflussen die Informationen aus dem Internet die Personalentscheidungen
„Bewerber werden möglicherweise nicht eingeladen oder abgelehnt" 25 %
„Bewerber werden gerade durch diese Informationen interessant" 56 %
„Eine Ablehnung wegen dieser Informationen kommt öfter vor als eine Einladung" 14 %

Stand 2009   Quelle: BMELV, dimap
© Globus 3174

Bei der Stellenbesetzung suchen Unternehmen immer öfter auch über das Internet nach Informationen über ihre Bewerber. Das ergab eine Befragung von 500 Unternehmen im Auftrag des Bundesverbraucherministeriums. Bei jedem vierten Unternehmen kommt es vor, dass ein Bewerber deshalb erst gar nicht zum Vorstellungsgespräch eingeladen oder eingestellt wird. Vor allem abfällige Bemerkungen über die Arbeit oder das Arbeitsumfeld kommen bei potenziellen Arbeitgebern gar nicht gut an. Auch Interessen, die deutlich von der Bewerbung abweichen, oder sehr Privates wie beispielsweise Partybilder werten Personalchefs kritisch. Generell durchsuchen Großunternehmen bei der Personalauswahl eher das Internet als kleine Unternehmen. Dabei nutzen sie auch soziale Netzwerke wie Facebook oder StudiVZ. Verbraucherschützer warnen daher davor, allzu leichtfertig Persönliches ins Netz zu stellen. Allerdings kann ein Bewerber auch mit seiner Netz-Darstellung bei Arbeitgebern punkten. Für 56 Prozent wird ein Stellensuchender manchmal gerade durch die zusätzlichen Informationen aus dem Internet interessant. Positiv wirken sich auch Hobbys und soziales Engagement aus. Neutral bewerteten es 75 Prozent der Unternehmen in der dimap-Umfrage, wenn im Internet überhaupt nichts über einen Bewerber zu finden ist.
Quelle: dpa-infografik GmbH, Frankfurt

2.1.2 Rechte und Pflichten

Der Arbeitsvertrag regelt die Rechte und Pflichten von Arbeitnehmer und Arbeitgeber.

Der Arbeitnehmer hat die Pflicht	Der Arbeitgeber muss
— gewissenhaft und pünktlich alle ihm im Rahmen des Arbeitsverhältnisses übertragenen Arbeiten auszuführen (**Arbeitspflicht**), — Betriebsgeheimnisse zu wahren (**Verschwiegenheitspflicht**), — die Betriebseinrichtung, die Werkzeuge und Arbeitsmittel **pfleglich** zu behandeln, — dem Arbeitgeber die Treue zu halten (**Treuepflicht**) und — dem Arbeitgeber keinen Wettbewerb zu machen (**Wettbewerbsverbot**).	— das vereinbarte Entgelt bezahlen, — seiner **Fürsorgepflicht** gegenüber dem Arbeitnehmer nachkommen, — mindestens 24 Werktage im Jahr **Urlaub** gewähren, — auch an Feiertagen und im Krankheitsfall bis zu 6 Wochen das **Entgelt fortzahlen**, — den Arbeitnehmer bei den gesetzlichen **Sozialversicherungen** anmelden und — ihm bei Beendigung des Arbeitsverhältnisses ein **Zeugnis** ausstellen.

Die wichtigsten **Inhalte des Arbeitsvertrages** sind: die Arbeitszeiten und Pausen, Regelungen für Überstunden, Nacht- und Feiertagsarbeit, Höhe und Art der Entlohnung sowie die Urlaubsregelungen.

2.1.3 Rechtliche Grundlagen

Darüber hinaus gelten natürlich auch wieder ebenso wie bei dem Ausbildungsvertrag zahlreiche **Gesetze** wie z. B. das BGB, das HBG, das Kündigungsschutzgesetz, das Bundesurlaubsgesetz, das Schwerbehindertengesetz oder das Mutterschutzgesetz.

Wichtig sind auch die zwischen Arbeitgeber und Betriebsrat abgeschlossenen **Betriebsvereinbarungen** sowie die zwischen Gewerkschaften und Arbeitgebern ausgehandelten **Tarifverträge**. Die Verhandlungen über die Ausgestaltung der Tarifverträge darf ausschließlich von den Tarifvertragsparteien durchgeführt werden. Eine Einmischung von außen, z. B. durch den Staat, ist nicht erlaubt (= Tarifautonomie).

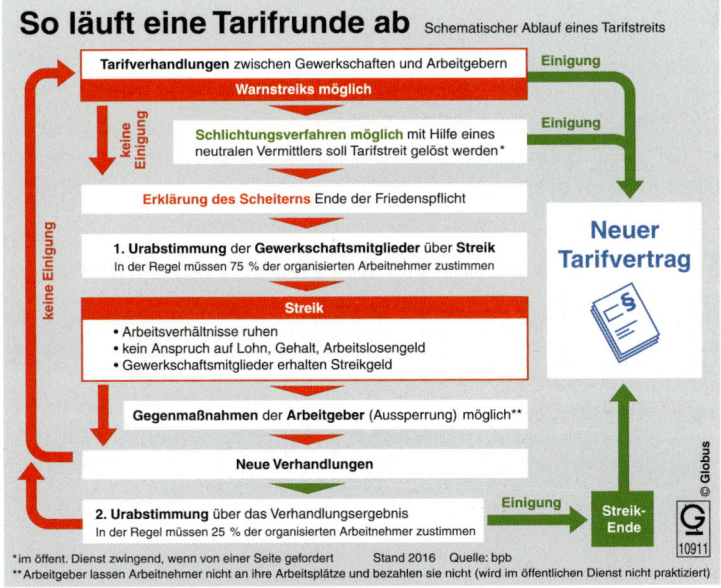

So läuft eine Tarifrunde ab Schematischer Ablauf eines Tarifstreits

Tarifverhandlungen zwischen Gewerkschaften und Arbeitgebern — Einigung

Warnstreiks möglich

keine Einigung

Schlichtungsverfahren möglich mit Hilfe eines neutralen Vermittlers soll Tarifstreit gelöst werden* — Einigung

Erklärung des Scheiterns Ende der Friedenspflicht

1. Urabstimmung der **Gewerkschaftsmitglieder** über **Streik**
In der Regel müssen 75 % der organisierten Arbeitnehmer zustimmen

Streik
• Arbeitsverhältnisse ruhen
• kein Anspruch auf Lohn, Gehalt, Arbeitslosengeld
• Gewerkschaftsmitglieder erhalten Streikgeld

Gegenmaßnahmen der **Arbeitgeber** (Aussperrung) möglich**

Neue Verhandlungen

keine Einigung

2. Urabstimmung über das Verhandlungsergebnis
In der Regel müssen 25 % der organisierten Arbeitnehmer zustimmen — Einigung

Neuer Tarifvertrag

Streik-Ende

© Globus 10911

*im öffentl. Dienst zwingend, wenn von einer Seite gefordert   Stand 2016   Quelle: bpb
**Arbeitgeber lassen Arbeitnehmer nicht an ihre Arbeitsplätze und bezahlen sie nicht (wird im öffentlichen Dienst nicht praktiziert)

Tarifvertragsarten		
Manteltarifvertrag	Lohn-/Gehaltsrahmentarifvertrag	Lohn-/Gehaltstarifvertrag
regelt u. a. — die Arbeitsbedingungen, — den Urlaubsanspruch, — die Arbeitszeit und — den Arbeitsschutz.	regelt u. a. — Grundsätze zur Arbeits- und Leistungsbewertung, — die Lohnarten und — die Lohngruppen.	regelt u. a. — die Höhe der Löhne und Gehälter, — die Leistungslöhne, — die Erfolgsbeteiligung und — die Lohnfortzahlung.

Tarifverträge enden durch Zeitablauf oder durch Kündigung. Arbeitgeber und Gewerkschaften müssen dann in Tarifverhandlungen einen neuen Vertrag aushandeln. Scheitern die Verhandlungen, soll ein unparteiischer Schlichter versuchen, eine Einigung zwischen den Parteien herzustellen. Gibt es keine Einigung, kann es zu einem Arbeitskampf kommen. Die Arbeitnehmer versuchen mithilfe eines Streiks ihre Position durchzusetzen und die Arbeitgeber haben die Möglichkeit durch Aussperrungen die Arbeitnehmer unter Druck zu setzen. Betriebsvereinbarungen und Tarifverträge nennt man auch **Kollektivarbeitsverträge**.

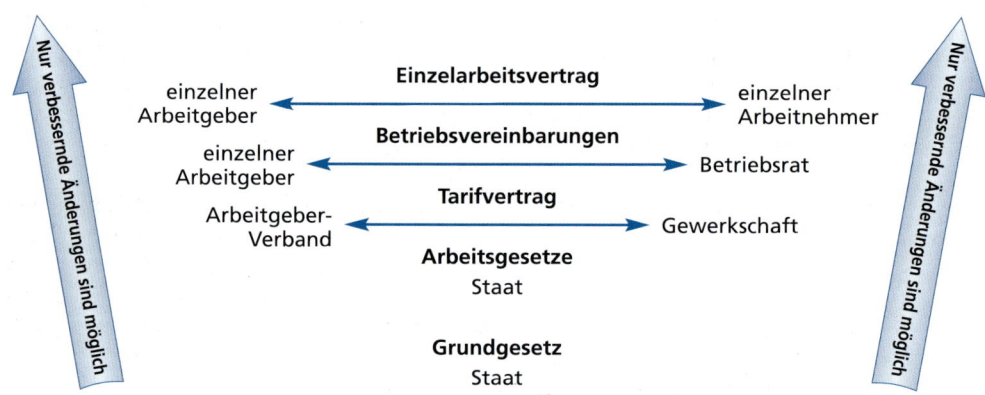

Rangordnung der arbeitsrechtlichen Bestimmungen

Seit dem 01.01.2001 haben Arbeitnehmer in Betrieben mit mehr als 15 Mitarbeitern einen Rechtsanspruch auf eine **Teilzeitstelle**, sofern nicht betriebliche Gründe entgegenstehen. Teilzeitbeschäftigte dürfen dann nicht schlechter gestellt werden als Vollzeitkräfte.

2.2 Erste Schritte nach Abschluss des Arbeitsvertrages

Auf Berufseinsteiger kommt bei Abschluss des ersten Arbeitsvertrages viel Neues zu. Unter anderem ist er spätestens jetzt sozialversicherungspflichtig. Die Anmeldung bei allen Zweigen der Sozialversicherung erfolgt durch den Arbeitgeber (siehe Kapitel 2.4).
Die **Wahl der Krankenkasse** obliegt allerdings dem Arbeitnehmer. Hier ist es wichtig, einen genauen Vergleich zwischen den verschiedenen Krankenkassen anzustellen. So können diese z. B. seit 2011 über den normalen Beitragssatz hinaus noch bis zu 2 Prozentpunkte Zusatzbeiträge verlangen.

Der Arbeitnehmeranteil zur Sozialversicherung wird direkt vom Lohn abgezogen. Die Arbeitgeber führen alle Sozialbeiträge an die jeweiligen Krankenkassen ihrer Mitarbeiter ab. Diese leiten die Gelder dann an den Gesundheitsfond und die anderen Sozialversicherungsträger ab. Da die Ausbildungsvergütung oder der Lohn heute i. d. R. bargeldlos ausgezahlt werden, muss ein **Girokonto** bei einem Kreditinstitut eröffnet werden.

2.3   Die Entgeltabrechnung

Jeder Arbeitnehmer erhält aufgrund von tariflichen oder einzelvertraglichen Vereinbarungen einen Grundlohn bzw. -gehalt.

> *Unter **Lohn** versteht man im weitesten Sinne das für die menschliche Arbeit gezahlte Entgelt. Im engeren Sinne wird der Begriff Lohn als Entgelt für die überwiegend körperliche Arbeitsleistung der Arbeiter verwendet.*

> *Ein **Gehalt** wird an Angestellte als Entgelt für ihre überwiegend geistige schöpferische Arbeit gezahlt.*

Es haben sich verschiedene Lohnformen herausgebildet, um die Arbeitsleistung der Mitarbeiter zu honorieren und die Mitarbeiter zur Leistungserbringung zu motivieren. 2015 wurde in Deutschland der gesetzliche Mindestlohn für einige Branchen eingeführt, 2017 liegt er bei 8,84 € pro Stunde. Der Mindestlohn verfolgt grundsätzlich das Ziel vor Armut und Dumpinglöhnen zu schützen. Er betrifft neben Arbeitnehmern auch Praktikanten, gilt jedoch nicht bei Pflichtpraktika im Rahmen der Schulausbildung oder eines Studiums.

Die älteste und immer noch am häufigsten vorkommende Lohnform ist der **Zeitlohn**. Maßgebend für die Entlohnung ist die Arbeitszeit. Arbeiter erhalten einen Stunden-, Tages-, Wochen- oder Monatslohn. Beamte und Angestellte erhalten jeden Monat ein festes Gehalt. Ein großer Nachteil des Zeitlohns ist es, dass der Leistungsanreiz nicht sehr groß ist, da eine höhere Arbeitsleistung keinen höheren Lohn zur Folge hat. Dies hat zur Einführung eines **Leistungslohns** geführt. Bei dem Leistungslohn unterscheidet man grundsätzlich zwischen Akkordlohn und Prämienlohn.
Bei dem **Akkordlohn** erhält der Arbeitnehmer einen fixen Lohn, der dann durch einen Akkordzuschlag ergänzt wird. Dabei ist die Höhe des Zuschlags direkt von der mengenmäßigen Arbeitsleistung abhängig.
Bei dem **Prämienlohn** wird zusätzlich zum Grundlohn eine Prämie gezahlt. Damit wird das Erreichen eines vom Unternehmen vorgegebenen Ziels honoriert. Beispiele hierfür sind Qualitäts-, Mengen-, Umsatz- oder Vermittlungsprämien.
Möchte ein Arbeitgeber seine Mitarbeiter direkt am Erfolg des Unternehmens partizipieren lassen, kann er auch einen **Beteiligungslohn** zahlen. Dies kann z. B. durch eine Gewinnbeteiligung der Arbeitnehmer erfolgen oder durch die Ausgabe von Belegschaftsaktien.

Durch Aufaddierung der Zulagen, Zuschläge und Zuwendungen kann man den Bruttolohn bzw. das Bruttogehalt errechnen.

Grundlohn	
+ Zulagen	Leistungszulagen (z. B. Akkordzulage), Erschwerniszulagen (z. B. durch einen hohen Lärmpegel), Gefahrenzulage (z. B. Umgang mit gefährlichen Stoffen)
+ Zuschläge	Überstunden-, Sonn- und Feiertagszuschläge, Nachtarbeitszuschläge
+ Zuwendungen	Urlaubsgeld, Weihnachtsgeld, vermögenswirksame Leistungen, Zuwendungen für Heirat, Geburt, Jubiläum o. Ä.
= Bruttolohn	

Der **Bruttolohn stellt die Grundlage für die Berechnung der Steuern und der Sozialabgaben dar**. Lediglich die Sonn- und Feiertagszuschläge sowie die Nachtarbeitszuschläge und die Zuwendungen für z. B. Heirat oder Geburt bleiben bis zu bestimmten Freigrenzen steuer- und sozialversicherungsfrei.

Bruttolohn	
– Lohnsteuer	Die Höhe der Lohnsteuer ist vor allem vom Einkommen sowie vom Familienstand abhängig.

Steuerklassen	
I	ledige, geschiedene oder verwitwete Arbeitnehmer
II	ledige, geschiedene oder verwitwete Arbeitnehmer mit Kind
III	verheiratete Arbeitnehmer, wenn der Ehegatte keinen Arbeitslohn bezieht oder in Steuerklasse V eingruppiert ist
IV	verheiratete Arbeitnehmer, wenn beide Ehepartner ungefähr gleich viel verdienen
V	verheiratete Arbeitnehmer, wenn der Ehegatte in Steuerklasse III eingruppiert ist
VI	für die zweite oder weitere Lohnsteuerkarten, wenn ein Arbeitnehmer von mehreren Arbeitgebern Lohn bezieht

Der Grundfreibetrag bei Ledigen liegt 2016 bei 8 652,00 € und bei Verheirateten bei 17 304,00 €. Das Einkommen bis zum Grundfreibetrag bleibt steuerfrei. Übersteigt das Einkommen den Grundfreibetrag, beginnt die Besteuerung mit dem Eingangssteuersatz von zur Zeit 14 %. Mit zunehmendem Einkommen steigt auch die Einkommenssteuer. Der Spitzensteuersatz wird bei einem Einkommen von 53 666,00 € erreicht und beträgt 42 %. Die Einkommensbestandteile oberhalb dieser Grenze werden dann konstant mit einem Steuersatz von 42 % belastet. Ab einem Einkommen von 254 446,00 € für Ledige bzw. 508 892,00 € für Verheiratete beträgt der Grenzsteuersatz 45 % (sog. Reichensteuer).

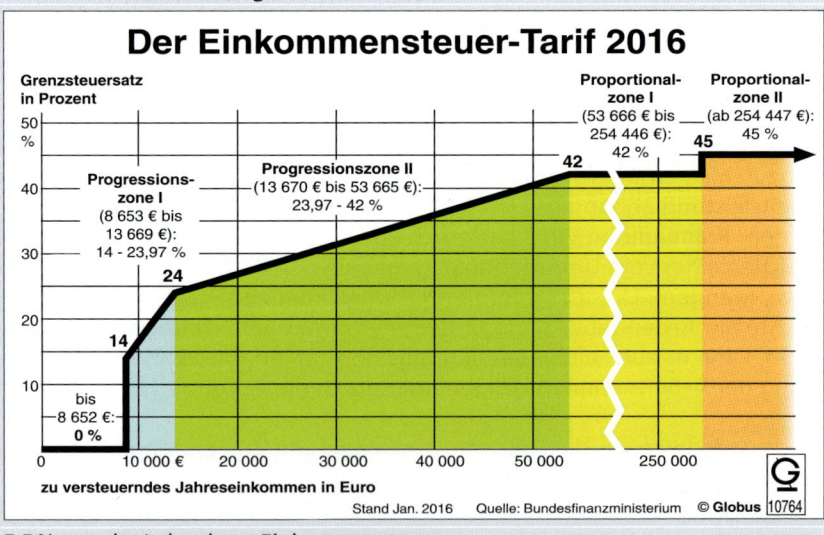

– Solidaritäts-zuschlag	5,5 % von der Lohn- bzw. Einkommensteuer (ab bestimmten Einkommensgrenzen)
– Kirchensteuer	Baden-Württ. und Bayern: jeweils 8 %, die restlichen Länder 9 % von der Lohn- bzw. Einkommensteuer (ab bestimmten Einkommensgrenzen)

Bruttolohn			
– Sozial- versicherungen	Kranken- versicherung	Die Beitragssätze betragen ab 2016 14,6 % des sozialversiche- rungspflichtigen Gehalts bei gesetzlich Versicherten, zzgl. eines kassenindividuellen Zusatzbeitrags für den Arbeitnehmer.	
		Beitragsbemessungsgrenze (mtl.):	4237,50 €
		Versicherungspflichtgrenze (mtl.):	4687,50 €
	Pflege- versicherung	2,35 % (Kinderlose ab dem 24. bis zum 65. Lebensjahr zahlen zusätzlich 0,25 %. Der Zuschlag muss alleine vom Arbeitnehmer bezahlt werden)	
		Beitragsbemessungsgrenze (mtl.):	4237,50 €
		Versicherungspflichtgrenze (mtl.):	4687,50 €
	Renten- versicherung	18,7 %, Beitragsbemessungsgrenze (mtl.):	6200,00 €
		Neue Bundesländer:	5400,00 €
	Arbeitslosen- versicherung	3 %, Beitragsbemessungsgrenze (mtl.):	6200,00 €
		Neue Bundesländer:	5400,00 €
	Die Beiträge zur Sozialversicherung werden je zur Hälfte vom Arbeitgeber und vom Arbeitnehmer gezahlt. Nur bei der Krankenversicherung zahlt der Arbeitgeber nur 7,3 %. Die Krankenkassen können vom Arbeitnehmer noch einen Zusatzbeitrag von bis zu 2 % erheben.		
= Nettolohn			
– Sonstige Abzüge	▬ Vermögenswirksame Sparleistungen ▬ Lohnpfändung, Lohnabtretung, Verrechnung eines Vorschusses		
= Auszahlungsbetrag			

Berechnung des Auszahlungsbetrags, Datenmaterial: Stand 2016

Das nachfolgende Beispiel soll die Berechnung des Auszahlungsbetrags für einen 24-jährigen ledigen Fachinformatiker verdeutlichen. Er zahlt 9 % Kirchensteuer. Der Krankenkassenbeitrag liegt bei 14,6 %, zzgl. eines Zusatzbeitrags für den Arbeitnehmer von 0,9 %.

Berechnung des Auszahlungsbetrags	
Grundlohn	**1800,00 €**
+ Zulagen	0,00 €
+ Zuschläge für Überstunden	150,00 €
+ Zuwendungen (z.B. Vermögenswirksame Leistungen)	13,00 €
= Bruttolohn	**1963,00 €**
– Lohnsteuer[1]	246,83 €
– Solidaritätszuschlag (5,5 % von der Lohnsteuer)	13,58 €
– Kirchensteuer (9 % von der Lohnsteuer)	22,21 €
– Krankenversicherung (7,3 % + 0,9 % = 8,2 %)	160,97 €
– Pflegeversicherung (2,35 %/2 + 0,25 % = 1,425 %)	27,97 €
– Rentenversicherung (18,7 %/2 = 9,35 %)	183,54 €
– Arbeitslosenversicherung (3 %/2 = 1,5 %)	29,44 €
= Nettolohn	**1278,46 €**
– Vermögenswirksame Leistungen	13,00 €
= Auszahlungsbetrag	**1265,46 €**

---

[1] Die genaue Höhe der Lohnsteuer kann man z.B. bei www.bmf-steuerrechner.de, einer Seite des Bundesfinanzministeriums, ausrechnen lassen oder in den Lohnsteuertabellen ablesen.

Unterschiedliche Perspektiven

Wenn Arbeitgeber und Arbeitnehmer sich über den Arbeitslohn unterhalten, gibt es oft Verständigungsschwierigkeiten. Der Chef stöhnt über die hohen Arbeitskosten, der Mitarbeiter beklagt, wie wenig am Ende auf seinem Konto ankommt. In der Tat: Vom Aufwand für Arbeit, wie ihn das Unternehmen in seiner Kostenrechnung kalkuliert, landet nur gut die Hälfte (55 Prozent) auf dem Konto des Arbeitnehmers. Durchschnittlich 3 164 € im Monat mussten die Arbeitgeber im Jahr 2013 für jeden abhängig Beschäftigten kalkulieren. Davon sind nur 2 594 € brutto auf der monatlichen Lohn- und Gehaltsabrechnung ausgewiesen. Unsichtbar für den Arbeitnehmer bleiben jene 570 €, die der Betrieb als Arbeitgeberbeiträge an die Sozialkassen (Arbeitgeberanteil an den Sozialversicherungsbeiträgen) abführt. Nach Abzug der Lohnsteuer und der Arbeitnehmerbeiträge zur Renten-, Arbeitslosen-, Kranken- und Pflegeversicherung bleiben dem Beschäftigten 1 727 € netto im Monat. Fazit: Der Betrieb wendet 3 164 € auf, der Beschäftigte erhält 1 727 €. Den Unterschied zwischen Lohnkosten und Nettolohn – in diesem Beispiel 1 437 € – kassieren der Staat und die Sozialversicherung.

Dreimal Lohn

Monatliche Durchschnittsbeträge je Arbeitnehmer in Euro

Diesen Betrag wendet der Betrieb auf (Arbeitnehmerentgelt) — **3 164 €**

Dieser Betrag steht auf der Verdienstabrechnung (Bruttoverdienst) — **2 594 €**

Dieser Betrag wird überwiesen (Nettoverdienst) — **1 727 €**

Stand 2013
Quelle: Stat. Bundesamt
© Globus 6380

Quelle: dpa-infografik GmbH, Frankfurt

Exkurs: Geringfügig Beschäftigte

Wer ab dem 01.01.2013 eine Beschäftigung mit einem regelmäßigen Entgelt von maximal 450,00 € monatlich aufnimmt, ist geringfügig beschäftigt. Damit besteht eine Versicherungsfreiheit in der Kranken-, Pflege- und Arbeitslosenversicherung.

Allerdings unterliegen die geringfügig Beschäftigten (die ab dem 01.01.2013 erst die Beschäftigung aufgenommen haben) jetzt grundsätzlich der Versicherungspflicht in der gesetzlichen Rentenversicherung. Dadurch erwerben die Beschäftigten vollwertige Pflichtbeitragszeiten und damit Ansprüche auf das gesamte Leistungspaket der Rentenversicherung. Von dieser Rentenversicherungspflicht können sich die Minijobber mit einem Antrag befreien lassen. Der Arbeitgeber zahlt eine Pauschale von 15 % bzw. 5 % bei Privathaushalten auf den Lohn an die Bundesknappschaft in Cottbus. Diesen Beitrag kann der geringfügig Beschäftigte selbst bis zum vollwertigen Rentenversicherungsbeitrag von z.Zt. 18,7 % seines Lohns aufstocken.

Zusätzlich wurde eine **Gleitzone** eingeführt. Bei Einkommen zwischen 450,01 € und 850,00 € ist der Arbeitnehmer in allen Zweigen der Sozialversicherung versicherungspflichtig. Er muss allerdings nur einen reduzierten Beitrag zahlen, der von der Höhe des monatlichen Einkommens abhängig ist. Der Arbeitgeber muss den vollen Arbeitgeberanteil zur Sozialversicherung zahlen. Auszubildende fallen unabhängig von der Höhe der Ausbildungsvergütung nicht unter die Regelungen für geringfügig Beschäftigte.

2.4 Sozialversicherungen

Die fünf Säulen der Sozialversicherung				
	Kranken-versicherung	**Pflege-versicherung**	**Renten-versicherung**	**Arbeitslosenversicherung**	**Unfallversicherung**
Träger	AOK, Innungs-, Betriebs- und Ersatzkassen	Pflegekassen bei den Krankenkassen	Deutsche Renten-versicherung	Bundesagentur für Arbeit	Berufsgenossen-schaften
Versi-cherte	alle Arbeitnehmer, deren sozialversi-cherungspflichti-ges Einkommen unter der Versiche-rungspflichtgrenze liegt, Rentner, Stu-denten, Arbeits-lose, Landwirte sowie freiwillig Versicherte	Mitglieder der gesetzlichen und privaten Kranken-kassen	Arbeitnehmer und Auszubildende. Selbstständige können sich frei-willig versichern.	alle Arbeitnehmer und Auszu-bildenden, ausgenommen sind Beamte, Richter, Berufssoldaten, Arbeitnehmer ab 65 Jahren und solche, die eine Erwerbsunfähig-keitsrente beziehen	alle Arbeitnehmer und Auszubilden-de sowie, je nach Berufsgenossen-schaft, auch die Arbeitgeber, Kindergartenkin-der, Schüler, Stu-denten, Arbeits-lose, Hilfeleisten-den bei Unglücks-fällen, Pflegeper-sonen, Helfer im Zivil- oder Katas-trophenschutz, Blut- oder Organ-spender
Beiträge	Arbeitnehmer und Arbeitgeber zahlen je die Hälfte. Nur bei der Krankenversicherung zahlt der Arbeitnehmer mehr als der Arbeitgeber (siehe Berechnung des Auszahlungsbetrags). Da die Finanzierung des Arbeitgeberanteils zur Pflegeversicherung durch den Wegfall eines Feiertags gesichert werden soll, muss der Arbeitnehmer in solchen Bundesländern, in denen kein Feier-tag gestrichen wurde (Sachsen), den Beitrag voll leisten. Kinderlose zwischen 23 und 65 Jahren zahlen einen Zuschlag von 0,25 % auf die Pflegeversicherung.				Der Arbeitgeber zahlt die Beiträge alleine. Die Höhe richtet sich nach der Unfallgefahr.
Leistun-gen	**Förderung der Gesundheit und Verhütung von Krankheiten** – Aufklärung und Beratung über Gesundheits-gefährdungen **Früherkennung von Krankheiten** – Vorsorgeunter-suchungen **Leistungen bei Krankheiten** – Arzt-, Kran-kenhaus und Arzneikosten – zahnärztliche Behandlung – Krankengeld ab der 7. Woche (70 % vom Bruttolohn, max. 90 % vom Nettolohn), Krankentrans-port **Mutterschaftshilfe** – Entbindung – ärztliche Behandlung – Hebamme	**Häusliche Pflege** – Pflegesachleis-tung bei Pflege durch Fach-personal – Pflegegeld bei der Pflege durch Angehörige – Pflegevertre-tung bei Urlaub oder Krankheit der Pflege-person	**Rente** – Altersrente – Rente wegen Verlust bzw. Minderung der Erwerbsfähig-keit – Rente an Hinterbliebene (Waisenrente, Witwen- und Witwerrente, Erziehungs-rente) **Rehabilitation** – (Wiedereinglie-derung nach einer Krankheit) – medizinische Rehabilitation	**Aktive Arbeitsförderung** – Arbeitsvermittlung (u. a. durch Personalserviceagenturen) – Berufsberatung – Umschulung – Maßnahmen zur Verbesse-rung der Eingliederungsaus-sichten – Mobilitätshilfen – Berufsausbildungshilfen – Förderung der beruflichen Weiterbildung – berufliche Eingliederung von Behinderten sowie von schwer vermittelbaren und älteren Arbeitnehmern – Förderung von Arbeitsbe-schaffungsmaßnahmen – Förderung des Einstiegs in die Selbstständigkeit – Vermittlung von Ein-Euro-Jobs **Entgeltersatzleistungen** – Arbeitslosengeld I (für Ar-beitslose, die in den letzten 3 Jahren mind. 12 Monate versichert waren. Das Arbeits-losengeld beträgt 67 % (mit Kind), sonst 60 % eines pau-schalierten Nettoarbeitsent-gelts und wird je nach Alter max. 6 bis 24 Monate gezahlt. Die Sozialversicherungs-beiträge werden ebenfalls übernommen.)	**bei einem Arbeitsunfall** – Krankenhilfe – Berufshilfe – Rente an Verletzte und Hinterbliebene **bei einem Wegeunfall** siehe Arbeitsunfall **Unfallverhütung** – Aufklärung – Belehrung – Überwachung der Mitglieds-betriebe

Die fünf Säulen der Sozialversicherung

	Kranken-versicherung	Pflege-versicherung	Renten-versicherung	Arbeitslosenversicherung	Unfallversicherung
Leistun-gen	– Arzneien – Mutterschafts-geld während der Mutterschutzfrist **Sonstige Leistungen** – Familienhilfe – Schwanger-schaftsabbruch	**Stationäre Pflege** **Sonstige Leistungen** – Pflegemittel – technische Hilfsmittel – Pflegekurse – unter bestimm-ten Vorausset-zungen soziale Sicherung der Pflegeperson durch eine kos-tenfreie Renten- und Unfallversi-cherung	– berufsfördernde Rehabilitation (z. B. berufliche Anpassung, Aus- und Wei-terbildung) – Zahlung von Übergangs-geldern	– Arbeitslosengeld II (meist Hartz IV genannt, wird aus Steuermitteln gezahlt, eigenes Vermögen muss zunächst aufgebraucht werden, bevor das Arbeitslosengeld II gezahlt wird: Die Höhe des Arbeitslo-sengeld II richtet sich nach der Bedürftigkeit des Antrags-stellers. Das Arbeitslosengeld II umfasst: den Regelbedarf nach § 20 SGB II, Mehrbe-darfe nach § 21 SGB II und Art. 1 GG und Leistungen für Unterkunft und Heizung nach § 22 SGB II. Unter bestimmten Umständen können weitere Leistungen beantragt werden. – Kurzarbeitergeld – Winterausfallgeld – Konkursausfallgeld	Versicherung des **Kindergarten-bzw. Schulbesuchs** Hilfe bei **Berufs-krankheit,** z. B. bei Allergien

Exkurs: Gesundheitsfonds

Die Finanzierung der ge-setzlichen Krankenversiche-rung wurde mit der Einfüh-rung des Gesundheitsfonds neu gestaltet. Seit dem 01.01.2009 zahlen alle Mit-glieder der gesetzlichen Krankenversicherung den gleichen Beitragssatz. Dar-über hinaus zahlt der Bund einen Zuschuss für versiche-rungsfremde Leistungen an den Fonds. Der Gesund-heitsfonds und die über 200 gesetzlichen Krankenkassen verwalten die Mittel. Jede Krankenkasse erhält pro Versicherten eine pauschale Zuweisung, die vom Alter, Geschlecht und den Krank-heiten des Versicherten ab-hängig sind. Krankenkassen,

die gut wirtschaften, können Beiträge an ihrer Mitglieder zurückerstatten. Es besteht aber auch die Möglichkeit eines Zusatzbeitrages.

Sozialgerichtsbarkeit

Kommt es zu Streitigkeiten gegen die Entscheidungen der Sozialversicherungen, sind die **Sozialgerichte** zuständig. Die Verfahren in der Sozialgerichtsbarkeit sind für den **Versicherten kostenfrei**, wenn er nicht vorsätzlich gehandelt hat.

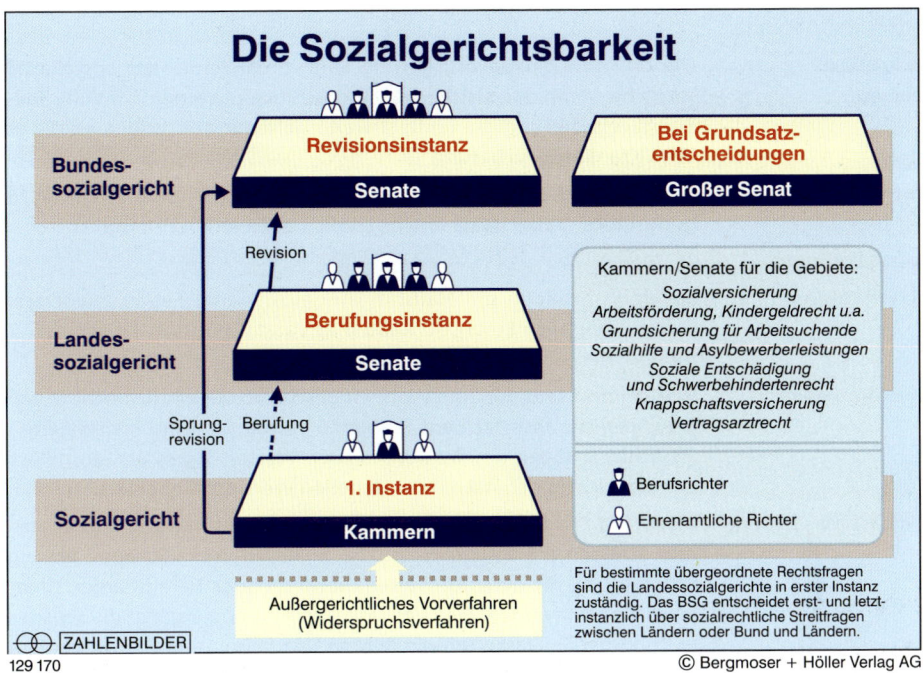

Die Sozialgerichtsbarkeit

	Revisionsinstanz	Bei Grundsatz-entscheidungen
Bundes-sozialgericht	Senate	Großer Senat

Revision

Landes-sozialgericht — Berufungsinstanz / Senate

Sprung-revision — Berufung

Sozialgericht — 1. Instanz / Kammern

Kammern/Senate für die Gebiete:
Sozialversicherung
Arbeitsförderung, Kindergeldrecht u.a.
Grundsicherung für Arbeitsuchende
Sozialhilfe und Asylbewerberleistungen
Soziale Entschädigung
und Schwerbehindertenrecht
Knappschaftsversicherung
Vertragsarztrecht

👤 Berufsrichter
👤 Ehrenamtliche Richter

Außergerichtliches Vorverfahren
(Widerspruchsverfahren)

Für bestimmte übergeordnete Rechtsfragen sind die Landessozialgerichte in erster Instanz zuständig. Das BSG entscheidet erst- und letztinstanzlich über sozialrechtliche Streitfragen zwischen Ländern oder Bund und Ländern.

⊕⊕ ZAHLENBILDER
129 170

© Bergmoser + Höller Verlag AG

2.5 Private Zusatzversicherungen

Die in Kapitel 2.4 beschriebenen Sozialversicherungen sichern den Arbeitnehmer nach dem Berufsleben ab und sind gesetzlich vorgeschrieben. Gefahren, die das Privatleben betreffen können, sind nur wenig abgedeckt. Daher gibt es eine Vielzahl an zusätzlichen Individualversicherungen zur freiwilligen Selbstversorgung.

Personenversicherungen	
Lebensversicherung	Eine Lebensversicherung deckt alle Risiken ab, wie Tod oder Invalidität, ergänzt um Versicherungen zur Altersvorsorge (z. B. Rentenversicherung). Die Versicherungsleistung wird im Versicherungsfall als Geldleistung erbracht.
Berufsunfähigkeitsversicherung	Diese sichert gegen Berufsunfähigkeit ab und richtet sich nach dem zuletzt ausgeübten Beruf. Sie greift dann, wenn der Versicherungsnehmer für mindestens drei Jahre vollständige berufsunfähig ist (infolge von Krankheit, Verletzung usw.). Die Versicherung deckt den Bedarf ab, der durch das Nicht-Ausüben dieses konkreten Berufs entsteht.
Erwerbsunfähigkeit	Die Versicherung deckt den Bedarf ab, der entsteht, wenn der Arbeitnehmer irgendeinen Beruf nicht ausüben kann. Sie richtet sich also nicht nach einem bestimmten Beruf.
Unfallversicherung	Eine Unfallversicherung greift im Fall eines eigenen Unfalls sowohl bei kurzfristigen als auch bei langfristigen Folgen (wie Invalidität). Dabei deckt sie sowohl die medizinischen Kosten als auch Folgekosten ab (soziale Hilfen, Umschulungskosten usw.).

Personenversicherungen	
Private Kranken-versicherung	Die private Krankenversicherung kann ergänzend oder anstelle der gesetzlichen Krankenversicherung abgeschlossen werden, als Voll-, Teil- oder Zusatzversicherung. Sie umfasst weitergehende Leistungen als die gesetzliche Krankenversicherung.
Private Rentenversicherung	Sie ergänzt die gesetzliche Rente und schließt so eine mögliche Versorgungslücke. Dabei ist sie lebenslänglich oder verkürzt möglich.
Sachversicherungen	
Hausratversicherung	Sie deckt Schäden am Hausrat, ausgelöst durch Feuer, Wasserschäden, Sturm, aber auch Einbruch, Raub und Vandalismus ab. Neben den Erstattungskosten sind auch Hotel- oder Aufräumkosten abgedeckt.
Gebäudeversicherung	Versicherbar sind nur zum Wohnen bestimmte Gebäude, nicht gewerblich genutzte, die fest mit dem Erdboden verbunden sind (keine Zelte o. Ä.). Sie deckt Schäden ab, die durch Feuer, Wasser, Sturm etc. ausgelöst wurden. Sie richtet sich nach dem aktuellen Wert des Gebäudes.
Teil-/Vollkaskoversicherung	Diese sind Erweiterungen zur Kfz-Haftpflichtversicherung und decken weitere Schäden am Fahrzeug ab. Die Teilkasko deckt Schäden am eigenen Fahrzeug ab, die durch Unwetter, Diebstahl oder Tiere (Marder, Wildunfälle) verursacht werden. Eine Vollkaskoversicherung ergänzt die Schadensfallleistung der Teilkasko um die Punkte Vandalismus und selbst-verschuldete Unfälle.
Vermögensversicherungen	
Haftpflichtversicherung	Eine Haftpflichtversicherung greift im Fall von Schäden, die man selber einem anderen zugefügt hat. Sie erfüllt die entstandenen Schadensersatzansprüche.
Rechtsschutzversicherung	Sie deckt Anwalts- und Gerichtskosten im Rechtsfall ab, allerdings erst drei Monate nach Abschluss der Versicherung.

2.6 Berufliche Fortbildung und Umschulung

Die Arbeitswelt unterliegt einem ständigen Wandel. Es ist daher wichtig, dass Arbeitnehmer beruflich flexibel bleiben und ihre Kenntnisse und Fertigkeiten auch nach dem erfolgreichen Abschluss einer Berufsausbildung immer wieder dem neusten Stand der Technik anpassen. Das Berufsbildungsgesetz unterscheidet hierbei zwischen beruflicher Fortbildung und beruflicher Umschulung.

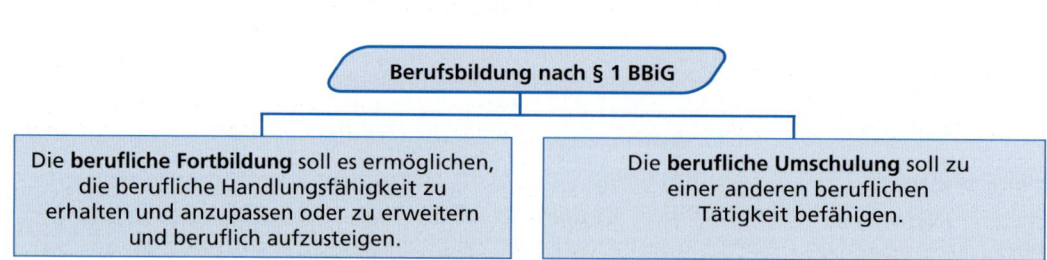

Beispiele für die berufliche Fortbildung sind der Meisterbrief oder auch der Techniker. Das von Bund und Ländern gemeinsam finanzierte **Aufstiegsfortbildungsförderungsgesetz (AFBG)**, das sogenannte „Meister-BAföG", begründet einen Rechtsanspruch auf die Förderung von beruflichen Aufstiegsfortbildungen, wie z. B. von Meisterkursen oder anderen vergleichbaren Fortbildungen. Über die Darlehensteilerlasse sollen Anreize zum erfolgreichen Abschluss und den Schritt in die Selbstständigkeit geschaffen werden.

Manche Berufe werden aber auch im Laufe eines Arbeitslebens immer seltener nachgefragt oder aber können aufgrund einer Berufskrankheit oder eines Unfalls nicht mehr ausgeübt werden. Dann muss ein ganz neuer Beruf erlernt werden.

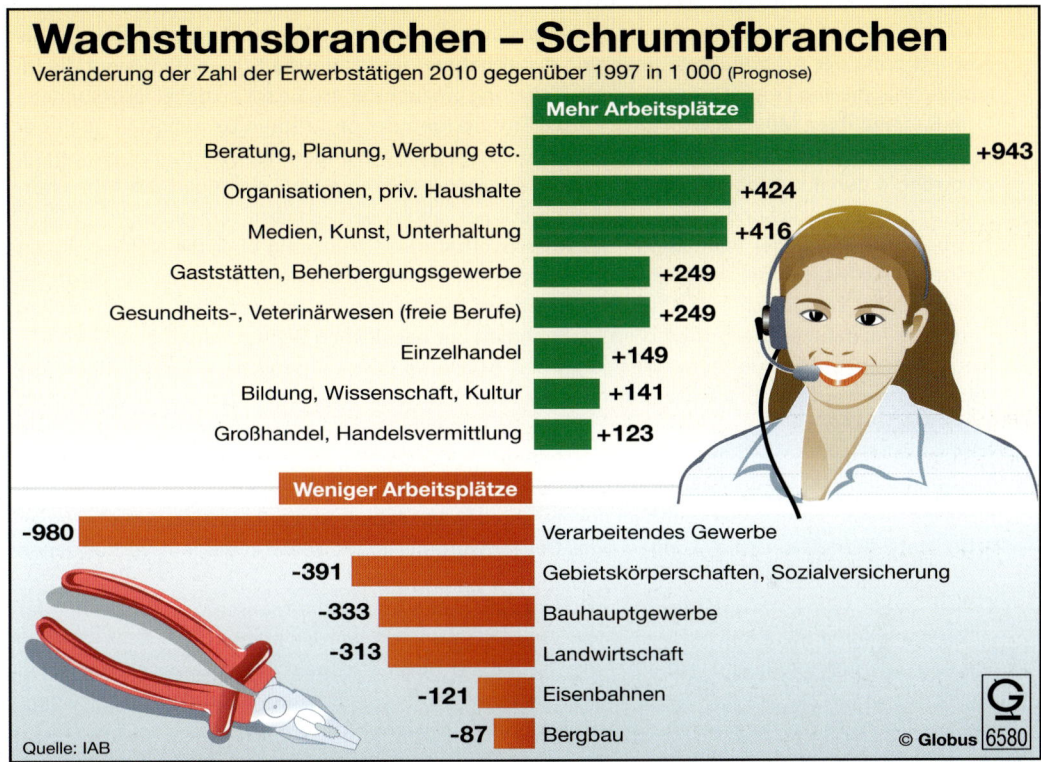

Wachstumsbranchen – Schrumpfbranchen

Veränderung der Zahl der Erwerbstätigen 2010 gegenüber 1997 in 1 000 (Prognose)

Mehr Arbeitsplätze

Beratung, Planung, Werbung etc.	+943
Organisationen, priv. Haushalte	+424
Medien, Kunst, Unterhaltung	+416
Gaststätten, Beherbergungsgewerbe	+249
Gesundheits-, Veterinärwesen (freie Berufe)	+249
Einzelhandel	+149
Bildung, Wissenschaft, Kultur	+141
Großhandel, Handelsvermittlung	+123

Weniger Arbeitsplätze

Verarbeitendes Gewerbe	-980
Gebietskörperschaften, Sozialversicherung	-391
Bauhauptgewerbe	-333
Landwirtschaft	-313
Eisenbahnen	-121
Bergbau	-87

Quelle: IAB

© Globus 6580

Die Bundesagentur für Arbeit fördert notwendige Fortbildungs- oder Umschulungsmaßnahmen, wenn der Antragssteller dazu selbst finanziell nicht in der Lage ist. Gesetzlich geregelt ist die Arbeitsförderung im Dritten Buch des Sozialgesetzbuches (SGB).

§ 1 SGB III Ziele der Arbeitsförderung

(1) Die Arbeitsförderung soll dem Entstehen von Arbeitslosigkeit entgegenwirken, die Dauer der Arbeitslosigkeit verkürzen und den Ausgleich von Angebot und Nachfrage auf dem Ausbildungs- und Arbeitsmarkt unterstützen. Dabei ist insbesondere durch die Verbesserung der individuellen Beschäftigungsfähigkeit Langzeitarbeitslosigkeit zu vermeiden. Die Gleichstellung von Frauen und Männern ist als durchgängiges Prinzip der Arbeitsförderung zu verfolgen. Die Arbeitsförderung soll dazu beitragen, dass ein hoher Beschäftigungsstand erreicht und die Beschäftigungsstruktur ständig verbessert wird. Sie ist so auszurichten, dass sie der beschäftigungspolitischen Zielsetzung der Sozial-, Wirtschafts- und Finanzpolitik der Bundesregierung entspricht.

§ 2 SGB III Zusammenwirken mit den Agenturen für Arbeit

(1) Die Agenturen für Arbeit erbringen insbesondere Dienstleistungen für Arbeitgeber, Arbeitnehmerinnen und Arbeitnehmer, indem sie

1. Arbeitgeber regelmäßig über Ausbildungs- und Arbeitsmarktentwicklungen, Ausbildungsuchende, Fachkräfteangebot und berufliche Bildungsmaßnahmen informieren sowie auf den Betrieb zugeschnittene Arbeitsmarktberatung und Vermittlung anbieten und

2. Arbeitnehmerinnen und Arbeitnehmer zur Vorbereitung der Berufswahl und zur Erschließung ihrer beruflichen Entwicklungsmöglichkeiten beraten, Vermittlungsangebote zur Ausbildungs- oder Arbeitsaufnahme entsprechend ihren Fähigkeiten unterbreiten sowie sonstige Leistungen der Arbeitsförderung erbringen.

(2) Die Arbeitgeber haben bei ihren Entscheidungen verantwortungsvoll deren Auswirkungen auf die Beschäftigung der Arbeitnehmerinnen und Arbeitnehmer und von Arbeitslosen und damit die Inanspruchnahme von Leistungen der Arbeitsförderung einzubeziehen. Sie sollen dabei insbesondere

1. im Rahmen ihrer Mitverantwortung für die Entwicklung der beruflichen Leistungsfähigkeit der Arbeitnehmerinnen und Arbeitnehmer zur Anpassung an sich ändernde Anforderungen sorgen,

2. vorrangig durch betriebliche Maßnahmen die Inanspruchnahme von Leistungen der Arbeitsförderung sowie Entlassungen von Arbeitnehmerinnen und Arbeitnehmern vermeiden,

3. Arbeitnehmer vor der Beendigung des Arbeitsverhältnisses frühzeitig über die Notwendigkeit eigener Aktivitäten bei der Suche nach einer anderen Beschäftigung sowie über die Verpflichtung zur Meldung nach § 38 Abs. 1 bei der Agentur für Arbeit informieren, sie hierzu freistellen und die Teilnahme an erforderlichen Maßnahmen der beruflichen Weiterbildung ermöglichen.

(3) Die Arbeitgeber sollen die Agenturen für Arbeit frühzeitig über betriebliche Veränderungen, die Auswirkungen auf die Beschäftigung haben können, unterrichten. Dazu gehören insbesondere Mitteilungen über

1. zu besetzende Ausbildungs- und Arbeitsstellen,

2. geplante Betriebserweiterungen und den damit verbundenen Arbeitskräftebedarf,

3. die Qualifikationsanforderungen an die einzustellenden Arbeitnehmerinnen und Arbeitnehmer,

4. geplante Betriebseinschränkungen oder Betriebsverlagerungen sowie die damit verbundenen Auswirkungen und

5. Planungen, wie Entlassungen von Arbeitnehmerinnen und Arbeitnehmern vermieden oder Übergänge in andere Beschäftigungsverhältnisse organisiert werden können.

(4) Die Arbeitnehmerinnen und Arbeitnehmer haben bei ihren Entscheidungen verantwortungsvoll deren Auswirkungen auf ihre beruflichen Möglichkeiten einzubeziehen. Sie sollen insbesondere ihre berufliche Leistungsfähigkeit den sich ändernden Anforderungen anpassen.

(5) Die Arbeitnehmerinnen und Arbeitnehmer haben zur Vermeidung oder zur Beendigung von Arbeitslosigkeit insbesondere

1. ein zumutbares Beschäftigungsverhältnis fortzusetzen,

2. eigenverantwortlich nach Beschäftigung zu suchen, bei bestehendem Beschäftigungsverhältnis frühzeitig vor dessen Beendigung,

3. eine zumutbare Beschäftigung aufzunehmen und

4. an einer beruflichen Eingliederungsmaßnahme teilzunehmen.

...

Die Europäische Union unterstützt die grenzüberschreitende Aus- und Weiterbildung mithilfe des Leonardo da Vinci Projekts (siehe HS 1).

2.7 Beendigung eines Arbeitsverhältnisses

Ein **Arbeitsvertrag** endet
- durch **Zeitablauf** (bei befristeten Verträgen) oder
- durch eine **fristgerechte Kündigung** oder
- durch eine **außerordentliche (fristlose) Kündigung**.

Die gesetzlichen Kündigungsfristen

jeweils zum Monatsende bei einer ordentlichen **Kündigung durch den Arbeitgeber**

Betriebszugehörigkeit **Kündigungsfrist** des Arbeitnehmers

unter 2 Jahre	**4 Wochen***
ab 2 Jahren	**1 Monat****
ab 5 Jahren	**2 Monate**
ab 8 Jahren	**3 Monate**
ab 10 Jahren	**4 Monate**
ab 12 Jahren	**5 Monate**
ab 15 Jahren	**6 Monate**
ab 20 Jahren	**7 Monate**

Die Kündigungsfrist während einer vereinbarten Probezeit (max. sechs Monate) beträgt zwei Wochen.

*zum 15. oder zum Monatsende   **Kalendermonat

Stand 2015   Quelle: BGB   © **Globus** 10442

2.7.1 Kündigung des Arbeitsverhältnisses

Wer länger als sechs Monate ohne Unterbrechung in einem Betrieb mit regelmäßig mehr als zehn Arbeitnehmern gearbeitet hat, genießt einen **allgemeinen Kündigungsschutz**. Die kürzeste Frist bei einer fristgerechten (= betriebsbedingten) Kündigung beträgt vier Wochen zum 15. des Monats bzw. zum Monatsende. In Abhängigkeit von der Betriebszugehörigkeit steigt die Frist auf bis zu sieben Monate an.

Darüber hinaus muss der Arbeitgeber die **Kündigung begründen**. Dabei wird zwischen personenbedingten, verhaltensbedingten und betriebsbedingten Gründen unterschieden.

Kündigungsarten		
Personenbedingte Kündigung	Verhaltensbedingte Kündigung	Betriebsbedingte Kündigung

Nach § 1 des Kündigungsschutzgesetzes muss jede von einem Arbeitgeber ausgesprochene fristgerechte Kündigung **sozial gerechtfertigt** sein, d. h. der Arbeitgeber muss auf das Lebensalter, die Dauer der Betriebszugehörigkeit, den Familienstand oder eine Behinderung Rücksicht nehmen.

Eine **außerordentliche Kündigung** kann von jeder Vertragspartei ohne Einhaltung einer Kündigungsfrist vorgenommen werden, wenn ein wichtiger Grund vorliegt. Mögliche **Gründe** sind z. B. bei einer Kündigung durch:

den Arbeitnehmer	den Arbeitgeber
– Ausbleiben von Lohn- und Gehaltszahlung, – Opfer von Mobbing, – Opfer von Tätlichkeiten.	– unberechtigte Arbeitsverweigerung, – Verstoß gegen die Verschwiegenheitspflicht, – Diebstahl, – grobe Beleidigung, – Tätlichkeit.

Eine Kündigung muss schriftlich erfolgen.

Unverzüglich nach Erhalt der Kündigung muss sich der Arbeitnehmer beim Arbeitsamt als Arbeit suchend melden. Der Arbeitgeber muss den Arbeitnehmer ggf. für den Besuch des Arbeitsamtes freistellen. Meldet sich der Arbeitnehmer nicht sofort beim Arbeitsamt, muss er ggf. Kürzungen hinnehmen.

Kommt es zu Streitigkeiten zwischen Arbeitnehmer und Arbeitgeber ist das **Arbeitsgericht** zuständig.

2.7.2 Das Arbeitszeugnis

Der Arbeitgeber ist verpflichtet, einem Mitarbeiter bei seinem Ausscheiden ein Zeugnis auszustellen. Ein einfaches Zeugnis beinhaltet neben den Angaben zur Person Informationen zur Dauer und Art der Beschäftigung.
Auf Wunsch des Arbeitnehmers muss der Arbeitgeber ein **qualifiziertes Zeugnis** schreiben. Ein qualifiziertes Zeugnis sollte folgenden Inhalt haben:
— Angaben zur Person,
— Dauer und Art der Tätigkeit,
— eine Einschätzung der Leistung,
— das Verhalten den Vorgesetzten und Kollegen gegenüber sowie
— den Grund für die Beendigung des Arbeitsverhältnisses.

Ein Zeugnis muss grundsätzlich **wahr** sein, unwahre Zeugnisse können zu Schadensersatzansprüchen führen. Gleichzeitig sollen Arbeitszeugnisse aber auch **wohlwollend** geschrieben werden. Trotzdem kann das Zeugnis auch negative Wertungen enthalten. Dieser Konflikt zwischen der Pflicht zur Wahrheit und einer wohlwollenden Beurteilung hat in der Praxis zu Formulierungen geführt, die nur noch verklausuliert eine Auskunft über das Verhalten und die Leistung des Arbeitnehmers wiedergibt. Das Weglassen bestimmter Dinge kann dem kundigen Leser ebenfalls Aufschluss über den Arbeitnehmer geben.

Beispiele für Formulierungen	Entspricht der Note
stets zu unserer vollsten Zufriedenheit	1
stets zu unserer vollen Zufriedenheit	2
zu unserer vollen Zufriedenheit	3
zu unserer Zufriedenheit	4
im Allgemeinen zu unserer Zufriedenheit	5
hat sich bemüht	6

Vertiefungsaufgaben zur Handlungssituation 2

1. Welche Aussagen beschreiben die Rechte und Pflichten von Arbeitnehmer und/oder Arbeitgeber zutreffend?
   a) Der Arbeitnehmer unterliegt dem Wettbewerbsverbot.
   b) Der Arbeitgeber muss mindestens 18 Werktage im Jahr Urlaub gewähren.
   c) Der Arbeitnehmer darf Betriebsgeheimnisse nicht weitergeben.
   d) An Feiertagen muss kein Entgelt bezahlt werden, da auch keine Arbeitsleistung erbracht wird.

2. In der Presse lesen Sie folgende Aussage: „Die Sozialpartner handeln einen neuen Tarifvertrag aus." Erklären Sie die Begriffe Sozialpartner und Tarifvertrag.

3. In Ostdeutschland arbeiten 55 % aller Arbeitnehmer ohne einen Tarifvertrag. Aber auch in Westdeutschland arbeiten 41 % der Arbeitnehmer ohne tarifvertraglich festgelegte Lohngruppen, Arbeitszeiten und Urlaubsregelungen. Welche Ursachen können hierfür verantwortlich sein?

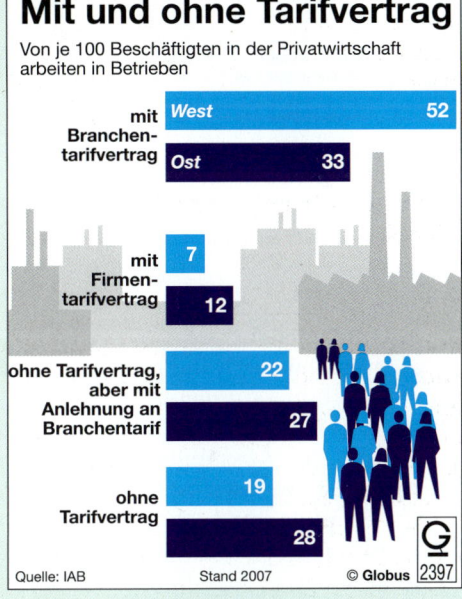

4. Weisen Sie den unten stehenden Aussagen jeweils eine der folgenden vertraglichen Regelungen zu:
   (1) den Tarifvertrag,
   (2) den Arbeitsvertrag oder
   (3) die Betriebsvereinbarung.
   a) Regelung der besonderen Rechtsbeziehung eines einzelnen Arbeitnehmers zu seinem Arbeitgeber
   b) Der Arbeitnehmer verpflichtet sich gegenüber dem Arbeitgeber zur Leistung von Diensten gegen Entgelt.
   c) Die Vertragspartner sind der Betriebsrat und der Arbeitgeber.
   d) Am Zustandekommen dieses Vertrages wirkt die Gewerkschaft mit.

5. Geben Sie jeweils an, welche Lohnsteuerklasse sinnvoll ist.
   a) Hubert Meier übt eine Nebenbeschäftigung aus. Er verdient 600,00 € im Monat.
   b) Herr und Frau Stark sind beide berufstätig und verdienen ungefähr gleich viel.
   c) Herr Stark will in Zukunft nur noch halbtags arbeiten. Welche Steuerklassen sollten die Eheleute jetzt wählen?
   d) Antonio Codera ist ledig und hat keine Kinder.

6. In den meisten Ländern der Europäischen Union gibt es inzwischen einen Mindestlohn. Diskutieren Sie in Ihrer Klasse die Vor- und Nachteile von Mindestlöhnen.

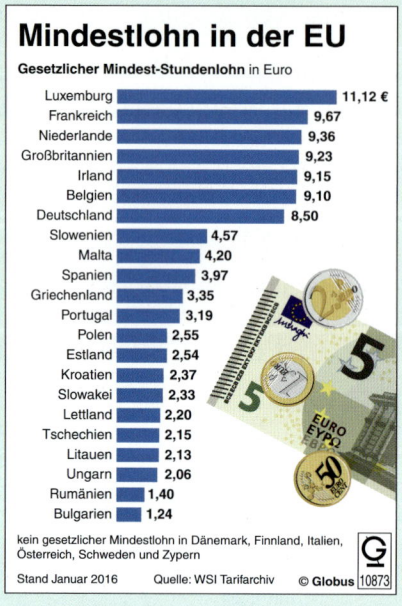

Mindestlohn in der EU

Gesetzlicher Mindest-Stundenlohn in Euro

Luxemburg	11,12 €
Frankreich	9,67
Niederlande	9,36
Großbritannien	9,23
Irland	9,15
Belgien	9,10
Deutschland	8,50
Slowenien	4,57
Malta	4,20
Spanien	3,97
Griechenland	3,35
Portugal	3,19
Polen	2,55
Estland	2,54
Kroatien	2,37
Slowakei	2,33
Lettland	2,20
Tschechien	2,15
Litauen	2,13
Ungarn	2,06
Rumänien	1,40
Bulgarien	1,24

kein gesetzlicher Mindestlohn in Dänemark, Finnland, Italien, Österreich, Schweden und Zypern

Stand Januar 2016   Quelle: WSI Tarifarchiv   © Globus 10873

7. Berechnen Sie den durchschnittlichen Nettolohn für einen 18-jährigen ostdeutschen Auszubildenden
   a) zum Binnenschiffer und
   b) zum Bürokaufmann.
   Unterstellen Sie dabei, dass keine Zulagen, Zuwendungen oder Zuschläge gezahlt werden. Der Auszubildende zum Binnenschiffer zahlt 39,00 € Lohnsteuer, aber noch keinen Solidaritätszuschlag. Der Auszubildende zum Bürokaufmann zahlt keine Lohnsteuer. Beide sind katholisch und haben keine Kinder. Der Krankenkassenbeitragssatz beträgt 14,6 %, der Arbeitnehmeranteil inklusive des kassenindividuellen Zusatzbeitrags 8,2 %
   c) Berechnen Sie, wie viel Prozent des Bruttolohns die beiden Auszubildenden jeweils netto erhalten.
   d) Wie erklären Sie sich die große Spannbreite in der Ausbildungsvergütung zwischen den verschiedenen Ausbildungsberufen und zwischen westdeutschen und ostdeutschen Auszubildenden?

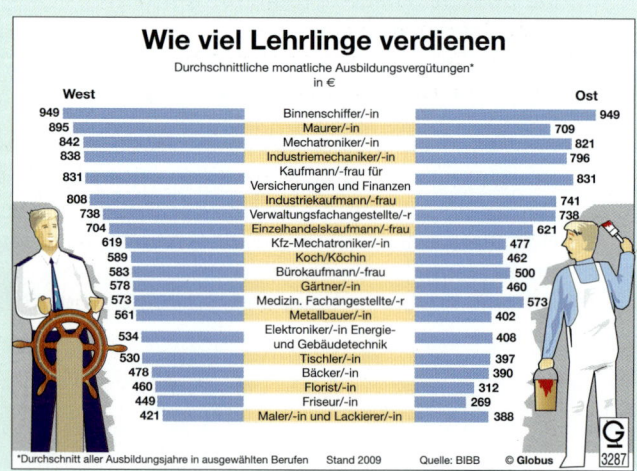

Wie viel Lehrlinge verdienen

Durchschnittliche monatliche Ausbildungsvergütungen* in €

West	Beruf	Ost
949	Binnenschiffer/-in	949
895	Maurer/-in	709
842	Mechatroniker/-in	821
838	Industriemechaniker/-in	796
831	Kaufmann/-frau für Versicherungen und Finanzen	831
808	Industriekaufmann/-frau	741
738	Verwaltungsfachangestellte/-r	738
704	Einzelhandelskaufmann/-frau	621
619	Kfz-Mechatroniker/-in	477
589	Koch/Köchin	462
583	Bürokaufmann/-frau	500
578	Gärtner/-in	460
573	Medizin. Fachangestellte/-r	573
561	Metallbauer/-in	402
534	Elektroniker/-in Energie- und Gebäudetechnik	408
530	Tischler/-in	397
478	Bäcker/-in	390
460	Florist/-in	312
449	Friseur/-in	269
421	Maler/-in und Lackierer/-in	388

*Durchschnitt aller Ausbildungsjahre in ausgewählten Berufen   Stand 2009   Quelle: BIBB   © Globus 3287

8. Berechnen Sie die prozentuale Veränderung des durchschnittlichen
   a) Bruttolohns,
   b) Nettolohns,
   c) Reallohns

   von 1991 bis 2015 und interpretieren Sie das Ergebnis.

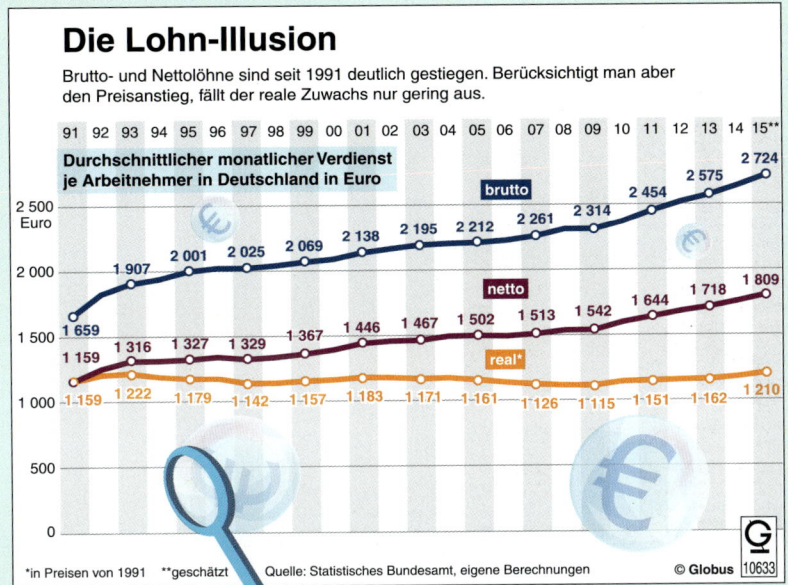

Die Lohn-Illusion

Brutto- und Nettolöhne sind seit 1991 deutlich gestiegen. Berücksichtigt man aber den Preisanstieg, fällt der reale Zuwachs nur gering aus.

91 92 93 94 95 96 97 98 99 00 01 02 03 04 05 06 07 08 09 10 11 12 13 14 15**

Durchschnittlicher monatlicher Verdienst je Arbeitnehmer in Deutschland in Euro

brutto

netto

real*

*in Preisen von 1991   **geschätzt   Quelle: Statistisches Bundesamt, eigene Berechnungen   © Globus 10633

9. Bis vor einigen Jahren hieß es noch: „Die Renten sind sicher." Heute gehen viele Menschen davon aus, dass die staatliche Rente bald nicht mehr ausreicht, um im Alter davon zu leben.
   a) Nennen Sie Gründe für diesen Wandel.
   b) Wie die Grafik auf Seite 60 zeigt, wird die Standardrente im Verhältnis zum Durchschnittslohn bei steigenden Beitragszahlungen langfristig deutlich sinken. Glauben Sie persönlich, dass Ihre Rente später zum Leben ausreicht? Erstellen Sie ein Meinungsbild in der Klasse.
   c) Welche Maßnahmen müssen Sie ergreifen, um im Alter noch ein angemessenes Einkommen zu erhalten?

So entwickelt sich die Rente

Jahr	Beitragssatz zur GRV (in %)	Standardrente/ Sicherungsniveau (in Euro)	Standardrente im Verhältnis zum Durchschnittslohn (in %)	Höhe Riester-Rente (in Euro)	Standardrente + Riester-Rente (in Euro)	Gesamtversorgung im Verhältnis zum Durchschnittslohn (in %)
2008	19,9	1 195,00	50,5	0,00	1 195,00	50,5
2009	19,9	1 224,00	52,0	0,00	1 224,00	52,0
2010	19,9	1 224,00	51,6	32,00	1 256,00	53,0
2011	19,9	1 236,00	50,1	38,00	1 274,00	51,7
2012	19,6	1 263,00	49,4	45,00	1 308,00	51,2
2013	18,9	1 266,00	48,9	52,00	1 319,00	50,9
2014	18,9	1 287,00	48,1	60,00	1 347,00	50,4
2015	18,7	1 314,00	47,5	68,00	1 382,00	50,2
2016	18,7	1 370,00	48,0	77,00	1 448,00	50,7
2017	18,7	1 395,00	48,8	87,00	1 482,00	51,2
2018	18,7	1 432,00	48,1	97,00	1 530,00	51,4
2019	18,7	1 469,00	48,0	109,00	1 577,00	51,5
2020	18,7	1 509,00	47,9	121,00	1 630,00	51,7
2021	18,7	1 553,00	47,8	134,00	1 686,00	52,0
2022	18,9	1 590,00	47,7	148,00	1 737,00	52,2
2023	19,8	1 624,00	47,6	162,00	1 785,00	52,4
2024	20,0	1 643,00	47,0	176,00	1 819,00	52,1
2025	20,2	1 678,00	46,5	191,00	1 868,00	51,8
2026	20,6	1 714,00	46,2	207,00	1 928,00	51,8
2027	20,9	1 744,00	45,8	224,00	1 969,00	51,7
2028	21,1	1 777,00	45,3	242	2 019,00	51,5
2029	21,6	1 814,00	45,0	261,00	2 075,00	51,5
2030	21,8	1 844,00	44,5	278,00	2 122,00	51,2

Hinweise/Annahmen:
- Rechnung für Standardrentner (45 Jahre Beitragszahlung aus Durchschnittsverdienst)
- Altersvorsorgeaufwand beträgt 4 %
- Verzinsung der Riester-Rente bis 2014: 4,0%, 2015 3,5%, 2016 3,0%, 2017: 2,5%, danach schrittweiser Anstieg auf 4,0% bis 2020, danach konstant, Verwaltungskosten 10%
- Riester-Rente wird in der Auszahlungsphase wie Rente aus der GRV angepasst.
- Für Rentenzugänge vor 2010 wird kein Riester-Vertrag unterstellt.

Quelle: Bundesministerium für Arbeit und Soziales (BMAS): Rentenversicherungsbericht 2016, S. 39, Zugriff am 19.01.2017 unter: www.bmas.de/SharedDocs/Downloads/DE/PDF-Pressemitteilungen/2016/rentenversicherungsbericht-2016.pdf?__blob=publicationFile&v=1

10. Damit mehr Arbeitsplätze geschaffen werden können, wird von der Wirtschaft oft die Senkung der Lohnnebenkosten gefordert.
    a) Nennen Sie Lohnnebenkosten, die vom Gesetzgeber vorgegeben werden.
    b) Nennen Sie Lohnnebenkosten, die durch Tarifverträge vereinbart werden.

11. Welcher Versicherungsträger erbringt in folgenden Fällen welche Leistung?
    a) Ein 65-jähriger Informatiker geht in den Ruhestand.
    b) Ein Malergeselle kann nach einem Skiunfall seinen Beruf nicht mehr ausüben.
    c) Der Elektriker Mathis stirbt nach einer schweren Krankheit. Er hinterlässt eine Frau und eine 5-jährige Tochter.
    d) Frau Hoffmann bringt im Krankenhaus ein gesundes Kind zur Welt.
    e) Ein Schüler schläft im Unterricht ein und sticht sich dabei mit dem Kugelschreiber in die Wange.
    f) Frau Meier geht zur jährlichen Vorsorgeuntersuchung zu ihrem Hausarzt.
    g) Gertrude Bauer wird täglich gewaschen und gefüttert.
    h) Klaus Mielke will morgens schnell zur Arbeit. Er holt sich einen Apfel aus der Küche. Dabei rutscht er aus und verletzt sich.

12. Ein Angestellter verdient jährlich 100 000,00 € brutto. In welcher Versicherungsart ist er pflichtversichert?

13. Ein Schüler geht nach dem Schulbesuch noch kurz mit zu einem Freund. Auf diesem Umweg hat er einen Unfall. Muss die Unfallversicherung zahlen?

14. Wer zahlt für einen Arbeitslosen die Beiträge zur gesetzlichen Krankenversicherung?

15. Welches Gericht ist bei Streitigkeiten mit der Krankenkasse zuständig?

16. Welche Aussage zur beruflichen Fortbildung nach dem Berufsbildungsgesetz ist richtig?
    a) Ein Teilbereich der beruflichen Fortbildung ist die Berufsausbildung.
    b) Die berufliche Fortbildung soll zu einer anderen beruflichen Tätigkeit befähigen.
    c) Ein Beispiel für die berufliche Fortbildung ist die Teilnahme an einer Umschulung.
    d) Die berufliche Fortbildung soll es ermöglichen, die berufliche Handlungsfähigkeit zu erhalten und anzupassen oder zu erweitern und beruflich aufzusteigen.
    e) Die berufliche Fortbildung sollte im Alter von 30 Jahren abgeschlossen sein.

17. Während der Mittagspause entsteht ein Gespräch über Ausbildung, Fortbildung und Weiterbildung. In welchem der folgenden Fälle handelt es sich um Fortbildung im Sinne des Berufsbildungsgesetzes?
    a) Der gelernte Elektriker besucht einen Kurs, der mit der Meisterprüfung endet.
    b) Der 17-jährige Stefan Rauer macht eine Ausbildung zum Mechatroniker.
    c) Die 50-jährige Chemikantin Ute Marks absolviert ein Wochenendseminar der Gewerkschaft zur Demokratiebewegung in Südamerika.
    d) Die 16-jährige Realschülerin entscheidet sich für eine vollzeitschulische Ausbildung.
    e) Ein gelernter Friseur macht eine Umschulung zum IT-Systemelektroniker.

18. Welche der folgenden Aussagen zur beruflichen Flexibilität ist richtig? Unter beruflicher Flexibilität versteht man …
    a) die Fähigkeit, schnell im Unternehmen Freundschaften zu schließen.

b) die Bereitschaft, unentgeltliche Überstunden zu leisten.

c) die Fähigkeit, sich den wandelnden Anforderungen der Arbeitswelt anzupassen.

d) die Bereitschaft, lange Anfahrtswege zum Arbeitsplatz in Kauf zu nehmen.

e) die Fähigkeit, auf Wunsch des Arbeitgebers nur noch eine Teilzeitstelle auszuüben.

19. Bei welcher Aussage handelt es sich nicht um ein Ziel der Arbeitsförderung gemäß § 1 des Sozialgesetzbuches (SGB III) – Arbeitsförderung? Die Arbeitsförderung soll ...

   a) dem Entstehen von Arbeitslosigkeit entgegenwirken.

   b) unabhängig von der beschäftigungspolitischen Zielsetzung der Sozial-, Wirtschafts- und Finanzpolitik der Bundesregierung sein.

   c) die Dauer der Arbeitslosigkeit verkürzen.

   d) den Ausgleich von Angebot und Nachfrage auf dem Ausbildungs- und Arbeitsmarkt unterstützen.

   e) durch die Verbesserung der individuellen Beschäftigungsfähigkeit Langzeitarbeits- losigkeit vermeiden.

20. Nennen Sie Gründe für eine personenbedingte Kündigung.

21. Wann ist eine fristlose Kündigung generell möglich?

22. Führen Arbeitslose ihre Arbeitslosigkeit selbst herbei, kann das Arbeitsamt eine Sperr- zeit von zwölf Wochen verhängen. Während dieser Zeit erhält der Arbeitslose kein Arbeitslosengeld. Die Dauer der Zahlung von Arbeitslosengeld verringert sich um die Tage der Sperrzeit. In welchen Fällen wird das Arbeitsamt Ihrer Meinung nach eine Sperrzeit verhängen?

   a) Ein 35-jähriger Elektriker kündigt, weil er mit seinem Vorgesetzten Streit hatte.

   b) Eine gestaltungstechnische Assistentin wird entlassen, da die Auftragslage zurzeit sehr schlecht ist.

   c) Ein Arbeitsloser lehnt eine ihm angebotene zumutbare Stelle ab.

   d) Frau Simmel kündigt, weil sie unter Tarif entlohnt wird.

23. Ein Arbeitnehmer fehlte öfter, aber immer nur einen Tag, und gab als Grund jeweils Arbeitsunfähigkeit an. Nähere Auskünfte verweigerte er allerdings. Der Arbeitgeber weigerte sich daraufhin, die fehlenden Tage zu bezahlen. Ist dieses Vorgehen Ihrer Meinung nach rechtens?

24. Geben Sie an, welche Aussagen richtig sind:

   a) Um Arbeitslosengeld zu bekommen, muss ein Arbeitsloser jede Beschäftigung an- nehmen.

   b) Träger der Rentenversicherung ist für Arbeiter die BfA.

   c) Zur Wiederherstellung der Erwerbsfähigkeit nach einem Arbeitsunfall trägt die Unfallversicherung die Kosten der Heilbehandlung.

   d) Eine wichtige Aufgabe der Unfallversicherung ist die Unfallverhütung.

   e) Je mehr Beiträge ein Versicherter an die Krankenversicherung zahlt, desto höher sind die Leistungen, die er ggf. erhält.

   f) Auf die Leistungen der Sozialversicherung hat jeder Versicherte einen einklagbaren Rechtsanspruch.

25. Ein Arbeitnehmer klaut bei seinem Arbeitgeber eine CD mit einer Software für die Verwaltung von Kundenkontakten. Kann der Arbeitgeber ihn fristlos kündigen?

26. Ein Arbeitnehmer versäumt es mehrmals, den Chef unverzüglich zu unterrichten, dass er weiter arbeitsunfähig ist. Er erhält die Kündigung. Ist diese rechtens?

27. Diskutieren Sie, ob eine Aufweichung des Kündigungsschutzgesetzes zu mehr Arbeitsplätzen führen wird.

28. Interpretieren Sie nachfolgende Formulierungen aus einem Arbeitszeugnis:
    a) Er hat die ihm übertragenen Aufgaben stets zu unserer vollen Zufriedenheit ausgeführt.
    b) Sein Verhalten gegenüber Vorgesetzten und Kollegen war höflich und korrekt.
    c) Er verfügt über eine rasche Auffassungsgabe und war daher auch stärkeren Arbeitsbelastungen stets gewachsen.

3 Existenzgründung

Themen
- Gründe für eine Existenzgründung
- Persönliche und sachliche Voraussetzungen
- Marktanalyse und Standortsuche
- Gründungskosten
- Staatliche Förderung der Existenzgründung
- Wahl der Rechtsform (Einzelunternehmen, Gesellschaft bürgerlichen Rechts, Stille Gesellschaft, Offene Handelsgesellschaft, Kommanditgesellschaft, Gesellschaft mit beschränkter Haftung, Unternehmergesellschaft GmbH & Co. KG, Aktiengesellschaft)
- Firma
- Gesellschaftervertrag
- Anmelde- und Genehmigungsverfahren
- Eintragung ins Handelsregister, Kaufmannseigenschaft

Mögliche Verknüpfungen zu anderen Themengebieten/Fächern
- Deutsch/Kommunikation: Präsentation der Gründungsidee sowie der Gründungsmappe
- Wirtschaft: Marketingkonzept für das neu gegründete Unternehmen
- Textverarbeitung: Erstellung der Gründungsmappe

Maria Salvatore und Markus Breit sind beide seit über einem halben Jahr arbeitslos. Maria ist 23 Jahre alt und hat eine Ausbildung zur Informationstechnischen Assistentin gemacht. Bevor sie arbeitslos wurde, hat sie in der Organisationsabteilung einer Sparkasse gearbeitet. Markus Breit, 24 Jahre alt, ist Fachinformatiker. Er verfügt über sehr gute Kenntnisse in HTML, PHP, SQL und Java. Maria Salvatore hat von ihrer Großtante 25 000,00 € geerbt. Markus Breit hat ebenfalls Rücklagen in Höhe von 15 000,00 €. Die beiden überlegen, ob sie sich gemeinsam selbstständig machen sollen.

1. Was kann jemanden dazu bewegen, sich selbstständig zu machen? Sammeln Sie in Partnerarbeit Argumente für und gegen eine Existenzgründung.

2. Welche persönlichen und sachlichen Voraussetzungen sollte ein Existenzgründer Ihrer Ansicht nach mitbringen?

3. Können Sie sich vorstellen, sich eines Tages selbstständig zu machen?

4. Bilden Sie Gruppen von jeweils 4–5 Schülern.
   Versetzen Sie sich in Maria Salvatore und Markus Breit hinein und überlegen Sie sich eine Gründungsidee für die beiden. Präsentieren Sie anschließend Ihre Idee in der Klasse. Ihre Aufgabe besteht dabei darin, Ihre Klassenkameraden von der Durchführbarkeit Ihres Vorschlages zu überzeugen.
   Stimmen Sie jeweils in der Klasse ab, welche Gründungsideen Ihnen sinnvoll erscheinen. Bekommt eine Idee weniger als die Hälfte der Stimmen, muss sich die Gruppe einen neuen Vorschlag überlegen.

5. Informieren Sie sich über die wichtigsten Faktoren bei der Standortsuche und Marktanalyse.

6. Welche Faktoren sind für Ihren Gründungsvorschlag wichtig?

7. Überlegen Sie sich drei mögliche Standorte für das zukünftige Unternehmen und führen Sie eine Nutzwertanalyse zur Auswahl des geeignetsten Standorts durch.

8. Ermitteln Sie den Raumbedarf für Ihr Unternehmen und skizzieren Sie einen möglichen Lageplan.

9. Welche Kosten entstehen bei der Gründung während des ersten Geschäftsjahres bei Ihrem Vorschlag? Erstellen Sie einen Kostenplan.

10. Informieren Sie sich über die verschiedenen Unternehmensformen.

11. Überlegen Sie sich mindestens fünf Kriterien, die für Ihre Gründungsidee wichtig sind und anhand derer Sie sich zwischen den Unternehmensformen entscheiden können.

12. Führen Sie anhand der zuvor festgelegten Kriterien eine Nutzwertanalyse zur Auswahl der geeignetsten Unternehmensform durch.

13. Jetzt muss ein Unternehmensname (Firma) gefunden werden, der das Unternehmen einerseits angemessen repräsentiert und andererseits Auskunft über die gewählte Rechtsform gibt.

14. Erfolgt die Gründung eines Unternehmens zusammen mit einer anderen oder sogar mit mehreren Personen, dann ist der Abschluss eines schriftlichen Gesellschaftervertrages, auch wenn er nicht bei allen Rechtsformen vorgeschrieben ist, sinnvoll. Halten Sie die wichtigsten Inhalte eines Gesellschaftervertrages zwischen Maria Salvatore und Markus Breit fest. (Tipp: Sie finden im Internet zahlreiche vorgefertigte Gesellschafterverträge.)

15. Wo muss die Gesellschaft überall angemeldet werden? Gehen Sie dabei auch auf die Eintragung ins Handelsregister ein. Welche Wirkung hat die Eintragung ins Handelsregister bei der von Ihnen gewählten Rechtsform?

16. Fassen Sie alle erstellten Unterlagen zu einer Gründungsmappe zusammen. Präsentieren Sie Ihre Ergebnisse in der Klasse.

3 Informationen zur Handlungssituation

3.1 Schritte in die Selbstständigkeit

Es gibt mehre Möglichkeiten, den Weg in die Selbstständigkeit zu gehen. Es kann ein neues Unternehmen gegründet werden oder ein bestehendes übernommen werden. Im Handwerk ist ein Drittel der Inhaber über 55 Jahre alt. Hier werden zahlreiche Betriebe zur Übernahme anstehen. Im IT-Bereich sind die meisten Unternehmer noch jünger, sodass hier vor allem Neugründungen stattfinden.

Das Wichtigste bei einer Existenzgründung ist eine gute Idee, die auf dem Markt Absatzchancen hat.

Darüber hinaus sollte man sich frühzeitig darüber Gedanken machen, ob man diese Idee alleine oder mit anderen gemeinsam umsetzen kann. Gerade in der Anfangsphase sind die Arbeitsbelastungen und auch die finanziellen Engpässe, die der Existenzgründer aushalten muss, sehr hoch. Eine Verteilung der Last auf mehrere Schultern kann daher sinnvoll sein.

3.2 Marktanalyse und Standortsuche

Eine gute Idee und der Wille, diese zu realisieren, genügen allerdings nicht. Der Erfolg wird sich nur dann einstellen, wenn für das angebotene Produkt bzw. für die Dienstleistung auch eine entsprechende Nachfrage besteht. Bereits vor der Existenzgründung sollte man sich daher über die potenzielle Zielgruppe Gedanken machen. Der Existenzgründer muss überlegen, wie groß diese Zielgruppe ist und welche Kaufkraft sie hat. Erste Kundenkontakte sollten möglichst schon vor dem Schritt in die Selbstständigkeit aufgebaut werden.

Märkte unterliegen einem schnellen Wandel. Es muss daher geprüft werden, ob das neue Angebot in eine aufstrebende Branche oder in eine eher rückläufige Branche fällt. Besonders vielversprechend sind innovative Ideen. Dann ist es ggf. wichtig, rechtzeitig ein Patent anzumelden, damit andere Unternehmen die Idee nicht kopieren und evtl. kostengünstiger auf den Markt bringen können. Mitentscheidend für den Gründungserfolg ist auch die Konkurrenzsituation. Je mehr Konkurrenten da sind, desto stärker ist der Preiskampf. Wichtig ist es daher, sich mit besonderen Angeboten von der Konkurrenz abzuheben. Dies kann z. B. ein außergewöhnlicher Service oder das Angebot von Zusatzleistungen sein.

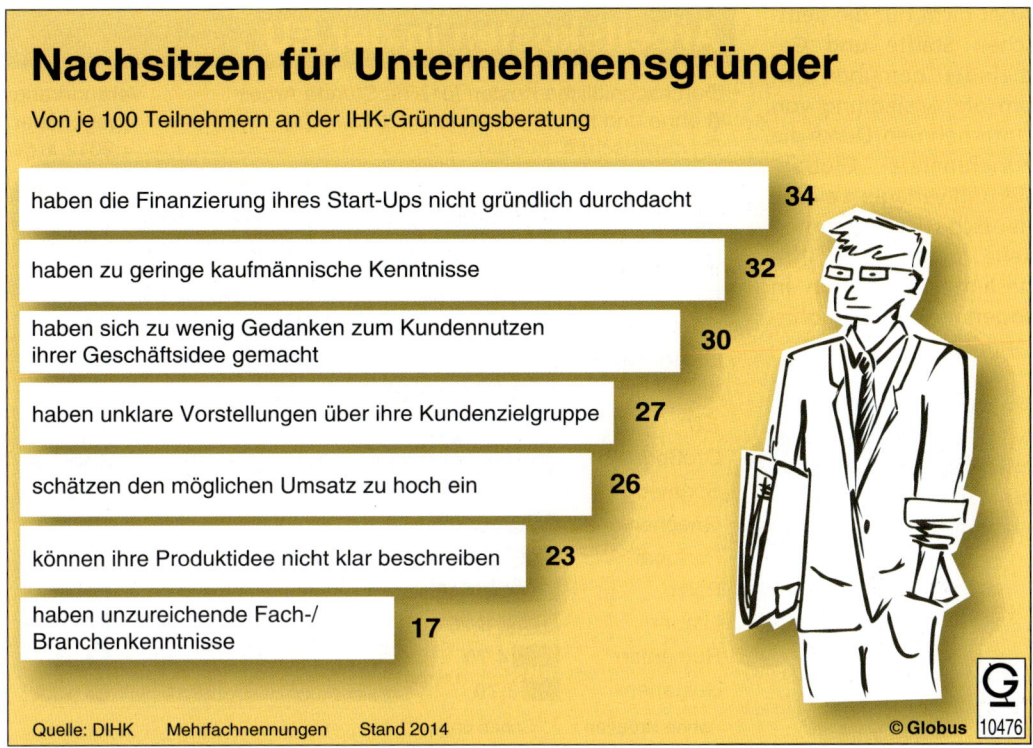

Nachsitzen für Unternehmensgründer

Von je 100 Teilnehmern an der IHK-Gründungsberatung

haben die Finanzierung ihres Start-Ups nicht gründlich durchdacht	34
haben zu geringe kaufmännische Kenntnisse	32
haben sich zu wenig Gedanken zum Kundennutzen ihrer Geschäftsidee gemacht	30
haben unklare Vorstellungen über ihre Kundenzielgruppe	27
schätzen den möglichen Umsatz zu hoch ein	26
können ihre Produktidee nicht klar beschreiben	23
haben unzureichende Fach-/Branchenkenntnisse	17

Quelle: DIHK   Mehrfachnennungen   Stand 2014   © Globus   10476

Die Wahl des richtigen Standorts ist für die Zukunft des Unternehmens maßgeblich. Bei der Standortwahl müssen je nach Gründungsidee folgende Fragen abgeklärt werden:

1. Ist die Nähe zum Kunden wichtig?
2. Wie ist die Parkraumsituation?
3. Wie ist die Verkehrsanbindung (ÖPNV, Straße, Bahn, Hafen, Flughafen)?
4. Ist die Lage in einem Gewerbegebiet, einem Vorort oder in der City sinnvoll?
5. Ist die Nähe zu den Lieferern wichtig?
6. Wie stark ist die Konkurrenz vertreten?
7. Gibt es ggf. genügend Fach- und Hilfskräfte in der Gegend?
8. Wie hoch sind die Miet- bzw. Baukosten?
9. Wie hoch ist der Gewerbesteuer-Hebesatz?
10. Gibt es Umweltauflagen, die berücksichtigt werden müssen?
11. Besteht später die Möglichkeit einer Erweiterung?

Städte und Gemeinden konkurrieren um die Ansiedlung neuer Betriebe. Sie versuchen, diese durch die Bereitstellung einer guten Infrastruktur für sich zu gewinnen.

Infrastruktur von Städten und Gemeinden			
Technisch	**Personell**	**Sozial**	**Institutionell**
Verkehrswege, Stadtentwicklung, Energieversorgung	Qualifikation der Arbeitskräfte, Beratung	Ausstattung mit Krippenplätzen, Kindergärten, Schulen und Hochschulen, Freizeitmöglichkeiten, Kulturangeboten	Rechts- und Wirtschaftsordnung (landesweit bzw. bundesweit), Wirtschaftsförderung

Aber nicht nur die deutschen Städte und Gemeinden bemühen sich um die Ansiedlung von Unternehmen. Durch die zunehmende Globalisierung verlagern einige deutsche Unternehmen Teile oder sogar ihre gesamte Produktion in sogenannte Billiglohnländer.

Stehen mehrere Standorte zur Wahl, kann mithilfe einer **Nutzwertanalyse** eine Auswahl getroffen werden.

Arbeitskosten in der EU

Durchschnittliche Kosten für eine Stunde Arbeit (Löhne und Lohnnebenkosten) 2013 in der Privatwirtschaft in Euro — Veränderung gegenüber 2012 in %

Land	Euro	Veränderung
Schweden	43,00 Euro	+1,6 %
Belgien	41,20	+1,9
Dänemark	39,80	+1,4
Frankreich	35,00	+0,2
Deutschland	31,70	+2,1
Österreich	31,30	+3,1
Italien	28,00	+2,2
EU*	23,70	+1,4
Großbritannien	21,10	+1,0
Spanien	20,90	+0,3
Griechenland**	14,10	-9,4
Portugal	11,50	-1,8
Polen	7,40	+3,4
Litauen	6,20	+7,4
Rumänien	4,70	+3,7
Bulgarien	3,70	+3,4

*ohne Kroatien   **Schätzungen
Quelle: Statistisches Bundesamt, Eurostat   ausgewählte Länder   dpa•20925

Nutzwertanalyse zur Standortbestimmung							
Kriterium	Gewich-tung (G)	Standort 1		Standort 2		Standort 3	
		Punkte (P)	P · G	Punkte (P)	P · G	Punkte (P)	P · G
Kundennähe	15 %	4	0,6	2	0,3	3	0,45
Parkplätze	10 %	3	0,3	3	0,3	3	0,3
Konkurrenz	10 %	2	0,2	1	0,1	2	0,2
...	...	...	...	...	...	...	...
Summe	100 %		Σ 3,2		Σ 2,1		Σ 2,7

Legende: 4 P. sehr gut, 3 P. gut, 2 P. in Ordnung, 1 P. schlecht, 0 P. nicht akzeptabel

Fazit: In diesem Fall ist Standort 1 die beste Alternative.

3.3 Gründungskosten

Zunächst einmal muss der Raumbedarf ermittelt werden. Wird beispielsweise ein Ladengeschäft, eine Werkstatt oder ein Büro benötigt? Berücksichtigt werden müssen aber auch Nebenräume, wie z. B. das Lager oder Sozialräume für die Mitarbeiter.

Die Betriebseinrichtung sollte in Abhängigkeit von der Geschäftsidee und den potenziellen Kunden ausgewählt werden. Da ein Existenzgründer i. d. R. sehr viel Zeit in den neuen Räumlichkeiten verbringen wird, sollte die Einrichtung sorgfältig ausgesucht werden.

Darüber hinaus muss sich der Existenzgründer auch über die laufenden Kosten Gedanken machen. Genannt werden können hier je nach Betrieb z. B. Personalkosten, Kosten für zugekaufte Produkte, Lagerkosten, Finanzierungskosten, Produktionskosten, Kosten des Fuhrparks, Kosten für den laufenden Bürobetrieb und nicht zu vergessen die Kosten für den eigenen Lebensunterhalt.

3.4 Staatliche Förderung für Existenzgründer

Unterstützung für Arbeitslose

In der Bundesrepublik Deutschland gibt es spezielle Förderprogramme zur Aufnahme einer selbstständigen Tätigkeit für Arbeitslose.

	Einstiegsgeld	Gründungszuschuss
Rechtsgrundlage	§ 29 SGB II § 57 SGB III	§ 57 SGB III in Fassung ab 01.08.2006
Anspruchsgrundlage	ALG II-Anspruch	Mindestens 90 Tage ALG I-Restanspruch
Notwendigkeit von Businessplan und fachkundiger Stellungnahme	In der Regel ja, aber Ermessensentscheidung	Ja, zusätzlich „Darlegung der persönlichen Eignung"
Gültig seit/bis	Seit 01.01.2005	Seit 01.08.2006
Rechtsanspruch	Nein, Kannleistung	Ja, für erste neun Monate und vom zehnten bis 15. Monat Kannleistung
Höhe der Förderung pro Monat/Dauer	Zusätzlich zum ALG II: 50 % der Regelleistung (345,00 €) zzgl. 10 % pro weiteres Mitglied der Bedarfsgemeinschaft für in der Regel sechs bis zwölf Monate	In Höhe des ALG I- Anspruchs plus 300,00 € (erste neun Monate), anschließend nur 300,00 € (sechs Monate)
Verrechnung mit ALG I-Restanspruch	Entfällt, da auf Grundlage ALG II	Ja
Obergrenze für selbstständiges Einkommen	Weitgehende Verrechnung des Gewinns mit ALG II- Anspruch	Ex post nein, ex ante (Businessplan) muss Förderbedarf erkennbar sein
Gesetzliche Renten-, Kranken- und Pflegeversicherung	Im Rahmen des ALG II- Bezugs sozialversichert	Freiwillig möglich, ermäßigter Mindestbeitrag in der gesetzlichen Kranken- und Pflegeversicherung

Quelle: Statistische Ämter des Bundes und der Länder (Hrsg.): Arbeitsmärkte im Wandel, Wiesbaden, Januar 2012, S. 11, Zugriff unter: www.statistik-portal.de/Statistik-Portal/arbeitsmaerkte_im_wandel.pdf

Kredite und Darlehen

Die KfW-Bank bietet zinsvergünstigte Kredite und Darlehen für Existenzgründer und Jungunternehmer bis zu einer Höhe von 100 000,00 €.

Gründercoaching

Im ersten Jahr der Existenzgründung kann sich der junge Unternehmer durch einen erfahrenen Berater bei Problemen der Gründung und Unternehmensführung unterstützen lassen. Der Staat übernimmt dabei einen Teil der Kosten.

3.5 Wahl der Rechtsform

Die Wahl der Rechtsform einer Unternehmung wirkt sich langfristig auf die wirtschaftliche, rechtliche und steuerliche Behandlung des Unternehmens aus. Bei der Rechtsform wird grundsätzlich zwischen

- **Einzelunternehmen** (nur ein Gesellschafter) und
- **Gesellschaftsunternehmen** (mehrere Gesellschafter möglich)

unterschieden.

Je nachdem, ob stärker die persönliche Beteiligung oder stärker die Kapitalbeteiligung im Vordergrund steht, unterscheidet man bei den Gesellschaftsunternehmen zwischen

- **Personengesellschaften** und
- **Kapitalgesellschaften**.

Eine Sonderform stellen die **Genossenschaften** dar.

Rechtsformen der Unternehmung (= juristische Organisationsform)			
Einzelunternehmen	**Gesellschaftsunternehmen**		
	Personengesellschaft	**Kapitalgesellschaft**	**Genossenschaft**
— eK, eKfm., eKfr.	— OHG	— AG	— eG
	— KG	— GmbH	
	— Stille Gesellschaft		
	— GbR		
	— GmbH & Co.KG		

3.5.1 Einzelunternehmung (eK)

Die Einzelunternehmung ist die in Deutschland am häufigsten vorzufindende Rechtsform. Sie ist für kleine bis mittelgroße Unternehmen geeignet. Alleiniger Gesellschafter ist der Einzelunternehmer. Er haftet sowohl mit seinem Privatvermögen als auch mit dem Geschäftsvermögen. Nach § 19 HGB (Handelsgesetzbuch) kann ein Einzelunternehmer als Personen-, Sach-, Misch- oder Fantasiefirma jeweils mit einem der Zusätze

- eK. eingetragener Kaufmann oder Kauffrau,
- e.Kfm, eingetragener Kaufmann oder e.Kfr., eingetragene Kauffrau

firmieren (siehe Kapitel 3.6).

Steigt das Geschäftsvolumen und benötigt der Einzelunternehmer neues Eigenkapital bzw. Unterstützung bei der Geschäftsführung, muss er die Rechtsform ändern und die Einzelunternehmung in ein Gesellschaftsunternehmen umwandeln.

3.5.2 Gesellschaft des bürgerlichen Rechts (GbR)

Die einfachste Form einer Gesellschaft ist die sog. **BGB-Gesellschaft** oder Gesellschaft bürgerlichen Rechts (GbR). Die GbR entsteht durch den Zusammenschluss von zwei oder mehreren Personen, die sich vertraglich zur Förderung eines gemeinsamen Ziels verpflichten. Die Gründung der GbR ist formfrei. Ein Mindestkapital ist nicht vorgeschrieben. Die GbR führt keine Firma, sondern tritt nur unter dem Namen der Gesellschafter auf.

Die Gesellschafter haften mit dem Geschäftsvermögen sowie mit ihrem jeweiligen Privatvermögen. Dabei kann der Gläubiger sich unmittelbar an einen Gesellschafter wenden. Dieser muss dann zunächst die Schuld begleichen, kann aber von den anderen im Nachhinein eine Ausgleichszahlung verlangen.

Das BGB sieht vor, dass die Geschäftsführung zu gleichen Teilen erfolgt. Vertraglich kann aber auch eine alleinige Geschäftsführung durch einen Gesellschafter geregelt werden. Gewinn und Verlust werden nach Vorgabe durch den Gesellschaftervertrag verteilt.

3.5.3 Offene Handelsgesellschaft (OHG)

Bei der OHG handelt es sich um eine Personengesellschaft mit mindestens zwei Gesellschaftern. Das Geschäftsvermögen ist Gemeinschaftseigentum (= Gesamthandvermögen). Die Gesellschafter haften gesamtschuldnerisch, d. h. sie haften

- unbeschränkt (mit dem Geschäfts- und Privatvermögen),
- unmittelbar (der Gläubiger kann sich direkt an einen der Gesellschafter oder an die OHG halten) und
- solidarisch (jeder Gesellschafter haftet für alle Schulden der Gesellschaft. Im Innenverhältnis hat er einen Ausgleichsanspruch gegenüber den anderen Gesellschaftern).

Der Gesellschaftsvertrag kann formfrei erfolgen. Nur wenn ein Grundstück eingebracht werden soll, bedarf er der notariellen Beurkundung. Bei der Firma muss darauf geachtet werden, dass die Gesellschaftsform durch den Zusatz OHG kenntlich gemacht wird.

Bei der OHG wird zwischen Geschäftsführung (im Innenverhältnis) und Vertretung (im Außenverhältnis) unterschieden. Jeder Gesellschafter hat eine Einzelvertretungsbefugnis. Das bedeutet, er darf im Namen der Gesellschaft Verträge mit Dritten abschließen. An diese Verträge ist die OHG dann gebunden. Die Einzelvertretungsbefugnis erstreckt sich sowohl über gewöhnliche als auch über außergewöhnliche Geschäfte.

Bei einer OHG sind alle Gesellschafter sowohl zur Geschäftsführung berechtigt als auch verpflichtet. Jeder Gesellschafter darf im Innenverhältnis alleine über alle gewöhnlichen Geschäfte entscheiden (= Einzelgeschäftsführungsbefugnis). Bei außergewöhnlichen Geschäften wie z. B. der Errichtung einer neuen Produktionsstätte oder dem Kauf von Grundstücken (Ausnahme ist natürlich ein Immobilienmakler) müssen alle Gesellschafter zustimmen (= Gesamtgeschäftsführungsbefugnis). Verstößt ein Gesellschafter gegen diese Gesamtgeschäftsführungsbefugnis, ist er ggf. schadensersatzpflichtig.

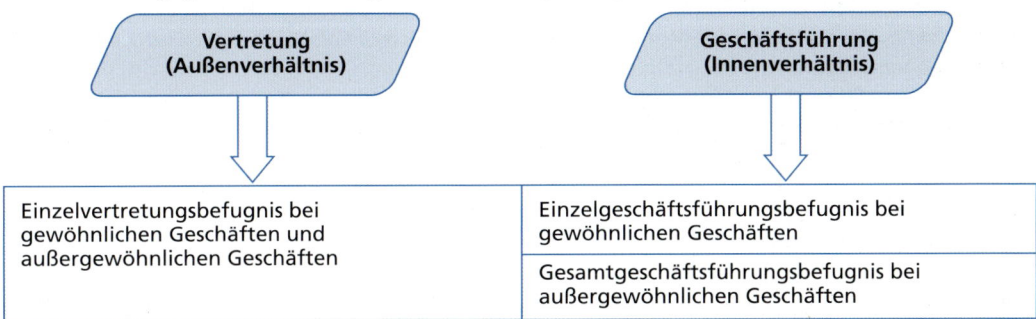

Vertretung (Außenverhältnis)	Geschäftsführung (Innenverhältnis)
Einzelvertretungsbefugnis bei gewöhnlichen Geschäften und außergewöhnlichen Geschäften	Einzelgeschäftsführungsbefugnis bei gewöhnlichen Geschäften
	Gesamtgeschäftsführungsbefugnis bei außergewöhnlichen Geschäften

Beispiel zur Vertretung und Geschäftsführung

Herr Maler und Herr Braun sind Gesellschafter der Maler-Computer OHG, eines kleinen EDV-Einzelhandels. Herr Braun mietet, als Herr Maler im Urlaub ist, ein zweites Ladenlokal. Als Herr Maler aus dem Urlaub kommt, ist er entsetzt. Mit einer so drastischen Ausweitung des Geschäfts ist er nicht einverstanden.

1. Handelt es sich um ein gewöhnliches oder ein außergewöhnliches Geschäft?
2. Ist der Mietvertrag, den Herr Braun bereits unterzeichnet hat, rechtsgültig?
3. Herr Maler möchte, dass Herr Braun den Mietvertrag möglichst bald auflöst und alle entstandenen Kosten alleine trägt. Kann Herr Maler dies verlangen?

Lösung

Zu 1.: Es handelt sich um ein außergewöhnliches Geschäft.

Zu 2.: Der Mietvertrag ist rechtsgültig, da Herr Braun eine Einzelvertretungsbefugnis hat.

Zu 3.: Herr Maler kann die Rückabwicklung sowie die Übernahme aller Kosten durch Herrn Braun verlangen.

BEISPIEL

Die Gewinnverteilung erfolgt nach § 121 HGB. Jeder Gesellschafter erhält zunächst 4 % auf seinen Kapitalanteil. Ist der Gewinn dann noch nicht verbraucht, wird der Restgewinn nach Köpfen verteilt. Ist der Gewinn so niedrig, dass der Kapitalanteil nicht mit 4 % verzinst werden kann, wird ein entsprechend niedrigerer Zinssatz gewählt. Die Verlustbeteiligung erfolgt nach Köpfen.

Weiterführung des Beispiels: Gewinnverteilung

Die Maler-Computer OHG hat im vergangenen Geschäftsjahr einen Gewinn von 75 000,00 € erwirtschaftet. Herr Maler hat einen Kapitalanteil von 70 000,00 € und Herr Braun von 35 000,00 €. Beide haben zur Deckung ihrer Lebenshaltungskosten jeweils 30 000,00 € entnommen. Die Gewinnverteilung soll gemäß den Vorschriften des HGB erfolgen.

Gewinnverteilungstabelle						
Gesell-schafter	Anfangs-kapital	4 %	Restgewinn nach Köpfen	Gewinn insgesamt	Privat-entnahmen	Endkapital
Maier	70 000,00 €	2 800,00 €	35 400,00 €	38 200,00 €	30 000,00 €	78 200,00 €
Braun	35 000,00 €	1 400,00 €	35 400,00 €	36 800,00 €	30 000,00 €	41 800,00 €
Summe	105 000,00 €	4 200,00 €	70 800,00 €	75 000,00 €	60 000,00 €	120 000,00 €

(75 000 – 4 200) / 2

Anmerkung: Jeder Gesellschafter hat das Recht, jährlich mindestens 4 % auf seinen Kapitalanteil privat zu entnehmen.

Die OHG-Gesellschafter unterliegen einem Wettbewerbsverbot. Sie dürfen weder Geschäfte im Bereich des Handelsgewerbes der OHG auf eigene Rechnung tätigen, noch dürfen sie an einer gleichartigen Gesellschaft als persönlich haftender Gesellschafter beteiligt sein. Bei Verstoß kann die OHG Schadensersatz, Selbsteintritt in das Geschäft oder Herausgabe der Vergütung verlangen.

Weiterführung des Beispiels: Wettbewerbsverbot

Herr Maler darf einem Bekannten nicht auf eigene Rechnung einen PC verkaufen. Das Angebot seines Freundes, mit ihm in einer anderen Stadt ein ähnliches Geschäft in der Rechtsform einer OHG zu gründen, muss er ebenfalls ablehnen.

3.5.4 Kommanditgesellschaft (KG)

Die KG hat mindestens einen **Vollhafter (Komplementär)** und auch mindestens einen **Teilhafter (Kommanditisten)**. Für den Vollhafter gelten die gleichen Regeln wie bei OHG-Gesellschaftern. Der Kommanditist haftet nur mit der im Handelsregister eingetragenen Einlage (Haftsumme). Die Haftungsbeschränkung gilt erst ab dem Zeitpunkt der Handelsregistereintragung. Vorher haftet er ebenfalls voll. Der Teilhafter ist von der Geschäftsführung und Vertretung ausgeschlossen. Bei außergewöhnlichen Geschäften hat er jedoch ein Widerspruchsrecht.
Von der Haftsumme muss der Begriff der Pflichteinlage unterschieden werden. Während die Haftsumme die Einlage laut Handelsregistereintragung ist, ist die Pflichteinlage die Einlage, die der Kommanditist laut Gesellschaftervertrag einzahlen muss. Ist die Pflichteinlage noch nicht voll eingezahlt, werden die Gewinnanteile nicht ausgezahlt, sondern dem Kapitalanteil gutgeschrieben. Bei der Verteilung des Gewinns sieht der § 168 HGB vor, dass zunächst die jeweiligen Kapitalanteile der Gesellschafter mit 4 % verzinst werden. Der restliche Gewinn soll ebenso wie ein etwaiger Verlust in einem angemessenen Verhältnis aufgeteilt werden. Da dies sehr unbestimmt ist, müssen zusätzlich vertragliche Regelungen getroffen werden.

3.5.5 Stille Gesellschaft

Die stille Gesellschaft ist eine Personengesellschaft, bei der die Beteiligung für Außenstehende nicht sichtbar ist. Sie bietet die Möglichkeit, sich Kapital zu beschaffen, ohne die Geschäftsführung zu verändern. Der stille Teilhaber hat keine Pflicht zur Geschäftsführung oder Vertretung. Bei der typischen stillen Gesellschaft hat der stille Gesellschafter nur einen Anspruch auf einen Anteil am Gewinn. Bei der atypischen stillen Gesellschaft ist er darüber hinaus auch am Geschäftsvermögen beteiligt.

3.5.6 Gesellschaft mit beschränkter Haftung (GmbH)

Die GmbH ist eine Kapitalgesellschaft. Die Errichtung erfolgt durch mindestens einen Gesellschafter. Der oder die Gesellschafter müssen ein Stammkapital von zusammen mindestens 25 000,00 € aufbringen. Das Stammkapital kann in Geld- oder Sacheinlagen (z. B. ein Pkw) geleistet werden. Der Mindestnennbetrag je Geschäftsanteil je Gesellschafter beträgt 1,00 €. Bei der Gründung müssen mindestens 25 % auf jeden Geschäftsanteil eingezahlt sein. Sacheinlagen müssen in voller Höhe eingebracht werden.
Der Gesellschaftervertrag muss durch einen Notar beurkundet werden. Mit Eintragung der GmbH ins Handelsregister gilt die GmbH als errichtet. Vor der Eintragung müssen die Gesellschafter unbeschränkt, unmittelbar und solidarisch haften. Nach der Eintragung gilt für die Gesellschafter nur noch die beschränkte Haftung. Die GmbH haftet unbeschränkt mit dem Geschäftsvermögen, aber die Gesellschafter haften nur bis zur Höhe ihrer Einlage. Haben sie diese einmal erbracht, brauchen sie im Insolvenzfall keine weiteren Zahlungen mehr leisten.
Die Gesellschafter der GmbH treffen sich zur Gesellschafterversammlung. Das Stimmverhältnis richtet sich nach den Geschäftsanteilen der einzelnen Gesellschafter. Bei einer Mitarbeiterzahl bis maximal 500 Mitarbeiter bestellt bzw. entlässt die Gesellschafterversammlung den Geschäftsführer. Weitere Aufgaben sind die Feststellung des Jahresabschlusses und der Gewinnverwendung sowie die Bestellung von Prokuristen und allgemeinen Handlungsbevollmächtigten.
Bei einer GmbH mit mehr als 500 Mitarbeitern muss ein Aufsichtsrat gebildet werden. Wichtigste Aufgabe des Aufsichtsrates ist die Bestellung und Abberufung des Geschäftsführers.
Der Geschäftsführer ist das dritte Organ einer GmbH. Er vertritt die GmbH in allen gewöhnlichen und außergewöhnlichen Geschäften. Hat eine GmbH mehr als einen Geschäftsführer, haben diese im Außenverhältnis eine Gesamtvertretungsbefugnis.
Der ausgeschüttete Gewinn der GmbH wird nach Anteilen am Stammkapital auf die einzelnen Gesellschafter verteilt.
Die GmbH ist als juristische Person im Gegensatz zu Personengesellschaften ein selbstständiges Steuersubjekt. Unabhängig von der Besteuerung der Gesellschaft mit der Körperschaftssteuer werden die Gesellschafter mit ihren Anteilen am Vermögen der Gesellschaft besteuert.

Seit 2009 besteht die Möglichkeit eine sog. **Mini-GmbH** zu gründen. Dabei handelt es sich um eine haftungsbeschränkte **Unternehmergesellschaft (UG)**, die mit einem minimalen Kapital von 1,00 € gegründet werden kann. Die UG ist keine neue Rechtsform, sondern eine GmbH-Variante mit geringeren Anforderungen. Das Mindeststammkapital der normalen GmbH (25 000,00 €) muss nach und nach angespart werden. Dafür muss die UG eine gesetzliche Rücklage bilden, in die 25 % des um etwaige Vorjahres-Verluste geminderten Jahresüberschusses eingestellt werden (Zwangsthesaurierungspflicht). Diese Pflicht endet erst, wenn das Stammkapital die Höhe von 25 000,00 € erreicht hat. Die Firma muss zwingend den Zusatz „Unternehmergesellschaft bzw. UG (haftungsbeschränkt)" enthalten. Bei Erreichen des Stammkapitals von 25 000,00 € kann die UG zur GmbH umfirmieren. Hat die GmbH nicht mehr als drei Gesellschafter und nur einen Geschäftsführer, besteht die Möglichkeit einer vereinfachten und damit kostengünstigen Gründung mithilfe eines notariell beurkundeten Musterprotokolls.

3.5.7 GmbH & Co. KG

Die GmbH & Co. KG ist keine eigenständige Rechtsform. Vielmehr handelt es sich um eine Mischform zwischen einer Personen- und einer Kapitalgesellschaft. Die GmbH ist in diesem Fall Komplementär bei der KG. Der Geschäftsführer der GmbH führt damit auch die Geschäfte der GmbH & Co. KG. Ein Vorteil gegenüber der KG ist, dass keinerlei persönliche Haftung der Gesellschafter besteht. Ein Vorteil gegenüber der GmbH liegt darin, dass leichter Eigenkapital beschafft werden kann, da die Kommanditisten etwas weitergehende Rechte haben als die Gesellschafter einer GmbH.

3.5.8 Aktiengesellschaft (AG)

Auch wenn sich i.d.R. kein Existenzgründer direkt für die Rechtsform einer Aktiengesellschaft entscheiden würde, soll diese doch der Vollständigkeit halber dargestellt werden.

Für die Errichtung einer AG ist mindestens ein Aktionär notwendig. Das Grundkapital beträgt mindestens 50 000,00 €. Der Mindestnennwert einer Aktie beträgt 1,00 € (bei Nennwertaktien).

Musteraktie der Deutschen Post AG

 *Der **Nennwert** gibt den Anteil der Aktie am Grundkapital der AG an.*

Seit 1998 können auch Stückaktien ausgegeben werden.

__Stückaktien__ verbriefen einen prozentualen Anteil am Grundkapital des Unternehmens.

Der Gesellschaftervertrag muss wie bei der GmbH notariell beurkundet werden. Vor der Eintragung ins Handelsregister haften die Gründer unbeschränkt, unmittelbar und solidarisch. Nach der Eintragung haftet die AG nur noch mit dem Geschäftsvermögen.

Hauptversammlung

Eigentümer der AG sind die Aktionäre. Jede Aktie verbrieft einen Anspruch auf einen Anteil am Jahresgewinn der AG sowie an der Teilnahme an der Hauptversammlung. Die Hauptversammlung ist das Beschlussfassungsorgan der AG. Hier treffen sich die Aktionäre um Beschlüsse zu treffen, die für das Unternehmen von grundsätzlicher Bedeutung sind, wie z. B. Wahl der Aktionsvertreter in den Aufsichtsrat, Entlastung des Vorstandes und des Aufsichtsrates, Entscheidung über die Gewinnverwendung, Wahl der Abschlussprüfer und der Beschluss über etwaige Satzungsänderungen. Soll das Stimmrecht bei der Hauptversammlung ausgeschlossen werden, kann eine AG Vorzugsaktien herausgeben. Vorzugsaktien haben im Gegensatz zu den normalen Stammaktien i. d. R. eine höhere Dividende oder eine garantierte Mindestdividende.

Der Vorstand ist das Leitungsorgan der AG. Er hat die Geschäftsführung und die Vertretung inne. Gewählt, überwacht und beraten wird der Vorstand vom Aufsichtsrat, der sich aus Mitarbeitern des Unternehmens und Aktionären zusammensetzt.
Viele Aktien werden an der Börse gehandelt.

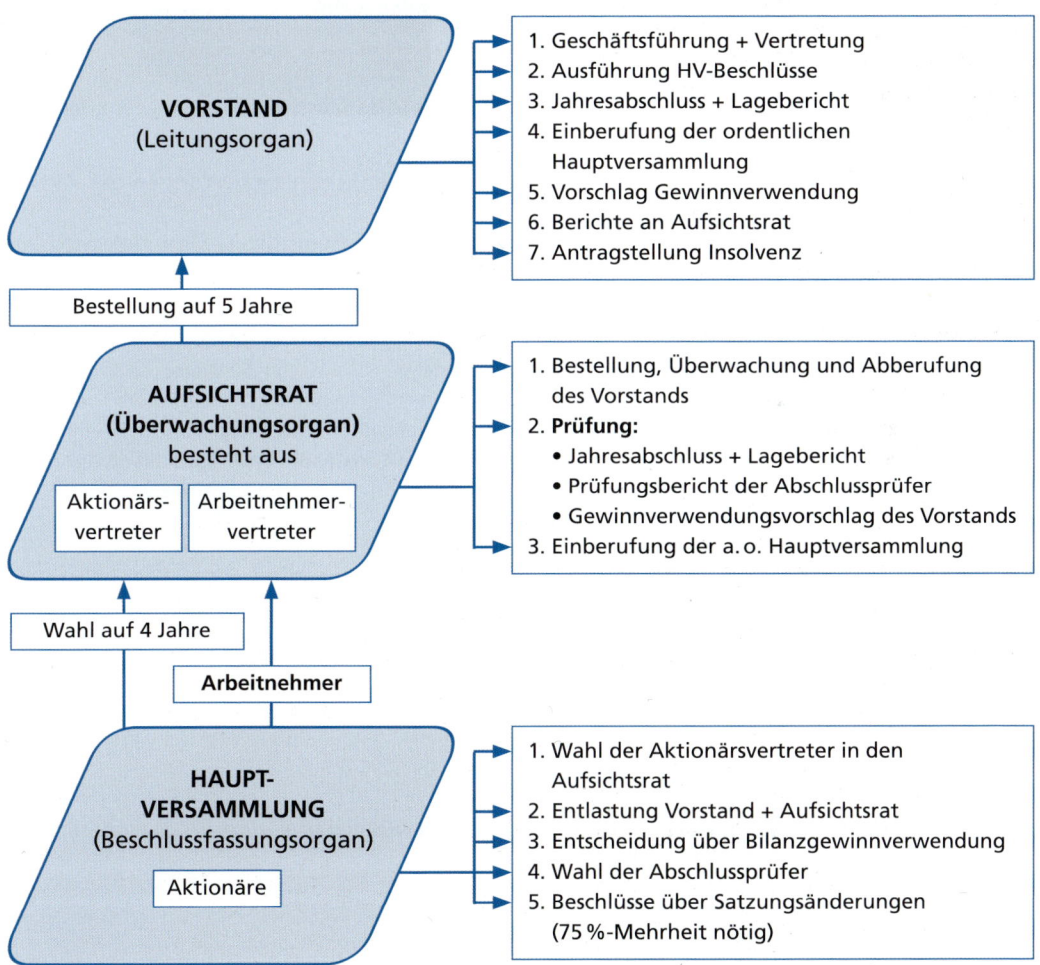

VORSTAND (Leitungsorgan)

1. Geschäftsführung + Vertretung
2. Ausführung HV-Beschlüsse
3. Jahresabschluss + Lagebericht
4. Einberufung der ordentlichen Hauptversammlung
5. Vorschlag Gewinnverwendung
6. Berichte an Aufsichtsrat
7. Antragstellung Insolvenz

Bestellung auf 5 Jahre

AUFSICHTSRAT (Überwachungsorgan) besteht aus

Aktionärs-vertreter | Arbeitnehmer-vertreter

1. Bestellung, Überwachung und Abberufung des Vorstands
2. **Prüfung:**
   • Jahresabschluss + Lagebericht
   • Prüfungsbericht der Abschlussprüfer
   • Gewinnverwendungsvorschlag des Vorstands
3. Einberufung der a. o. Hauptversammlung

Wahl auf 4 Jahre

Arbeitnehmer

HAUPT-VERSAMMLUNG (Beschlussfassungsorgan)

Aktionäre

1. Wahl der Aktionärsvertreter in den Aufsichtsrat
2. Entlastung Vorstand + Aufsichtsrat
3. Entscheidung über Bilanzgewinnverwendung
4. Wahl der Abschlussprüfer
5. Beschlüsse über Satzungsänderungen (75 %-Mehrheit nötig)

*Der **Kurswert** gibt den Kaufpreis für eine Aktie an.*

Die Entwicklung des Kurswertes hängt von vielen verschiedenen Faktoren ab:

- der Einschätzung der aktuellen sowie der künftigen Ertragslage sowie aller Faktoren, die darauf einen Einfluss haben,
- dem Verhältnis des Kurswertes zum Tageswert der Vermögensteile abzüglich der Schulden der AG,
- den Dividendenzahlungen,
- dem Kurs-Gewinn-Verhältnis (Aktienkurs geteilt durch den Gewinn pro Aktie),
- der Qualität des Vorstandes,
- dem allgemeinen Zinsniveau,
- der allgemeinen wirtschaftlichen und politischen Entwicklung,
- dem Ölpreis sowie
- den Wechselkursen.

Die Einschätzung dieser Einzelfaktoren kann zu unterschiedlichen Bewertungen der Aktien durch Aktienkäufer oder -verkäufer führen.

Der Gradmesser für das Auf und Ab an der Börse sind die Aktienindizes. Ein Index wird aus dem Durchschnitt der Kurswerte von ausgewählten Aktien gebildet.

Deutsche Aktienindizes			
DAX	**MDAX**	**TecDAX**	**SDAX**
30 Werte	50 Werte	30 Werte	50 Werte
die AGs gehören zu den 30 größten Unternehmen in Deutschland (nur inländische Werte)	die AGs gehören zu den größten Unternehmen in Deutschland unterhalb des DAX (in- und ausländische Werte)	die größten Technologiewerte unterhalb des DAX (in- und ausländische Werte)	mittelgroße börsennotierte Unternehmen in Deutschland (in- und ausländische Werte)

3.6 Firma

 *Die **Firma** ist der im Handelsregister eingetragene **Handelsname** eines Unternehmens.*

Es wird zwischen

- **Personenfirma** (z. B. Egon Färber OHG),
- **Sachfirma** (z. B. PC-Reparatur OHG),
- **Mischfirma** (z. B. Färber PC-Reparatur OHG) und
- **Fantasiefirma** (z. B. PC-Globe OHG)

unterschieden.

Bei der Wahl des Handelsnamens müssen einige **Grundsätze** beachtet werden:
1. Die Gesellschaftsform muss durch einen entsprechenden Zusatz (z. B. eK, OHG, KG oder GmbH) eindeutig gekennzeichnet werden.
2. Der Name muss sich von anderen Unternehmen der Stadt bzw. der Region oder auch des Landes (in Abhängigkeit von der Größe und dem Bekanntheitsgrad) unterscheiden (= Ausschließlichkeit).
3. Bei Neueintritt eines Gesellschafters oder Verkauf der Unternehmung kann der Name beibehalten werden (= Firmenbeständigkeit). Der Rechtsformzusatz muss allerdings den tatsächlichen Verhältnissen entsprechen.
4. Der Name darf die tatsächlichen Haftungsverhältnisse nicht verschleiern. Ein Kommanditist darf z. B. nicht im Namen der KG genannt werden.
5. Der Name darf nicht irreführend gebraucht werden. Ein kleiner Kiosk darf sich z. B. nicht „Großhandel für Süßwaren KG" nennen.

3.7 Anmelde- und Genehmigungsverfahren

Die Gründung eines Unternehmens erfordert eine Reihe von Anmeldeformalitäten. Jeder Gewerbebetrieb muss beim zuständigen **Gewerbeamt** der Stadt oder Gemeinde angemeldet werden. Über die Gewerbeanmeldung werden folgende Institutionen informiert:

— das **Finanzamt** (vergibt eine Steuernummer),
— die **Berufsgenossenschaft** (Pflicht-Unfallversicherung für alle Arbeitnehmer und bei einigen Berufsgenossenschaften auch für die Arbeitgeber),
— das **statistisches Landesamt**,
— die **Industrie- und Handelskammer** bzw. die **Handwerkskammer** und
— das **Handelsregistergericht**.

Man sollte trotzdem mit diesen Institutionen direkt in Kontakt treten, um die Anmeldeformalitäten zu beschleunigen und etwaige Fragen direkt zu klären. Zusätzlich muss man sich noch mit

— dem **Arbeitsamt** (das eine Betriebsnummer vergibt),
— einer oder mehreren **Krankenkassen** (je nach Wunsch des Existenzgründers und der Arbeitnehmer),
— einem **Versorgungsunternehmen** (Lieferverträge für Wasser, Strom, Gas),
— einem **Telekommunikationsbetrieb** (Telefon, Internet) und
— einem **Kreditinstitut** (Kontoeröffnung, Finanzierungsberatung, falls dies nicht schon im Vorfeld geschehen ist)

in Verbindung setzen.

Das **Handelsregister** (HR) ist ein öffentliches Verzeichnis aller Kaufleute nach HGB in einem Amtsgerichtsbezirk. Die Einsicht ist im Gegensatz zum Grundbuch für jedermann erlaubt. Einträge in das Handelsregister werden im Bundesanzeiger und in den örtlichen Tageszeitungen veröffentlicht. Eingetragen werden müssen: die Firma, der Geschäftssitz, der Gegenstand des Unternehmens, die Inhaber, ggf. der Geschäftsführer bzw. der Vorstand, das Kapital, die Regelungen zur Vertretung, Prokura sowie die Haftungsverhältnisse. Einzelunternehmen und Personengesellschaften werden in Abteilung A und Kapitalgesellschaften in Abteilung B des Handelsregisters eingetragen.

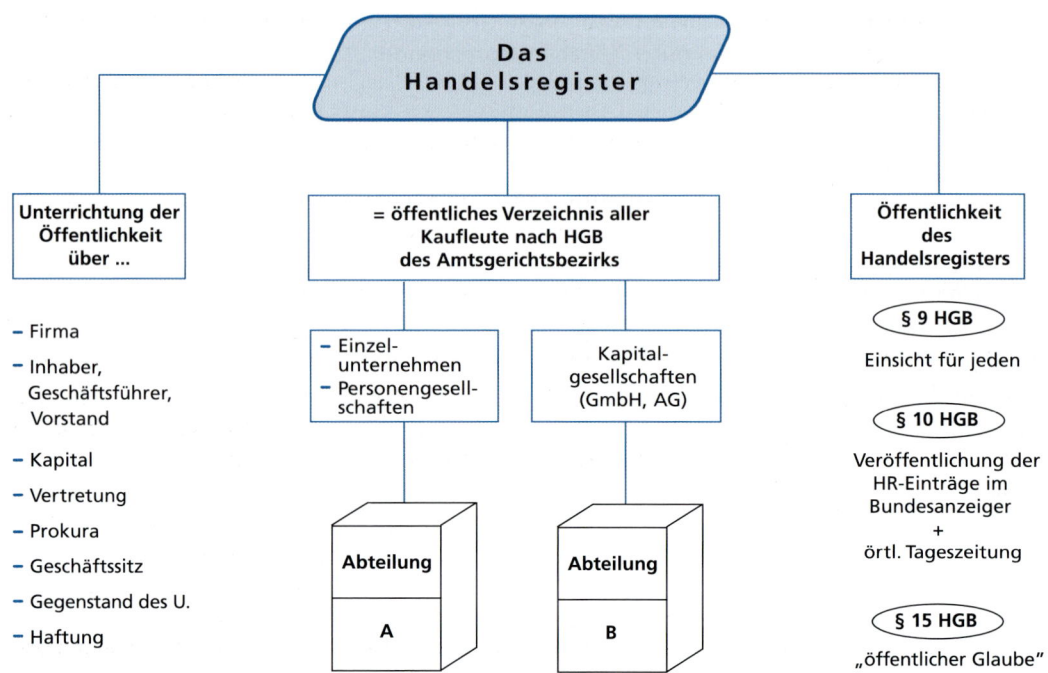

Nicht für jedes Unternehmen ist es sinnvoll, sich in das Handelsregister eintragen zu lassen, da Vollkaufleute strengeren Haftungs-, Gewährleistungs- und Zahlungsfristen unterliegen. Je nach Rechtsform und Größe der Unternehmen besteht die Pflicht bzw. ein Wahlrecht auf Eintragung in das Handelsregister.

Der Kaufmann nach HGB		
Kapitalgesellschaften und Genossenschaften	Gewerbetreibende (außer Kapitalgesellschaften) mit kaufmännischer Organisation[1]	ohne kaufmännische Organisation Land- und Forstwirte
Formkaufmann	Istkaufmann	Kannkaufmann
Die Eintragung ins Handelsregister ist vorgeschrieben.		Es besteht ein Eintragungswahlrecht.
Eintragung ins Handelsregister ist konstitutiv (= rechtsbegründend, d.h. die Kaufmannseigenschaft entsteht erst mit Eintragung).	Eintragung ins Handelsregister ist deklaratorisch (= rechtsbezeugend, d.h. die Kaufmannseigenschaft liegt auch ohne Eintragung schon vor).	Bei Eintragung ins HR ist diese konstitutiv; erfolgt keine Eintragung, handelt es sich um einen Nicht-Kaufmann.

Für einen Kannkaufmann stellt sich die Frage, ob es für ihn sinnvoll ist, sich in das Handelsregister eintragen zu lassen. Die Eintragung bewirkt, dass das HGB und nicht das BGB angewandt wird. Das hat u.a. folgende Auswirkungen:

---

[1] Es gibt keine exakte Definition, wann ein Unternehmen einen kaufmännischen Geschäftsbetrieb unterhält. Kriterien sind z.B. die Mitarbeiterzahl, die Höhe des Umsatzes und des Vermögens.

- Ein Kaufmann darf eine Firma führen und diesen Handelsnamen auch verkaufen oder vererben. Ein Nichtkaufmann hat keine Firma.
- Alle Rechtsformen können gewählt werden. Ein Nicht-Kaufmann kann nur eine GbR gründen.
- Ein Vollkaufmann kann Bürgschaften auch mündlich erteilen. Bei einem Nicht-Kaufmann ist die Schriftform vorgeschrieben.
- Ein Vollkaufmann darf Prokura erteilen, ein Nicht-Kaufmann darf dies nicht.
- Für Vollkaufleute besteht eine Buchführungspflicht. Nichtkaufleute haben eine vereinfachte Aufzeichnungspflicht.
- Vollkaufleute unterliegen strengen Vorschriften im Vertragsrecht.

Exkurs: Handlungsvollmacht und Prokura

Mit zunehmender Unternehmensgröße steigt auch die Anzahl der zu treffenden Entscheidungen. Der Inhaber muss daher einen Teil seiner Entscheidungsgewalt an seine Mitarbeiter abgeben. Dabei wird zwischen Handlungsvollmacht und Prokura unterschieden.

Vollmacht	Handlungsvollmacht	Prokura
Erteilung	keine Formvorschriften, kann vom Inhaber und vom Prokuristen erteilt werden	kann nur vom Inhaber erteilt werden, Eintragung ins Handelsregister
Unterschrift	mit dem Zusatz „i. V." (in Vertretung) oder „i. A." (im Auftrag)	mit dem Zusatz „ppa." (per procura)
Umfang	Die Generalhandlungsvollmacht bezieht sich auf alle gewöhnlichen und branchenspezifischen Tätigkeiten, die Arthandlungsvollmacht bezieht sich nur auf eine bestimmte Art von Geschäften (z. B. Einkauf) und die Spezialhandlungsvollmacht wird nur für einzelne Geschäfte erteilt.	Der Prokurist darf gewöhnliche und außergewöhnliche Geschäfte abschließen. Ausnahme: Er darf das Unternehmen nicht verkaufen, keine Insolvenz anmelden, keine Prokura erteilen, keine Eintragung beim Handelsregister vornehmen und keine Steuererklärung unterschreiben. Bei der Einzelprokura vertritt der Prokurist das Unternehmen alleine, bei der Gesamtprokura vertreten mehrere Prokuristen gemeinsam das Unternehmen. Die Filialprokura bezieht sich nur auf eine Zweigniederlassung und die gemischte Prokura kann nur gemeinsam mit einem geschäftsführenden Gesellschafter bei einer Personengesellschaft bzw. mit dem Geschäftsführer einer GmbH oder einem Vorstandsmitglied einer AG ausgeübt werden.

Vertiefungsaufgaben zur Handlungssituation 3

1. Max Jäger will in Frankfurt ein Internet-Café eröffnen, das er als Einzelunternehmen betreiben will. Herr Jäger überlegt, wie er firmieren soll.
   a) Welche der folgenden Firmenbezeichnungen sind für ihn erlaubt?
      - Max Jäger e.Kfm.
      - Jäger Internet-Café. e. K.
      - Internet-Café Jäger
   b) Wie haftet Max Jäger?
   c) Nennen Sie zwei Vor- und zwei Nachteile der Einzelunternehmung gegenüber einem Gesellschaftsunternehmen.

2. Geben Sie an, welche Aussage(n) über die Offene Handelsgesellschaft richtig ist/sind.
   a) Die geschäftsführenden Gesellschafter sind nur gemeinsam berechtigt, Dritten gegenüber Willenserklärungen abzugeben, durch die die OHG eine vertragliche Verpflichtung eingeht.
   b) Die Vertretungsbefugnis regelt die Befugnis zur Abgabe von Willenserklärungen im Außenverhältnis.
   c) Jeder Gesellschafter erhält bei der Gewinnausschüttung zunächst 4 % auf seinen Kapitalanteil, der Rest muss in angemessenem Verhältnis verteilt werden.

3. Die Firma Beate Tomczyk OHG produziert Gartenmöbel. Die Gesellschafter Beate Tomczyk und Gerd Eisenberg sind mit 300 000,00 € bzw. 200 000,00 € beteiligt. Nach dem Gesellschaftsvertrag steht die Geschäftsführung und Vertretung nur Frau Tomczyk zu. Die Gewinnverteilung ist im Gesellschaftsvertrag abweichend von den gesetzlichen Bestimmungen geregelt. Während die Verzinsung der Kapitalanteile noch nach den gesetzlichen Regelungen erfolgt, erhält Beate Tomczyk 60 % und Gerd Eisenberg 40 % des verbleibenden Gewinns.
   a) Ein Gläubiger versuchte bisher vergeblich, eine Forderung über 20 000,00 € von der OHG einzutreiben. Er wendet sich direkt an Gerd Eisenberg und verlangt die Zahlung. Muss Herr Eisenberg zahlen? Geben Sie für Ihre Entscheidung eine kurze Begründung an.
   b) Warum haben die beiden Gesellschafter im Gesellschaftsvertrag eine von den gesetzlichen Regelungen abweichende Gewinnverteilung vereinbart? Nennen Sie zwei mögliche Gründe.
   c) Die OHG hat im vergangenen Jahr einen Gewinn von 55 000,00 € erwirtschaftet. Beide Gesellschafter haben am Ende des Geschäftsjahres jeweils 20 000,00 € privat entnommen. Berechnen Sie den Gewinn, den die beiden Gesellschafter jeweils erhalten sowie die Höhe der Kapitalanteile am Ende des Geschäftsjahres.

4. Fritz Olek und Frank Krause haben gemeinsam die Olek's Disko KG gegründet. Fritz Olek ist Komplementär und Frank Krause Kommanditist.
   a) Frank Krause kauft eine Musikanlage für 20 000,00 €. Dabei gibt er an, als Gesellschafter für die KG zu handeln. Seine Einlage hat er inzwischen bereits voll geleistet. Muss die KG zahlen?
   b) Nach dem Gesellschaftsvertrag wird das Kapital der Gesellschaft mit 6 % verzinst. Fritz Olek erhält von dem Restgewinn 80 % und Frank Krause 20 %. Warum ist es unbedingt notwendig, die gesetzliche Regelung der Gewinnverteilung einer Kommanditgesellschaft durch eine vertragliche Regelung zu ergänzen oder zu verändern?

c) Frank Krause erfährt, dass Fritz Olek sich als vollhaftender Gesellschafter an einer anderen Diskothek beteiligen will. Frank Krause ist gegen diese Beteiligung. Kann er die Beteiligung verhindern? Geben Sie eine kurze Begründung an.

d) Fritz Olek will für das Büro einen neuen PC kaufen. Frank Krause hält das für eine Geldverschwendung und widerspricht. Hat Fritz Olek trotz des Widerspruchs die Geschäftsführungsbefugnis für diesen Kauf?

5. Welche der Organe einer GmbH mit mehr als 500 Arbeitnehmern sind nach der gesetzlichen Regelung für die nachfolgenden Aufgaben zuständig?
   a) Bestellung des Geschäftsführers
   b) Feststellung des Jahresabschlusses
   c) Überwachung der Tätigkeit des Geschäftsführers
   d) Vertretung der Gesellschaft nach außen

6. Aus welchen Gründen könnten die Gesellschafter einer KG sich für die Gründung einer GmbH & Co. KG entscheiden?

7. Geben Sie jeweils an, wie sich folgende Faktoren auf den Kurs einer Aktie der deutschen Telekom AG auswirken können. Betrachten Sie die Faktoren jeweils unabhängig voneinander.
   a) positive Einschätzung der aktuellen sowie der künftigen Ertragslage
   b) geringe Dividendenzahlungen
   c) ein gestiegenes Kurs-Gewinn-Verhältnis
   d) ein steigendes allgemeines Zinsniveau

8. Entscheiden Sie sich jeweils für zwei Aktien, die an einer deutschen Börse gehandelt werden. Geben Sie für beide Werte eine begründete Vermutung an, wie sich der Kurswert in den nächsten 14 Tagen entwickeln wird, und verfolgen Sie anschließend die Kursentwicklung. Wer in der Klasse hat die geringste Abweichung?

9. Frau Henkel wird Leiterin einer Filiale eines Elektrogroßhandels, in der sie alle gewöhnlichen Geschäfte vornehmen darf. Um welche Art der Vollmacht handelt es sich?

10. Entscheiden Sie bei folgenden Handlungen, ob diese von einem Bevollmächtigten mit einer Generalhandlungsvollmacht und/oder von einem Prokuristen vorgenommen werden dürfen.
    a) Steuererklärung unterschreiben
    b) Einstellung eines neuen Mitarbeiters
    c) Kauf eines Grundstücks
    d) Aufnahme eines neuen Gesellschafters
    e) Kauf von Büromaterial

11. Geben Sie jeweils an, ob die Eintragung ins Handelsregister erfolgen muss oder erfolgen kann und ob eine Eintragung konstitutiv oder deklaratorisch ist.
    a) Neugründung einer Kapitalgesellschaft ohne kaufmännische Organisation
    b) Neugründung einer Kapitalgesellschaft mit kaufmännischer Organisation
    c) Neugründung einer Personengesellschaft ohne kaufmännische Organisation
    d) Neugründung einer Personengesellschaft mit kaufmännischer Organisation
    e) Erklären Sie kurz den Unterschied zwischen einer konstitutiven und einer deklaratorischen Eintragung ins Handelsregister.

4 Umfeld und Organisationsstruktur der Sportbekleidung Brinkhold GmbH

Themen
- Stellung eines Betriebes in Wirtschaft und Gesellschaft
- Ziele einer Unternehmung
- Betriebliche und volkswirtschaftliche Produktionsfaktoren
- Menschen in einer Unternehmung (Anforderungen an einen Mitarbeiter, Maslowsche Motivationstheorie, Schlüsselqualifikation)
- Grundbegriffe der Aufbauorganisation
- Aufgabenanalyse, Aufgabensynthese, Stellen- und Abteilungsbildung, Stellenbeschreibung, Organigramm
- Zentralisierung und Dezentralisierung, Outsourcing
- Leitungssysteme (Linien-, Stablinien-, Mehrlinien-, Matrixorganisation)
- Führungsstile
- Managementtechniken
- Formen der Arbeitsorganisation

Mögliche Verknüpfungen zu anderen Themengebieten/Fächern
- Volkswirtschaftslehre
- Deutsch/ Kommunikation: Bewerbungsschreiben

Die Sportbekleidung Brinkhold GmbH inseriert mit folgender Anzeige in den regionalen und überregionalen Tageszeitungen:

Wir, die **Sportbekleidung Brinkhold GmbH,** sind ein führender Hersteller für hochwertige Sportbekleidung mit einem Jahresumsatz von 10 Mio. €. Seit August 2002 sind wir Mitglied des Industriekonzerns Texti Corp. Innerhalb dieses Konzerns suchen wir für unseren Standort in München Verstärkung für unser Team. Wir stellen ein:

Leiter/- in des Zentrallagers

Ihre Aufgabe:

- Führung der neu zu organisierenden Abteilung „Lager" mit ca. 10 Mitarbeitern
- Verantwortung für Wareneingang und Warenausgang
- Durchführung einer permanenten Inventur
- Ständige Optimierung aller Abläufe
- Budgetverantwortung

Ihr Profil:

- Abgeschlossenes BWL- oder Wirtschaftsinformatikstudium und Erfahrung auf dem Gebiet der Logistik/Lagerwesen
- Führungs- und Durchsetzungsstärke
- Sie behalten auch in hektischen Phasen die Übersicht
- Sie besitzen Organisationstalent und Verhandlungsgeschick
- Ausgeprägtes EDV-Verständnis

Fachinformatiker/- in, PC-Programmierer/- in

Ihre Aufgabe:

- Anpassung und Erweiterung unseres Softwarepakets
- Installation und Inbetriebnahme der Software
- Schulung unserer Mitarbeiter

Ihr Profil:

- Abgeschlossene Ausbildung zum (zur) Fachinformatiker(in) oder vergleichbare Erfahrungen
- Gute Kenntnisse von C++ mit dem MS Visual Studio
- Selbstständige, konzeptionelle und strukturierte Arbeitsweise
- Teamfähigkeit
- Der Umgang mit Menschen macht Ihnen Spaß

Wir bieten:

- Leistungsgerechte Entlohnung
- Die Sozialleistungen eines großen Unternehmens
- Ein ausgezeichnetes Betriebsklima
- Freiraum für innovative Lösungen

Ihre Bewerbung richten Sie bitte an:

Sportbekleidung Brinkhold GmbH
Personalabteilung
Bachweg 12
80939 München

1. Zu welchem Wirtschaftszweig und zu welchem volkswirtschaftlichen Sektor kann die Sportbekleidung Brinkhold GmbH gerechnet werden?

2. Nennen Sie das Sachziel der Sportbekleidung Brinkhold GmbH.

3. Welche Bedürfnisse eines Stellensuchenden spricht die Anzeige an? Ordnen Sie den entsprechenden Text der Anzeige den Bedürfniskategorien nach Maslow zu (vgl. Seite 92 f.).

4. Welche Schlüsselqualifikationen werden in der Anzeige angesprochen?

Die Personalchefin, Frau Siskowitz, entscheidet sich aus der Vielzahl von Bewerbungen für folgende Bewerber:

Lager: *Jan Göbel, 45 Jahre alt, verheiratet, keine Kinder. Herr Göbel war zwölf Jahre als Zeitsoldat bei der Bundeswehr. Dort hat er ein BWL-Studium absolviert. Verantwortlich war er während seiner Bundeswehrzeit u. a. für ein großes Materiallager.*

EDV: *Lea Müller, 34 Jahre alt, verheiratet, eine 6-jährige Tochter. Frau Müller, gelernte Schreinerin, hat vor fünf Jahren an einer Umschulung zur Fachinformatikerin mit der Fachrichtung Anwendungsentwicklung mit großem Erfolg teilgenommen. Anschließend hat sie als Programmiererin in einem Großhandel für Malerbedarf gearbeitet. Vor drei Monaten musste der Großhandel Konkurs anmelden, seither ist Frau Müller arbeitslos.*

Am 01.04. haben die beiden ihren ersten Arbeitstag. Nachdem Frau Siskowitz sie durch den Betrieb geführt hat, macht sie sie mit dem organisatorischen Aufbau des Unternehmens bekannt.

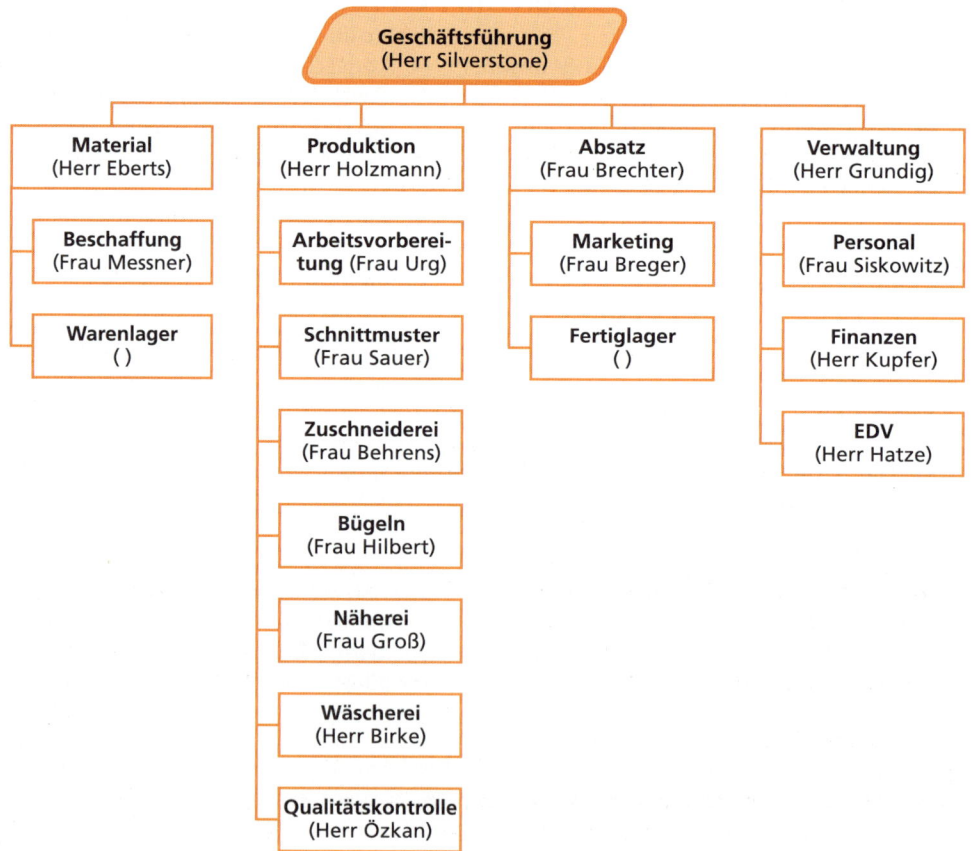

5. Informieren Sie sich anhand des Informationstextes über die Möglichkeiten zur Strukturierung eines Unternehmens.

6. Am Anfang der aufbauorganisatorischen Tätigkeit steht die Aufgabenanalyse. Nach welchen Kriterien kann die Aufgabenanalyse grundsätzlich erfolgen? Nach welchen Gliederungskriterien wurde die Aufgabenanalyse bei der Sportbekleidung Brinkhold GmbH vorgenommen?

7. Frau Messner möchte Herrn Holzmann einen Vorschlag über die Anschaffung eines Stoffes bei einem neuen Lieferanten unterbreiten, da dieser Stoff angeblich wesentlich strapazierfähiger ist als die bisher verarbeiteten Stoffe. Welchen Dienstweg muss sie einhalten, wenn das Unternehmen mithilfe der Einlinienorganisation organisiert wurde? Nehmen Sie kritisch Stellung zu diesem Leitungssystem.

8. Herr Göbel soll Leiter des Waren- und des Fertiglagers werden. Die Abteilung „Lager" soll direkt der Geschäftsführung unterstellt werden. Die EDV-Abteilung war der Verwaltung unterstellt. In Zukunft soll die EDV-Abteilung als Stababteilung direkt der Geschäftsführung unterstellt werden.
   a) Zeichnen Sie das neue Organigramm der Sportbekleidung Brinkhold GmbH.
   b) Welche wesentlichen Unterschiede bringt die Umwandlung der EDV-Abteilung in eine Stababteilung mit sich?
   c) In den verschiedenen Unternehmensbereichen sind häufig Aufgaben anzutreffen, die ihrem Wesen nach gleichartig sind. Es stellt sich dann die Frage, ob diese Aufgaben zentralisiert oder dezentralisiert durchgeführt werden sollen. Welche Vorteile und/oder Nachteile sehen Sie in der Einrichtung eines zentralen Lagers?
   d) Wie groß ist die Instanzenbreite auf der Ebene der Abteilungsleiter?
   e) Wie groß ist die Leitungsspanne des Abteilungsleiters der Produktion?

Herr Göbel und Frau Müller arbeiten inzwischen seit einem Monat in dem Unternehmen. Frau Siskowitz hat die beiden daher jeweils zu einem Gespräch eingeladen, um zu hören, wie sie sich inzwischen eingelebt haben.

Lea Müller *fühlt sich sehr wohl an ihrer neuen Arbeitsstelle. Sie berichtet, dass Herr Hatze ihr angeboten hat, sie solle die Schulungen für die unternehmenseigene Software neu konzipieren und durchführen. Bisher hatte Herr Hatze diese Schulungen immer selbst durchgeführt. Seine Unterlagen hat er ihr zur Verfügung gestellt. In zwei Wochen soll bereits die erste Schulung stattfinden. Herr Hatze wird dann ebenfalls anwesend sein, um sich einen Überblick über das neue Konzept zu verschaffen.*

Jan Göbel *hingegen beschwert sich über das Verhalten seiner Mitarbeiter. Diese würden seine Anweisungen zwar exakt ausführen, wären aber nicht bereit mitzudenken.*
Als vergangene Woche der Arbeiter, der für die Warenannahme zuständig ist, krank war, hätten seine Kollegen die ankommende Ware in einem Raum gestapelt, ohne diese zu prüfen oder zu erfassen. Als er sie darauf angesprochen habe, haben sie erwidert, dass er ihnen nicht die Anweisung gegeben habe, die Ware zu prüfen. Außerdem habe jeder ein genau abgegrenztes Aufgabengebiet, in dem er sich auskenne. Keiner pfusche dem anderen ins Handwerk.
Herr Göbel führt weiterhin aus, dass er an dem Tag, als die beiden Gabelstaplerfahrer auf einer Fortbildung waren, selbst mit dem Gabelstapler habe fahren müssen, da kein anderer damit umgehen konnte.

Er möchte die Arbeitsorganisation im Lager daher grundlegend ändern. Die Mitarbeiter sollen in zwei Teams aufgeteilt werden. Jedes Team ist jeweils für eine Schicht zuständig. Die Teammitglieder sollen möglichst eigenständig die Arbeit planen, ausführen und kontrollieren. Daher ist es wichtig, dass jedes Teammitglied grundsätzlich in der Lage ist, alle wesentlichen Arbeitsschritte im Lager durchzuführen. Jeder Mitarbeiter muss an jedem Platz einsetzbar sein.
Das Routinegeschäft soll von den Mitarbeitern weitestgehend selbstständig durchgeführt werden, sodass er mehr Zeit hat, sich um die schwierigeren Aufgaben und Ausnahmefälle zu kümmern.

Frau Siskowitz findet den Plan von Herrn Göbel sehr gut, gibt aber zu bedenken, dass die Mitarbeiter nicht von heute auf morgen mit einer ganz neuen Arbeitsweise zurecht kommen werden.

9. Welche Managementtechnik wendet Herr Hatze an? Welcher Führungsstil liegt dieser Technik zugrunde?

10. Nennen Sie den Führungsstil, den die Mitarbeiter von Herrn Göbel bisher gewohnt waren. Wie hat sich dieser Führungsstil auf das Verhalten der Lagerarbeiter ausgewirkt?

11. Welchen Führungsstil möchte Herr Göbel einführen und welche Managementtechnik schwebt ihm dabei vor? Beschreiben Sie die wesentlichen Merkmale dieser Managementtechnik.

12. Herr Göbel möchte die Arbeitsorganisation grundlegend ändern. Welche Form der Arbeitsorganisation strebt er an? In welchen Schritten kann er vorgehen, um seine Mitarbeiter an die neue Organisation zu gewöhnen?

4   Informationen zur Handlungssituation

4.1   Stellung eines Betriebes in Wirtschaft und Gesellschaft

Tritt man einen Ausbildungsplatz, Praktikumsplatz oder auch eine neue Stelle an, ist es wichtig, sich über die Struktur des Betriebes zu informieren. Da die Organisationsstruktur eines Betriebes unter anderem von dem jeweiligen Wirtschaftszweig und der rechtlichen Stellung abhängt, kann diese von Betrieb zu Betrieb sehr unterschiedlich sein.

Wirtschaftszweig	Rechtliche Stellung
— Industriebetriebe — Handwerksbetriebe — Handelsbetriebe — Kreditinstitute — Versicherungsbetriebe — Verkehrsbetriebe	— **privatwirtschaftliche Betriebe** (= erwerbswirtschaftliche Betriebe) mit dem Ziel der Gewinnmaximierung — **genossenschaftliche Betriebe** mit dem Ziel der Versorgung der Mitglieder mit günstigen Gütern oder Dienstleistungen — **gemeinwirtschaftliche und öffentliche Betriebe** mit dem Ziel der Versorgung der Bevölkerung mit Gütern oder Dienstleistungen

Jeder Betrieb ist in ein **Geflecht von Beziehungen** und daraus resultierenden Ansprüchen eingebunden. Diese Ansprüche haben ebenfalls einen großen Einfluss auf die Organisationsstruktur.

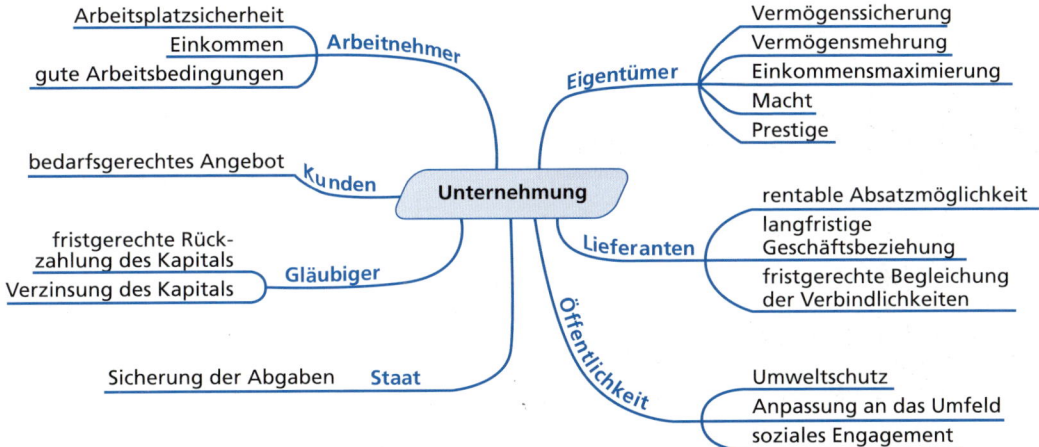

Unternehmen als Adressaten unterschiedlicher Ansprüche

Ein Betrieb bezieht über den **Beschaffungsmarkt** sowohl Arbeitskräfte als auch Betriebsmittel, Werkstoffe und Dienstleistungen. Auf dem **Geld- und Kapitalmarkt** beschafft er sich Eigen- und Fremdkapital. Vom **Staat** kann er Zuschüsse und Subventionen erhalten, muss andererseits aber auch Steuern, Gebühren und Beiträge zahlen. Die Güter und Dienstleistungen des Betriebes werden auf dem **Absatzmarkt** (andere Betriebe, der Staat oder private Haushalte) abgesetzt. Dabei müssen die Interessen der Eigentümer, aber auch die der Öffentlichkeit berücksichtigt werden.

Jedes Unternehmen ist Teil einer Volkswirtschaft. Nach dem Prinzip der **Arbeitsteilung** wird in einer Volkswirtschaft die Leistung von einer Vielzahl von Unternehmen erbracht. Die volkswirtschaftliche Leistungserstellung beginnt mit der Urproduktion und setzt sich stufenartig über die Weiterverarbeitung und Dienstleistung bis hin zum Verbraucher fort.

Primärer Sektor	Sekundärer Sektor	Tertiärer Sektor
Der primäre Sektor bezeichnet die **Urproduktion**. Darunter werden alle Betriebe der Rohstoffgewinnung zusammengefasst. Hierzu gehören z.B. die Land- und Forstwirtschaft, der Bergbau, die Jagd und die Fischerei.	Der sekundäre Sektor beinhaltet die **Be- und Verarbeitung von Rohstoffen in Handwerks- und Industriebetrieben**. Genannt werden kann hier z.B. ein Sägewerk, eine Schneiderei oder eine Schmiede.	Der tertiäre Sektor umfasst die **Handelsbetriebe** (Groß- und Einzelhandel) sowie die **Dienstleistungsbetriebe** wie z.B. die Banken oder Versicherungen.

Zunehmend werden Unternehmen des **Informations- und Telekommunikationsbereiches** gesondert zum **quartären Sektor** zusammengefasst.

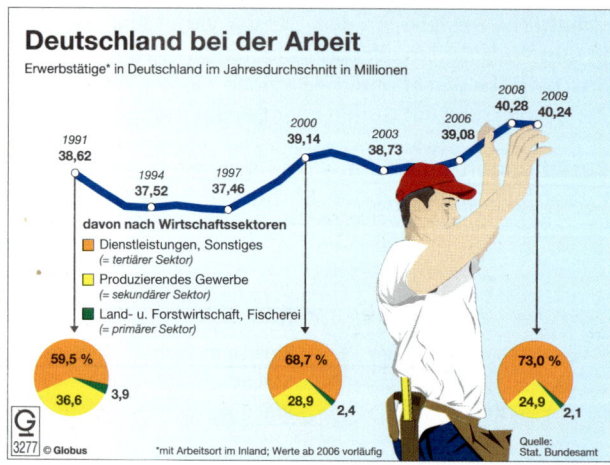

Zwischen den Unternehmen, dem Staat, den privaten Haushalten und den Kreditinstituten einer Volkswirtschaft gibt es ähnliche Verflechtungen, wie diese oben für einen einzelnen Betrieb dargestellt wurden. Der Wirtschaftskreislauf einer Volkswirtschaft stellt diese Beziehungen dar.

Die für die Kreislaufbetrachtung notwendigen Größen entstehen, indem gleichartige Wirtschaftseinheiten zu Sektoren und gleichartige Transaktionen (z.B. der Kauf von Konsumgütern) zu Stromgrößen zusammengefasst werden.

Während beim einfachen Wirtschaftskreislauf nur die Geld- und Güterströme zwischen den privaten Haushalten und den Unternehmen betrachtet werden, geht der erweiterte Wirtschaftskreislauf von den Sektoren private Haushalte, Unternehmen (ohne Kreditinstitute), Kreditinstitute, Staat und Ausland aus.

Bei dem Modell handelt es sich um einen geschlossenen Kreislauf. Jeder Sektor hat genauso hohe eingehende wie ausgehende Ströme.

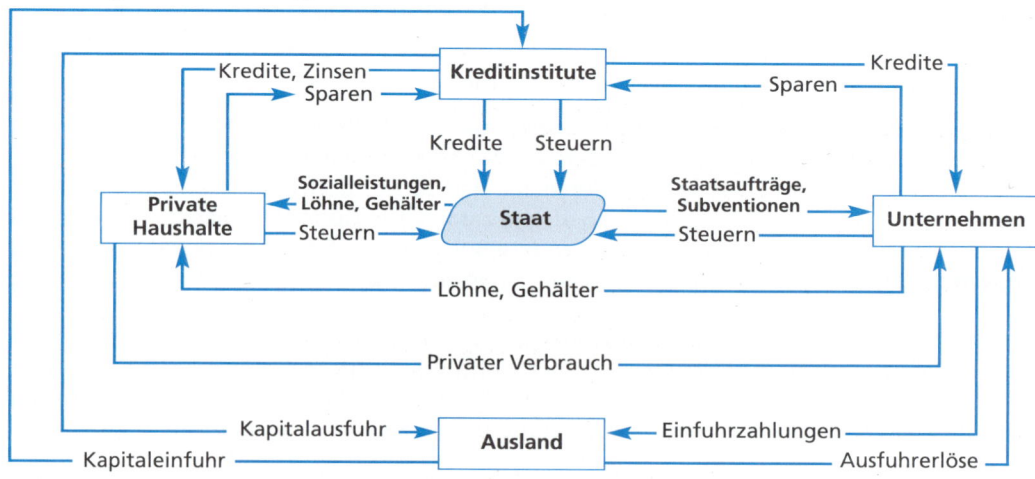

Erweiterter Wirtschaftskreislauf (reduziert auf die wichtigsten Zahlungsströme)

4.2 Die betriebliche Organisation

In Unternehmen wirken Menschen und Sachmittel zusammen, um Erzeugnisse zu produzieren oder Dienstleistungen anzubieten. Dieses Zusammenwirken muss organisiert werden.

> ***Organisation** ist die **Gesamtheit aller Regelungen,** um die betrieblichen Prozesse zu lenken und zu steuern.*

Daneben wird die „**Organisation**" aber auch als **Oberbegriff für Institutionen** wie Unternehmen oder Behörden verwendet.
Die betriebliche Organisationslehre unterteilt sich in die Aufbauorganisation und die Ablauforganisation.

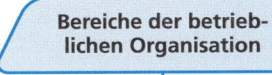

Bereiche der betrieblichen Organisation

Aufbauorganisation	Ablauforganisation
Stellt das Unternehmen in Bereitschaft dar. Umfasst:	**Stellt das Unternehmen in Aktion dar.** Umfasst:
– Aufgabenanalyse (Gliederung der Aufgaben nach bestimmten Merkmalen) – Aufgabensynthese (Bildung von Stellen und Abteilungen) – Leitungssysteme – Führungsstile – Managementtechniken	– den funktionalen Ablauf (Bestimmung der zweckmäßigen Reihenfolge der Arbeitsschritte) – den zeitlichen Ablauf – den räumlichen Ablauf

4.2.1 Zielsystem einer Unternehmung

Jedes Unternehmen und auch jede Behörde verfolgt eine klar umrissene Aufgabe innerhalb der Volkswirtschaft. Dies kann die Produktion von Gütern oder auch die Bereitstellung von Dienstleistungen sein. Diese Aufgabe stellt das Sachziel der Unternehmung dar. Neben dem Sachziel verfolgen die Unternehmen aber noch weitere Ziele.

Zielsystem eines Unternehmens	
Sachziele	Produktion von Gütern Bereitstellung von Dienstleistungen
Wirtschaftliche Ziele	Erwirtschaftung von Gewinn Ausweitung der Marktanteile Kostensenkung
Soziale Ziele	Sicherung von Arbeitsplätzen Schaffung von Ausbildungsplätzen
Ökologische Ziele	Verringerung der Schadstoffemissionen Rücknahme alter Bauteile und Produkte Verwendung von umweltfreundlichen Werkstoffen

4.2.2 Der Betrieb als Kombination der Produktionsfaktoren

Abhängig von den jeweiligen Zielen muss ein Unternehmen planen, wie die Leistungserstellung erfolgen soll. Es muss überlegt werden, welche Einsatzmittel benötigt werden (= Input). Diese Einsatzmittel werden auch **betriebliche Produktionsfaktoren** genannt. Aufgabe des Unternehmens ist die Kombination dieser Produktionsfaktoren (= Verarbeitung), um für andere Unternehmen, den Staat oder private Haushalte Erzeugnisse oder Dienstleistungen (= Output) bereitzustellen. Aufgabe der Organisation ist die zieloptimale Kombination dieser betrieblichen Produktionsfaktoren.

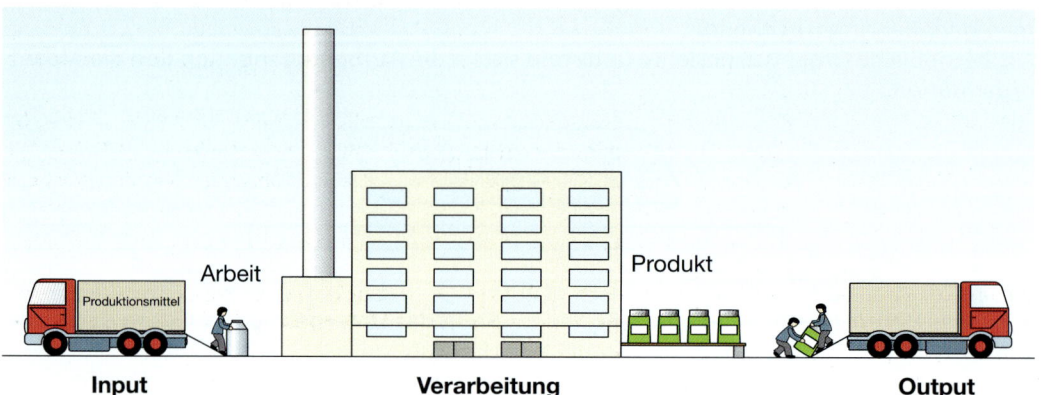

Kombination der Produktionsfaktoren

INPUT: Betriebliche Produktionsfaktoren					
Elementarfaktor					Dispositiver[1] Faktor
Werkstoffe			Betriebsmittel	ausführende Arbeitskräfte	leitende Arbeitskräfte
Rohstoffe (Hauptbestandteile eines Produkts, Bauteile bzw. Waren bei einem Handelsbetrieb)	Hilfsstoffe (Nebenbestandteile eines Produktes)	Betriebsstoffe (Verbrauchsmaterialien, z. B. Schmieröl)	Gegenstände, die der Herstellung der Produkte dienen, z. B. Maschinen	Arbeiter, einfache Angestellte	Geschäftsführer, Abteilungsleiter
Verarbeitung: Kombination der Produktionsfaktoren					
Beschaffung (Bereitstellung der Produktion (Leistungserstellung), Absatz (Leistungsverwertung) Produktionsfaktoren)					
OUTPUT					
materielle Güter (Sachgüter)			immaterielle Güter (nicht gegenständliche Dinge)		
Konsumgüter (dienen der Bedürfnisbefriedigung des Endverbrauchers)	Produktionsgüter (dienen zur Herstellung anderer wirtschaftlicher Güter)		Dienstleistungen	Rechte (z. B. Patente)	

---

[1] dispositiv = anordnend, planend, leitend

Exkurs: Volkswirtschaftliche Produktionsfaktoren

Der Begriff der Produktionsfaktoren kommt nicht nur in der Betriebswirtschaftslehre, sondern auch in der Volkswirtschaftslehre vor. Hier unterscheidet man folgende Produktionsfaktoren:

Volkswirtschaftliche Produktionsfaktoren	
Arbeit	Arbeit ist jede Art von körperlicher Tätigkeit des Menschen, um Einkommen für die Bedarfsdeckung zu erzielen.
Boden (Natur)	Beim Produktionsfaktor Boden handelt es sich um einen Oberbegriff für alle von der Natur zur Verfügung gestellten natürlichen Ressourcen (Hilfsquellen). Zur Natur zählt die Erdoberfläche, die der Landwirtschaft und der Industrie zur Nutzung und Bebauung dient, die Bodenschätze, die Wasserkräfte, das Klima und andere Naturkräfte.
Kapital	a) **Realkapital** = alle bei der Erzeugung beteiligten Produktionsmittel (Gebäude, Lagerhallen, Maschinen, Werkzeuge, Roh-, Hilfs- und Betriebsstoffe). Es handelt sich um „erzeugte" Güter, die nicht unmittelbar konsumiert werden, sondern dem Produktionsprozess dienen. b) **Geldkapital** = Geld, das zur produktiven Anlage bestimmt ist

Arbeit und Boden bezeichnet man auch als **originäre** (ursprüngliche) Produktionsfaktoren. Kapital ist ein **derivativer** (abgeleiteter) Produktionsfaktor, da zu seiner Entstehung die Kombination von Arbeit und Natur notwendig ist.

Im Zuge von Rationalisierungen kommt es oft vor, dass der Produktionsfaktor Arbeit durch den Produktionsfaktor Kapital ersetzt wird. Viele Tätigkeiten, die früher von ungelernten Kräften ausgeführt wurden, werden jetzt von Maschinen erledigt. Man spricht daher auch von der Substitution des Produktionsfaktors Arbeit durch den Produktionsfaktor Kapital.

4.2.3 Der Betrieb und seine Mitarbeiter

Jede gesellschaftliche Gruppe und auch jede Gruppe in einem Betrieb setzt sich aus Menschen zusammen, die alle ein persönliches Eigenleben haben. Da sie aber sowohl in der Gesellschaft als auch im Betrieb immer aufeinander angewiesen sind, müssen Regeln gefunden werden, wie die Zusammenarbeit ablaufen soll. Die Organisationslehre beschäftigt sich mit der Aufgabe, die Aktivitäten der Beschäftigten, den Einsatz von Arbeitsmitteln sowie die Verarbeitung von Informationen innerhalb eines Betriebes zu ordnen.

Besonders wichtig ist für einen Organisator die Frage, wie die Mitarbeiter eines Unternehmens motiviert werden können, möglichst viel Leistung zu erbringen. U. a. hat der Psychologe Abraham Maslow (1908–1970) versucht, diese Frage zu beantworten. Nach Maslow sind die Bedürfnisse Triebfeder des menschlichen Handelns. Die Bedürfnisse lassen sich in fünf Kategorien einteilen:

Bedürfnishierarchie nach Maslow

Die fünf Bedürfniskategorien stehen zueinander in hierarchischer Beziehung. Die Befriedigung niedrigerer Bedürfnisse bildet jeweils die Voraussetzung für die Befriedigung höherer Bedürfnisse. Entsprechend der Bedürfnishierarchie ist immer das Bedürfnis am stärksten wirksam, das unmittelbar auf das letzte, gerade noch befriedigte Bedürfnis folgt. Dieses Bedürfnis stellt das dominante Handlungsbedürfnis dar. Immer, wenn ein Bedürfnis in einem bestimmten Ausmaß befriedigt ist, hört es auf, dominantes Handlungsmotiv zu sein, an seine Stelle tritt ein neues, in der Regel höheres Bedürfnis. Nach Maslow müssen die zu erfüllenden Aufgaben an einen Mitarbeiter daher so gestellt werden, dass sie die Möglichkeit bieten, dominante Bedürfnisse zu befriedigen.

Für die Zufriedenheit der Mitarbeiter ist auch das **Betriebsklima** von großer Bedeutung. Arbeitnehmer, die sich bei der Arbeit wohlfühlen, erbringen oft bessere Leistungen, sind seltener krank und wechseln nicht so schnell den Arbeitsplatz.

Die **kognitiven Voraussetzungen** der Mitarbeiter, wie z.B. der Umfang an Kenntnissen und Fähigkeiten sowie die Offenheit gegenüber neuen Anforderungen, müssen ebenfalls bei der Organisation berücksichtigt werden.

Schlüsselqualifikationen

Die gegenwärtige Gesellschaft ist einem raschen **technologischen, ökonomischen und sozialen Wandlungsprozess** unterworfen. Die wichtigsten Entwicklungstrends sind:

- Die Industriegesellschaft wandelt sich zur Dienstleistungsgesellschaft.
- Gering qualifizierte Tätigkeiten gehen in Folge der Automatisierung von Routinetätigkeiten immer mehr zurück. Neue Ausbildungsberufe entstehen.
- Den „lebenslangen" Beruf gibt es kaum noch.
- Die Komplexität der Arbeit und damit der Anspruch an die Mitarbeiter steigt. Entscheidungen müssen immer schneller getroffen und umgesetzt werden.

Die Globalisierung der Märkte, die Dezentralisierung und Spezialisierung von Unternehmenseinheiten verstärken diese Entwicklung und erfordern ein neues Qualifikationsprofil bei den Beschäftigten. **Die Bildung muss so gestaltet werden, dass die Anpassungsfähigkeit an noch nicht Prognostizierbarem im Vordergrund steht.** Das Obsoleszenztempo[1] von Bildungsinhalten steht in einer gespannten Wechselbeziehung zwischen möglichst großer Praxisnähe und erforderlichem Abstraktionsniveau. Daher müssen übergeordnete Bildungsziele formuliert werden, die neben Fachkompetenz auch Methoden- und Sozialkompetenz enthalten/berücksichtigen.

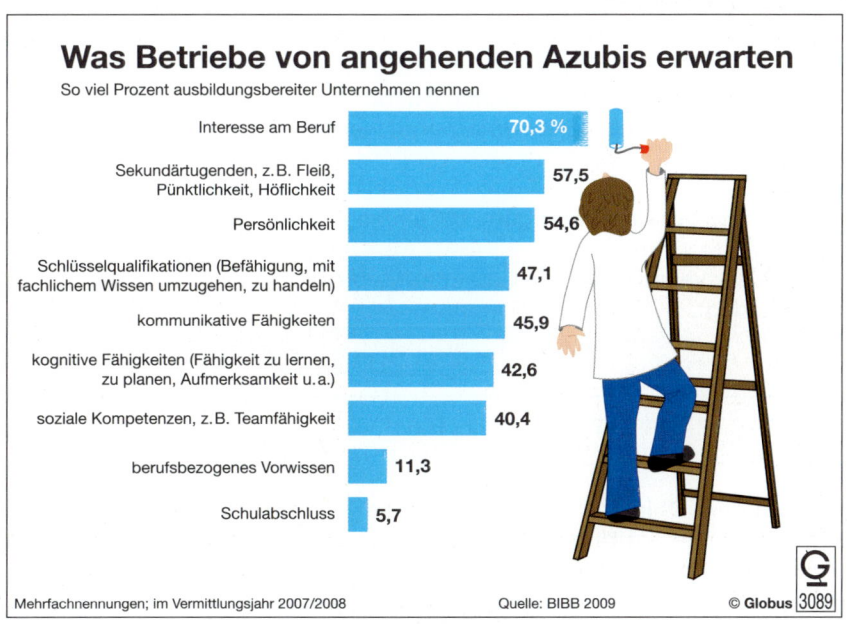

Was Betriebe von angehenden Azubis erwarten

So viel Prozent ausbildungsbereiter Unternehmen nennen

Interesse am Beruf	70,3 %
Sekundärtugenden, z.B. Fleiß, Pünktlichkeit, Höflichkeit	57,5
Persönlichkeit	54,6
Schlüsselqualifikationen (Befähigung, mit fachlichem Wissen umzugehen, zu handeln)	47,1
kommunikative Fähigkeiten	45,9
kognitive Fähigkeiten (Fähigkeit zu lernen, zu planen, Aufmerksamkeit u.a.)	42,6
soziale Kompetenzen, z.B. Teamfähigkeit	40,4
berufsbezogenes Vorwissen	11,3
Schulabschluss	5,7

Mehrfachnennungen; im Vermittlungsjahr 2007/2008   Quelle: BIBB 2009   © Globus 3089

---

[1] Obsoleszenz = Zerfallszeit, Veralterungstempo

Schlüsselqualifikationen sind solche **Kenntnisse, Fähigkeiten** und **Fertigkeiten**, welche nicht in einem unmittelbaren Bezug zu bestimmten praktischen Tätigkeiten stehen, sondern vielmehr die Eignung für eine große Anzahl von Positionen und Funktionen als alternative Optionen zum gleichen Zeitpunkt und die Eignung für die Bewältigung einer Folge von oft unvorhersehbaren Änderungen von Anforderungen im Laufe des Lebens bedeuten.

Schlüsselqualifikationen stellen somit den Schlüssel zur raschen und reibungslosen Erschließung von wechselndem Spezialwissen dar.

Schlüsselqualifikationen	
Materiale Kenntnisse und Fertigkeiten	Berufspraktische Kenntnisse und Fertigkeiten mit großer Breitenwirkung (z. B. Fremdsprachenkenntnisse, EDV-Kenntnisse)
Formale Fähigkeiten	Kognitiver Bereich: Selbstständige Denk- und Lernbefähigung (z. B. logisches Denken, analytisches Denken, Transferfähigkeit, Problemlösungsfähigkeit, kritisches Denken) Psychomotorischer Bereich: allgemeine berufsmotorische Befähigung (z. B. manuelles Geschick, Konditionsfähigkeit)
Personale Fähigkeiten	Arbeitstugenden und personenbezogene Fähigkeiten (z. B. Genauigkeit, Zuverlässigkeit, Gewissenhaftigkeit, Verantwortungsbewusstsein, Selbstständigkeit, Kritikfähigkeit, Selbstbewusstsein, Leistungsbereitschaft)
Soziale Fähigkeiten	Fähigkeit, in Arbeitsgemeinschaften ein gruppenorientiertes Verhalten zu zeigen (z. B. Kooperationsbereitschaft, Kontaktfähigkeit, Kommunikationsfähigkeit, Toleranz, Teamgeist)

4.2.4 Strukturierung eines Unternehmens

4.2.4.1 Aufgabenanalyse und -synthese

Am Anfang der aufbauorganisatorischen Tätigkeit steht eine genaue **Analyse der betrieblichen Gesamtaufgabe**. Dabei wird die Gesamtaufgabe des Unternehmens nach bestimmten Kriterien zerlegt. Auf verschiedenen Ebenen (Hierarchiestufen) eines Unternehmens können unterschiedliche Gliederungskriterien angewandt werden. In der Praxis findet man oft Mischformen vor.

Mögliche Gliederung der Gesamtaufgabe bei einem IT-Großhandel

Gliederung nach der Verrichtung: Die Gesamtaufgabe wird in zu ihrer Erfüllung notwendige Verrichtungen zerlegt.

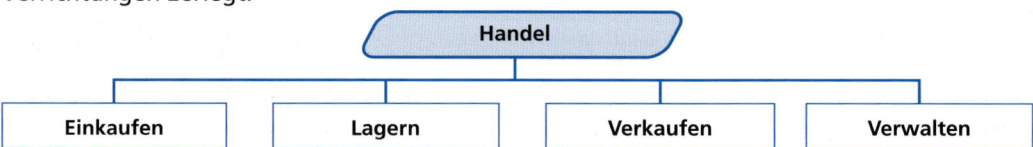

Gliederung nach dem Objekt: Die Gesamtaufgabe wird nach Objekten unterteilt. Objekte sind i. d. R. die Produkte des Unternehmens. Objekte können aber z. B. auch Personen (z. B. Arbeiter, Angestellte) oder Gebiete sein.

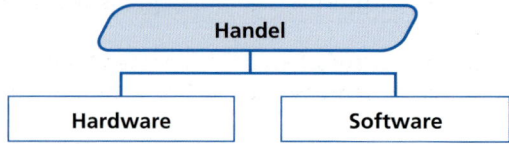

Gliederung nach der Zweckbeziehung: Die Aufgaben werden danach unterteilt, ob sie unmittelbar dem Betriebszweck dienen oder nur sicherstellen, dass die primären Aufgaben erfüllt werden.

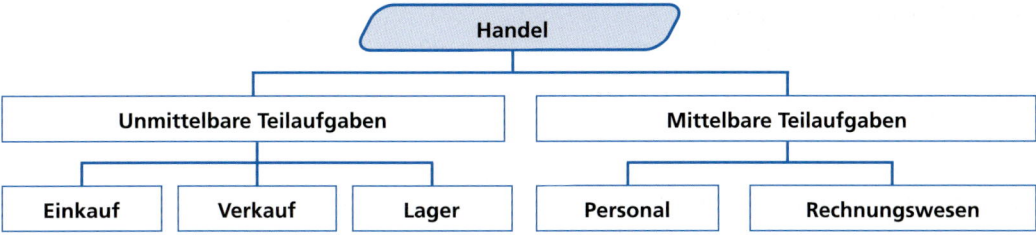

Die Gesamtaufgabe muss solange zerlegt werden, bis Einzelaufgaben sichtbar sind (z. B. Rechnungen schreiben, Ware einsortieren o. Ä.).

Nach der Aufgabenanalyse kommt die **Aufgabensynthese**, d. h., die Einzelaufgaben werden zusammengefasst und es werden Stellen gebildet.

> *Eine **Stelle** ist die **kleinste organisatorische Einheit** in einem Unternehmen.*

Eine Stelle kann von einer Person, einer Personengruppe oder einer Mensch-Maschine-Kombination besetzt werden.

> *Eine Stelle, die Entscheidungs-, Leitungs-, Kontroll- und Führungsaufgaben wahrnimmt, nennt man **Instanz**.*

> *Stellen, die keine Leitungsbefugnis besitzen, werden **Ausführungsstellen** genannt.*

Die wichtigsten Informationen zu einer Stelle werden in der **Stellenbeschreibung** festgehalten. Diese sollte folgende Informationen beinhalten:
1. Bezeichnung der Stelle,
2. Hauptaufgaben und Einzelaufgaben,
3. Entscheidungs- und Unterschriftsbefugnis,
4. Stellenanforderung (Vorbildung, Kenntnisse, Eigenschaft des Stelleninhabers),
5. Eingliederung der Stelle in das Unternehmen (übergeordnete, gleichgeordnete und untergeordnete Stellen).

Mehrere Stellen werden zu **Gruppen** und **Abteilungen** zusammengefasst. Grundsätzlich gilt, je einfacher die Aufgaben einer Stelle sind, desto mehr Stellen können zu einer Abteilung zusammengefasst werden. Umgekehrt kann bei sehr komplexen Aufgaben eine Gruppe oder Abteilung u. U. nur aus wenigen Mitarbeitern bestehen. Die Zahl der direkt unterstellten Mitarbeiter wird durch die **Leitungsspanne** ausgedrückt.

Nach der Zusammenfassung von Stellen zu Gruppen und zu Abteilungen muss eine Rangordnung (Hierarchie) festgelegt werden. Die Anzahl der verschiedenen Rangebenen stellt die **Instanzentiefe** dar. Die **Instanzenbreite** gibt hingegen die Anzahl der Instanzen auf einer Ebene an.
Die Darstellung des Zusammenhangs zwischen den einzelnen Stellen, Gruppen und Abteilungen erfolgt in einem Organisationsdiagramm, auch Organigramm genannt.

> *Ein **Organisationsdiagramm (Organigramm)** ist eine grafische Darstellung der Organisationsstruktur eines Unternehmens, das die hierarchischen Beziehungen der Stellen untereinander wiedergibt.*

Organisationsdiagramm/Organigramm

```
                          Leitung, Name

       Abteilung 1: Name des Abteilungsleiters      Abteilung 2: Name des Abteilungsleiters

  Gruppe 1:    Gruppe 2:    Gruppe 3:         Gruppe 4:              Gruppe 5:
   Name         Name         Name              Name                   Name

  S 1: Name   S 2: Name    S 3: Name     S 4: Name   S 5: Name
```

Auf Abteilungsleiterebene hat das Unternehmen die Instanzenbreite 2. Die Instanzentiefe beträgt 3. Gruppenleiter 2 hat fünf direkt unterstellte Mitarbeiter ($\Rightarrow$ Leitungsspanne = 5).

Angestrebt wird häufig eine **schlanke Organisationsstruktur** mit einer geringen Instanzentiefe (**Lean Management**).
Erkennbar ist zurzeit auch ein Trend, dass Unternehmen sich auf ihre Kerngeschäfte beschränken und Tätigkeiten, die nicht mittelbar dem Betriebszweck dienen, auslagern.

> *Unter **Outsourcing** versteht man die Auslagerung von Aufgaben, die bisher innerhalb des Unternehmens bearbeitet wurden, an Fremdfirmen.*

Angesichts der wachsenden Komplexität im IT-Bereich und den hohen Kosten, die durch eine eigene IT-Abteilung entstehen, lagern beispielsweise immer mehr Betriebe ihre IT-Service-Funktionen an spezialisierte Fremdfirmen aus. Durch diese Spezialisierung der Unternehmen können Kosten gespart und so die Wettbewerbsfähigkeit erhöht werden. Leistungsangebote eines Outsourcing-Unternehmens im IT-Bereich kann z. B. die Hardwarebetreuung, die Netzadministration, die Durchführung einer Hotline, Internet-Service und Webhosting oder auch die Datensicherung sein.

Neben der formalen Organisation existiert in einem Unternehmen auch eine **informale Organisation**, die durch Freundschaften oder andere nicht rein dienstliche Kontakte zwischen den Mitarbeitern entstehen (z. B. die Betriebssportgruppe oder die Frühstücksrunde in der Kantine).

4.2.4.2 Leitungssysteme

Im täglichen Arbeitsablauf werden in einem Unternehmen eine Vielzahl von Informationen und Anweisungen weitergegeben. Es muss daher festgelegt werden, wer wem Anweisungen erteilen darf und wer von wem informiert werden muss. Hierüber gibt das Leitungssystem Auskunft.

> *Das **Leitungssystem** beschreibt die **Anordnungsbeziehungen** von den übergeordneten zu den nachgeordneten Stellen.*

Insbesondere während einer Ausbildung oder eines Praktikums ist es sehr wichtig, sich schnell einen Überblick über die Leitungswege zu verschaffen. Übergeht man einen Vorgesetzten, kann dies sonst zu großen Unstimmigkeiten führen.

In der Praxis findet man selten ein Leitungssystem vor, das genau einem der nachfolgend dargestellten Modelle entspricht. In der Regel werden die Modelle miteinander kombiniert oder die strengen Vorgaben der Modelle verwässert. So ist es beispielsweise oft auch bei Unternehmen, die eine Einlinienorganisation haben, üblich, dass Stellen, die sich auf einer Ebene befinden, miteinander kommunizieren können.

	Linienorganisation (Einliniensystem)	Stab-Linien-Organisation	Mehrlinien-Organisation (Funktionale Organisation)	Matrix-Organisation
Grundsatz	Eine untergeordnete Stelle erhält jeweils nur von einer vorgesetzten Instanz Anweisungen (Einheit der Leitung, Einheit der Auftragserteilung). Die Linie ist gleichzeitig der Dienstweg für alle Anordnungen, Anrufungen, Beschwerden oder Informationen.	Baut auf der Linienorganisation auf. Instanzen werden durch Stabsstellen oder Stabsabteilungen unterstützt. Stäbe haben keine Weisungsbefugnis, sondern sie bereiten die Entscheidungen nur vor.	Spezialisten sind für die jeweiligen Funktionen zuständig. Sie haben ein unmittelbares fachliches Weisungsrecht gegenüber den ausführenden Mitarbeitern. Das führt dazu, dass ein ausführender Mitarbeiter von mehreren Vorgesetzten Anweisungen erhalten kann. Instanzen auf der gleichen Ebene können unmittelbar miteinander kommunizieren.	Es existieren zwei Hierarchien (Dimensionen). Beispielsweise kann eine Hierarchie nach Funktionen (einkaufen, lagern, produzieren, verkaufen und verwalten) unterteilt werden und die andere nach Objekten (Projekt 1, Projekt 2 usw.). An den Kreuzungspunkten zwischen den Dimensionen müssen die Instanzen gemeinsam eine Entscheidung treffen.
Schema				
Eigenarten	Der Linienorganisation liegt ein streng hierarchisches Denken zugrunde. Die Leitungskräfte haben eine sehr große Macht.	Trennung von Entscheidungskompetenz und Fachkompetenz	Spezialisierung der Instanzen und Einhaltung von kurzen Wegen (Delegationsweg und Informationsweg)	Die Teamarbeit der Dimensionsleiter steht im Vordergrund. Es gibt Regelungen, wie bei Meinungsverschiedenheiten an den Kreuzungspunkten entschieden werden soll.
Vorteile	klare Kompetenzfestlegung, eindeutige Verantwortung, einfache Strukturen, gute Kontrollmöglichkeiten, einfacher und übersichtlicher Unternehmensaufbau	siehe Linienorganisation sowie Entlastung der Instanzen, Verbesserung der Qualität der Entscheidungen	Durch die Spezialisierung der Instanzen verfügen diese über eine hohe Fachkompetenz. Fachkompetenz und Entscheidungskompetenz stimmen überein, kurze Dienstwege.	Teamarbeit der Instanzen, der kombinierte Einsatz von Spezialisten ist möglich
Nachteile	lange Dienstwege, oft Überlastung der Vorgesetzten, Gefahr der Bürokratisierung, Gefahr der Informationsfilterung durch die Zwischeninstanzen	Frustration der Stäbe durch die fehlende Weisungskompetenz	Gefahr von Weisungskonflikten, unklare Verantwortlichkeiten, Koordinationsprobleme zwischen den Instanzen, Unübersichtlichkeit der Organisation, Verunsicherung der untergeordneten Stellen	Hoher Kommunikationsaufwand und daher oft Zeitverluste bis eine Entscheidung getroffen werden kann. Es besteht die Gefahr, zu viele Kompromisse einzugehen.

Die Grenzen der oben dargestellten Leitungssysteme sind dann erreicht, wenn von einem Unternehmen so verschiedenartige Produkte hergestellt werden, dass eine Spezialisierung auf diese Produkte sinnvoll ist. Großunternehmen mit einem breiten, heterogenen Produktionsprogramm sind daher oft zunächst nach **Sparten** eingeteilt. Man spricht dann auch von einer **Zentralisierung nach Objekten**.

Die einzelnen Sparten sind wirtschaftlich weitgehend selbstständig. Bereiche des Unternehmens, die für alle Sparten Leistungen erbringen, wie z.B. die EDV-Abteilung oder die Personalabteilung, werden auch weiterhin zentral geführt.

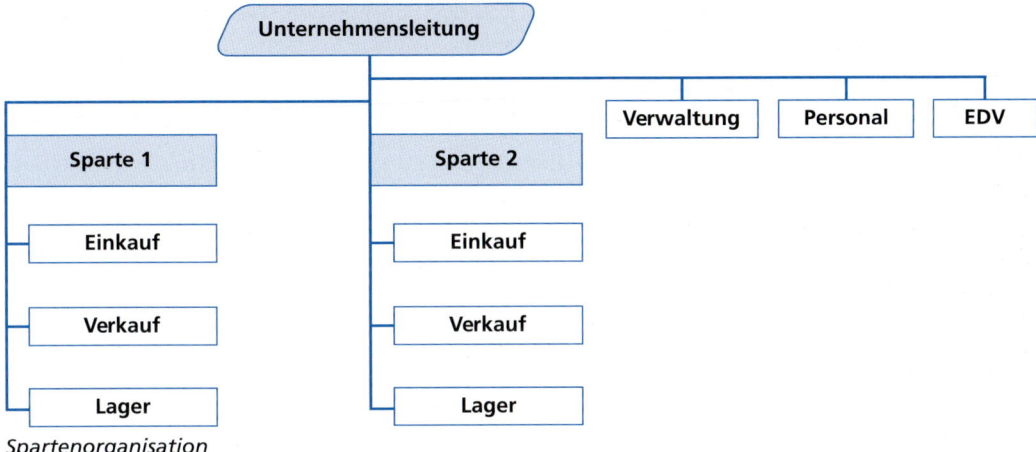

Spartenorganisation

4.2.5 Führungsstile

Führungskräfte müssen nicht nur über eine hohe Fachkompetenz verfügen, sondern sie müssen auch in der Lage sein, ihre Mitarbeiter zu führen.

> Die **Führungsstile** beschreiben die Art und Weise wie **Entscheidungen getroffen und an die Mitarbeiter weitergegeben werden.**

Dabei lassen sich zwei grundsätzliche Führungsstile unterscheiden, die man in der betrieblichen Praxis in vielen verschiedenen Abstufungen vorfinden kann.

Führungsstile

Autoritärer Führungsstil

Die Macht eines autoritativen Vorgesetzten stützt sich auf die **positionsspezifische Autorität** und die mit der Position verbundenen **Sanktionen**. Der Vorgesetzte entscheidet alleine. Anordnungen werden als **Befehle** erteilt. Arbeitsanweisungen werden sehr detailliert festgelegt und ihre Einhaltung **genau kontrolliert**. Verantwortung wird kaum übertragen.

Angewandt wird dieser Führungsstil vor allem bei einfachen Tätigkeiten, bei denen ein aktives Sich-Einbringen der Mitarbeiter nicht so wichtig ist. Eigeninitiative und Einfallsreichtum werden gebremst, die Mitarbeiter entwickeln daher oft eine **ablehnende Haltung** gegen die Arbeit und auch gegen den Vorgesetzten. Das Betriebsklima ist oft gespannt und die Krankenrate relativ hoch.

Kooperativer Führungsstil

Bei dem kooperativen Führungsstil wird die positionsspezifische Autorität zurückhaltend eingesetzt, um eine **aufgaben- und personenspezifische Autorität** zu erwerben. Angestrebt wird, dass sich alle Mitarbeiter aktiv in das Unternehmen einbringen. Die Mitarbeiter **entscheiden** daher gemeinsam. Der Vorgesetzte hat vor allem eine **Koordinationsfunktion**. Die Mitarbeiter erhalten lediglich globale Rahmenvorgaben. Sie **kontrollieren** ihre Arbeitsergebnisse **weitestgehend selbst**. Die Mitarbeiter sind daher i.d.R. **motiviert** und bringen sich mit eigenen Ideen ein. Das Arbeitsklima ist i.d.R. gut, ebenso wie das Verhältnis des Vorgesetzten zu seinen Mitarbeitern. Dieser Führungsstil eignet sich daher auch für anspruchsvolle Aufgaben.

Gruppenarbeit

In der Wirtschaft nimmt man allmählich **Abschied von starren Rangordnungen**. Viele Unternehmungen suchen nach neuen Wegen der Arbeitsorganisation – mit größeren Freiräumen für die Belegschaft. Entscheidungen werden nicht mehr zentral durch die Leitungsspitzen, sondern dezentral in Mitarbeitergruppen getroffen. Durch diese **Dezentralisierung** wächst dem Mitarbeiter eine größere Verantwortung zu. Bekannt wurde hier der Slogan **„Vom Mitarbeiter zum Mitdenker"**.

Einige Unternehmen gehen dabei so weit, dass sie Mitarbeitergruppen bilden und innerhalb dieser ganz auf einen Vorgesetzten verzichten. Die Organisation der Zusammenarbeit wird innerhalb vorgegebener Rahmenbedingungen und Zielvorgaben der gruppeninternen Selbstbestimmung überlassen. Die Kompetenzen, die sonst dem Vorgesetzten zustehen, gehen an die Gruppe als Ganzes über. Die Führungsrolle in der Gruppe kann ständig, je nach benötigter Fachkompetenz, wechseln. Traditionelle Eigenschaften der Linienorganisation oder der Stablinienorganisation, wie z. B. die Einheit der Auftragserteilung und die strikte Einhaltung der Dienstwege, fallen weg.

Der Übergang von traditionellen Führungsstilen zur Gruppenstruktur setzt eine dafür geeignete Gruppenkultur voraus. Dies kann z. B. durch eine schrittweise Erhöhung der Mitbestimmungsmöglichkeiten der Mitarbeiter geschehen.

Arbeitswechsel (Job rotation)

Die Arbeitskräfte wechseln sich in vorgeschriebener oder selbstgewählter Reihenfolge bei unterschiedlichen Tätigkeiten ab, sodass jeder jede Arbeit im Wechsel ausführt.

Arbeitserweiterung (Job enlargement)

Gleichartige Aufgaben, die bisher von verschiedenen Mitarbeitern bearbeitet wurden, werden zusammengelegt und von einer Arbeitskraft ausgeführt.

Arbeitsbereicherung (Job enrichment)

Verschiedenartige Arbeitsaufgaben werden zusammengefasst und von einer Arbeitskraft ausgeführt.

Prozessintegrierte Arbeitsgruppen

Die prozessintegrierte Arbeitsgruppe bzw. das sogenannte **Lean-Production** ist ein Organisationskonzept, das in den 1950er-Jahren in der japanischen Automobilindustrie (Toyota) entwickelt wurde, um die Vorteile der **Teamarbeit** mit den technologisch hoch entwickelten Methoden der industriellen Fertigung zu verbinden. Lean-Production beruht auf folgenden Grundprinzipien: Die **Arbeitsgruppen** von fünf bis zehn Mitarbeitern verfügen über **weitgehende Kompetenzen** zur **internen Selbstorganisation** der Arbeitsverteilung und Gestaltung. Planung, Ausführung und Kontrolle gehören zu den Gruppenaufgaben. Die Ergebnisverantwortung liegt bei der Gruppe. Mängel sollen möglichst sofort erkannt und beseitigt werden. **Just in Time** (genau zum richtigen Zeitpunkt) werden Vorleistungen an die nächste Bearbeitungsstufe angeliefert und so der Bedarf nach Zwischenlagern und Pufferzeiten minimiert.

Für Unternehmen bedeutet die Gruppenfertigung eine steigende Produktivität, weil Durchlaufzeiten, Ausschusskosten sowie Material- und Lagerkosten sinken.

Anmerkung: Dieser „Just-in-Time-Ansatz" wurde auch auf die zwischenbetriebliche Zusammenarbeit übertragen. Zulieferer müssen Just in Time ihre Erzeugnisse anliefern.

Autonome Arbeitsgruppen

Das bekannteste Beispiel für die Organisation mithilfe von autonomen Arbeitsgruppen sind die Kalmar-Werke (Volvo) in Schweden in den 1970er-Jahren. Die Produktivitätssteigerung durch die Einführung von autonomen Arbeitsgruppen wird bei Volvo vor allem auf die **Humanisierung der Arbeit** zurückgeführt.

Der **Autonomiegrad ist erheblich höher** als bei den prozessorientierten Arbeitsgruppen. Gearbeitet wurde an weitgehend autonomen **Fertigungs- und Montageinseln**. Damit die Rhythmusunterschiede zwischen den einzelnen Gruppen nicht den Produktionsablauf stören, ist eine **Leistungsentkopplung** zwischen den Arbeitsgruppen notwendig (z. B. durch Zwischenlager oder große Puffer). In der heutigen Zeit haben sich solche Fertigungs- und Montageinseln in vielen Produktionsbetrieben durchgesetzt.

Verschiedene Formen der Arbeitsorganisation mit wachsendem Autonomiegrad

4.2.6 Managementtechniken

Ein Vorgesetzter wäre überlastet, müsste er alle Entscheidungen selbst treffen. Er sollte daher in der Lage sein, einen Teil seiner Arbeit an seine Mitarbeiter zu delegieren:

> Als **Delegation** bezeichnet man die **vertikale Abtretung von Aufgaben, Kompetenzen und Verantwortung** an nachgeordnete Stellen.

Die Delegation geht damit auf den Ermessens- und Entfaltungsspielraum nachgeordneter Stellen ein. Die Delegationsmöglichkeit hängt in erster Linie von dem Grundprinzip ab, dass die **Fachkompetenz eines Stelleninhabers und die formellen Entscheidungs- und Mitsprachekompetenzen der Stelle im Gleichgewicht** sein sollten.

Aufbauend auf dem **kooperativen Führungsstil** sind verschiedene Managementtechniken entwickelt worden, die sich mit der Frage beschäftigen, wie die Ziele festgelegt werden, wie Entscheidungen getroffen werden und in welchem Umfang eine Kontrolle der Ergebnisse stattfindet. In der Fachliteratur wird neben dem Begriff der Managementtechniken auch der Begriff **Führungstechniken** verwendet.

Die wichtigsten Managementtechniken werden hier kurz erläutert. In der Praxis findet man allerdings auch oft Mischformen vor.

Managementtechniken
Management by exception – Führen nach dem Prinzip der Ausnahme
Keine Entscheidung soll von einer Stelle gefällt werden, die von einer untergeordneten Stelle ebenso gut oder eventuell sogar besser getroffen werden kann. Daraus folgt, dass jede Entscheidung immer von der untersten Stelle gefällt wird, die dazu noch über den notwendigen Überblick verfügt. Alle Normal- und Routineentscheidungen obliegen den einzelnen Mitarbeitern für ihren jeweiligen Aufgabenbereich. Nur Ausnahmefälle sollen dem Vorgesetzten zur Entscheidung vorgelegt werden. Der Vorgesetzte wird so von den Routineaufgaben entlastet und hat mehr Zeit zur Verfügung, sich um die schwierigeren Probleme zu kümmern. Dies birgt allerdings auch die Gefahr, dass die Mitarbeiter demotiviert werden, da alle „interessanten Aufgaben" vom Vorgesetzten erledigt werden.
Management by delegation – Führen durch die Delegation von Verantwortung
Jeder Mitarbeiter erhält seinen eigenen Aufgabenbereich und verfügt hierfür über die entsprechenden Kompetenzen. Innerhalb ihres Aufgabenbereichs handeln die Mitarbeiter eigenverantwortlich. Der Vorgesetzte greift i. d. R. nicht ein. Seine Aufgabe besteht vor allem in der Auswahl der Mitarbeiter, der Weitergabe von Informationen, der Festlegung von allgemeinen Führungsanweisungen, der Dienstaufsicht und der Kontrolle der Arbeitsergebnisse. Bei Anwendung dieses Führungsstils delegieren die Vorgesetzten unter Umständen nur uninteressante Aufgaben.
Management by objectives – Führen durch Zielvereinbarungen
Das Prinzip der Führung durch Zielvereinbarungen betont die Zusammenarbeit im Team durch einen ständigen Informationsaustausch über die verschiedenen hierarchischen Ebenen hinweg. Zwischen dem Vorgesetzten und seinen Mitarbeitern werden gemeinsam Ziele und Unterziele vereinbart. Da dies auf jeder hierarchischen Ebene durchgeführt wird, werden die groben Unternehmensziele (z. B. Umsatzsteigerung, Erhöhung der Produktivität) immer mehr verfeinert und präzisiert. Die Mitarbeiter können eigenständig entscheiden, welche Maßnahmen sie treffen müssen, um die Ziele zu erreichen. Die Analyse der Abweichungen des Ist vom Soll führt der Vorgesetzte mit den Mitarbeitern gemeinsam durch. Nicht die Durchführung der Arbeit wird kontrolliert, sondern nur das Ergebnis. Die Mitwirkungsmöglichkeiten erhöhen die Identifikation der Mitarbeiter mit den Unternehmenszielen und sollen ihre Eigeninitiative verstärken.

Vertiefungsaufgaben zur Handlungssituation 4

1. Zu welchen der folgenden Wirtschaftssektoren gehören die unten genannten Unternehmungen?
   [1] Primärer Sektor
   [2] Sekundärer Sektor
   [3] Tertiärer Sektor
   a) Zentrallager einer Großbäckerei
   b) IT-Systemhaus
   c) Industriebetrieb zur Herstellung von Druckern
   d) Sparkasse
   e) Bergbau

2. Ziele eines Unternehmens können sich ergänzen (Zielharmonie) oder gegenseitig beeinträchtigen (Zielkonflikt). Formulieren Sie je ein Beispiel für miteinander harmonierende Ziele und für einen Zielkonflikt.

3. Entscheiden Sie, ob unten stehende Sachverhalte dem Produktionsfaktor Arbeit, Boden oder Kapital zuzurechnen sind.
   a) Kauf eine CNC-Maschine
   b) Lagerhalle, in der Fertigteile gelagert werden
   c) Ackerland
   d) Kohle, die im Tagebau gewonnen wird

4. Der Bau einer neuen Straße ist mit zwei unterschiedlichen Faktorkombinationen möglich: 60 Arbeiter und zwei Maschinen benötigen genauso lange wie 20 Arbeiter und sechs Maschinen. Für die Dauer der Bauarbeiten kostet ein Arbeiter 3 000,00 € und eine Maschine 32 000,00 €. Welche der beiden Faktorkombinationen ist kostengünstiger?

5. Als Output der Kombination der betrieblichen Produktionsfaktoren sollen Güter für private Haushalte, andere Unternehmen, den Staat oder auch das Ausland bereitgestellt werden. Diese Güter nennt man auch knappe bzw. wirtschaftliche Güter, da sie Gegenstand wirtschaftlichen Handelns sind. Ihre Herstellung verursacht Kosten. Sie werden auf dem Markt nachgefragt und erzielen einen Preis. Im Gegensatz zu diesen knappen Gütern gibt es auch freie Güter. Diese stehen in unbegrenztem Maße zur Verfügung und sind i. d. R. nicht Gegenstand wirtschaftlichen Handelns. Nennen Sie zwei Beispiele für freie Güter.

6. Konsumgüter und Produktionsgüter können entweder dem Verbrauch (kurzlebige Güter) oder dem Gebrauch (langlebige Güter) dienen. Ordnen Sie den Güterarten die nachfolgenden Beispiele zu.
   [1] Konsumgut als Verbrauchsgut
   [2] Konsumgut als Gebrauchsgut
   [3] Produktionsgut als Verbrauchsgut
   [4] Produktionsgut als Gebrauchsgut
   a) Lagerhalle einer Schreinerei
   b) Brötchen in einem privaten Haushalt
   c) Taxi
   d) privater Pkw
   e) Stahl
   f) Radio für einen privaten Haushalt

7. Neben einer Einteilung der Güter in materielle und immaterielle Güter kann man auch zwischen komplementären und substitutiven Gütern unterscheiden:
Komplementäre Güter ergänzen sich gegenseitig, werden zusammen verwendet. Beispiel: Auto und Autoreifen
Substitutive Güter ersetzen sich gegenseitig, werden wahlweise verwendet. Beispiel: Margarine oder Butter

Finden Sie jeweils zwei weitere Beispiele für komplementäre und substitutive Güter.

8. Setzen Sie sich kritisch mit der Maslowschen Motivationstheorie auseinander. Überlegen Sie, wodurch Sie motiviert werden, Leistung zu erbringen.

9. In der Berufsschule soll den Schülern der Erwerb von Schlüsselqualifikationen ermöglicht werden. Wie sollte Ihrer Meinung nach der Unterricht gestaltet werden, um diese Qualifikationen zu fördern?

10. Ein Pharmaunternehmen ist zunächst nach den zwei Standorten Leverkusen und München unterteilt. Auf der nächsten Ebene erfolgt eine Gliederung in die Teilaufgaben
    – Forschung und Entwicklung,   – Vertrieb,
    – Beschaffung,   – Verwaltung,
    – Produktion.
    a) Zeichnen Sie das Organigramm des Unternehmens.
    b) Nach welchen Gliederungskriterien ist das Unternehmen strukturiert worden?

11. Zur Strukturierung der Organisation eines Unternehmens sind mehrere Schritte erforderlich. Bringen Sie die Arbeitsschritte in die richtige Reihenfolge.
    [1] Zusammenfassen von Teilaufgaben zum Aufgabenbereich eines Aufgabenträgers
    [2] Bilden von Gruppen und Abteilungen
    [3] Zerlegen der Hauptaufgabe des Unternehmens in Teilaufgaben
    [4] Zusammenfassen von Stellen zu Gruppen

12. Was versteht man in der Organisationslehre unter einer „Instanz"?

13. a) Was versteht man unter dem Prinzip der „Einheit der Auftragserteilung"?
    b) Bei welchen Leitungssystemen findet man dieses Prinzip vor?

14. Ordnen Sie die Organisationsformen
    [1] Einlinienorganisation,
    [2] Stablinienorganisation,
    [3] Mehrlinienorganisation,
    [4] Matrixorganisation
    den nachfolgenden Beschreibungen zu:
    a) Die Organisationsform weist eine Mehrfachunterstellung der Mitarbeiter auf.
    b) Spezialisten unterstützen die Instanzen. Sie haben aber lediglich eine beratende Funktion.
    c) Es gibt feste Dienstwege, die eingehalten werden müssen. Die Organisation ist streng hierarchisch organisiert.
    d) Der Kommunikationsaufwand ist bei dieser Organisationsform besonders groß.
    e) Jeder Abteilungsleiter hat gegenüber allen untergeordneten Mitarbeitern ein fachliches Weisungsrecht.

15. Ein Geschäftsführer begründet seinen autoritären Führungsstil mit dem Argument, dass Gruppenentscheidungen in Mannstunden zu zeit- und damit auch zu kostenintensiv seien. Entscheidungen würden viel zu langsam getroffen. Nehmen Sie kritisch zu dem Argument des Geschäftsführers Stellung.

16. Nehmen Sie Stellung zu der Aussage, dass eine vermehrte Delegation eine wasserkopfartige Stabstruktur überflüssig macht.

17. Welchen Führungsstil sollte ein Lehrer im Unterricht einsetzen? Begründen Sie Ihre Antwort.

18. Welche Managementtechnik wird hier jeweils beschrieben?
   a) Ein Sachbearbeiter aus der Abteilung Einkauf darf bis zu einem Volumen von 10 000,00 € alleine einen Lieferanten auswählen und den Auftrag vergeben. Bei höheren Beträgen muss der Vorgang seinem Vorgesetzten zur Entscheidung vorgelegt werden.
   b) Ein Vorgesetzter delegiert Sachaufgaben mit Entscheidungsbefugnis und Handlungsverantwortung an seine Mitarbeiter. Die Mitarbeiter sind in ihrem Bereich selbstständig und verantwortlich tätig. Der Vorgesetzte hat eine Kontrollfunktion.

19. Jeder Schüler entscheidet sich für ein Unternehmen/eine Behörde, anhand derer er die nachfolgenden Aufgabenstellungen durchführen möchte. Dies kann
   — der Ausbildungsbetrieb,
   — der Praktikumsbetrieb,
   — ein Unternehmen, in dem Eltern, Freunde oder Bekannte arbeiten, oder
   — die Schule (dann muss die weitere Aufgabenstellung etwas angepasst werden)
   sein.

   Erstellen Sie eine kurze Mappe über die Organisationsstruktur der von Ihnen gewählten Organisation. Berücksichtigen Sie dabei folgende Punkte:
   a) Stellen Sie das Unternehmen kurz dar (Rechtsform, Sachziel, Anzahl der Mitarbeiter).
   b) Zu welchem volkswirtschaftlichen Sektor kann das Unternehmen gerechnet werden?
   c) Nach welchen Gliederungskriterien wurde die Aufgabenanalyse in der Organisation vorgenommen?
   d) Suchen Sie eine Stellenbeschreibung für einen Arbeitsplatz, der durch eine ausgelernte Arbeitskraft Ihres Ausbildungsberufes ausgefüllt werden kann. Falls Sie keine Stellenbeschreibung finden, entwerfen Sie eine eigene Stellenbeschreibung.
   e) Erstellen Sie ein Organigramm von der Organisation. (Die Angabe der Namen ist nur auf den obersten 2 Ebenen notwendig.)
   f) Liegt der Organisationsstruktur des Unternehmens/der Behörde ein bestimmtes Leitungssystem zugrunde oder sind mehrere Leitungssysteme miteinander vermischt worden. Belegen Sie Ihre Behauptung anhand von Beispielen.
   g) Handelt es sich um eine zentrale oder dezentrale Aufgabengliederung? Warum wurde dieser Aufbau Ihrer Meinung nach gewählt?
   h) Wie groß ist die Instanzentiefe in der von Ihnen gewählten Organisation?
   i) Welcher Führungsstil ist in dem Unternehmen überwiegend üblich?
   j) Nennen Sie ein Beispiel für eine informale Gruppe.

Planung des Arbeitsablaufs bei der Einrichtung eines Schulungsraums

5

Themen
- Aufgaben und Ziele der Ablauforganisation
- Phasen der Reorganisation
- Methoden der Ist-Aufnahme
- Funktionale Ablauforganisation
- Zeitorientierte Ablauforganisation
- Raumorientierte Ablauforganisation
- Gestaltung von Bildschirmarbeitsplätzen

Mögliche Verknüpfungen zu anderen Themengebieten/Fächern
- Textverarbeitung und Deutsch/Kommunikation: Präsentation
- Rechnerkonfiguration/Informationstechnische Systeme: Zusammenstellung der Hardware für den Schulungsraum, Besprechung der Komponenten eines PCs

Ein Großhandelsunternehmen hat Ihrem Unternehmen den Auftrag erteilt, einen Schulungsraum mit 19 miteinander vernetzten PCs, einem Beamer, einem Drucker und einem Whiteboard einzurichten. Außerdem soll MS-Office auf allen Rechnern installiert werden und durch einige Ergänzungen mit VBA an die Belange des Großhandelsunternehmens angepasst werden. Zusätzlich soll in dem benachbarten Büro ein Vorbereitungsraum für die Dozenten entstehen. Daher soll dort ebenfalls ein PC-Arbeitsplatz eingerichtet werden.

Nach einem ersten Gespräch mit dem Geschäftsführer des Großhandelsunternehmens haben Sie bereits eine grobe Planung der wichtigsten Arbeitsschritte vorgenommen.

Arbeitsschritte	geplante Dauer in Tagen
Projektanlauf	
Auftragseingang	1
Projektierung des Kundenauftrags	1
Programmierung der Ergänzungen mit VBA	**10**
Vorbereitung der Arbeitsplätze	
Auftragsvergabe an ein Elektrounternehmen	1
Durchführung der Arbeiten	5
Abnahme	1
Beschaffung von Hard- und Software	
Anfragen verschicken	1
Angebotsvergleich und Bestellung der Hard-/Software	2
Lieferzeit der Hardware	9
Lieferzeit der Software	3
Wareneingang der Software, Wareneingangskontrolle	1
Wareneingang der Hardware, Wareneingangskontrolle	1
Netzinstallation der Hardware	
Lieferung und Aufstellen der Geräte beim Kunden, Netzwerkkarten einbauen, Rechner anschließen	1
Netzinstallation der Software	
Server	1
Clients und deren Einbindung ins Netz	1
MS-Office einschl. der VBA-Lösungen	1
Inbetriebnahme/Testlauf	1
Abschlussarbeiten	
Übergabe/Abnahme	1
Einweisung des Raumbetreuers	2
Rechnungsstellung	1

Bilden Sie in Ihrer Klasse fünf möglichst gleich große Gruppen. Jede Gruppe bearbeitet eins der nachfolgenden Themen und stellt die Arbeitsergebnisse in der Klasse dar.

Expertengruppe 1 – Überblick und Reorganisation

1. Informieren Sie sich über die Inhalte und Ziele der Ablauforganisation sowie über die grundsätzliche Vorgehensweise bei der Reorganisation von Arbeitsabläufen.

2. Stellen Sie die wichtigsten Inhalte und Ziele der Ablauforganisation sowie die Schritte der Reorganisation in der Klasse vor.

Expertengruppe 2 – Verfahren der Ist-Aufnahme

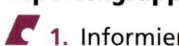 1. Informieren Sie sich über die Methoden der Ist-Aufnahme von Arbeitsabläufen.

 2. Erstellen Sie eine Übersicht über die wichtigsten Methoden der Ist-Aufnahme und erklären Sie diese anhand von selbst gewählten Beispielen.

Expertengruppe 3 – Funktionsorientierte Ablauforganisation

1. Schwachstellen von Arbeitsabläufen lassen sich besonders gut erkennen, wenn der Arbeitsablauf grafisch dargestellt wird. Dies kann entweder mithilfe einer Arbeitsablaufkarte oder eines Flussdiagramms geschehen. Informieren Sie sich über diese beiden Verfahren.

2. Stellen Sie beide Verfahren in der Klasse vor. Welche Darstellung würden Sie bei einer Projektorganisation bevorzugen? Begründen Sie Ihre Meinung.

Expertengruppe 4 – Zeitorientierte Ablauforganisation I

1. Informieren Sie sich über die grundsätzlichen Aufgaben der zeitorientierten Ablauforganisation sowie über das Planungsinstrument „Balkendiagramm".

2. Stellen Sie die Aufgaben der zeitorientierten Ablauforganisation kurz dar. Erklären Sie anhand eines Beispiels die Funktionsweise des Balkendiagramms.

Expertengruppe 5 – Zeitorientierte Ablauforganisation II

1. Ein wichtiges Planungsinstrument der zeitorientierten Ablauforganisation ist der Netzplan. Mithilfe des Netzplans können auch komplexe Arbeitsabläufe geplant werden. Informieren Sie sich über dieses Planungsinstrument.

2. Stellen Sie anhand eines selbst gewählten Beispiels kurz dar, wie man bei der Erstellung eines Netzplans vorgehen muss.

Nachdem die Ergebnisse der Gruppenarbeit präsentiert worden sind, **bilden Sie neue Gruppen**. Aus jeder „Expertengruppe" muss mindestens ein Mitglied in der neu gebildeten Gruppe sein.

3. Einigen Sie sich auf ein Gruppenmitglied, das die in der Gruppe ablaufenden Arbeitsprozesse erfasst. Dabei sollen mindestens zwei Methoden der Ist-Aufnahme von Arbeitsabläufen verwendet werden.

4. Erstellen Sie eine Vorgangsliste für das Projekt und stellen Sie den Projektverlauf mithilfe eines Flussdiagramms dar. Beachten Sie, dass Vorgänge auch parallel durchgeführt werden können.

5. Führen Sie die zeitliche Planung mithilfe eines Balkendiagramms und eines Netzplans durch. Welches Planungsinstrument erscheint Ihnen in diesem Fall sinnvoller?

6. Diskutieren Sie die von Ihnen gewählte Vorgehensweise bei der Bearbeitung der beiden vorhergehenden Arbeitsaufgaben in Ihrer Gruppe. Nehmen Sie dabei Bezug auf die Ergebnisse der Ist-Aufnahme. Erarbeiten Sie gegebenenfalls Vorschläge, um in Zukunft die Gruppenarbeit noch effektiver zu gestalten.

Das Elektrounternehmen möchte vor der Verlegung der Kabel gerne von Ihnen genauere Angaben haben, wie die PCs angeordnet werden sollen. Von dem Großhandelsunternehmen erhalten Sie nachfolgende Skizze vom Raum.

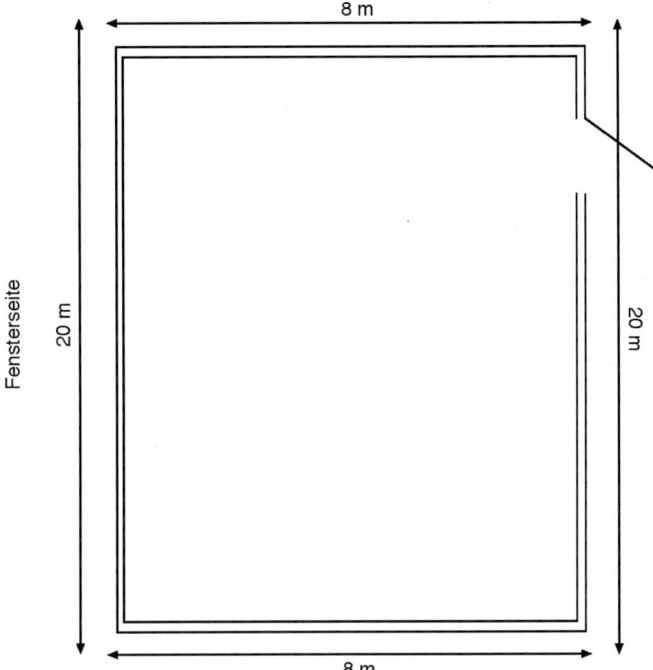

7. Überlegen Sie, wie die PCs sinnvoll aufgestellt werden können, um einen optimalen Schulungsbetrieb zu ermöglichen. Stellen Sie Ihr Ergebnis in der Klasse vor und begründen Sie Ihre Entscheidung.

Bei der Führung durch das Großhandelsunternehmen ist Ihnen aufgefallen, dass viele Bildschirmarbeitsplätze nicht den gesetzlichen Bestimmungen entsprechen. U. a. stellen Sie folgende Mängel fest: Die Tische sind oft zu klein, die Stühle haben nur vier Rollen, auf einigen Bildschirmen spiegelt sich ein Fenster wider.

8. Welche Faktoren sind für die Qualität von Bildschirmarbeitsplätzen wichtig?

9. Mit welchen Argumenten können Sie versuchen, den Geschäftsführer zu überzeugen, die Arbeitsbedingungen an den Bildschirmarbeitsplätzen zu verbessern?

5 Informationen zur Handlungssituation

5.1 Gegenstand und Ziele der Ablauforganisation

Die Ablauforganisation stellt die Ordnung des Arbeitsablaufs dar. Im Gegensatz zur Aufbauorganisation ist die Ablauforganisation dadurch gekennzeichnet, dass sie den Faktor Zeit mit in die Planungen einbezieht.

Die nebenstehende Abbildung zeigt das Zusammenwirken der Abteilungen eines Industriebetriebs, ausgehend von der Marktforschung bis hin zum Absatz des fertigen Produkts. Die Abbildung macht deutlich, dass die Abteilungen, die dem eigentlichen Betriebszweck dienen, nacheinander durchlaufen werden, während die anderen Abteilungen Servicefunktionen bereitstellen. Aufgabe der Ablauforganisation ist es dabei, festzustellen, welche Arbeitsschritte notwendig sind und in welcher Reihenfolge diese aufeinanderfolgen müssen. Sie geht der Frage nach, wer was wann wie womit und wo macht.

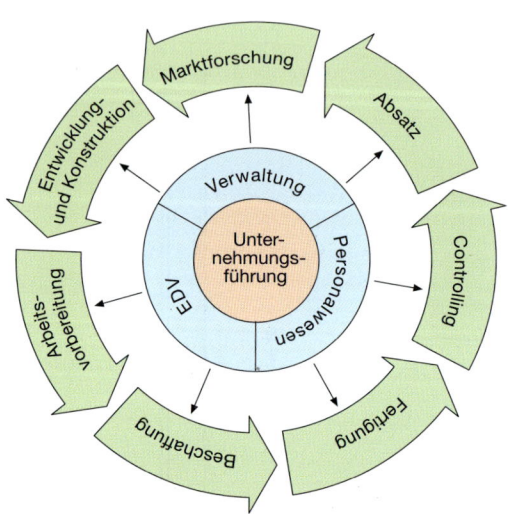

Unternehmenskreislauf

> Die **Ablauforganisation ordnet die Arbeitsprozesse in sachlicher, personeller, zeitlicher und räumlicher Reihenfolge.** *Sie stellt den Betrieb in Aktion dar.*

Es können vier Arten der Ablauforganisation unterschieden werden.

Arten der Ablauforganisation			
funktionsorientierte Ablauforganisation	**zeitorientierte Ablauforganisation**	**raumorientierte Ablauforganisation**	**Ergonomie**
Hier wird festgelegt, welche Arbeiten in welcher Reihenfolge ausgeführt werden müssen. Hilfsmittel sind z. B. das Flussdiagramm und das Ablaufdiagramm.	Aufgabe ist die optimale Abstimmung von zeitlich aufeinanderfolgenden Arbeiten. Eingesetzt werden dabei Balkendiagramme oder Netzpläne.	Gestaltung der räumlichen Zuordnung der Aufgabenträger mit dem Ziel, die Wege zu minimieren. Ein Hilfsmittel ist die Kommunikationsmatrix.	Beschäftigung mit der Gestaltung des Arbeitsablaufs, um den Bedürfnissen des Menschen gerecht zu werden.

Ziele der Ablauforganisation sind
— die Minimierung der Durchlaufzeiten,
— die optimale Ausnutzung der vorhandenen Kapazitäten sowie
— eine menschengerechte Gestaltung der Arbeitsprozesse.

5.2 Reorganisation von Arbeitsabläufen

Arbeitsabläufe werden i. d. R. für einen längeren Zeitraum festgelegt. Aufgrund von

- festgestellten häufigen Störungen des Arbeitsablaufs,
- der Einführung neuer modernerer Arbeitsmittel,
- der Veränderung des Produktionsprogramms oder
- notwendigen Rationalisierungsmaßnahmen

müssen sie jedoch von Zeit zu Zeit überprüft und gegebenenfalls neu geordnet werden.

Eine typische **Vorgehensweise** bei einer Reorganisation eines Arbeitsablaufs besteht aus sechs Schritten:
1. Erfassung der bisherigen Arbeitsabläufe (**Ist-Aufnahme**).
2. Der Ist-Zustand muss kritisch analysiert werden. Sowohl Schwachstellen als auch besonders positive Aspekte des Ist-Zustands müssen identifiziert werden (**Ist-Analyse**).
3. Aufgrund der Ist-Analyse wird ein Vorschlag erarbeitet, wie der Arbeitsablauf in Zukunft aussehen soll (**Soll-Konzept**).
4. Dieses Soll-Konzept wird getestet und ggf. nach den **Tests** überarbeitet.
5. Nach erfolgreichen Tests können die neuen Arbeitsabläufe **eingeführt** werden.
6. **Kontrolle** der Einhaltung der neuen Regelungen sowie Überprüfung der **Bewährung** der Regelungen im Alltag.

5.2.1 Methoden der Ist-Aufnahme von Arbeitsabläufen

Nur bei einer sorgfältig durchgeführten Ist-Aufnahme ist gewährleistet, dass das zu erarbeitende Soll-Konzept auch tatsächlich die beste Problemlösung darstellt.

Interview

Das Interview ist die am häufigsten verwendete Methode. Sie eignet sich insbesondere für die Analyse von komplexen Arbeitsabläufen. Sie wird auch in Kombination mit einem Fragebogen oder einer Dokumentenauswertung verwendet.

Bei einem Interview ist es wichtig, die Fragen sorgfältig vorzubereiten, um während des Gesprächs nicht den „roten Faden" zu verlieren. Je nach Komplexität der Aufgabenstellung können unterschiedliche Fragetechniken verwendet werden. Der Interviewer sollte sich im Vorhinein überlegen, ob er

- standardisierte, halb oder nicht standardisierte Fragen,
- harte oder weiche Fragen,
- direkte oder indirekte Fragen

stellen möchte.

Fragebogen

Soll eine große Anzahl von Mitarbeitern befragt werden, ist ein Interview zu zeitaufwendig. Sinnvoll ist dann der Einsatz von Fragebögen, die die Mitarbeiter schriftlich beantworten können. Da die Auswertung oft sehr zeitintensiv ist, sollte bereits bei der Erstellung darauf geachtet werden, dass die Fragen eindeutig beantwortet und leicht ausgewertet werden können.

Beobachtung

Bei der Dauerbeobachtung werden die Arbeitsabläufe über einen längeren Zeitraum hinweg beobachtet. Diese Methode der Ist-Aufnahme ist allerdings sehr zeit- und damit auch kostenintensiv. Daher wird in der Praxis häufiger die Multimomentmethode verwendet. Dabei handelt es sich um ein Stichprobenverfahren, bei dem aus einer Vielzahl von Beobachtungen mithilfe von statistischen Verfahren Rückschlüsse auf den Arbeitsablauf gezogen werden.

Selbstaufschreibung

Diese Methode verlangt ein aktives Mitwirken des Aufgabenträgers. Dieser notiert nach bestimmten Vorgaben selbst die notwendigen Informationen, wie z. B. die Häufigkeit und Dauer einer bestimmten Tätigkeit. Bei diesem Verfahren ist die Gefahr der Manipulation besonders groß. Es ist daher sinnvoll, die Angaben des Aufgabenträgers stichpunktartig zu kontrollieren. Üblich ist das Verfahren bei der raumorientierten Ablauforganisation. Anhand von Strichlisten wird festgehalten, welche Stellen wie oft persönlich, schriftlich oder fernmündlich miteinander kommunizieren. Daraus kann dann anschließend die optimale Anordnung der Arbeitsplätze abgeleitet werden.

Dokumentenauswertung

Die Informationen werden aus betrieblichen Unterlagen (z. B. Arbeitsanweisungen, Fehlerprotokollen, Arbeitsberichten usw.) gewonnen.

5.2.2 Methoden zur Durchführung der Ist-Analyse und Darstellung des Soll-Konzepts

Sowohl bei der Durchführung der Ist-Analyse als auch bei der Darstellung des Soll-Konzepts stehen dem Organisator zahlreiche Methoden zur Verfügung.

5.2.2.1 Flussdiagramm

Bei dem Flussdiagramm, auch Blockdiagramm genannt, handelt es sich um eine grafische Darstellung des logischen Ablaufs eines Arbeitsprozesses. Das Flussdiagramm gehört zu den Methoden der funktionsorientierten Ablauforganisation.

Flussdiagramm zur Darstellung der Reorganisation von Abläufen

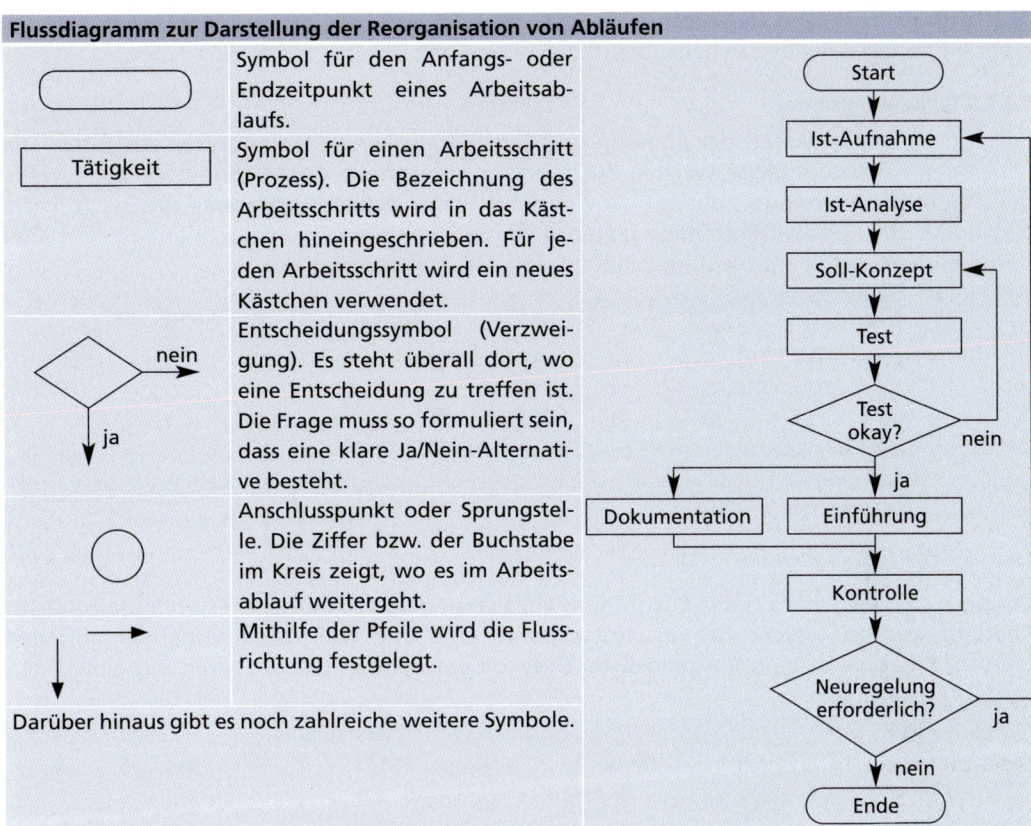

Symbol	Bedeutung
(abgerundetes Rechteck)	Symbol für den Anfangs- oder Endzeitpunkt eines Arbeitsablaufs.
Tätigkeit	Symbol für einen Arbeitsschritt (Prozess). Die Bezeichnung des Arbeitsschritts wird in das Kästchen hineingeschrieben. Für jeden Arbeitsschritt wird ein neues Kästchen verwendet.
(Raute) nein / ja	Entscheidungssymbol (Verzweigung). Es steht überall dort, wo eine Entscheidung zu treffen ist. Die Frage muss so formuliert sein, dass eine klare Ja/Nein-Alternative besteht.
(Kreis)	Anschlusspunkt oder Sprungstelle. Die Ziffer bzw. der Buchstabe im Kreis zeigt, wo es im Arbeitsablauf weitergeht.
(Pfeile)	Mithilfe der Pfeile wird die Flussrichtung festgelegt.

Darüber hinaus gibt es noch zahlreiche weitere Symbole.

5.2.2.2 Ablaufdiagramm

Bei dem Ablaufdiagramm werden alle Arbeitsgänge untereinander aufgeführt. Es dient der Darstellung von sequenziellen (nicht verzweigten) Arbeitsabläufen. Mithilfe von Symbolen wird kenntlich gemacht, um welche Art von Tätigkeit es sich jeweils handelt.

Ablaufdiagramm

Symbol	Bedeutung
(Kreis)	Bearbeitung
(Rechteck)	Kontrolle
(Dreieck)	Lagerung
(Pfeil)	Transport
(D-Form)	Verzögerung

Ablaufdiagramm – Beispiel

Arbeitsablauf Abteilung: Einkauf
Inhalt: Angebot einholen

Nr.	Tätigkeit	Verrichtung				
SB = Sachbearbeiter		○	□	▽	⇨	D
1	SB erhält Anforderung	○	□	▽	➡	D
2	SB sammelt Info	●	□	▽	⇨	D
3	SB schreibt Anfrage	●	□	▽	⇨	D
4	SB bringt A. zur Poststelle	○	□	▽	➡	D
5	Post wird gesammelt	○	□	▽	⇨	◗
12	Ablage	○	□	▼	⇨	D
	Summe	5	1	1	3	2

Weitere Ergänzungen, z. B. die zuständigen Stellen bzw. die Dauer der einzelnen Tätigkeiten, sind ebenfalls möglich.

Ablaufdiagramme sind der funktionsorientierten Ablauforganisation zuzuordnen. Ablaufdiagramme werden auch Arbeitsablaufkarten genannt.

5.2.2.3 Balkendiagramm

Balkendiagramme dienen der Planung und Darstellung von zeitorientierten Abläufen. Die jeweiligen Arbeitsvorgänge werden durch Balken dargestellt, deren Länge von der jeweiligen Dauer der Vorgänge abhängt. Anwendung finden Balkendiagramme, die nach ihrem Begründer auch **Gantt-Diagramme** genannt werden, vor allem im Projektmanagement aber auch bei der Maschinenbelegungsplanung oder Urlaubsplanung.

Maschine	Maschinenbelegung (10 Stunden)									
	1	2	3	4	5	6	7	8	9	10
A	T1	T1		T2	T2	T2	T3	T3	T3	T3
B	T2	T2	T2	T3	T3	T3	T1	T1	T1	
C	T3	T3	T3	T1	T1	T1	T2	T2	T2	

Erläuterung: Auf den Maschinen A, B und C werden die Teile T1, T2 und T3 gefertigt. Erkennbar ist, welches Teil zu welcher Stunde eine Maschine belegt. Ziel ist es, die Leerlaufzeiten der Maschinen möglichst gering zu halten.

Maschinenbelegungsplanung

Vor der Erstellung eines Gantt-Diagramms zur Planung von Arbeitsprozessen muss zunächst überlegt werden, welche Arbeitsschritte gleichzeitig und welche nacheinander ablaufen müssen. Ergebnis ist eine **Vorgangsliste**. Dies soll am Beispiel der Vorbereitung einer Party verdeutlicht werden.

Vorgängerliste				Balkendiagramm					
Nr.	Tätigkeit	Dauer in Stunden	Vorgänger	1	2	3	4	5	6
1	Planung	2	–	▮	▮				
2	Kauf von Dekorationsmitteln	1	1			▮			
3	Anbringen der Dekoration	1	2				▮		
4	Besorgen der Musikanlage	1	1			▮			
5	Installation der Musikanlage	1	4				▮		
6	Einkaufen	2	1			▮	▮		
7	Essen vorbereiten	1	6					▮	
8	Abschluss	1	3, 5, 7						▮

Balkendiagramm am Beispiel der Vorbereitungen für eine Party

Die Vorbereitung der Party ist also nach sechs Stunden abgeschlossen, da einige Tätigkeiten gleichzeitig ausgeführt werden können.

5.2.2.4 Netzplan

Eine weitere wichtige Methode der **zeitorientierten Ablauforganisation** ist die Netzplantechnik. Die Erstellung eines Netzplans erfolgt in zwei Schritten:
1. Strukturanalyse (systematische Erfassung und grafische Darstellung des Projektverlaufs)
2. Zeitanalyse (Ermittlung des zeitlichen Ablaufs des Projekts)

Ergebnis der **Strukturanalyse** ist ebenso wie beim Balkendiagramm eine Vorgangsliste, allerdings erfolgt hier noch keine Angabe der Dauer der einzelnen Vorgänge. Die Vorgangsliste wird grafisch dargestellt. Vorgänge werden durch sogenannte Knoten visualisiert. Dabei müssen folgende Regeln eingehalten werden:

1. Die Abhängigkeit zwischen zwei unmittelbar aufeinanderfolgenden Vorgängen wird durch einen Pfeil dargestellt.
2. Ein Vorgang kann mehrere Vorgänger und/oder Nachfolger haben.
3. Ein Netzplan darf keine Schleifen enthalten.
4. Vom Startknoten zum Zielknoten muss ein ununterbrochener Ablauf gegeben sein.

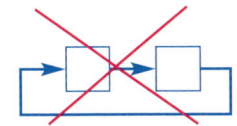

Schleifen sind nicht erlaubt

Ergebnis der Strukturanalyse

Erster Schritt bei der **Zeitanalyse** ist die Ergänzung der Vorgangsliste um die Dauer der Vorgänge. Die Darstellung der bisher verwendeten Knoten wird verfeinert.

- Dauer der Vorgänge (D)
- Frühester Anfangszeitpunkt (FAZ)
- Frühester Endzeitpunkt (FEZ)
- Spätester Anfangszeitpunkt (SAZ)
- Spätester Endzeitpunkt (SEZ)
- Gesamtpuffer (GP)
- Freier Puffer (FP)

FAZ		FEZ
Nr.	**Bezeichnung**	
D	GP	FP
SAZ		SEZ

Knoten in einem Netzplan

Im Rahmen der Zeitanalyse sind folgende Berechnungen erforderlich:

1. Vorwärtsrechnung

- Der Startknoten hat die FAZ 0. FEZ = FAZ + Dauer.
- Ein Vorgang kann erst beginnen, nachdem alle Vorgänger abgeschlossen sind.

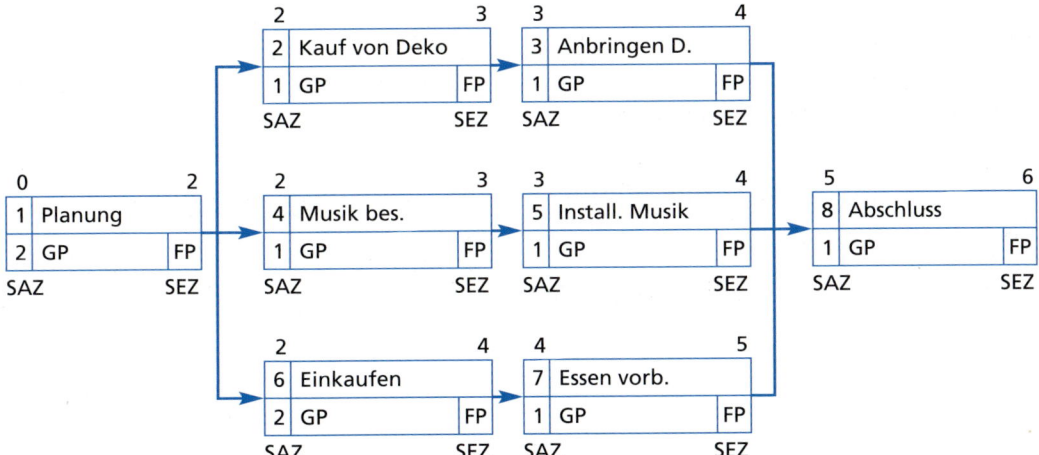

Vorwärtsrechnung am Beispiel der Vorbereitung einer Party

115

2. Rückwärtsrechnung

— Der FEZ des Zielknotens wird als SEZ des Projekts übernommen.
— SAZ = SEZ – Dauer
— Der SAZ eines Vorgangs ist zugleich der SEZ aller unmittelbar vorausgehenden Vorgänge.
— Haben mehrere Vorgänge einen gemeinsamen Vorgang, so richtet sich dessen SEZ nach dem frühsten SAZ aller Nachfolger.

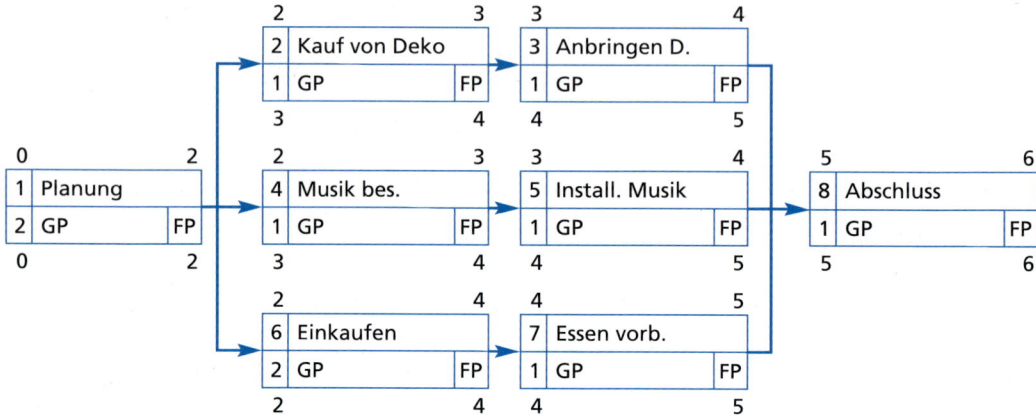

Rückwärtsrechnung am Beispiel der Vorbereitung einer Party

3. Berechnung der Gesamtpufferzeiten

— GP = Differenz zwischen dem Zeitpunkt, an dem ein Vorgang frühestens anfangen kann (FAZ) und dem Zeitpunkt, an dem er spätestens anfangen muss (SAZ). Der Gesamtpuffer gibt Auskunft darüber, wie lange sich ein Vorgang maximal verzögern darf, ohne dass die Gesamtdauer des Projekts sich verlängert.
— GP = SAZ – FAZ

4. Berechnung der freien Pufferzeiten

— FP = Zeitspanne, um die ein Vorgang ausgedehnt werden kann, ohne den nachfolgenden Vorgang aus seiner frühesten Lage zu verdrängen. Wird der freie Puffer überschritten, beginnt der nachfolgende Vorgang später.
— FP des Vorgangs A = FAZ des Nachfolgers B – FEZ des Vorgangs A

5. Darstellung des kritischen Wegs

— Die termingerechte Bearbeitung der Vorgänge, die über keine Zeitreserven verfügen, ist entscheidend für die Einhaltung der Projektdauer. Diese Vorgänge nennt man kritische Vorgänge. Die Verbindung aller kritischen Vorgänge vom Startknoten bis zum Endknoten nennt man kritischen Weg.
— Kritischer Vorgang: FP = 0 und GP = 0

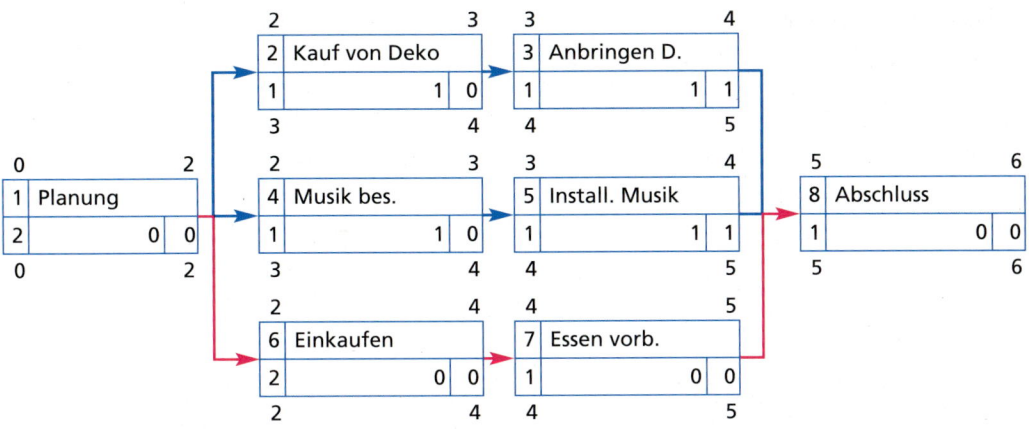

Netzplan am Beispiel der Vorbereitung einer Party

5.3 Gestaltung von Arbeitsraum und Arbeitsplatz

Die raumorientierte Ablauforganisation hat das Ziel, die Entfernungen zwischen sachlich zusammenhängenden Arbeiten möglichst klein zu halten. Während in der Fertigung die Anordnung der Arbeitsstellen oft bereits durch technische Notwendigkeiten vorgegeben sind, ist es bei Bürotätigkeiten schwieriger, die Verkehrswege für Objekte (z. B. Belege oder Akten) sowie Informationen zu finden.

Mithilfe von Strichlisten wird zunächst ermittelt, wie oft die einzelnen Stellen oder Abteilungen jeweils miteinander kommunizieren. Das Ergebnis wird in einem **Kommunikationsdiagramm** (auch **Kommunigramm** genannt) festgehalten.

Abteilung A unterhält die meisten Kommunikationsbeziehungen und sollte daher einen zentralen Standort haben. Sollen die Abteilungen z. B. auf einem Gang angeordnet werden, ist folgende Reihenfolge sinnvoll: B – A – C – D.

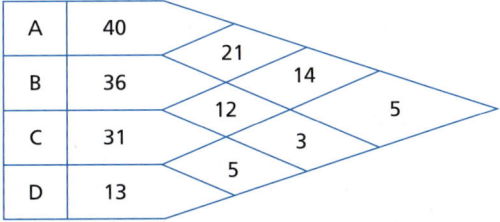

Kommunigramm in Dreiecksform

Üblich ist auch eine Darstellung des Kommunigramms in Kreisform.

Die Intensität der Kommunikation wird durch die Strichstärke wiedergegeben. Je dicker die Linie zwischen den Abteilungen, desto intensiver ist die Kommunikation.

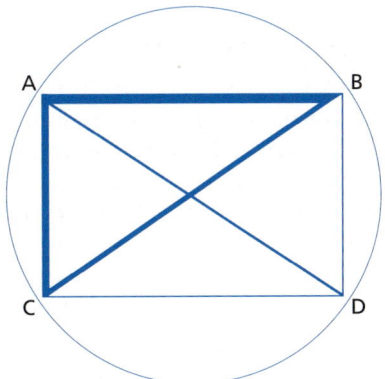

Kommunigramm in Kreisform

Aufgabe der raumorientierten Ablauforganisation ist darüber hinaus die Überlegung, ob die Mitarbeiter in einem **Einzelzimmer**, einem **Mehrpersonenzimmer** oder einem **Großraumbüro** arbeiten. Einzelzimmer sind i. d. R. Führungskräften oder Mitarbeitern, die mit vertraulichen Informationen umgehen müssen, vorbehalten. Sachbearbeiter teilen sich meistens ein Mehrpersonenzimmer oder arbeiten in einem Großraumbüro.

Das Großraumbüro stellt besondere Anforderungen an die Planungskompetenz des Organisators. Die einzelnen Mitarbeiter oder Arbeitsgruppen sind durch Stellwände voneinander getrennt. Durch Pflanzen wird eine Auflockerung des Raumes angestrebt. Wichtig ist auch, die Geräuschbelästigung durch lärmende Arbeitsmittel möglichst gering zu halten.

Bildschirmarbeitsplätze

Inzwischen haben über die Hälfte der Erwerbstätigen in Deutschland Arbeitsplätze mit Bildschirmen. Der Gestaltung dieser Arbeitsplätze kommt daher eine besondere Bedeutung zu um die Gesundheit der Beschäftigten zu schützen. Geachtet werden muss dabei sowohl auf die Hardware, die Software, aber auch auf das Mobiliar wie zum Beispiel einem geeigneten Stuhl und auf die Umgebungsbedingungen des Raumes, wie z. B. die Beleuchtung, der Lärmpegel oder auch das Raumklima.

Viele Arbeitnehmer, die überwiegend an Bildschirmarbeitsplätzen arbeiten, Klagen über Rückenschmerzen oder Problemen mit den Augen. Ausführliche Informationen zur Gestaltung von Bildschirmarbeitsplätzen und zu den gesundheitlichen Auswirkungen von schlecht gestalteten Bildschirmarbeitsplätzen findet man z.B. auf der Seite der Beratungsstelle für Technologiefolgen und Qualifizierung im Bildungswerk der Vereinten Dienstleistungsgewerkschaft (ver.di) im Lande Hessen e.V. www.ergo-online.de.

Verhaltenshinweise zur Vermeidung von Rückenschmerzen

Arbeitsmediziner empfehlen, dass mindestens ein Viertel der täglichen Arbeitszeit in Bewegung verbracht werden sollte. Das Sitzen sei dagegen auf 50 Prozent der Arbeitszeit zu begrenzen.
— Alles, was nicht im Sitzen erledigt werden muss, kann man stehend tun.
  bspw. die Post öffnen, Telefonieren usw.
— Wenn es etwas mit Kollegen und Kolleginnen zu besprechen gilt, kann man hingehen, statt zu telefonieren. Das schafft Bewegung.
— Besprechungen lassen sich auch mal stehend durchführen.
— Büromaterial und Arbeitsunterlagen, die in weiter entfernt stehenden Regalen liegen, sorgen ebenfalls für mehr Bewegung.
— Auch Drucker oder das Fax, die in anderen Räumlichkeiten untergebracht sind, bringen Bewegung in den Arbeitsalltag.
— Regelmäßige kurze, „bewegte" Pausen entlasten den Rücken. Dazu eignen sich spezielle Übungen. Auch eine Rückenschule kann hilfreich sein.
— Dynamisches Sitzen oder auch abwechselnd dazu an einem auf Stehhöhe verstellbaren Arbeitstisch oder Stehpult zu arbeiten, sorgen für Rückenpflege.

Der Versuch, ein Problem „auszusitzen", lähmt die Kreativität. Beim Gehen lässt sich hingegen besser denken als im Sitzen. Bei der Suche nach Problemlösungen empfiehlt es sich, im Büro oder auf dem Flur auf und ab zu gehen.

Quelle: Wittig-Goetz, Ulla; Rücken, Schulter & Nacken, Zugriff am 16.01.2017 unter: http://www. ergo-online.de/site.aspx?url=html/gesundheitsvorsorge/beanspruchungen_erkrankungen/ruecken_ schulter_nacken.htm

Der Arbeitgeber ist nach **§ 5 und 6 des Arbeitsschutzgesetzes** verpflichtet, die für die Beschäftigten mit ihrer Arbeit verbundenen Gefährdung zu ermitteln, sowie festzustellen, welche Maßnahmen des Arbeitsschutzes erforderlich sind und alles zu dokumentieren.

Bei der gesetzlichen Unfallversicherung VBG findet man eine Checkliste zur Kontrolle der Büroarbeitsplätze: https://www.vbg.de/bt/bueroarbeit/p_buero/leitf/2.htm. Gute Informationen findet man auch bei dem Bayerisches Landesamt für Gesundheit und Lebensmittelsicherheit: https://www.lgl.bayern.de/arbeitsschutz/arbeitsmedizin/ergonomie/bildschirmabeitsplaetze.htm.

Seit Ende 1996 ist die Bildschirmarbeitsverordnung (BildscharbV) in Kraft. Sie regelt gesetzlich den Gesundheitsschutz bei der Bildschirmarbeit und ergänzt die Bestimmungen des Arbeitsschutzgesetzes.

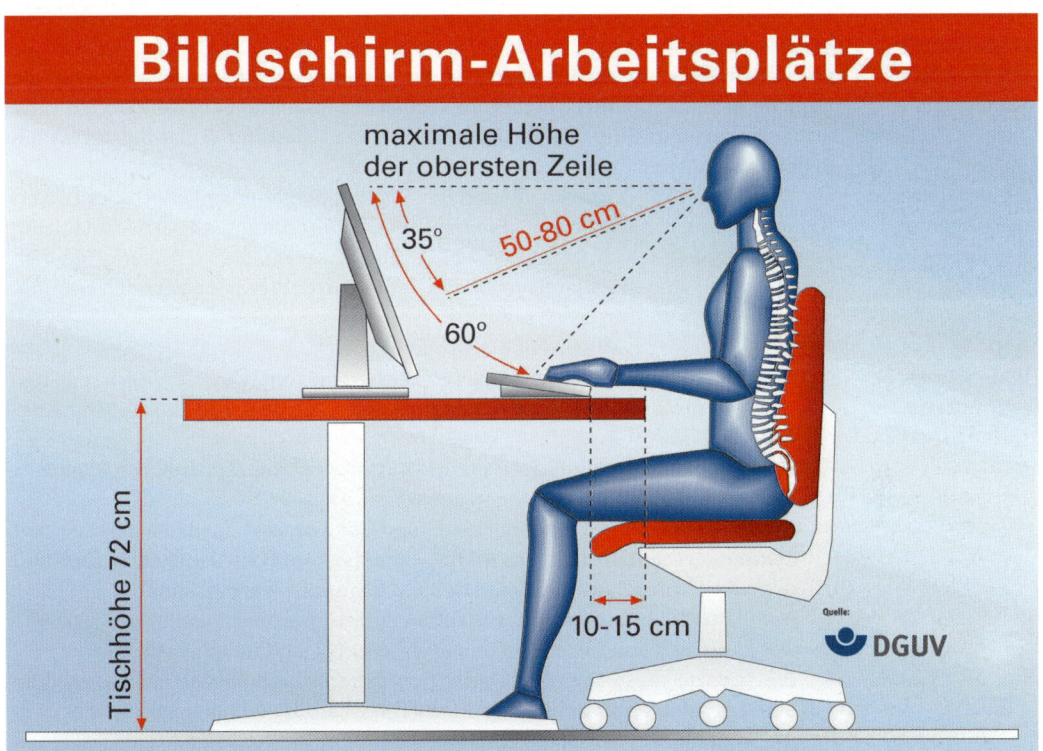

119

Bildschirmarbeitsverordnung (Stand: August 2016)	
§ 1 Anwendungs-bereich	Diese Verordnung gilt für die Arbeit an Bildschirmgeräten. …
§ 2 Begriffs-bestimmungen	(1) Bildschirmgerät im Sinne dieser Verordnung ist ein Bildschirm zur Darstellung alphanumerischer Zeichen oder zur Grafikdarstellung, ungeachtet des Darstellungsverfahrens. … (3) Beschäftigte im Sinne dieser Verordnung sind Beschäftigte, die gewöhnlich bei einem nicht unwesentlichen Teil ihrer normalen Arbeit ein Bildschirmgerät benutzen.
§ 3 Beurteilung der Arbeits-bedingungen	Bei der Beurteilung der Arbeitsbedingungen … hat der Arbeitgeber bei Bildschirmarbeitsplätzen die Sicherheits- und Gesundheitsbedingungen insbesondere hinsichtlich einer möglichen Gefährdung des Sehvermögens sowie körperlicher Probleme und psychischer Belastungen zu ermitteln und zu beurteilen.
§ 4 Anforderungen an die Gestaltung	(1) Der Arbeitgeber hat geeignete Maßnahmen zu treffen, damit die Bildschirmarbeitsplätze den Anforderungen des Anhangs und sonstiger Rechtsvorschriften entsprechen. …
§ 5 Täglicher Arbeitsablauf	Der Arbeitgeber hat die Tätigkeit der Beschäftigten so zu organisieren, dass die tägliche Arbeit an Bildschirmgeräten regelmäßig durch andere Tätigkeiten oder durch Pausen unterbrochen wird, die jeweils die Belastung durch die Arbeit am Bildschirmgerät verringern.
§ 6 Untersuchung der Augen und des Sehver-mögens	Für die Untersuchung der Augen und des Sehvermögens einschließlich des Zurverfügungstellens von speziellen Sehhilfen gilt die Verordnung zur arbeitsmedizinischen Vorsorge vom 18. Dezember 2008 (BGBl. I S. 2768), die im Anhang Teil 4 einen Anlass für Angebotsuntersuchungen enthält, in der jeweils geltenden Fassung.

Anhang über an Bildschirmarbeitsplätze zu stellende Anforderungen	
Bildschirmgerät und Tastatur	1. Die auf dem Bildschirm dargestellten **Zeichen müssen scharf, deutlich und ausreichend groß** sein sowie einen angemessenen Zeichen- und Zeilenabstand haben. 2. Das auf dem Bildschirm dargestellte **Bild muss stabil und frei von Flimmern sein**; es darf keine Verzerrungen aufweisen. 3. Die **Helligkeit** der Bildschirmanzeige und der **Kontrast** zwischen Zeichen und Zeichenuntergrund auf dem Bildschirm müssen **einfach einstellbar sein** und den Verhältnissen der Arbeitsumgebung angepasst werden können. 4. Der Bildschirm muss **frei von störenden Reflexionen und Blendungen** sein. 5. Das Bildschirmgerät muss frei und leicht **drehbar** und **neigbar** sein. 6. Die **Tastatur muss vom Bildschirmgerät getrennt** und **neigbar** sein, damit die Benutzer eine ergonomisch günstige Arbeitshaltung einnehmen können. 7. Die **Tastatur** und die sonstigen Eingabemittel müssen auf der Arbeitsfläche **variabel angeordnet** werden können. Die Arbeitsfläche vor der Tastatur muss ein **Auflegen der Hände** ermöglichen. 8. Die **Tastatur** muss eine **reflexionsarme Oberfläche** haben. 9. Form und Anschlag der Tasten müssen eine **ergonomische Bedienung** der Tastatur ermöglichen. Die Beschriftung der Tasten muss sich vom Untergrund deutlich abheben und bei normaler Arbeitshaltung lesbar sein.
Sonstige Arbeitsmittel	10. Der **Arbeitstisch** bzw. die Arbeitsfläche muss eine ausreichend **große und reflexionsarme Oberfläche** besitzen und eine flexible Anordnung des Bildschirmgeräts, der Tastatur, des Schriftguts und der sonstigen Arbeitsmittel ermöglichen. Ausreichender Raum für eine ergonomisch günstige Arbeitshaltung muss vorhanden sein. Ein separater Ständer für das Bildschirmgerät kann verwendet werden.

Anhang über an Bildschirmarbeitsplätze zu stellende Anforderungen

Sonstige Arbeits-mittel	11. Der **Arbeitsstuhl** muss **ergonomisch** gestaltet und standsicher sein.
	12. Der **Vorlagenhalter** muss stabil und verstellbar sein sowie so angeordnet werden können, dass unbequeme Kopf- und Augenbewegungen soweit wie möglich eingeschränkt werden.
	13. Eine **Fußstütze ist auf Wunsch zur Verfügung zu stellen**, wenn eine ergonomisch günstige Arbeitshaltung ohne Fußstütze nicht erreicht werden kann.
Arbeitsumgebung	14. Am Bildschirmarbeitsplatz muss ausreichender **Raum für wechselnde Arbeitshaltungen und -bewegungen** vorhanden sein.
	15. Die Beleuchtung muss der Art der Sehaufgabe entsprechen und an das Sehvermögen der Benutzer angepasst sein; dabei ist ein angemessener Kontrast zwischen Bildschirm und Arbeitsumgebung zu gewährleisten. Durch die **Gestaltung des Bildschirmarbeitsplatzes sowie Auslegung und Anordnung der Beleuchtung sind störende Blendwirkungen, Reflexionen oder Spiegelungen auf dem Bildschirm und den sonstigen Arbeitsmitteln zu vermeiden.**
	16. Bildschirmarbeitsplätze sind so einzurichten, dass leuchtende oder beleuchtete Flächen keine Blendung verursachen und Reflexionen auf dem Bildschirm soweit wie möglich vermieden werden. Die **Fenster** müssen mit einer geeigneten verstellbaren **Lichtschutzvorrichtung** ausgestattet sein, durch die sich die Stärke des Tageslichteinfalls auf den Bildschirmarbeitsplatz vermindern lässt.
	17. Bei der Gestaltung des Bildschirmarbeitsplatzes ist dem **Lärm**, der durch die zum Bildschirmarbeitsplatz gehörenden Arbeitsmittel verursacht wird, Rechnung zu tragen, insbesondere um eine Beeinträchtigung der Konzentration und der Sprachverständlichkeit zu vermeiden.
	18. Die Arbeitsmittel dürfen nicht zu einer erhöhten Wärmebelastung am Bildschirmarbeitsplatz führen, die unzuträglich ist. Es ist für eine ausreichende **Luftfeuchtigkeit** zu sorgen.
	19. Die **Strahlung** muss – mit Ausnahme des sichtbaren Teils des elektromagnetischen Spektrums – so niedrig gehalten werden, dass sie für Sicherheit und Gesundheit der Benutzer des Bildschirmgerätes unerheblich ist.
Zusammenwirken von Mensch und Arbeitsmittel	20. Die Grundsätze der **Ergonomie** sind insbesondere auf die Verarbeitung von Informationen durch den Menschen anzuwenden.
	21. Bei Entwicklung, Auswahl, Erwerb und Änderung von **Software** sowie bei der Gestaltung der Tätigkeit an Bildschirmgeräten hat der Arbeitgeber den folgenden Grundsätzen insbesondere im Hinblick auf die **Benutzerfreundlichkeit** Rechnung zu tragen:
	21.1 Die Software muss an die auszuführende Aufgabe angepasst sein.
	21.2 Die Systeme müssen den Benutzern Angaben über die jeweiligen Dialogabläufe unmittelbar oder auf Verlangen machen.
	21.3 Die Systeme müssen den Benutzern die Beeinflussung der jeweiligen Dialogabläufe ermöglichen sowie eventuelle Fehler bei der Handhabung beschreiben und deren Beseitigung mit begrenztem Arbeitsaufwand erlauben.
	21.4 Die Software muss entsprechend den Kenntnissen und Erfahrungen der Benutzer im Hinblick auf die auszuführende Aufgabe angepasst werden können.
	22. **Ohne Wissen der Benutzer darf keine Vorrichtung zur qualitativen oder quantitativen Kontrolle verwendet werden.**

Vertiefungsaufgaben zur Handlungssituation 5

1. Bei welcher Methode der Ist-Aufnahme von Arbeitsabläufen ist eine aktive Mitarbeit des Aufgabenträgers
   a) nicht erforderlich?
   b) erforderlich?

2. Welche Methode der Ist-Aufnahme ist in den einzelnen Situationen jeweils sinnvoll?
   a) Die Tätigkeit eines Abteilungsleiters soll für eine neu zu erstellende Stellenbeschreibung erfasst werden.
   b) Es soll ermittelt werden, wie oft am Tag die Mitarbeiter jeweils Orts- oder Ferngespräche führen.
   c) Die Qualität einer innerbetrieblichen Schulungsmaßnahme soll ermittelt werden.

3. Welche grafische Darstellung ist für die im Folgenden beschriebenen Situationen jeweils die geeignetste?
   (1) Arbeitsablaufkarte
   (2) Flussdiagramm
   (3) Balkendiagramm
   (4) Netzplan
   a) Der Arbeitsablauf soll mit der logischen Reihenfolge aller auszuführenden Tätigkeiten grafisch dargestellt werden.
   b) Die bei einem Projekt gleichzeitig und nacheinander auszuführenden Arbeitsschritte sollen mit ihren zeitlichen Abhängigkeiten dargestellt werden.
   c) Die Urlaubszeiten der Mitarbeiter der EDV-Abteilung müssen aufeinander abgestimmt werden. Im Büro des Abteilungsleiters hängt eine grafische Darstellung der Urlaubsplanung.
   d) Die Arbeitsschritte bei der Bearbeitung der Post in der Poststelle sollen systematisch erfasst werden, um Leerlaufzeiten zu entdecken und die Transportwege zu optimieren.

4. In einem Industriebetrieb sollen die Aufträge A, B, und C auf den Maschinen M I, M II und M III gefertigt werden. Während der Bearbeitung eines Auftrags auf einer Maschine darf keine Unterbrechung stattfinden. Die Aufträge durchlaufen nacheinander drei Fertigungsstufen. Die Reihenfolge der Fertigungsstufe muss eingehalten werden.

Auftrag	Arbeitsgang		
	Stufe 1	Stufe 2	Stufe 3
A	M II: 3 Std.	M III: 2 Std.	M I: 1 Std.
B	M I: 2 Std.	M III: 3 Std.	M II: 2 Std.
C	M III: 2 Std.	M II: 2 Std.	M I: 3 Std.

Organisieren Sie die Zuordnung der Aufträge auf die Maschinen mithilfe eines Balkendiagramms. Die Leerlaufzeiten der Maschinen sollen möglichst gering sein.

	1	2	3	4	5	6	7	8	9
M I									
M II									
M III									

5. Im Folgenden ist ein Netzplan ausschnittsweise wiedergegeben. Mit Vorgang Nr. 12 ist das Projekt beendet.

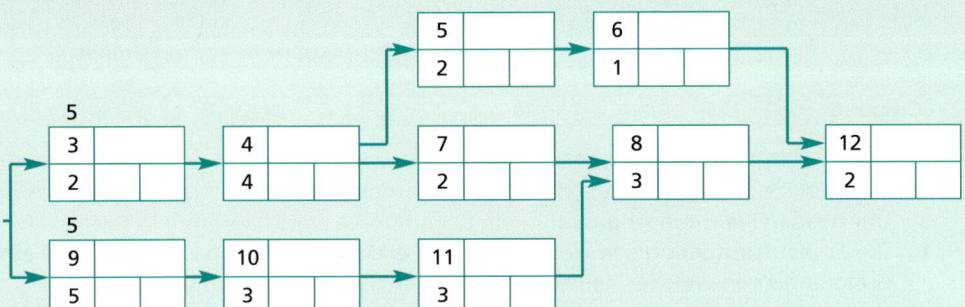

a) Führen Sie die Vorwärts- und Rückwärtsrechnung durch. Berechnen Sie die Zeitreserven.

b) Bestimmen Sie den kritischen Weg.

6. Die Erstellung einer Spezialmaschine erfordert folgende Tätigkeiten.

Nr.	Tätigkeit	Dauer in Wochen	Vorgänger
1	Planung	3	–
2	Materialbeschaffung	2	1
3	Fertigung, Teil A	3	2
4	Fertigung, Teil B	1	2
5	Funktionsprüfung	1	3, 4
6	Transport	1	5
7	Montage	2	6
8	Probeläufe	1	7
9	Abnahme	1	8

a) Stellen Sie die Arbeitsabläufe mit einem Balkendiagramm dar.

b) Stellen Sie die Arbeitsabläufe mit einem Netzplan dar.

c) Beurteilen Sie jeweils die Auswirkungen folgender zeitlicher Änderungen auf den Projektverlauf.

  ca) Vorgang 4 dauert zwei Zeiteinheiten länger.

  cb) Vorgang 4 dauert drei Zeiteinheiten länger.

  cc) Vorgang 5 dauert eine Zeiteinheit länger.

  cd) Vorgang 3 verkürzt sich um eine Zeiteinheit.

7. Welche Vorteile bietet ein Großraumbüro im Vergleich zu einem Einzelbüro oder Mehrpersonenbüro?

8. Welche Form des Kommunikationsdiagramms ist besser geeignet, wenn genaue Zahlen für die Raumplanung benötigt werden?

9. In der Einkaufsabteilung eines Unternehmens wurden zwischen der Abteilungsleitung und den verschiedenen Arbeitsgruppen folgende Kommunikationshäufigkeiten ermittelt:

	Leitung	Gruppe C	Gruppe B	Gruppe A
Gruppe A	30	30	15	
Gruppe B	25	10		
Gruppe C	15			
Leitung				

a) Übertragen Sie diese Angaben in ein Kommunikationsdiagramm in Dreiecksform.
b) Die Einkaufsabteilung soll vier neue Büros erhalten, die hintereinander auf einem Gang liegen. In welcher Reihenfolge würden Sie die Büros anordnen?

10. Überprüfen Sie Ihren Arbeitsplatz im Ausbildungsbetrieb bzw. zu Hause, ob er den Vorschriften der Bildschirmarbeitsverordnung entspricht. Überlegen Sie, welche Änderungen ggf. vorgenommen werden müssen. Tipp: Im Internet finden Sie zahlreiche Checklisten zur Kontrolle der Bildschirmarbeitsverordnung.

11. Firmen wie Google werben um neue Mitarbeiter mit einer Gestaltung des Arbeitsplatzes als Wohlfühloase. Wie sollte Ihrer Meinung nach der ideale Arbeitsplatz der Zukunft aussehen?

Prozessorientierte Organisation der Lagerverwaltung

Themen
- Lagerwaltung (Funktionen des Lagers, Materialbedarf planen, ABC-Analyse, optimale Bestellmenge, Meldebestand, optimaler Bestellzeitpunkt, Kommissionierung, Kennzahlen)
- Grundbegriffe der Geschäftsprozessmodellierung
- Prozessarten
- Visualisierung von Geschäftsprozessen mithilfe von ereignisgesteuerten Prozessketten

Mögliche Verknüpfungen zu anderen Themengebieten/Fächern
- Klassische Organisationslehre
- Anwendungsentwicklung: Modellierung von Geschäftsprozessen mit entsprechenden Tools, Entwicklung einer Lagerverwaltungssoftware

Die Dreh- und Frästechnik Billert GmbH ist ein kleines Unternehmen mit zehn Mitarbeitern, das für einige mittelständische Unternehmen sowohl konventionelle als auch CNC-Dreh- und Frästeile fertigt.
Donnerstag, 13:00 Uhr, ein Gespräch zwischen dem Geschäftsführer, Frank Billert, und dem Industriemeister, Markus Sessing, im Lager des Unternehmens.

Herr Billert: *Ich habe gerade noch einen Auftrag über monatlich 500 Drehteile aus Automatenstahl 9S20K von der Firma Bechert GmbH angenommen. Die können wir doch auf der CNC-Maschine fertigen. Allerdings müssen wir die ersten 500 Teile bereits Montag liefern.*

Herr Sessing: *Dann müssen wir Samstag eine Extraschicht fahren. Ich schau mal nach, ob wir noch genügend Material haben.*

Herr Billert: *Na, so knapp werden wir ja wohl nicht sein. Immerhin brauchen wir dieses Material ja ständig. Da haben wir doch sicher einen Vorrat?*

Einige Minuten später. Herr Sessing erscheint mit hochrotem Kopf.

Herr Sessing: *Leider haben wir nicht mehr genug Material. Ich habe ganz vergessen, etwas zu bestellen. Ich bin letzte Woche gar nicht dazu gekommen, im Lager nachzuschauen, was fehlt. Wir hatten ja auch so viel zu tun.*

Herr Billert: *Gerade weil wir gut zu tun haben, ist es ja wichtig, dass auch genug Material im Lager ist. Sehen Sie zu, dass Sie sofort neue Ware ordern.*

Herr Sessing: *Aber vor Montag wird das Material wohl nicht mehr hier sein.*

Herr Billert: *(inzwischen sehr wütend) Und soll ich jetzt so lange schließen? Wenn das noch einmal vorkommt, sind Sie entlassen. Bis nächste Woche legen Sie mir einen Plan vor, wie Sie die Lagerverwaltung organisieren wollen.*

Markus Sessing macht sich noch am gleichen Abend an die Arbeit. Er identifiziert vier Unterprozesse, um die wichtigsten Vorgänge in der Lagerverwaltung abzubilden.

Der Materialbedarf wird geplant

Auslösende Ereignisse sind a) ein neues Produkt muss gefertigt werden oder b) ein Produkt wird modifiziert. In dem Unterprozess werden der Meldebestand, der Nettobedarf und der optimale Bestellzeitpunkt berechnet. Der Prozess endet, wenn der optimale Bestellzeitpunkt berechnet worden ist. Für die Materialbedarfsplanung ist er alleine zuständig.

Die Ware wird beschafft

Auslösendes Ereignis ist das Erreichen des optimalen Bestellzeitpunktes. Für die Beschaffung ist Frau Westig, die als Bürokraft in dem Unternehmen arbeitet, zuständig. Nach erfolgter Bestellung gibt sie eine Kopie der Bestellung bei dem Lagerarbeiter Wilhelm Messer ab, der für die Warenannahme und die Ordnung im Lager verantwortlich ist. Der Unterprozess endet, wenn Herr Messer den Bestellschein abgeheftet hat.

Die Ware wird angenommen

Auslösendes Ereignis ist die Anlieferung der Ware auf dem Hof. Die Ware wird von dem Lagerarbeiter angenommen, der auch die Prüfung und ggf. die Einlagerung der Ware übernimmt. Wilhelm Messer muss Markus Sessing über die Ankunft der Ware informieren. Der Bestellschein, der Lieferschein und ggf. die Rechnung werden an die Bürokraft weitergegeben. Für die Durchführung der Reklamation ist die Bürokraft zuständig. Der Unterprozess endet, wenn die Ware entweder reklamiert wurde oder eingelagert wurde und die Lagerkartei aktualisiert worden ist.

Die Ware wird entnommen

Auslösendes Ereignis ist, dass Ware für die Fertigung benötigt wird. Der Lagerarbeiter ist für die Entnahme zuständig. Bei Erreichen des Meldebestands muss Markus Sessing informiert werden. Die Lagerkartei muss immer auf dem aktuellen Stand sein. Der Unterprozess endet, wenn die Lagerkartei aktualisiert worden ist und ggf. ein neuer Beschaffungsprozess gestartet worden ist.

1. Welche Funktionen hat das Lager für die Billert GmbH?

2. Modellieren Sie die Lagerverwaltung mithilfe einer ereignisgesteuerten Prozesskette. Gehen Sie dabei arbeitsteilig vor. (Entweder können Sie vier Gruppen bilden, die jeweils einen Unterprozess modellieren, oder Sie bilden Gruppen mit jeweils vier Mitgliedern und arbeiten innerhalb der einzelnen Gruppen arbeitsteilig.)
   Anmerkung: Für den Ablauf einer Beschaffung und der Warenannahme können Sie sich ggf. in der Handlungssituation „Beschaffung der Hardware zur Einrichtung eines Schulungsraumes" informieren.

3. Präsentieren Sie Ihre Prozesskette in der Klasse.

4. Handelt es sich bei der Lagerverwaltung um einen Kernprozess oder um einen Unterstützungsprozess?

6 Informationen zur Handlungssituation

6.1 Lagerverwaltung

Unter Lager versteht man den Ort, an dem die Ware auf Vorrat aufbewahrt wird. Ein Lager ist immer dann notwendig, wenn zwischen den Materialzugängen und -abgängen ein zeitlicher Unterschied besteht. Ein Lager hat mehrere **Funktionen** für das Unternehmen:
- eine Koordinationsfunktion zwischen Materialzugang und -abgang,
- eine Sicherungsfunktion, da bei Ausfall einer Lieferung oder bei einem zusätzlichen Auftrag auf das Lager zurückgegriffen werden kann,
- eine Spekulationsfunktion, wenn die eingelagerten Waren im Preis schwanken,
- eine Veredelungsfunktion, wenn die eingelagerten Waren mit der Zeit wertvoller werden (z. B. bei Weinen).

Sind die Materialzugänge und -abgänge exakt aufeinander abgestimmt, spricht man von einer Just-in-time-Beschaffung. Im Lager sind dann nur sehr geringe Bestände, die u. U. sogar nur für wenige Stunden ausreichen. Die Lieferer liefern die Ware genau zu einer vorgegebenen Zeit für die Fertigung an.

Wird ein neues Produkt eingeführt oder ein bestehendes Produkt modifiziert, muss zunächst eine **Materialbedarfsplanung** durchgeführt werden. Es muss überlegt werden, was wann in welchen Mengen und welcher Qualität bei wem beschafft werden muss.

Bei der Materialbedarfsplanung sind zwei Verfahren üblich:
1. Bei der **programmgebundenen Bedarfsplanung** wird der Bedarf anhand von Stücklisten errechnet. Dieses Verfahren wird vor allem bei teuren Bauteilen angewandt.
2. Bei weniger wertvollen Gütern, z. B. bei Roh- und Hilfsstoffen, wird die benötigte Menge aus dem bisherigen Materialverbrauch abgeleitet. Mithilfe von Materialentnahmescheinen wird ermittelt, wie viel Material in der Vergangenheit entnommen wurde. Aufgrund

dieser Werte wird dann versucht, eine Aussage über den zukünftigen Verbrauch zu machen. Man nennt dieses Verfahren daher auch **verbrauchsorientierte Materialbedarfsplanung**.

Ein weitverbreitetes Verfahren, um zu beurteilen, welche Art der Materialbedarfsplanung angewandt wird, ist die **ABC-Analyse**. Bei der ABC-Analyse wird das Wichtige (A) vom Unwichtigen (C) getrennt, um so den Mitteleinsatz zu optimieren. A-Artikel nehmen mit einem geringen Mengenanteil einen hohen Anteil am Wert des Lagerbestands ein. Bei den B-Artikeln ist der Wert geringer und bei den C-Artikeln haben sehr viele Artikel nur einen sehr kleinen Anteil am Wert des Lagerbestands. Bei den A-Artikeln sollte daher möglichst eine programmgebundene Materialbedarfsplanung erfolgen und bei den C-Artikeln eine verbrauchsorientierte Bedarfsplanung. Die B-Artikel können je nach Vorgabe der Unternehmensleitung wie A- oder wie C-Artikel behandelt werden.
Das nachfolgende Beispiel soll die Vorgehensweise bei der ABC-Analyse verdeutlichen.

Es liegt folgende Materialliste vor, aus der die Jahresverbrauchsmenge sowie der Einstandspreis für jedes Material entnommen werden können:

Artikel-Nr.	Menge	Einkaufspreis
101	840	0,50 €
102	20	1,00 €
103	65	2,30 €
104	120	5,00 €
105	90	14,30 €
106	45	45,00 €
107	500	0,85 €
108	100	35,20 €
109	350	25,00 €
110	500	2,30 €
111	200	15,80 €
112	500	1,60 €
113	5	175,00 €

Diese Liste wird dann um den wertmäßigen Jahresverbrauch der jeweiligen Artikel (Menge · Einkaufspreis) sowie den prozentualen Anteil des Verbrauchs der einzelnen Artikel am Gesamtverbrauch erweitert.

Artikel-Nr.	Menge	Einkaufspreis	Verbrauch (wertmäßig)	Anteil (wertmäßig)
101	840	0,50 €	420,00 €	1,8 %
102	20	1,00 €	20,00 €	0,1 %
103	65	2,30 €	149,50 €	0,6 %
104	120	5,00 €	600,00 €	2,5 %
105	90	14,30 €	1 287,00 €	5,5 %
106	45	45,00 €	2 025,00 €	8,6 %
107	500	0,85 €	425,00 €	1,8 %
108	100	35,20 €	3 520,00 €	14,9 %
109	350	25,00 €	8 750,00 €	37,2 %
110	500	2,30 €	1 150,00 €	4,9 %
111	200	15,80 €	3 160,00 €	13,4 %
112	500	1,60 €	800,00 €	3,4 %
113	5	175,00 €	875,00 €	3,7 %
Summe	**3 335**		**23 181,50 €**	**100,0 %**

Im nächsten Schritt wird die Liste nach der Höhe des Verbrauchs beginnend mit dem teuersten Artikel sortiert und der prozentuelle Anteil der Artikel am Gesamtverbrauch kumuliert. Die Güter, die bis ca. 75% des Gesamtjahresverbrauchs des Unternehmens ausmachen, sollen laut Vorgabe der Unternehmensleitung als A-Güter klassifiziert werden. Die B-Güter machen die nächsten 20% aus und die C-Güter sind die restlichen Artikel.

Artikel-Nr.	Menge	Einkaufspreis	Verbrauch (wertmäßig)	Anteil (wertmäßig)	Kumul. Anteil (wertmäßig)	ABC-Klassifikation
109	350	25,00 €	8 750,00 €	37,7 %	37,7 %	A
108	100	35,20 €	3 520,00 €	15,2 %	52,9 %	A
111	200	15,80 €	3 160,00 €	13,6 %	66,6 %	A
106	45	45,00 €	2 025,00 €	8,7 %	75,3 %	A
105	90	14,30 €	1 287,00 €	5,6 %	80,8 %	B
110	500	2,30 €	1 150,00 €	5,0 %	85,8 %	B
113	5	175,00 €	875,00 €	3,8 %	89,6 %	B
112	500	1,60 €	800,00 €	3,5 %	93,0 %	B
104	120	5,00 €	600,00 €	2,6 %	95,6 %	C
107	500	0,85 €	425,00 €	1,8 %	97,4 %	C
101	840	0,50 €	420,00 €	1,8 %	99,3 %	C
103	65	2,30 €	149,50 €	0,6 %	99,9 %	C
102	20	1,00 €	20,00 €	0,1 %	100,0 %	C
Summe	**3 335**		**23 181,50 €**	**100,0 %**		

Wie die Tabelle links unten zeigt, machen die A-Güter zwar 75,3 % des Gesamtverbrauchs, aber nur 20,8 % des mengenmäßigen Verbrauchs aus. Bei den C-Gütern stehen 4,4 % des Gesamtverbrauchs 42,7 % der verbrauchten Menge gegenüber.

Artikel-Nr.	ABC-Klassifikation	Kumul. Anteil (mengenmäßig)
109	A	10,5 %
108	A	13,5 %
111	A	19,5 %
106	A	20,8 %
105	B	23,5 %
110	B	38,5 %
113	B	38,7 %
112	B	53,7 %
104	C	57,3 %
107	C	72,3 %
101	C	97,5 %
103	C	99,4 %
102	C	100,0 %

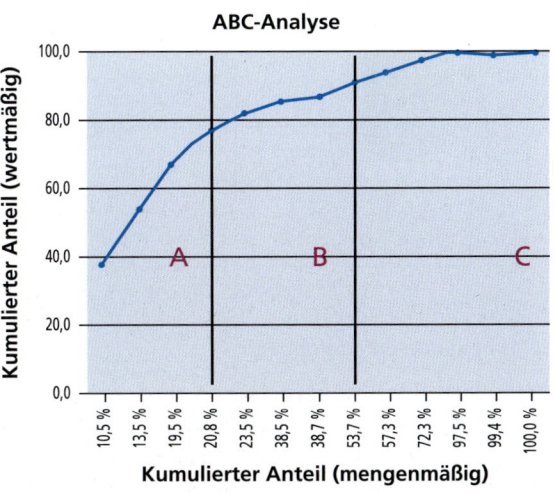

Die ABC-Analyse wird nicht nur bei der Materialbedarfsplanung angewandt, sondern z.B. auch bei der Bildung von Kundengruppen, die dann unterschiedlich intensiv betreut werden, oder von Lieferanten, mit denen das Unternehmen zusammenarbeitet.

Ergebnis der Materialbedarfsplanung ist die Errechnung des Bruttobedarfs. Um die tatsächliche **Bestellmenge (= Netto-bedarf)** zu erhalten, muss der Bruttobedarf um den Lagerbestand, die bereits bestellte Menge und den Bestand, der schon in der Fertigung ist, vermindert werden. Etwaiger Zusatzbedarf, z. B. für die Erforschung neuer Produktionsverfahren, muss ergänzt werden.

	Bruttobedarf
+	Zusatzbedarf
–	Lagerbestand
–	Bestellbestand
–	Werkstattbestand
=	Nettobedarf

Als Nächstes muss der **optimale Bestellzeitpunkt** ermittelt werden. Dabei muss zum einen berücksichtigt werden, dass die Kapazität des Lagers begrenzt ist, für die Lagerung Kosten entstehen und dass das Kapital durch ein zu hohes Lager gebunden wird und daher nicht für andere Investitionen zur Verfügung steht. Auf der anderen Seite können bei größeren Bestellmengen oft Rabatte ausgehandelt werden. Darüber hinaus sinken die Kosten für die Bearbeitung der Bestellungen. Wichtig ist auch, dass immer sichergestellt sein muss, dass für die Produktion ausreichend Material zur Verfügung steht.

Ein einfaches Verfahren zur Ermittlung des optimalen Bestellzeitpunktes ist das **Bestellpunkt-verfahren**. Bei diesem Verfahren muss zunächst ein Sicherheitsbestand, der immer im Lager sein sollte, festgelegt werden. Ausgehend von diesem Sicherheitsbestand und dem täglichen Materialverbrauch kann errechnet werden, wann spätestens neues Material geordert werden sollte. Der optimale Bestellzeitpunkt ist dann gegeben, wenn der Meldebestand erreicht worden ist.

Meldebestand = *Täglicher Verbrauch x Lieferzeit in Tagen + Sicherheitsbestand*

Ist nur noch Material in Höhe des Meldebestands im Lager, muss neue Ware beschafft werden.

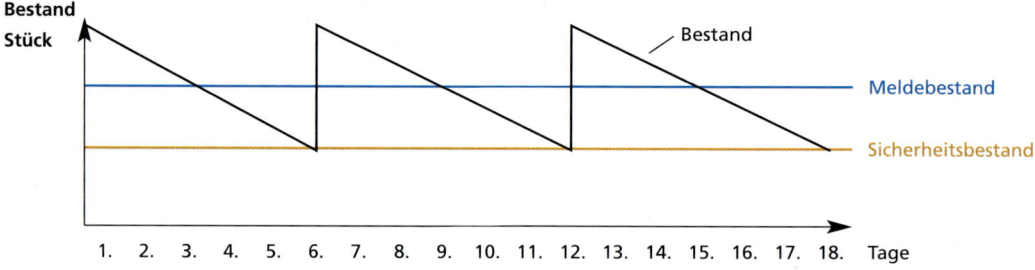

Lagerbestandsveränderungen

Beim **Bestellrhythmusverfahren** wird zu bestimmten Terminen neues Material geordert. Dabei kann entweder eine vorgegebene Menge bestellt werden, oder das Lager wird bis zu einem vorgegebenen Bestand aufgefüllt.

Bei besonders teuren Materialien werden die Bestellzeitpunkte möglichst exakt aus dem Fertigungsprozess abgeleitet.

Trifft die Ware ein, muss sie unmittelbar überprüft werden. Zunächst wird in Gegenwart des Transporteurs die Richtigkeit der Begleitpapiere überprüft. Es wird kontrolliert, ob der Lieferschein mit der Bestellung übereinstimmt. Zusätzlich wird die äußere Verpackung kontrolliert. Werden Mängel festgestellt, müssen diese dokumentiert werden und es muss entschieden werden, ob die Ware direkt zurückgeht oder ob sie unter Vorbehalt angenommen wird. Anschließend wird die Ware ausgepackt und die Quantität und Qualität der Ware wird überprüft. Ist alles in Ordnung, wird die Ware in der Lagerkartei erfasst und in das Lager geräumt.

Das Ergebnis der Überprüfung wird in einem Prüfprotokoll festgehalten. Liegt eine Rechnung bei der Lieferung, wird die Übereinstimmung der Rechnungspositionen mit der angenommenen Ware verglichen und dann an die Buchhaltung weitergeleitet.
Eine weitere wichtige Tätigkeit im Lager ist die Kommissionierung.

> Die **Kommissionierung** ist die Zusammenstellung von Artikeln für einen Auftrag.

Wird Material aus dem Lager entnommen, muss ein Materialentnahmeschein ausgefüllt werden oder die Materialentnahme mithilfe einer entsprechenden Lagerverwaltungssoftware erfasst werden. Ziel ist es, die Lagerkartei immer möglichst aktuell zu halten, um jederzeit zuverlässig erkennen zu können, wie hoch der Bestand der einzelnen Waren ist. Darüber hinaus muss auch überprüft werden, ob der Meldebestand erreicht worden ist, da dann eine neue Bestellung ausgelöst werden muss.
Die Lagerbestände können sich mengen- und wertmäßig vermindern. Daher sind laufende Qualitäts- und Mengenkontrollen notwendig. Mindestens einmal im Jahr wird eine Inventur durchgeführt und der genaue Lagerbestand erfasst. Gegebenenfalls muss die Lagerkartei dann berichtigt und die Buchhaltung informiert werden.
Zur Beurteilung der Wirtschaftlichkeit eines Lagers können Lagerkennziffern gebildet werden. Die wichtigsten Kennziffern sind:

Lagerkennziffern

$$\text{durchschnittlicher Lagerbestand} = \frac{\text{Anfangsbestand} + 12 \text{ Monatsbestände}}{13}$$

Wenn keine monatlichen Daten vorliegen, gilt:

$$\text{durchschnittlicher Lagerbestand} = \frac{\text{Jahresanfangsbestand} + \text{Jahresendbestand}}{2}$$

Wert des durchschnittl. Lagerbestands = durchschnittl. Lagerbestand · Einstandspreis
Wareneinsatz = Anfangsbestand + Lagerzugänge – Endbestand

$$\text{Umschlagshäufigkeit} = \frac{\text{Wareneinsatz pro Jahr}}{\text{durchschnittlicher Lagerbestand}}$$

Die Umschlaghäufigkeit gibt an, wie oft der Lagerbestand in einer Periode umgeschlagen bzw. verkauft worden ist.

$$\text{durchschnittliche Lagerdauer} = \frac{360}{\text{Umschlagshäufigkeit}}$$

Die durchschnittliche Lagerdauer gibt an, wie lange eine Ware durchschnittlich im Lager liegt.

$$\text{Lagerzinssatz} = \frac{\text{Jahreszinssatz* · durchschnittliche Lagerdauer}}{360}$$

*= marktüblicher Zinssatz

Lagerzinskosten = Lagerzinssatz · Wert des durchschnittlichen Lagerbestands

Der Lagerzinssatz bzw. die Lagerzinskosten geben an, wie hoch der Zinsverlust durch das in den Lagervorräten gebundene Kapital ist.

Aussagekraft haben die Kennzahlen vor allem dann, wenn man sie über einen längeren Zeitraum verfolgt, oder wenn man die Kennzahlen mit den Werten anderer Unternehmen der gleichen Branche vergleicht.

6.2 Geschäftsprozesse

6.2.1 Grundbegriffe der Geschäftsprozessmodellierung

In den vergangenen 25 Jahren wurde die Arbeitsorganisation in den Unternehmen immer mehr an den Produktionsprozessen ausgerichtet. Dadurch konnten im Fertigungsbereich starke Produktivitätssteigerungen erzielt werden. Diese reichten aber nicht mehr aus, um auch international wettbewerbsfähig zu bleiben. Die starke Globalisierung, der Wandel vom Verkäufer- zum Käufermarkt, E-Commerce und die kurze Lebensdauer vieler Produkte erforderten eine weitere Verbesserung der Arbeitsorganisation. Daher wurde jetzt auch der kaufmännische Bereich eines Unternehmens kritischer auf Einsparpotenziale untersucht. Man erkannte, dass durch die Automatisierung von Arbeitsvorgängen in kaufmännisch geprägten Abteilungen eines Unternehmens ebenfalls Einsparungen erzielt werden können. Voraussetzung ist ein effizienter Einsatz von Kommunikations- und IT-Technologien.

Gleichzeitig rückten der Kunde und seine Wünsche in den Mittelpunkt der Betrachtung. Die Reaktionsfähigkeit auf die sich ständig ändernden Anforderungen des Marktes sollte erhöht werden.

Die klassische Organisationslehre mit ihrer starken Zergliederung der Aufgaben, der strengen hierarchischen Ordnung und der deutlichen Abgrenzung einzelner Abteilungen untereinander stieß an ihre Grenzen.

In vielen Unternehmen setzte daher ein Umstrukturierungsprozess hin zu einer prozessorientierten Organisation ein. Bei der Prozessorientierung steht eine ganzheitliche, am Kunden orientierte Gestaltung der Arbeitsabläufe innerhalb eines Unternehmens im Vordergrund. Zusammenhängende Arbeitsschritte werden zu Geschäftsprozessen zusammengefasst.

> *Ein **Geschäftsprozess** ist eine Folge von Tätigkeiten, die ein bestimmtes Ergebnis anstreben. Die Summe der Geschäftsprozesse spiegelt die Aufgaben des Unternehmens wider. Geschäftsprozesse werden durch den Auftrag eines externen oder internen Kunden ausgelöst und enden mit der Übergabe des vereinbarten Ergebnisses an den Kunden.*

Der Kunde wird abteilungsübergreifend von der Auftragsannahme bis zur Übergabe der vereinbarten Leistung von einem Prozessteam betreut. Bei den Mitarbeitern sind daher weniger Spezialisten gefragt, als vielmehr Generalisten, die einen Überblick über die im Unternehmen ablaufenden Prozesse haben. Jeder Mitarbeiter führt i. d. R. mehrere Arbeitsgänge aus. Die Organisationsstruktur zeichnet sich durch flache Hierarchien aus. Es herrscht ein kooperativer Führungsstil vor.

Beispiel für einen Geschäftsprozess

Kunde	Angebot schreiben	Auftrag annehmen	Auftrags-planung	Bereit-stellung der Kompo-nenten	Installa-tion beim Kunden	Ab-nahme, Übergabe	Rechnung	Kunde

BEISPIEL

Zielsetzung bei der Modellierung von Geschäftsprozessen ist die Optimierung von Arbeitsabläufen. Geschäftsprozesse werden in zwei Hauptkategorien unterteilt:
- Kernprozesse
- Unterstützungsprozesse

Kernprozesse sind Prozesse, die der Wertschöpfung eines Unternehmens dienen. Sie spiegeln den Zweck wider, zu dem das Unternehmen gegründet wurde. In einem Industriebetrieb findet man i. d. R. die folgenden Kernprozesse: den Innovationsprozess (Forschung und Entwicklung), den Beschaffungsprozess, den Fertigungsprozess und den Absatzprozess.

Prozesse wie das Personalwesen, die Buchhaltung oder die Lagerhaltung dienen der Unterstützung der Kernprozesse. Sie werden daher **Unterstützungsprozesse** genannt. Unterstützungsprozesse treten gegenüber externen Kunden i. d. R. nicht in Erscheinung. Bei den Unterstützungsprozessen wird zwischen Managementprozessen zur Führung des Unternehmens und Serviceprozessen (Supportprozessen) unterschieden.

Geschäftsprozesse werden nur für betriebliche Abläufe modelliert, die sich wiederholen. Sie unterscheiden sich damit von den Projekten, die immer einen einmaligen Charakter haben. Der Ablauf der Prozesse muss regelmäßig überwacht und auf Effizienz und Effektivität hin überprüft werden. Ziel ist eine ständige Verbesserung der Prozessabläufe.

6.2.2 Visualisierung von Geschäftsprozessen

Die grafische Darstellung von Geschäftsprozessen erfolgt mithilfe von ereignisgesteuerten Prozessketten (EPK). Dabei werden die folgenden grafischen Elemente verwendet:

Elemente	Beschreibung	zusätzliche Bemerkung
Ereignis	Das **Ereignis** stößt eine Funktion an bzw. wird von einer Funktion erzeugt. Ereignisse können nicht direkt mit anderen Ereignissen verbunden werden.	Jeder Geschäftsprozess beginnt mit einem Starterignis (Auslöser des Geschäftsprozesses) und endet mit einem Endereignis (Ergebnis). Jedes Ereignis kann maximal einen Eingangs- und einen Ausgangspfeil haben.
Funktion	Die **Funktion** beschreibt, welche Handlung nach einem auslösenden Ereignis durchgeführt werden soll. Zur Bezeichnung sollten Verben verwendet werden.	Eine Funktion hat genau einen Eingangs- und einen Ausgangspfeil. Funktionen können nicht direkt mit anderen Funktionen verbunden werden.
Organisationseinheit	Die **Organisationseinheit** gibt an, welches Prozessteam bzw. welche Stelle, Gruppe oder Abteilung eine Funktion ausführt.	Eine Organisationseinheit kann nur mit Funktionen verbunden werden. Organisationseinheiten beschreiben Stellen, keine Mitarbeiter.
Objekt	Ein **Objekt** kann entweder ein Informations-, Material- oder ein Ressourcenobjekt sein.	Ein Objekt kann mit einer oder mehreren Funktionen durch Pfeile verbunden werden.
∨ ∧ XOR ⊻	Die logischen **Operatoren** dienen der Modellierung von Verzweigungen. ∧ = UND-Operator ∨ = ODER-Operator XOR bzw. alternativ v = exklusiver Oder-Operator	ODER oder XOR Operatoren dürfen nicht unmittelbar auf ein einzelnes Ereignis folgen.
Prozesswegweiser	Der **Prozesswegweiser** (Unterprozess) ermöglicht es, einzelne Geschäftsprozesse miteinander zu verbinden.	Dadurch können komplexe Situationen nach und nach verfeinert werden.

Elemente	Beschreibung	zusätzliche Bemerkung
⋮↓	Der **Kontrollfluss** gibt alle möglichen Durchgänge durch eine EPK wieder.	Die Elemente der EPK sollten so angeordnet werden, dass der Kontrollfluss weitgehend von oben nach unten verläuft.
→ ← ↔	Der **Informationsfluss** stellt die Beziehung zwischen den Objekten und Funktionen dar.	
———	Die **Zuordnung** gibt an, welche Organisationseinheit für eine Funktion zuständig ist.	
(Nr.)	Die **Sprungmarke** dient der Verknüpfung von Prozessen.	
[Zeitl. Entkopplung]	Die **zeitliche Entkopplung** dient der Darstellung von zeitlichen Unterbrechungen zwischen zwei Ereignissen.	Beispiel: Zwischen der Versendung eines Angebots und der Bestellung durch den Kunden liegt eine Unterbrechung vor.

Um die Darstellung eines Geschäftsprozesses möglichst übersichtlich zu gestalten, werden die Organisationseinheiten, Ereignisse, Funktionen und Informationsobjekte spaltenweise angeordnet.

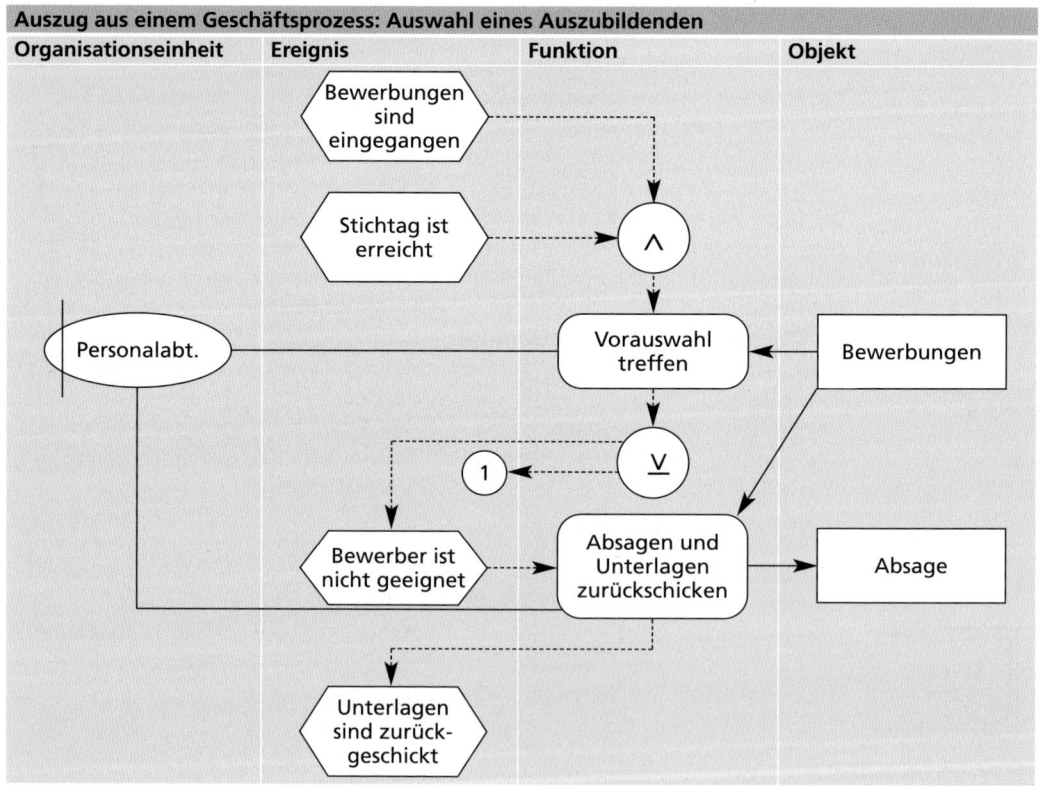

Auszug aus einem Geschäftsprozess: Auswahl eines Auszubildenden

Organisationseinheit	Ereignis	Funktion	Objekt

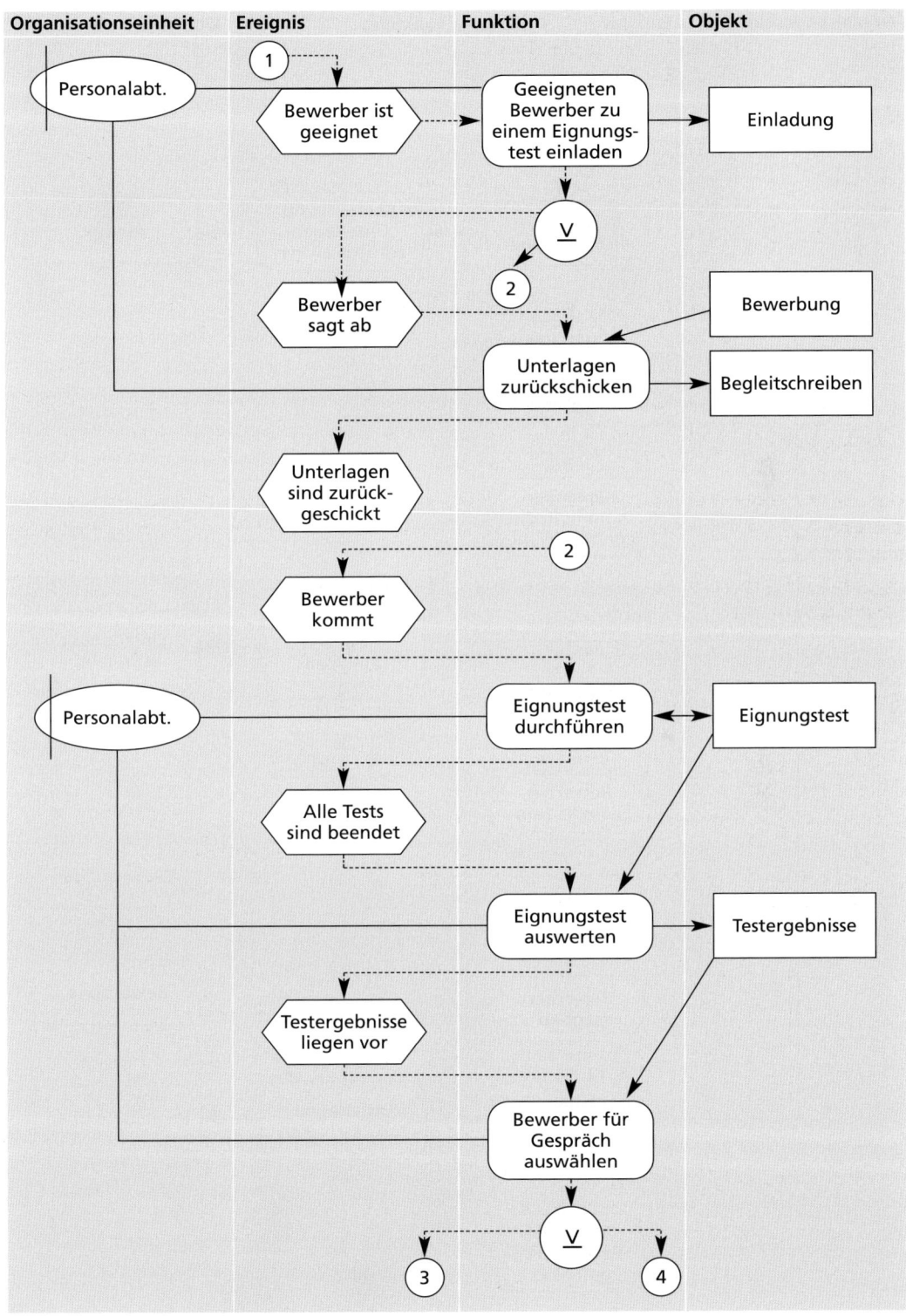

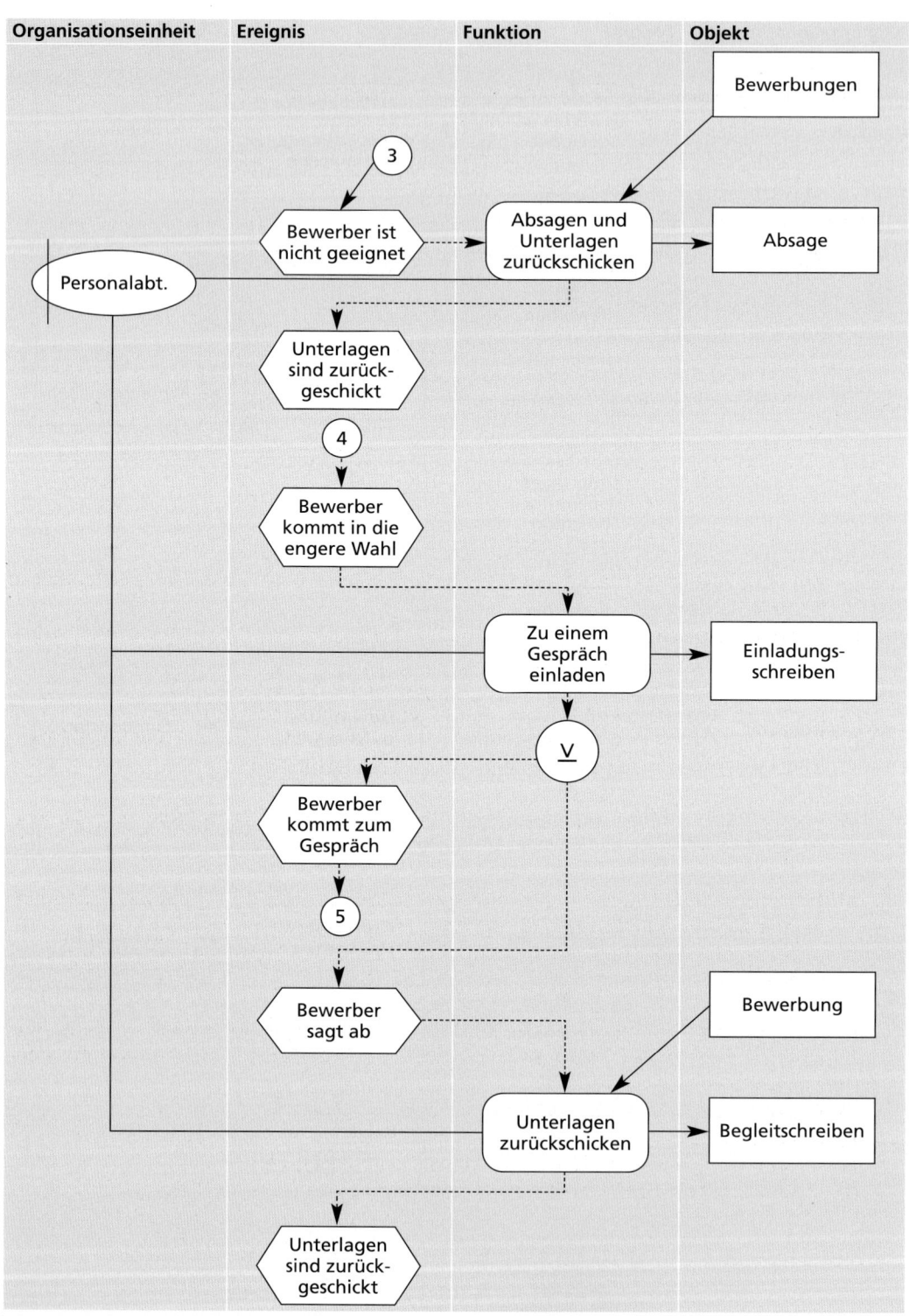

Auszug aus einem Geschäftsprozess zur Auswahl eines Auszubildenden

Vertiefungsaufgaben zur Handlungssituation 6

1. Nennen Sie Beispiele für Kosten, die durch ein Lager verursacht werden.

2. Gegeben ist nebenstehende Verbrauchsliste. Führen Sie eine ABC-Analyse durch. Die A-Güter sollen einen Anteil von 70 %, die B-Güter von 25 % und die C-Güter von 5 % am Gesamtverbrauch haben. Stellen Sie das Verhältnis von mengenmäßigem Anteil zum wertmäßigen Anteil am Gesamtverbrauch grafisch dar.

Artikel-Nr.	Menge	Einkaufspreis
101	500	0,50 €
102	20	1,00 €
103	55	2,30 €
104	320	3,60 €
105	80	12,50 €
106	35	40,00 €
107	640	0,85 €
108	50	35,20 €
109	35	23,50 €
110	1 200	2,30 €
111	150	12,50 €
112	300	1,60 €
113	3	120,00 €

3. Ein Händler hat zu Beginn des Jahres 300 Bürostühle im Lager.
   a) Am Ende des Jahres betrug der Bestand 420 Stück. Ermitteln Sie den durchschnittlichen Lagerbestand.
   b) Der Händler hat in dem Jahr 3 600 Bürostühle verkauft. Berechnen Sie die Umschlagshäufigkeit.
   c) Wie lang ist dann die durchschnittliche Lagerdauer für Bürostühle?
   d) Berechnen Sie den Lagerzinssatz, wenn der Jahreszinssatz bei 8 % liegt.
   e) Berechnen Sie die Lagerzinskosten für die Bürostühle, die in diesem Jahr angefallen sind. Der Einstandspreis für einen Bürostuhl betrug 48,00 €.

4. Wie wirkt sich eine Senkung der Umschlagshäufigkeit auf den Kapitalbedarf für das Lager aus?

5. a) Führen Sie das Beispiel aus dem Informationsteil zur Auswahl eines Auszubildenden bis zur endgültigen Einstellung fort (siehe Sprungmarke ⑤).
   b) Handelt es sich bei dem Prozess um einen Kernprozess oder um einen Unterstützungsprozess?

6. Geben Sie jeweils an, ob die nachfolgenden Aussagen sich auf die funktionsorientierte (klassische) Organisation oder auf die prozessorientierte Organisation eines Unternehmens beziehen.
   a) Die Arbeitsinhalte werden in Teilfunktionen zergliedert.
   b) Es handelt sich um eine ganzheitliche am Kunden orientierte Organisation.
   c) Es sind weniger Spezialisten als vielmehr Generalisten gefragt.
   d) Mehrere Abteilungen sind bei der Abwicklung eines Vorgangs beteiligt.

7. Ergänzen Sie die folgende Tabelle

Ereignis: A	Ereignis: B	A ∧ B	A ∨ B	A ⊻ B
1	1			
1	0			
0	1			
0	0			

Anmerkung: 1 bedeutet, dass das Ereignis eingetreten ist. 0 bedeutet, dass das Ereignis nicht eingetreten ist.

8. Warum ist folgende Verknüpfung nicht erlaubt?

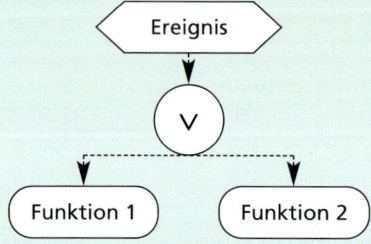

9. Welche Aussagen treffen zu?
   a) Zwei Funktionen können direkt aufeinander folgen.
   b) Jede Funktion hat genau einen Eingangspfeil.
   c) Operatoren werden zur Darstellung von Verzweigungen verwendet.
   d) Ein Ereignis kann einem anderen Ereignis unmittelbar folgen.
   e) Organisationseinheiten beschreiben die einzelnen Mitarbeiter.

10. Nennen Sie Beispiele für Kernprozesse bei einem Kreditinstitut.

7 Ein Tag im Leben eines Verkäufers

Welche Formvorschriften gibt es beim Hauskauf?

Eine kleine Mietwohnung soll 1 000,00 € kalt kosten. Der Mieter zahlt die vereinbarte Miete nicht. Kann der Vermieter den Anspruch gerichtlich durchsetzen?

Kann ein Hund erben?

Karl verschreibt sich bei der Bestellung eines Sofas und trägt aus Versehen die Bestellnummer für einen Schreibtisch ein. Muss er den Schreibtisch abnehmen?

Darf ein 5-Jähriger am Kiosk Süßigkeiten kaufen?

Ein Betrunkener gibt eine Lokalrunde aus. Muss er zahlen?

Darf sich ein 17-Jähriger von seinem Ersparten gegen den Willen der Eltern einen Motorroller kaufen?

Kann man das vereinbarte Entgelt für Schwarzarbeit einklagen?

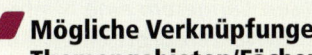

Themen
- Rechtsgeschäfte
- Rechtsfähigkeit
- Geschäftsfähigkeit
- Nichtige und anfechtbare Rechtsgeschäfte
- Vertragsarten

Mögliche Verknüpfungen zu anderen Themengebieten/Fächern
- Deutsch/Kommunikation: Gesprächsführung

Sie arbeiten in der Serviceabteilung eines großen EDV-Fachgeschäfts. Da aufgrund von zahlreichen Erkrankungen nicht mehr genügend Mitarbeiter für den Verkauf im Verkaufsraum zur Verfügung stehen, werden Sie gebeten, einen Tag auszuhelfen.

9:30 Uhr
Ihre ersten Kunden sind ein fünfjähriger und ein achtjähriger Junge, die jeweils von ihrem Taschengeld eine reduzierte Janosch-Spiele-CD für 4,99 € kaufen möchten. Sie verkaufen beiden Kindern die CDs. Eine halbe Stunde später steht die erboste Mutter der beiden vor Ihnen und verlangt, dass Sie die CDs zurücknehmen …

12:00 Uhr
Nachdem der weitere Morgen relativ ruhig verlaufen ist, kommt eine 16-jährige Schülerin gemeinsam mit ihrem Vater zu Ihnen. Die Schülerin möchte einen Komplett-PC für 580,00 € kaufen. Sie hat darüber hinaus gelesen, dass das EDV-Fachgeschäft eine Ratenzahlung über sechs Monate zu einem Effektivzinssatz von 2,9 % anbietet. Sie möchte daher gerne von diesem Angebot Gebrauch machen. Der Vater ist einverstanden …

14:00 Uhr
Sie erhalten die Aufgabe, neu eingetroffene Spiele auszuzeichnen. Die Spiele sollen jeweils 19,99 € kosten. Aus Versehen zeichnen Sie diese allerdings nur mit 9,99 € aus. Als der erste Kunde mit einem Spiel an der Kasse steht, merkt die Kassiererin den Fehler …

15:30 Uhr
In der Nachbarschaft eröffnet eine neue Zahnarztpraxis. Sie erhalten von dem Zahnarzt den Auftrag, die Praxis mit der entsprechenden Hardware und Software auszustatten. Der Zahnarzt möchte die Ware in zwei Wochen in betriebsbereitem Zustand in seiner Praxis übernehmen. Sie sagen die Lieferung sowie Installation der Hard- und Software zu …

16:00 Uhr
Herr Bach, ein langjähriger Kunde, hatte in der vergangenen Woche 5 000 Blatt Druckerpapier zum Preis von 45,00 € bestellt, die er um 14:00 Uhr abholen wollte. Da das Paket mit dem Druckerpapier Ihnen im Weg ist, rufen Sie Herrn Bach an und fragen nach, wann er kommen wird. Herr Bach teilt Ihnen mit, dass er die 5 000 Blatt bei einem anderen Händler für 40,00 € erstanden hat und daher nicht mehr an dem Papier interessiert sei …

16:10 Uhr
Sie suchen schon seit Längerem eine Mietwohnung in der Nähe Ihres Arbeitsplatzes. Sie haben deshalb am Schwarzen Brett einen Aushang getätigt. Ein Kunde spricht Sie daraufhin an, dass er ca. 500 Meter von Ihrem Arbeitsplatz eine Dreizimmerwohnung zu vermieten hat. Nach Arbeitsende schauen Sie sich die Wohnung an und werden auch direkt mit dem Vermieter einig. Da Sie sich auf Anhieb gut mit dem Vermieter verstehen, verzichten Sie auf einen schriftlichen Mietvertrag und besiegeln das Mietverhältnis per Handschlag. Drei Tage später steht der Vermieter vor Ihnen und teilt Ihnen mit, dass seine Tochter in die Wohnung einziehen möchte und Sie die Wohnung daher nicht mieten können …

1. Überlegen Sie, wie die beschriebenen Vorgänge weitergehen könnten. Gehen Sie dabei auf folgende Fragestellungen ein:
1. Welche Vertragsart liegt jeweils vor?
2. Gibt es für diese Vertragsart Formvorschriften?
3. Ist das Rechtsgeschäft gültig, schwebend unwirksam, anfechtbar oder nichtig?
4. Welche Lösung sieht das BGB ggf. für die oben beschriebenen Vorgänge vor?
5. Gibt es auch andere sinnvolle Lösungsmöglichkeiten?

7 Informationen zur Handlungssituation

7.1 Rechtsgeschäfte

> **Rechtsgeschäfte** sind **Willenserklärungen** einer oder mehrerer Personen, die auf eine bestimmte **Rechtswirkung** hin gerichtet sind. Sie sollen ein Rechtsverhältnis, z.B. ein Mietverhältnis oder einen Kaufvertrag, begründen, ändern oder aufheben.

Eine **Willenserklärung** ist eine Äußerung oder Handlung einer oder mehrerer Personen mit der Absicht, eine rechtliche Wirkung herbeizuführen. Die Abgabe einer Willenserklärung kann **grundsätzlich formlos**, also wahlweise
- mündlich,
- schriftlich oder
- durch bloßes Handeln (stillschweigend)

erfolgen. Das BGB sieht dabei jedoch einige Ausnahmen vor.

Formvorschriften		
Schriftform (§ 126 BGB)	**Öffentliche Beglaubigung** (§ 129 BGB)	**Notarielle Beurkundung** (§ 128 BGB)
Die Urkunde muss eigenhändig mit dem Namen unterschrieben werden. (Die schriftliche Form kann durch eine elektronische Form ersetzt werden, wenn sich aus dem Gesetz nichts anderes ergibt.)	Die Urkunde muss eigenhändig mit dem Namen unterschrieben werden und die Echtheit der Unterschrift muss durch einen Notar oder eine Behörde beglaubigt werden.	Die Unterschrift und der Inhalt müssen durch einen Notar oder eine Behörde bestätigt werden.
Beispiel: Berufsausbildungsvertrag, Grundstücks- und Wohnungsmietverträge (> 1 Jahr), Testament, Bürgschaft von einer Privatperson, Kündigung eines Arbeitsverhältnisses, Ratenkauf	**Beispiel:** Ausschlagung einer Erbschaft, Anmeldung zum Eintrag ins Handelsregister	**Beispiel:** Ehevertrag, Grundstückskauf, Schenkungsversprechen

Beim Abschluss von Rechtsgeschäften ist es wichtig, ob die Willenserklärung nur von einer Person ausgeht oder ob zwei übereinstimmende Willenserklärungen notwendig sind. Danach unterscheidet man zwischen einseitigen und zweiseitigen Rechtsgeschäften.

Rechtsgeschäfte	
Einseitige Rechtsgeschäfte	Zweiseitige Rechtsgeschäfte (Verträge)
… liegen vor, wenn bereits die **Willenserklärung einer Person** genügt, um eine bestimmte Rechtswirkung herbeizuführen.	… kommen durch **zwei übereinstimmende Willenserklärungen** zustande. **Einseitig verpflichtend:** z. B. Schenkung, Bürgschaft
Empfangsbedürftig: z. B. Kündigung, Mahnung, Vollmacht	**Zweiseitig verpflichtend:** z. B. Arbeitsvertrag, Berufsausbildungsvertrag, Darlehensvertrag, Kaufvertrag, Leihvertrag, Mietvertrag, Werkvertrag, Werklieferungsvertrag
Nicht empfangsbedürftig: z. B. Testamentserrichtung	

Wer Rechtsgeschäfte selbstständig abschließen und gültige Willenserklärungen abgeben will, muss rechts- und geschäftsfähig sein.

7.2 Rechtsfähigkeit

Bereits ein Säugling hat eine Reihe von Rechten. So hat er z. B. das Recht auf Leben, Nahrung und Kleidung. Er kann auch schon Eigentum erwerben (z. B. ein Geschenk erhalten). Neben diesen Rechten hat er aber auch Pflichten. Erbt er z. B. von seiner Großtante ein großes Vermögen, hat er die Pflicht, Erbschaftssteuer zu bezahlen.

> Die Eigenschaft, **Träger von Rechten und Pflichten** zu sein, bezeichnet man als **Rechtsfähigkeit**.

Bei **natürlichen Personen** beginnt die Rechtsfähigkeit mit der Geburt und endet mit dem Tod. Als natürliche Personen werden alle Menschen bezeichnet. Tiere sind keine natürlichen Personen. Das bedeutet z. B., dass ein ungeborenes Kind oder auch ein Tier nicht erben können.

Neben den natürlichen Personen gibt es die **juristischen Personen**. Dabei handelt es sich um Zusammenschlüsse von Personen oder Vermögensmassen, denen der Staat die Eigenschaft von Personen kraft Gesetz verliehen hat. Sie besitzen daher ebenso wie die natürlichen Personen eine eigene Rechtspersönlichkeit.

- Juristische Personen des privaten Rechts (z. B. eingetragene Vereine, GmbHs, AGs, Genossenschaften) erlangen ihre Rechtsfähigkeit mit der Registereintragung in das Handelsregister oder das Genossenschaftsregister.
- Juristische Personen des öffentlichen Rechts (Anstalten, Körperschaften oder Stiftungen) erlangen ihre Rechtsfähigkeit durch ein Gesetz oder einen Verwaltungsakt.

Juristische Personen können wie natürliche Personen handeln, also z. B. Verträge abschließen oder Eigentum erwerben. Dabei werden sie durch ihre Organe vertreten.

Der Vorstand des örtlichen Sportvereins bestellt neue Trainingsgeräte. Käufer ist somit der Sportverein. Werden die Trainingsgeräte nicht bezahlt, haftet der Verein und nicht der Vorstand.

7.3 Geschäftsfähigkeit

> Die **Geschäftsfähigkeit** ist die **Fähigkeit, Rechtsgeschäfte** wirksam **abschließen zu können.**

Wenn Kinder und Jugendliche in einem Unternehmen einkaufen möchten, muss zunächst geprüft werden, ob sie berechtigt sind, einen Kaufvertrag rechtswirksam abzuschließen. Die Geschäftsfähigkeit ist vom Alter und vom Geisteszustand der handelnden Person abhängig.

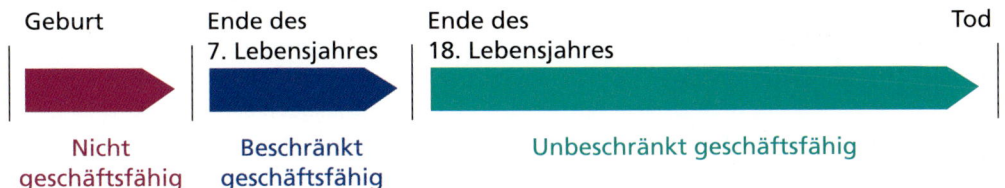

Geburt	Ende des 7. Lebensjahres	Ende des 18. Lebensjahres	Tod
Nicht geschäftsfähig	Beschränkt geschäftsfähig	Unbeschränkt geschäftsfähig	

Geschäftsfähigkeit

Geschäftsunfähig ist eine Person, die sich in einem die freie Willensbestimmung ausschließenden Zustand krankhafter Störung der Geistestätigkeit befindet, sofern nicht der Zustand seiner Natur nach ein vorübergehender ist (§ 104 BGB).
Beschränkt geschäftsfähig sind Personen, die wegen Geistesschwäche, Verschwendung, Trunksucht oder Rauschgiftsucht entmündigt sind oder die unter vorläufiger Vormundschaft stehen.

In den Paragrafen 105 ff. BGB wird die Rechtswirkung von Willenserklärungen von geschäftsunfähigen oder beschränkt geschäftsfähigen Personen beschrieben.

BGB	Beispiel
Geschäftsunfähig	
§ 105 BGB Nichtigkeit der Willenserklärung (1) Die Willenserklärung eines Geschäftsunfähigen ist nichtig. (2) Nichtig ist auch eine Willenserklärung, die im Zustand der Bewusstlosigkeit oder vorübergehender Störung der Geistestätigkeit abgegeben wird.	Die sechsjährige Sarah kauft heimlich von ihrem Taschengeld am Kiosk Süßigkeiten, die sie auch sofort isst. Als die Mutter das bemerkt, geht sie erbost zum Kiosk und fordert das Geld zurück. Der Kioskbesitzer muss den Kaufpreis erstatten. Er trägt auch den alleinigen Schaden (durch den Verzehr der Süßigkeiten).

Tritt ein Geschäftsunfähiger als **Bote** auf, so ist das Rechtsgeschäft wirksam.

Gibt eine Mutter ihrem fünfjährigen Sohn eine genaue Einkaufsliste mit und schickt ihn damit zum Bäcker, dann kann der Bäcker seine Ware rechtswirksam verkaufen. Der Kaufvertrag kommt dann zwischen dem Bäcker und der Mutter zustande.

BGB	Beispiel
Beschränkt geschäftsfähig	
§ 107 BGB Einwilligung des gesetzlichen Vertreters Der Minderjährige bedarf zu einer Willenserklärung, durch die er nicht lediglich einen rechtlichen Vorteil erlangt, der Einwilligung seines gesetzlichen Vertreters.	Ein 16-Jähriger darf ein Geldgeschenk auch gegen den Willen seiner Eltern annehmen. Er darf allerdings nicht ohne die Einwilligung der Eltern ein Mofa kaufen. Für **Kreditgeschäfte** und **Ratenkäufe** ist neben der Einwilligung der **Eltern** auch die Zustimmung des **Vormundschaftsgerichts** notwendig.
§ 108 BGB Vertragsschluss ohne Einwilligung (1) Schließt der Minderjährige einen Vertrag ohne die erforderliche Einwilligung des gesetzlichen Vertreters, so hängt die Wirksamkeit des Vertrags von der Genehmigung des Vertreters ab. (2) Fordert der andere Teil den Vertreter zur Erklärung über die Genehmigung auf, so kann die Erklärung nur ihm gegenüber erfolgen; eine vor der Aufforderung dem Minderjährigen gegenüber erklärte Genehmigung oder Verweigerung der Genehmigung wird unwirksam. Die Genehmigung kann nur bis zum Ablauf von zwei Wochen nach dem Empfang der Aufforderung erklärt werden; wird sie nicht erklärt, so gilt sie als verweigert. (3) Ist der Minderjährige unbeschränkt geschäftsfähig geworden, so tritt seine Genehmigung an die Stelle der Genehmigung des Vertreters.	Ein 14-jähriger Junge kauft sich einen DVD-Player. Der Kaufvertrag ist bis zur Einwilligung der Eltern **schwebend unwirksam**. Widersprechen die Eltern dem Kauf, muss der Verkäufer den DVD-Player zurücknehmen und den Kaufpreis erstatten. Das Rechtsgeschäft wird dann als von Anfang an nichtig angesehen.
§ 109 BGB Widerrufsrecht des anderen Teils (1) Bis zur Genehmigung des Vertrags ist der andere Teil zum Widerruf berechtigt. Der Widerruf kann auch dem Minderjährigen gegenüber erklärt werden. (2) Hat der andere Teil die Minderjährigkeit gekannt, so kann er nur widerrufen, wenn der Minderjährige der Wahrheit zuwider die Einwilligung des Vertreters behauptet hat; er kann auch in diesem Falle nicht widerrufen, wenn ihm das Fehlen der Einwilligung bei dem Abschluss des Vertrags bekannt war.	Ein 17-jähriger Schüler kauft ohne Wissen seiner Eltern ein Mofa. Der Geschäftsinhaber, der den Schüler älter geschätzt hatte, erfährt kurz nach Abschluss des Geschäfts das tatsächliche Alter des Schülers und widerruft sofort. Der Schüler muss das Mofa zurückgeben und erhält den Kaufpreis erstattet.
§ 110 BGB Bewirken der Leistung mit eigenen Mitteln (Taschengeldparagraf) Ein von dem Minderjährigen ohne Zustimmung des gesetzlichen Vertreters geschlossener Vertrag gilt als von Anfang an wirksam, wenn der Minderjährige die vertragsmäßige Leistung mit Mitteln bewirkt, die ihm zu diesem Zweck oder zu freier Verfügung von dem Vertreter oder mit dessen Zustimmung von einem Dritten überlassen worden sind.	Zwei zwölfjährige Freundinnen kaufen sich von ihrem Taschengeld Kinokarten. Die Genehmigung durch die Eltern ist nicht notwendig.

BGB	Beispiel
§ 111 BGB Einseitige Rechtsgeschäfte Ein einseitiges Rechtsgeschäft, das der Minderjährige ohne die erforderliche Einwilligung des gesetzlichen Vertreters vornimmt, ist unwirksam. Nimmt der Minderjährige mit dieser Einwilligung ein solches Rechtsgeschäft einem anderen gegenüber vor, so ist das Rechtsgeschäft unwirksam, wenn der Minderjährige die Einwilligung nicht in schriftlicher Form vorlegt und der andere das Rechtsgeschäft aus diesem Grund unverzüglich zurückweist. Die Zurückweisung ist ausgeschlossen, wenn der Vertreter den anderen von der Einwilligung in Kenntnis gesetzt hatte.	Ein 15-Jähriger benötigt zur Kündigung einer Vereinsmitgliedschaft die Einwilligung seiner Eltern.
§ 112 BGB Selbstständiger Betrieb eines Erwerbsgeschäfts (1) Ermächtigt der gesetzliche Vertreter mit Genehmigung des Vormundschaftsgerichts den Minderjährigen zum selbstständigen Betrieb eines Erwerbsgeschäfts, so ist der Minderjährige für solche Rechtsgeschäfte unbeschränkt geschäftsfähig, welche der Geschäftsbetrieb mit sich bringt. Ausgenommen sind Rechtsgeschäfte, zu denen der Vertreter der Genehmigung des Vormundschaftsgerichts bedarf. (2) Die Ermächtigung kann von dem Vertreter nur mit Genehmigung des Vormundschaftsgerichts zurückgenommen werden.	Ein 17-Jähriger, der ein kleines PC-Fachgeschäft eröffnet hat, darf auch ohne Zustimmung der Eltern ein Geschäftskonto bei einem Kreditinstitut eröffnen.
§ 113 BGB Dienst- oder Arbeitsverhältnis (1) Ermächtigt der gesetzliche Vertreter den Minderjährigen, in Dienst oder in Arbeit zu treten, so ist der Minderjährige für solche Rechtsgeschäfte unbeschränkt geschäftsfähig, welche die Eingehung oder Aufhebung eines Dienst- oder Arbeitsverhältnisses der gestatteten Art oder die Erfüllung der sich aus einem solchen Verhältnis ergebenden Verpflichtungen betreffen. Ausgenommen sind Verträge, zu denen der Vertreter der Genehmigung des Vormundschaftsgerichts bedarf. (2) Die Ermächtigung kann von dem Vertreter zurückgenommen oder eingeschränkt werden. (3) Ist der gesetzliche Vertreter ein Vormund, so kann die Ermächtigung, wenn sie von ihm verweigert wird, auf Antrag des Minderjährigen durch das Vormundschaftsgericht ersetzt werden. Das Vormundschaftsgericht hat die Ermächtigung zu ersetzen, wenn sie im Interesse des Mündels liegt. (4) Die für einen einzelnen Fall erteilte Ermächtigung gilt im Zweifel als allgemeine Ermächtigung zur Eingehung von Verhältnissen derselben Art.	Ein 16-Jähriger kann auch ohne Zustimmung seiner Eltern ein Girokonto bei einem Kreditinstitut eröffnen, wenn die Eltern dem Arbeitsvertrag zugestimmt haben.

Juristische Personen sind **geschäftsfähig**. Sie werden durch ihre Organe vertreten. So vertritt beispielsweise ein Geschäftsführer die GmbH und und ein Vorstand die Aktiengesellschaft.

7.4 Nichtige und anfechtbare Rechtsgeschäfte

Die Rechtsordnung der Bundesrepublik Deutschland beruht auf dem Grundsatz der Vertragsfreiheit. Das bedeutet, dass jeder in eigener Verantwortung darüber entscheiden kann, ob, wann und mit wem zu welchen Bedingungen er einen Vertrag abschließt.

Zum Schutz der sozial oder wirtschaftlich Schwächeren sieht das BGB einige Einschränkungen in der Vertragsfreiheit vor.

> **Rechtsgeschäfte** sind **nichtig** (ungültig), wenn sie aufgrund **gesetzlicher Gründe** von Anfang an unwirksam sind.

Gesetzliche Gründe für die Nichtigkeit von Rechtsgeschäften	Beispiel
§ 105 BGB Nichtigkeit der Willenserklärung (bei Geschäftsunfähigen)	Siehe Kapitel Geschäftsfähigkeit
§ 117 BGB Scheingeschäft (1) Wird eine Willenserklärung, die einem anderen gegenüber abzugeben ist, mit dessen Einverständnis nur zum Schein abgegeben, so ist sie nichtig. …	Um dem Gerichtsvollzieher zu entgehen, schenkt Hugo seiner Freundin zum Schein die wertvolle Münzsammlung. Als der Gerichtsvollzieher weg ist, verlangt er die Münzsammlung zurück. Die Freundin muss ihm diese aushändigen, da es sich nur um ein Scheingeschäft gehandelt hat.
§ 118 BGB Mangel der Ernstlichkeit (Scherzgeschäft) Eine nicht ernstlich gemeinte Willenserklärung, die in der Erwartung abgegeben wird, der Mangel der Ernstlichkeit werde nicht verkannt werden, ist nichtig.	Am 1. April sagt Herr Müller zu seinen drei Söhnen, wer zuerst sein Zimmer aufgeräumt hat, bekommt von ihm sein Motorrad geschenkt. Klaus ist bereits nach 30 Minuten fertig und verlangt das versprochene Motorrad. Der Vater verweist auf den Kalender. Das Motorrad bleibt auch weiterhin sein Eigentum.
§ 125 BGB Nichtigkeit wegen Formmangels Ein Rechtsgeschäft, welches der durch Gesetz vorgeschriebenen Form ermangelt, ist nichtig. Der Mangel der durch Rechtsgeschäft bestimmten Form hat im Zweifel gleichfalls Nichtigkeit zur Folge.	Ein Ausbildungsvertrag kann nicht mündlich geschlossen werden.
§ 134 BGB Gesetzliches Verbot Ein Rechtsgeschäft, das gegen ein gesetzliches Verbot verstößt, ist nichtig, wenn sich nicht aus dem Gesetz ein anderes ergibt.	Ein Drogenabhängiger kauft von einem Dealer Drogen.
§ 138 BGB Sittenwidriges Rechtsgeschäft; Wucher (1) Ein Rechtsgeschäft, das gegen die guten Sitten verstößt, ist nichtig. (2) Nichtig ist insbesondere ein Rechtsgeschäft, durch das jemand unter Ausbeutung der Zwangslage, der Unerfahrenheit, des Mangels an Urteilsvermögen oder der erheblichen Willensschwäche eines anderen sich oder einem Dritten für eine Leistung Vermögensvorteile versprechen oder gewähren lässt, die in einem auffälligen Missverhältnis zu der Leistung stehen.	Ein Elektro-Fachgeschäft berechnet seinen Kunden bei Ratenzahlungskäufen 1 ‰ Zinsen pro Tag.

Unter besonderen Umständen kann ein rechtswirksam zustande gekommener Vertrag durch eine Anfechtung rückwirkend außer Kraft gesetzt werden. Die Vertragspartner werden dann so gestellt, als ob kein Vertrag geschlossen worden wäre.

> Die **Anfechtung** ist ein **einseitiges empfangsbedürftiges Rechtsgeschäft**, das **zur Nichtigkeit des Rechtsgeschäfts führt**.

Rechtsgeschäfte sind anfechtbar, wenn sie aufgrund gesetzlicher Gründe angefochten werden können. Wird ein anfechtbares Rechtsgeschäft nicht angefochten, ist es wirksam.

Gesetzliche Gründe für die Anfechtbarkeit von Rechtsgeschäften	Beispiel
§ 119 BGB Anfechtbarkeit wegen Irrtums (1) Wer bei der Abgabe einer Willenserklärung über deren Inhalt im Irrtum war oder eine Erklärung dieses Inhalts überhaupt nicht abgeben wollte, kann die Erklärung anfechten, wenn anzunehmen ist, dass er sie bei Kenntnis der Sachlage und bei verständiger Würdigung des Falles nicht abgegeben haben würde. (2) Als Irrtum über den Inhalt der Erklärung gilt auch der Irrtum über solche Eigenschaften der Person oder der Sache, die im Verkehr als wesentlich angesehen werden.	Der Geschäftsführer eines Elektro-Fachgeschäfts stellt eine neue Buchhalterin ein. Erst nach einigen Wochen erfährt er, dass sie wegen Unterschlagung vorbestraft ist. Er kann den Arbeitsvertrag daher wegen Irrtum über wesentliche Eigenschaften in der Person anfechten. Herr Meier bestellt für seine Küche einen neuen Einbauschrank. Als der Schrank geliefert wird, stellt er fest, dass dieser die falsche Farbe hat, da er versehentlich die falsche Bestellnummer angegeben hatte. Er kann den Kaufvertrag dann wegen eines Irrtums in der Erklärung anfechten.
§ 120 BGB Anfechtbarkeit wegen falscher Übermittlung Eine Willenserklärung, welche durch die zur Übermittlung verwendete Person oder Einrichtung unrichtig übermittelt worden ist, kann unter der gleichen Voraussetzung angefochten werden wie nach § 119 eine irrtümlich abgegebene Willenserklärung.	Frau Müller schickt ihre zehnjährige Tochter Julia zum Bäcker, um fünf Brötchen zu kaufen. Unterwegs trifft Julia eine Freundin. Als sie endlich beim Bäcker ankommt, kauft sie fünf Brote. Die Mutter kann den Kaufvertrag anfechten und die Brote zurückgeben.
§ 123 BGB Anfechtbarkeit wegen Täuschung oder Drohung (1) Wer zur Abgabe einer Willenserklärung durch arglistige Täuschung oder widerrechtlich durch Drohung bestimmt worden ist, kann die Erklärung anfechten. (2) Hat ein Dritter die Täuschung verübt, so ist eine Erklärung, die einem anderen gegenüber abzugeben war, nur dann anfechtbar, wenn dieser die Täuschung kannte oder kennen musste. Soweit ein anderer als derjenige, welchem gegenüber die Erklärung abzugeben war, aus der Erklärung unmittelbar ein Recht erworben hat, ist die Erklärung ihm gegenüber anfechtbar, wenn er die Täuschung kannte oder kennen musste.	Eine 18-jährige Schülerin kauft für 4 000,00 € einen sechs Jahre alten Golf. Der Wagen war nach Aussagen des Verkäufers und laut Kaufvertrag unfallfrei. Einen Monat später, trifft sie einen Bekannten, der ihr erzählt, dass er den Vorbesitzer kennt und dass dieser mit dem Golf einen schweren Auffahrunfall gehabt hat. Die Schülerin kann den Kaufvertrag wegen arglistiger Täuschung anfechten.

7.5 Verträge

> Ein **Vertrag** ist eine **übereinstimmende Willenserklärung** zweier oder mehrerer Personen über einen bestimmten **Gegenstand** oder über ein **Recht**.

Einer der Vertragspartner macht ein Vertragsangebot. Diesen Vorgang nennt man **Antrag**. Damit der Vertrag zustande kommt, muss der Antrag von dem anderen Vertragspartner angenommen werden. Dieser Schritt heißt **Annahme**.

Das BGB bietet unterschiedliche schuldrechtliche Vertragstypen an. Die Vertragspartner können jedoch auch eigene Vertragstypen konstruieren (**Vertragsgestaltungsfreiheit**).

Wichtige, im BGB geregelte Vertragsarten					
Bezeichnung		**BGB**	**Vertragsparteien**	**Inhalt**	**Beispiel**
Veräußerungsverträge	Kaufvertrag	§§ 433 ff.	Verkäufer, Käufer	Veräußerung von Sachen oder Rechten gegen Entgelt	Verkauf eines Notebooks
	Schenkung	§§ 516 ff.	Schenker, Beschenkter	unentgeltliche Zuwendung von Sachen oder Rechten	Verschenken von Lehrbüchern an Auszubildende
Gebrauchsüberlassungsverträge	Mietvertrag	§§ 535 ff.	Vermieter, Mieter	entgeltliche Überlassung von Sachen zum Gebrauch	Vermietung einer Wohnung
	Pachtvertrag	§§ 581 ff.	Verpächter, Pächter	entgeltliche Überlassung von Sachen oder Rechten zum Gebrauch sowie Überlassung der Erträge (= Fruchtgenuss)	Pachten einer Gaststätte
	Leihvertrag	§§ 598 ff.	Verleiher, Leiher	unentgeltliche Überlassung von Sachen zum Gebrauch	Ausleihen eines Buchs aus der Schulbibliothek
	Darlehensvertrag	§§ 607 ff.	Darlehensgeber (Gläubiger), Darlehensnehmer (Schuldner)	entgeltliche oder unentgeltliche Überlassung von Geld oder anderen vertretbaren Sachen	Gewährung eines Überziehungskredits

Wichtige, im BGB geregelte Vertragsarten

	Dienst-vertrag	§§ 611 ff.	Dienstberech-tigter, Dienst-verpflichtender; Sonderfall Arbeits-vertrag: Arbeitge-ber, Arbeitnehmer	entgeltliche Leistung von Diensten, unabhängig davon, ob es sich um eine selbständige oder unselb-ständige Tätigkeit handelt. (Die Arbeitsleistung wird ohne Erfolgsgarantie geschuldet.)	Ein Fachinformatiker hat einen Arbeits-vertrag mit einem IT-Systemhaus. Abschluss eines Service-Level-Agree-ments[1] für IT-Dienst-leistungen.
Tätigkeitsverträge	Werk-vertrag	§§ 631 ff.	Unternehmer, Besteller	Erstellen eines Werks aus Material des Kunden ge-gen Entgelt. Das Arbeitser-gebnis wird mit Erfolgsga-rantie geschuldet.	Prüfung der Bücher durch einen Wirt-schaftsprüfer

Kein Lohn für Schwarzarbeit

Mit oder ohne Rechnung? Die Frage erübrigt sich künf-tig. Denn Arbeitsleistung am Staat vorbei muss nicht be-zahlt werden, sagt der Bun-desgerichtshof. Die Richter entschieden, dass ein Unter-nehmer, der bewusst gegen das Schwarzarbeitsbekämp-fungs-gesetz verstoßen hat, für seine Werkleistung keine Bezahlung verlangen kann. In einem anderen Fall urteilten die Richter, dass Privatleute, die Schwarzarbeit beauftragt haben, bei Pfusch am Bau keinen Schadensersatz ver-langen können.

Quelle: Seher, Dietmar: Kein Lohn für Schwarzarbeit, in: WAZ, 11.04.2014

Am Fiskus vorbei

Anteil der Schattenwirtschaft an der offiziellen Wirtschaftsleistung* im Jahr 2016 in Prozent (Prognose)

Griechenland	**22,0 %**
Italien	**20,2**
Spanien	**17,9**
Portugal	**17,2**
Belgien	**16,1**
Frankreich	**12,6**
Norwegen	**12,6**
Schweden	**12,6**
Finnland	**12,0**
Deutschland	**10,8**
Irland	**10,8**
Großbritannien	**9,0**
Niederlande	**8,8**
Österreich	**7,8**
Schweiz	**6,2**
USA	**5,6**

FINANZAMT

*Bruttoinlandsprodukt
Quelle: IAW (Febr. 2016)

© Globus

11027

---

[1] Service-Level-Agreements legen fest, mit welcher Qualität ständige oder wiederkehrende Services erbracht werden müssen und was passiert, wenn diese Qualität zu wünschen übrig lässt.

Vertiefungsaufgaben zur Handlungssituation 7

1. In welchen der folgenden Fälle liegt ein Rechtsgeschäft vor?
   a) Der Getränkehändler verteilt Gratisproben an seine Kunden.
   b) Frau Sonnig ruft im Reisebüro an und erkundigt sich nach Last-Minute-Angeboten.
   c) Herr Manke wirft Geld in einen Zigarettenautomaten.

2. Stellen Sie fest, ob es sich bei den unten stehenden Rechtsgeschäften jeweils um [1] ein einseitiges oder [2] ein zweiseitiges Rechtsgeschäft handelt.
   a) Kündigung
   b) Mietvertrag
   c) Arbeitsvertrag
   d) Schenkung
   e) Testament
   f) Kaufvertrag

3. In welcher Form müssen folgende Verträge abgeschlossen werden?
   a) Berufsausbildungsvertrag
   b) Grundstückskauf
   c) Kaufvertrag
   d) Werkvertrag
   e) Mietvertrag über ein Appartement (für zwei Jahre befristet)
   f) Testament

4. Viele Verträge können formlos abgeschlossen werden. Warum ist es trotzdem sinnvoll, bei wichtigen Vertragsabschlüssen die Schriftform zu wählen?

5. Geben Sie an, ob die Elektro Bach OHG, die NetCom Rabe GmbH und der Sportverein TUS Heven e. V.
   a) rechtsfähig,
   b) geschäftsfähig
   sind.

6. Begründen Sie, warum der Gesetzgeber das Konstrukt der beschränkten Geschäftsfähigkeit vorgesehen hat.

7. Prüfen Sie, ob in den folgenden Fällen ein rechtswirksamer Vertrag zustande gekommen ist. Begründen Sie Ihre Antwort.
   a) Die fünfjährige Sarah kauft von ihrem Taschengeld für 50 Cent am Kiosk Bonbons.
   b) Die achtjährige Julia kauft für sich und ihre Freundin ein Eis für je 1,00 €.
   c) Der 17-jährige Max, Auszubildender in einem Elektrofachhandel, verkauft einem Kunden ein Radio für 60,00 €.
   d) Die Oma schenkt gegen den Willen der Eltern dem siebenjährigen Enkelkind ein Sparbuch mit einem Guthaben von 100,00 €.

8. Sind nachfolgende Rechtsgeschäfte gültig, nichtig oder anfechtbar?
   a) Ein Betrunkener verkauft im Rausch sein Auto.
   b) Um die Einkommenssteuer zu sparen, wird der Arbeitsvertrag zu einem niedrigeren Lohn abgeschlossen, als tatsächlich vereinbart.
   c) Ein Vermieter verlangt von einem ausländischen Studenten für ein einfaches, 25 m^2 großes Einraumappartement 1 000,00 € Kaltmiete.

d) Ein Briefmarkensammler kauft eine Briefmarke, da er davon ausgeht, dass der Preis steigt. Stattdessen verliert die Marke sogar an Wert.

e) Ein Kleid wurde irrtümlich für 6,90 € statt für 69,00 € ausgezeichnet. Als die Kundin das Geschäft gerade verlassen will, bemerkt die Verkäuferin ihren Irrtum.

f) Um die Notarkosten zu sparen, besiegeln zwei Freunde den Grundstücksverkauf nur per Handschlag.

g) Jemand möchte ein Auto mieten, unterschreibt jedoch keinen Miet-, sondern einen Kaufvertrag.

h) Die 18-jährige Farina kauft einen Gebrauchtwagen. Der Händler verschweigt ihr, dass es sich um einen Unfallwagen handelt.

9. Grenzen Sie folgende Vertragsarten jeweils voneinander ab:
   a) Leih- und Darlehensvertrag
   b) Werk- und Dienstleistungsvertrag

10. Geben Sie jeweils an, um welche Vertragsart (-en) es sich handelt.
    a) Vermietung einer Datenverarbeitungsanlage.
    b) Die Schülerin Frauke borgt ihrer Freundin das Mathematikbuch.
    c) Ein Autofahrer borgt sich von einem Freund zehn Liter Benzin. Am nächsten Tag bringt er den gefüllten Kanister wieder zurück.
    d) Der Schneider fertigt für seinen Kunden einen Maßanzug. Der Kunde hat den Stoff selbst mitgebracht.
    e) Herr Colak stellt die Architektin Frau Groß als Bauleiterin zur Beaufsichtigung der Baustelle ein.

Themen
- Beschaffungsplanung
- Anfrage
- Angebot
- Angebotsvergleich
- Bestellung
- Kaufvertrag
- Haustür- und Fernabsatzgeschäfte
- Eigentum und Besitz
- Warenannahme
- Leistungsstörungen bei der Erfüllung von Kaufverträgen

Mögliche Verknüpfungen zu anderen Themengebieten/Fächern
- Textverarbeitung und Deutsch/Kommunikation: Schreiben eines Geschäftsbriefs
- Rechnerkonfiguration/Informationstechnische Systeme: Zusammenstellung der Hardware für den Schulungsraum, Besprechung der Komponenten eines PCs

Sie sind Mitarbeiter des Softwarehauses Jurasoft GmbH. Diese hat sich auf die Erstellung von Software für Rechtsanwalts- und Notarbüros spezialisiert. In Zukunft möchte die Jurasoft GmbH ihr Leistungsspektrum erweitern und auch spezielle Schulungen für den Umgang mit ihrem Produkt anbieten. Daher muss ein Schulungsraum eingerichtet werden. In diesem Raum sollen maximal acht Teilnehmer gleichzeitig geschult werden. Jeder Teilnehmer soll dabei an einem eigenen PC sitzen. Der Dozent benötigt ebenfalls einen PC sowie einen Beamer. Alle Computer sollten miteinander vernetzt sein und den Zugang ins Internet ermöglichen. Ebenfalls wichtig ist ein netzwerktauglicher Laserdrucker.

Ihre Aufgabe ist die Beschaffung der notwendigen Hardware.
Bilden Sie für die Bearbeitung der Handlungssituation Arbeitsgruppen.

8. Januar

1. Führen Sie die Beschaffungsplanung durch. Gehen Sie dabei auf die folgenden Fragen ein:
   1. Was soll bestellt werden? (Materialplanung)
   2. Wie viel soll bestellt werden? (Mengenplanung)
   3. Wann soll bestellt werden? (Zeitplanung)
   4. Wie hoch darf der maximal akzeptierte Einkaufspreis sein? (Preisplanung)
   5. Zu welchen Konditionen soll eingekauft werden? (Planung der Lieferungs- und Zahlungsbedingungen)
   6. Welche Lieferanten kommen infrage? (Bezugsquellenplanung)

2. Welche internen und externen Informationsquellen über mögliche Lieferanten stehen Ihnen ggf. zur Verfügung?

3. Informieren Sie sich anhand des Informationstextes über die Vorgehensweise bei der Erstellung von Anfragen und erstellen Sie eine schriftliche Anfrage, um die geplante Hardware zu beschaffen. (Beachten Sie die DIN 676 für Geschäftsbriefe und die DIN 5008 für Schreib- und Gestaltungsregeln.)

4. Wie viele Anfragen sollten Ihrer Meinung nach verschickt werden?

5. Welche Rechtswirkung hat eine Anfrage?

6. Stellen Sie Ihre Anfrage in der Klasse vor und beurteilen Sie die Anfragen der übrigen Gruppen anhand folgender Tabelle. Geben Sie für jedes Kriterium Punkte (entsprechend der Schulnoten) und ermitteln Sie so die beste Anfrage.

	Gruppe 1	Gruppe 2	Gruppe 3	Gruppe 4	Gruppe 5
Alle benötigten Hardware-komponenten sind aufgeführt.					
Die wesentlichen Inhalte einer bestimmten Anfrage sind enthalten.					
Die Form des Briefes entspricht den Vorgaben der DIN 676 und DIN 5008.					
Die Anfrage ist gut formuliert.					
Summe					

Beurteilung der Anfragen

15. Januar

Eine Woche später haben Sie die nachfolgenden Angebote vorliegen.

Wittener Netzwerkservice GmbH

Wichlingauer Str. 1
12846 Witten
Tel.: +491234-5678-9
Fax: +491234-5678-123
E-Mail: service@123witt.de
http://www.123witt.de

Firma
Jurasoft GmbH
Musterstraße 10

54321 Musterstadt

15.01.20..

Ihre Anfrage vom 08.01.

Sehr geehrter Herr Mustermann,
für Ihren geplanten Schulungsraum bieten wir Ihnen folgende Komponenten an:

Anzahl	Bezeichnung	Kosten in € per Stk.	Gesamtkosten in €
1	Top Angebot! INTELLINET PATCHPANEL 24 PORT 19" CAT 5E	44,90 €	44,90 €
1	Switch, NETGEAR FS116GE 16-PORT SWITCH 10/100	76,90 €	76,90 €
1	Cat.5e Daten-/Netzwerkkabel, halogenfrei, 100 m, 250 MHz	112,00 €	112,00 €
10	Datendose Auf- oder Unterputz, Cat5e, 2 x RJ45	9,99 €	99,90 €
1	19" Wandverteiler (Schrank) 12 HE	67,90 €	67,90 €
1	Drucker, HP LASERJET 2600N COLOR	239,90 €	239,90 €
9	TOP-Angebot: Komplett-PC, PC-SYSTEM • AMD ATHLON II X4 620 Prozessor mit 3,5 GHz, • Arbeitsspeicher 4 GB • Festplatte 250 GB SATA II • HD 4870 Grafikkarte mit 1024 MB • Mainboard MSI K9AGM2-L • Sound & LAN on Board, • incl. Maus und Tastatur	399,00 €	3 591,00 €
9	19" TFT-Monitor, Belinea	129,90 €	1 161,00 €
1	Datenprojektor NEC VT-660K	650,00 €	650,00 €
20	Patchkabel Cat5e, 0.5m , blau, rot oder weiß	2,99 €	59,90 €
		Summe Netto	6 103,40 €
		zgl. 19 % MwSt.	1 159,65 €
		Gesamtbetrag	7 263,05 €

Sollten Sie noch Fragen haben, so stehen wir Ihnen gerne jederzeit zur Verfügung. Lieferung innerhalb von 14 Tagen nach der Bestellung für 90,00 €. Zahlung bei Lieferung.

Mit freundlichen Grüßen

A. Muster

Wittener Netzwerkservice GmbH, Sitz Musterstadt, Eintragung ins HR Musterstadt HRB 12345, Geschäftsführer Andreas Muster, Bankverbindung Volksbank Musterstadt, BLZ 765434210, Kontonr. 891011

Angebot 1

Hitec XXX GmbH
Hard- und Sofwarehaus

Winkelgasse 10
19283 Musterhausen
Tel: 02222-9393
Fax: 02222-9091
http://www.Hitec2000.de
Email: post@infohitec.de

Firma
Jurasoft GmbH
Musterstraße 10

54321 Musterstadt

15. Januar 20..

Ihre Anfrage vom 08.01.

Angebots-Nr. 12354
Kunden-Nr. 45321

Sehr geehrter Herr Mustermann,
gerne unterbreiten wir Ihnen folgendes Angebot:

Anzahl	Bezeichnung	Gesamt
9	Komplett-PC Fujitsu Siemens Esprimo AMD Phenom™ II X3 Prozessor 710 (2.6 GHz), 2 GB RAM, NVI-DIA® GeForce® 8200 Grafik, 250 GB Festplatte Tastatur, Maus. per Stk. 250,00 €	3 150,00 €
9	19" HP L1906 Flachbildschirm per Stk. 239,00 €	2 151,00 €
1	HP Colour Laserjet 2300N	261,00 €
1	Switch D-Link unmanaged Ethernet/Fast Ethernet Switch DES-1016D	56,60 €
11	Netzwerkkabel Cat5, 5 m, per Stk. 8,00 €	88,00 €
1	Datenprojektor NEC NP40	799,90 €
	Summe Netto	**6 506,50 €**
	zgl. 19 % MwSt.	1 236,24 €
	Gesamtbetrag	**7 742,74 €**

Zahlbar innerhalb von 10 Tagen nach Erhalt der Ware mit 3 % Skonto oder in 30 Tagen ohne Abzug. Die Lieferung erfolgt frei Haus innerhalb von 10 Tagen nach Eingang der Bestellung.

Wir hoffen, dass Ihnen unser Angebot zusagt und verbleiben

mit freundlichen Grüßen

Hans Müller

Hans Müller

Sitz der Gesellschaft: Musterhausen, Eintragung im Handelsregister Amtsgericht Musterhausen HRB 87654, Geschäftsführer Hans Müller, Stadtsparkasse Musterhausen, BLZ.: 555 444 333, Kto.: 123

Angebot 2

Musterstädter Computer Shop

Musterweg 12 · 54321 Musterstadt · Tel. 02221 123 · Fax 02221 124

Firma
Jurasoft GmbH
Musterstr. 10

54321 Musterstadt   15.01.20..

Ihre Anfrage vom	Kunden-Nr.	Angebot-Nr.	Ihr Zeichen	Angebots-Nr. 12354
08.03.20..	3121	12354		Sr/Zi

Sehr geehrter Herr Mustermann,
gerne unterbreiten wir Ihnen folgendes Angebot:

Anzahl/Bezeichnung	Preis per Stück in €	Gesamt in €
9 Komplett-PC-Systeme, Gehäuse MidiTower mit 2x Front-USB Schnittstellen - CPU AMD AM2 ATHLON64 x 2 4600 + 2.4Ghz - SPEICHER 1024 MB DDR2-RAM Markensp. - HDD 250 GB Markenfestplatte - DVD-WRITER 16-fach Dual Marke - VGA Nvidia Geforce 8500GT PCI-E 256 MB - LAN 10/100 Mbit, Sound 3D on Board inklusive Microsoft Internet Keyboard, PS2 und Microsoft Wheel Mouse 1.1, PS2 und USB - 24 Monate Garantie auf das kompl. KIT	359,00	3 231,00
9 Monitore TFT 19" ASUS VW195S Widescreen	189,00	1 701,00
1 Laserdrucker – HP-Laserjet 2015	279,90	279,90
1 Beamer, BEAMER ACER P1265 DLP-Projektor	659,00	659,00
1 Switch, L1 NWay Switch 10/100 16 Port Office	65,00	65,00
11 Netzwerkkabel, Cat5; 5m	4,20	46,20
Preis Gesamt		5 982,10
+ 19 % MwSt.		1 136,60
Summe		7 118,70

Die Lieferung erfolgt innerhalb von 8 Tagen. Für die Lieferung stellen wir 75,00 € in Rechnung.
Wir bieten einen 24-Stunden-Service während der ersten zwei Jahre. Zahlbar innerhalb von
10 Tagen nach der Lieferung mit 2 % Skonto oder nach 30 Tagen ohne Abzug.

Wir hoffen, dass Ihnen unser Angebot zusagt.

Mit freundlichen Grüßen

Kurt Schröder

(Kurt Schröder – Salesmanager)

Musterstädter Computer Shop OHG, Gesellschafter: Kai Meier, Inge Müller, Handelsregister Musterstadt HRA 24323.

Angebot 3

7. Berechnen Sie den Einstandspreis der drei Angebote. Gehen Sie dabei davon aus, dass die Ware angeliefert und der gewährte Skonto ausgenutzt werden soll.

8. Überlegen Sie sich Kriterien, anhand derer Sie die Angebote vergleichen können. Einigen Sie sich in Ihrer Gruppe auf eine Gewichtung der Kriterien und bewerten Sie daraufhin die beiliegenden Angebote. Gehen Sie bei Ihren Überlegungen davon aus, dass ein ggf. gewährter Skonto ausgenutzt wird. Wählen Sie das beste Angebot aus.

Kriterien	Gewichtung (G)	Wittener N.		Hitec XXX		Musterstädter C.	
		Punkte (P)	P · G	Punkte (P)	P · G	Punkte (P)	P · G
	Σ 100 %		Σ		Σ		Σ

Angebotsvergleich

Legende:	4 Punkte	sehr gut
	3 Punkte	gut
	2 Punkte	noch okay
	1 Punkt	schlecht
	0 Punkte	sehr schlecht

Wir empfehlen folgendes Angebot:

_____

Als Sie dem Geschäftsführer der Jurasoft GmbH den Angebotsvergleich vorlegen, fragt er Sie, warum Sie von vornherein von einer Ausnutzung des Skontos ausgegangen sind. Er gibt zu bedenken, dass die ersten Vorauszahlungen für die Schulungen erst nach ca. einem Monat eintreffen. Sollte die Rechnung bereits nach zehn Tagen bezahlt werden, müsste bei der Hausbank das Kontokorrentkonto überzogen werden. Dafür berechnet die Hausbank 12 % Zinsen p. a. (per annum = pro Jahr).

9. Vergleichen Sie die Kosten für das von Ihnen gewählte Angebot ohne Ausnutzung des Skontos und unter Ausnutzung mit entsprechender Überziehung des Kontokorrentkontos. (Anmerkung: Beachten Sie dabei, dass nur auf den Zieleinkaufspreis Skonto gewährt wird, die Kosten für die Lieferung müssen in vollem Umfang bezahlt werden.)

Sie entscheiden sich noch am gleichen Tag für die Bestellung des zuvor ausgewählten Angebots.

10. Welche Form kann eine Bestellung haben?

11. Ist jetzt ein gültiger Kaufvertrag zustande gekommen?

12. Gilt dies auch, wenn Sie nur acht statt der angefragten neun PCs bestellen würden?

13. Welche Pflichten entstehen dem Verkäufer und welche der Jurasoft GmbH, wenn ein gültiger Kaufvertrag zustande gekommen ist?

15. Februar

Die Ware hätte schon längst geliefert werden müssen. Die erste Schulung ist bereits für den nächsten Tag geplant. Sie haben den Lieferer inzwischen schon zum wiederholten Mal angerufen und ihm einen Brief geschrieben, in dem Sie ihn aufgefordert haben, zu liefern. Aber auch die Frist, die Sie ihm in Ihrem Schreiben eingeräumt haben, ist inzwischen verstrichen. Der Lieferant hat sich zwar für sein Versäumnis entschuldigt, kann aber erst in einer Woche seinen Verpflichtungen nachkommen, da er aus Versehen die falschen Geräte bestellt hat und jetzt auf eine Neulieferung warten muss.

14. Informieren Sie sich über die Leistungsstörungen bei der Erfüllung von Kaufverträgen.

15. Welche Leistungsstörung liegt hier vor?

16. Welche juristischen Möglichkeiten stehen Ihnen jetzt zur Verfügung?

Mit dem Lieferer verbindet Sie seit vielen Jahren eine Geschäftsbeziehung. Der Geschäftsführer der Jurasoft GmbH bittet Sie daher, zunächst eine gütliche Lösung mit dem Lieferer anzustreben.

17. Wie könnte eine solche Lösung aussehen?

20. Februar

Die Ware wird geliefert.

18. Welche Tätigkeiten fallen bei der Warenannahme an?

Bei der Durchsicht der Begleitpapiere stellen Sie fest, dass nur acht Monitore geliefert worden sind. Der Lieferer sagt Ihnen daraufhin die Lieferung des fehlenden Monitors in spätestens zwei Tagen zu. Die übrigen Verpackungen sind dem äußeren Anschein nach in Ordnung. Sie quittieren daher die korrigierte Empfangsbestätigung.
In dem neuen Schulungsraum packen Sie die Kartons aus. Dabei bemerken Sie blaue Farbflecken auf einer Tastatur. Bei einem weiteren PC ist das Diskettenlaufwerk defekt.

19. Welche Leistungsstörung liegt hier vor?

20. Welche juristischen Möglichkeiten stehen Ihnen jetzt zur Verfügung?

1. März

Inzwischen wurden alle Mängel beseitigt und Sie erhalten von dem Lieferer die Rechnung. Sie bestätigen die Richtigkeit der Rechnung und geben Sie zur Begleichung an die Buchhaltung weiter.

21. Welche Tätigkeiten fallen in der Buchhaltung an?

18 Monate später

Sie werden von einem Dozenten in den Schulungsraum gerufen. Nachdem er seine gesamten Schulungsunterlagen ausgedruckt hat, ist jetzt der Drucker defekt. Gehen Sie davon aus, dass der Mangel auch beim Einbau des Gerätes schon bestanden hat.

22. Können Sie jetzt immer noch eine Nachbesserung verlangen oder ist der Anspruch verjährt?

8 Informationen zur Handlungssituation

8.1 Anfrage

Eine Anfrage:
1. *dient der **Geschäftsanbahnung** und **Einholung von Informationen**,*
2. *ist im Gegensatz zu Angeboten **rechtlich nicht bindend**, d. h. der Käufer geht keine rechtliche Verpflichtung ein,*
3. *unterliegt **keinen Formvorschriften**, d. h. es spielt keine Rolle, ob die Anfrage mündlich oder schriftlich erfolgt.*

Anfragen werden unterteilt in **spezielle (bestimmte)** und **allgemeine (unbestimmte)** Anfragen.

Spezielle Anfrage	Allgemeine Anfrage
Bitte nach gezielten Informationen über die Lieferung von bestimmten Artikeln. Dabei ist es sinnvoll auf folgende Inhalte einzugehen: — Grund der Anfrage, — Artikelbezeichnungen und Spezifikation der gewünschten Artikel, — erforderliche Menge, — Erfragen der Preise, Lieferungs- und Zahlungsbedingungen, — ggf. Zeitangabe, wann ein Angebot zu dieser Anfrage vorliegen soll.	Bitte um einen Vertreterbesuch oder die Zusendung von Katalogen, Prospekten, Preislisten

8.2 Angebot

8.2.1 Zustandekommen eines Angebots

Um einen Kaufvertrag abschließen zu können, benötigt man **zwei übereinstimmende Willenserklärungen**. Die erste Willenserklärung nennt man auch **Antrag**, die zweite Willenserklärung **Annahme**.

*Das **Angebot** ist ein **Antrag an eine bestimmte Person** eine Ware oder eine Dienstleistung zu den **angegebenen Bedingungen** zu verkaufen.*

Im Gegensatz zur Anfrage ist das Angebot **rechtlich verbindlich**, wenn es **gegenüber einer bestimmten Person** abgegeben wird. Es verpflichtet den Verkäufer, die betreffende Ware zu dem angebotenen Preis und in der angegebenen Qualität zu liefern. Wenn ein Anbieter sich nicht binden will, muss das Angebot entweder zeitlich befristet sein oder sogenannte Freizeichnungsklauseln enthalten.

Von dem Angebot wird die **Anpreisung** unterschieden. Anpreisungen von Waren in Zeitungsanzeigen, Rundschreiben, Preislisten oder auch im Schaufenster richten sich an die Allgemeinheit und sind daher keine Vertragsangebote im rechtlichen Sinne. Sie dienen vielmehr dazu, den Kunden zu motivieren, einen Kaufantrag abzugeben.

In einem Angebot werden in der Regel nur die wichtigsten Punkte genannt. Wenn ein Sachverhalt nicht ausdrücklich im Angebot genannt wird, treten die gesetzlichen Regelungen in Kraft. Diese finden sich im Bürgerlichen Gesetzbuch (BGB) und darüber hinaus für Kaufleute im Handelsgesetzbuch (HGB).

Für das Angebot gelten **keine Formvorschriften**. Mündliche oder telefonische Angebote werden allerdings in der Regel schriftlich bestätigt, damit Irrtümer durch Verhören, Versprechen oder Übermittlungsfehler vermieden werden und bei Rechtsstreitigkeiten schriftliche Unterlagen vorhanden sind.

8.2.2 Die wichtigsten Bestandteile eines Angebots

Bestandteil	Erläuterung
Grund für die Angebotserstellung	Beziehen Sie sich auf die eingegangene Anfrage (bei einem verlangten Angebot) oder schreiben Sie kurz etwas über Ihr Unternehmen.
Art der Ware	Die Art der Ware wird durch handelsübliche Bezeichnungen festgelegt. Die Beschaffenheit und Güte der Ware kann z. B. durch Handelsklassen, Muster, Proben, Standards, Normen, Augenschein, Abbildungen und genaue Beschreibungen festgelegt werden.
Menge	Die lieferbare Menge.
Preis	Der Preis wird je Mengeneinheit angegeben, i. d. R. werden unter Geschäftsleuten Nettopreise (ohne Mehrwertsteuer) angegeben.
Rabatt	Der Rabatt ist ein Preisnachlass. Es gibt verschiedene Rabattarten. — Mengenrabatt wird gewährt, wenn eine größere Menge bestellt wird. — Treuerabatt erhält man, wenn man über einen längeren Zeitraum beim selben Lieferer bestellt. — Sonderrabatt wird z. B. anlässlich eines Geschäftsjubiläums gewährt. — Bonus ist ein nachträglich gewährter Rabatt bei Erreichen einer bestimmten Umsatzgrenze.
Verpackungs- und Beförderungskosten	Die Kosten der Verkaufsverpackung trägt der Verkäufer, die Kosten der Versandverpackung der Käufer. Werden im Angebot keine Regelungen zu den Beförderungskosten getroffen, gilt folgender Grundsatz: Warenschulden sind Holschulden, d. h. der Käufer muss ab dem Erfüllungsort die Versandkosten tragen. Allerdings werden in den Verträgen oft andere Vereinbarungen getroffen. Die wichtigsten sind: — „ab Werk": Der Lieferer stellt die Ware ab seinem Werk zur Verfügung, d. h., die Beförderungskosten gehen voll zulasten des Käufers. — „unfrei" (ab hier, ab Bahnhof hier): Der Lieferer stellt die Ware ab Versandstation (Spediteur, Bahnhof, Post an seinem Wohnort) zur Verfügung. Die Beförderungskosten bis zur Versandstation trägt der Verkäufer.

Bestandteil	Erläuterung
Verpackungs- und Beförderungskosten	— „frei" (frei dort, frei Bahnhof dort): Der Lieferer trägt die Beförderungskosten bis zur Empfangsstation, d. h. bis zum Spediteur, Bahnhof oder bis zur Post am Wohnort des Empfängers. — „frei Haus": Der Lieferer liefert frei bis zum Haus des Käufers und trägt damit selber alle Beförderungskosten.
Freizeichnungsklauseln	Ein Lieferer kann die Verbindlichkeit seines Angebots durch Freizeichnungsklauseln oder durch eine zeitliche Befristung einschränken.

Freizeichnungsklauseln	verbindlich	unverbindlich
solange der Vorrat reicht	Preis, Lieferzeit	Menge
freibleibend	nichts	alles
ohne Gewähr, ohne Obligo	nichts	alles
Preis freibleibend	Lieferzeit, Menge	Preis
Lieferzeit freibleibend	Preis, Menge	Lieferzeit

Bestandteil	Erläuterung
Lieferzeit	Wird nichts im Angebot angegeben, ist die Lieferung sofort fällig. Andere Vereinbarungsmöglichkeiten sind: — Termin- oder Zeitkauf (Die Lieferung erfolgt innerhalb einer vereinbarten Frist.) — Fixkauf (Die Lieferung erfolgt zu einem bestimmten Zeitpunkt.) — Kauf auf Abruf (Der Zeitpunkt der Lieferung ist in das Ermessen des Käufers gestellt.) Möglich ist hier auch die Verpflichtung des Verkäufers zur Zahlung einer Konventionalstrafe (Vertragsstrafe), wenn die Lieferung verspätet erfolgt.
Zahlungsbedingungen	Zu den wichtigsten Zahlungsbedingungen gehören: — die Bestimmung von Zahlungsfristen, wie z. B. der Skontofrist. Dabei versteht man unter Skonto den Nachlass für eine vorzeitige Zahlung. — die Regelung der Zahlungsweise (z. B. bare oder unbare Zahlung) und der Zahlungsabwicklung (Zahlung vor der Lieferung, Zahlung bei Lieferung, Zahlung nach der Lieferung oder Ratenzahlung). Eine Forderung gilt als rechtzeitig bezahlt, wenn die Gutschrift auf dem Konto des Gläubigers erfolgt ist.
Eigentumsvorbehalt	Durch den Eigentumsvorbehalt bleibt der Lieferant bis zur vollständigen Bezahlung Eigentümer der Ware, der Käufer wird lediglich Besitzer. Falls der Verkäufer seinen Zahlungsverpflichtungen nicht nachkommt, kann der Verkäufer die Rückgabe der Ware verlangen. Der einfache Eigentumsvorbehalt erlischt, wenn der Käufer die Ware verbraucht bzw. verarbeitet hat, vernichtet, mit einer unbeweglichen Sache fest verbunden oder an einen gutgläubigen Dritten veräußert hat. Für diese Fälle muss ein erweiterter Eigentumsvorbehalt vereinbart werden. Es gibt mehrere Arten des erweiterten Eigentumsvorbehalts. Bei dem verlängerten Eigentumsvorbehalt tritt der Käufer seine Forderungen aus Einnahmen, die er z. B. durch den Weiterverkauf der Ware oder durch die Verarbeitung hatte, an den Verkäufer ab. Bei dem nachgeschalteten Eigentumsvorbehalt darf er die Ware ebenfalls nur unter Eigentumsvorbehalt weiterverkaufen. Sein Lieferer erhält dann die Rechte aus diesem neuen Eigentumsvorbehalt. Bei dem Kontokorrentvorbehalt erlischt der Eigentumsvorbehalt erst, wenn alle Forderungen aus der Geschäftsbeziehung beglichen worden sind.

Bestandteil	Erläuterung
Erfüllungsort und Gerichtsstand	Der Erfüllungsort ist der Wohn- und Geschäftssitz des Schuldners. Beim Platzkauf ist der Erfüllungsort für Warenschulden die Wohnung bzw. das Geschäftslokal, beim Versendungskauf der Ort der Übergabe an die Beförderungsanstalt. Am Erfüllungsort geht die Gefahr der zufälligen Beschädigung, Verschlechterung oder Vernichtung der Ware, sofern nichts anderes vereinbart wurde, auf den Käufer über. Der Erfüllungsort bestimmt gleichzeitig auch den Gerichtsstand. Bei Rechtsstreitigkeiten muss die Klage beim zuständigen Gericht des Erfüllungsortes eingereicht werden.
AGB	Im Angebot erfolgt ein Hinweis auf die Geltung der allgemeinen Geschäftsbedingungen. Dies sind vorformulierte Vertragsbedingungen, die eine Vertragspartei der anderen Vertragspartei bei Abschluss eines Vertrages stellt. Werden Vertragsbedingungen zwischen den Vertragsparteien direkt ausgehandelt, haben diese gegenüber den Regelungen der AGB Vorrang. Um die Vertragsparteien zu schützen, sieht das BGB einige Einschränkungen bei der Verwendung von AGBs vor (siehe § 305–310 BGB). Verboten sind beispielsweise Klauseln, die einen Vertragspartner unangemessen benachteiligen. Ebenfalls nicht erlaubt sind überraschende Klauseln, mit denen der Käufer so nicht rechnen konnte. Zum Schutz von Nichtkaufleuten (Verbrauchern) sind folgende Bestandteile unwirksam: — die Möglichkeit der Preiserhöhung innerhalb von vier Monaten nach Vertragsabschluss, — die Vereinbarung einer Vertragsstrafe, die vom Verbraucher zu zahlen wäre, — der Ausschluss des Rücktritts bzw. des Rechts auf Schadenersatz beim Lieferungsverzug, — die Verkürzung der gesetzlichen Gewährleistungsrechte bei neu hergestellten Sachen oder Werkleistungen. Darüber hinaus muss der Verbraucher ausdrücklich auf die AGB hingewiesen worden sein und die Möglichkeit gehabt haben, sie zu lesen.
Abschlusssatz	Hier sollte die Hoffnung auf eine Bestellung ausgedrückt werden.

8.2.3 Bindung an ein Angebot

Angebote sind **solange gültig, wie unter normalen Umständen eine Antwort erwartet werden kann**. Ein mündliches oder telefonisches Angebot gilt daher für die Dauer des Gesprächs und muss sofort angenommen werden. Bei einem schriftlichen Angebot ist der Lieferer so lange an sein Angebot gebunden, wie er unter verkehrsüblichen Umständen mit einer Nachricht rechnen kann. Bei einem Brief geht man beispielsweise von einer Bindungsfrist von ca. einer Woche aus. Darüber hinaus kann der Anbieter für die Annahme des Angebots eine bestimmte Frist setzen.
Die Bindung an ein Angebot erlischt, wenn es vom Empfänger abgelehnt, abgeändert oder nicht rechtzeitig angenommen wird. Widerruft der Lieferer sein Angebot und erreicht der Widerruf den Kunden spätestens gleichzeitig mit dem Angebot, so erlischt ebenfalls die Bindung.

8.3 Angebotsvergleich

Bei dem Angebotsvergleich wird zwischen einem quantitativen und einem qualitativen Vergleich unterschieden. Bei dem quantitativen Angebotsvergleich werden die Einstandspreise der angebotenen Ware oder Dienstleistung berechnet und miteinander verglichen.

Preisberechnung	Beispiel	
Listeneinkaufspreis	Listeneinkaufspreis	1 000,00 €
– Rabatt	– Rabatt (3 %)	30,00 €
= Zieleinkaufspreis	= Zieleinkaufspreis	970,00 €
– Skonto	– Skonto (2 %)	19,40 €
= Bareinkaufspreis	= Bareinkaufspreis	950,60 €
+ Verpackungskosten	+ Verpackungskosten	10,00 €
+ Transportkosten	+ Transportkosten	15,00 €
= Einstandspreis	= Einstandspreis	975,60 €

Berechnung des Einstandspreises

Bei dem qualitativen Angebotsvergleich steht die Qualität der angebotenen Leistung im Vordergrund. Kriterien sind z. B. der Service, eine Garantie oder die Lieferungsbedingungen.

8.4 Bestellung

> Die **Bestellung** ist eine *empfangsbedürftige Willenserklärung* des Käufers, bestimmte Waren zu den in der Bestellung angegebenen Bedingungen zu kaufen.

Der Besteller ist an seine Bestellung gebunden. Diese **Bindung** tritt mit Zugang der Bestellung bei dem Verkäufer ein. Eine Bestellung kann **formfrei** erfolgen, allerdings empfiehlt sich hier ebenfalls wieder die Schriftform.

Rechtswirkung der Bestellung		
Ausgangslage		
Die Bestellung erfolgt aufgrund eines **unverbindlichen Angebots** oder ohne vorhergehendes Angebot.	Die Bestellung erfolgt auf ein **verbindliches Angebot** und ist **inhaltlich übereinstimmend und fristgerecht** erfolgt.	Die Bestellung erfolgt **nicht rechtzeitig oder mit veränderten Inhalten.**
Rechtswirkung		
Bei der Bestellung handelt es sich rechtlich um die **1. Willenserklärung** (= Antrag). Es ist daher noch **kein Kaufvertrag** zustande gekommen.	Bei der Bestellung handelt es sich um die **2. Willenserklärung** (= Annahme). **Der Kaufvertrag ist zustande gekommen.**	Bei der Bestellung handelt es sich rechtlich um einen **neuen Antrag**. Es ist daher noch **kein Kaufvertrag** zustande gekommen.

Handelt es sich bei der Bestellung erst um die 1. Willenserklärung, kommt ein Kaufvertrag zustande, wenn der Verkäufer eine Auftragsbestätigung schickt oder unverzüglich liefert. Sendet ein Verkäufer unbestellte Ware, gelten für Kaufleute und Privatpersonen unterschiedliche Regelungen.

Zusendung unbestellter Ware an:			
Empfänger	Kaufmann mit bestehender Geschäftsverbindung	Kaufmann ohne bisherige Geschäftsverbindung	Privatmann
Wirkung bei Stillschweigen	Annahme	Ablehnung	Ablehnung
Pflichten des Empfängers bei Ablehnung	Mitteilung, Aufbewahrung, später Rücksendung	Aufbewahrung, keine Rücksendung	Aufbewahrung, keine Rücksendung

8.5 Kaufvertrag

Die Partner des Kaufvertrags sind Käufer und Verkäufer. Sie können ihrer rechtlichen Stellung nach Unternehmer (Kaufleute) oder Privatpersonen (Nichtkaufleute/Verbraucher) sein. Nach der rechtlichen Stellung der Vertragspartner und dem Zweck des Vertragsabschlusses sind demnach zu unterscheiden:

		Verkäufer ist ...	
		ein Kaufmann	ein Nichtkaufmann
Käufer ist	ein Kaufmann	zweiseitiger Handelskauf	sonstiger einseitiger Handelskauf
	ein Verbraucher	Verbrauchsgüterkauf (einseitiger Handelskauf)	Privatkauf

Im Bereich des Handelsgewerbes vorgenommene Handelsgeschäfte unterliegen den allgemeinen Regeln des BGB. Darüber hinaus gelten die §§ 343 bis 372 HBG mit einigen Ergänzungen und Änderungen:

— Verkehrssitten unter Kaufleuten sind als sogenannte Handelsbräuche zu beachten,
— Bürgschaften dürfen auch mündlich erteilt werden,
— für Kaufmannstätigkeiten gilt eine Vergütung nach ortsüblichen Sätzen stillschweigend als vereinbart,
— Schweigen auf Anträge gilt u. U. als Zustimmung und
— der Kaufmann unterliegt strengeren Prüfungs- und Rügeobliegenheiten bei mangelhafter Ware.

Bei einem Kaufvertrag handelt es sich um ein zweiseitiges Rechtsgeschäft. Durch den Abschluss des Vertrages werden beide Teile verpflichtet, den Vertrag zu erfüllen. Der Kaufvertrag ist daher ein **verpflichtendes Rechtsgeschäft**.

Pflichten	
Verkäufer	Käufer
Der Verkäufer muss dem Käufer die **Sache übergeben** und das **Eigentum** frei von Sach- und Rechtsmängeln **verschaffen**.	Der Käufer muss den vereinbarten **Kaufpreis zahlen** und die gekaufte **Sache abnehmen**.

Pflichten der beiden Vertragsparteien bei Abschluss eines Kaufvertrags (§ 433 BGB)

Das durch den Abschluss des Kaufvertrags entstandene Schuldverhältnis erlischt, wenn die geschuldeten Leistungen an die Gläubiger geleistet worden sind, d. h. wenn Verkäufer und Käufer ihre Pflichten erfüllt haben (**Erfüllungsgeschäft**). Werden die Pflichten nicht erfüllt, spricht man von Störungen des Kaufvertrags.

Eigentumserwerb

Die Eigentumsübertragung ...

— an beweglichen Sachen erfolgt durch die Einigung über die Eigentumsübertragung und die Übergabe der Sache.
— bei Grundstücken und Gebäuden erfolgt durch die Auflassung (= Erklärung der Vertragsparteien vor einem Notar) und die Eintragung ins Grundbuch (= Übergabe).
— an Rechten erfolgt durch die Abtretung des Rechts an den Erwerber.

Grundsätzlich darf nur der Eigentümer einer Sache das Eigentum an ihr rechtsgültig übertragen. Von diesem Grundsatz kann nur dann abgewichen werden, wenn der Erwerber **gutgläubig** ist, d. h. der ehrlichen Meinung ist, dass sein Vertragspartner der rechtmäßige Eigentümer ist. Dann wird der Erwerber zum neuen Eigentümer der Sache.

Max leiht Markus ein Buch. Markus verkauft das Buch an Fritz. Wenn Fritz nicht weiß, dass das Buch gar nicht Markus gehört, hat er das Buch gutgläubig erworben und ist damit rechtmäßiger Eigentümer. Er muss das Buch nicht mehr an Max zurückgeben.

Ein gutgläubiger Erwerb an **gestohlenen Sachen** ist allerdings grundsätzlich nicht möglich.

Hätte Markus das Buch von Max gestohlen und es dann an Fritz verkauft, kann Fritz nicht Eigentümer des Buchs werden. Max kann daher die Herausgabe des Buches verlangen.

Von dem Begriff **„Eigentum"** muss der Begriff **„Besitz"** abgegrenzt werden. Von Eigentum spricht man, wenn jemand die rechtliche Verfügungsgewalt über eine Sache hat. Besitzt er diese Sache, so hat er die tatsächliche Verfügungsgewalt. Ein Mieter besitzt beispielsweise seine Mietwohnung, er ist aber nicht Eigentümer.

Kaufvertragsarten

Nach der Ausgestaltung der jeweiligen Vertragsinhalte kann man verschiedene Arten von Kaufverträgen unterscheiden:

Unterscheidung	Kaufvertragsart	Erläuterung
Art und Güte der Ware	Gattungskauf	Kauf einer vertretbaren Sache (Der Kaufgegenstand ist eine Sache, die in mehreren gleichen Ausführungen hergestellt und daher wieder beschafft werden kann.)
	Kauf nach Besicht	Der Käufer hat vor Vertragsabschluss Gelegenheit die Ware zu besichtigen, nach Vertragsabschluss können dann keine Mängel mehr geltend gemacht werden.
	Kauf auf Probe	Der Käufer hat ein Rückgaberecht innerhalb eines vereinbarten Zeitraums.
	Kauf nach Probe	Der Kauf erfolgt aufgrund früher bezogener Ware oder einem Muster.
	Kauf zur Probe	Kauf einer kleinen Menge zum Ausprobieren der Ware
	Kauf mit Umtauschrecht	Der Käufer kann verlangen, dass eine andere Ware gleichen Wertes geliefert wird, wenn die Ware nachträglich nicht zusagt.
	Ramschkauf	Kauf in „Bausch und Bogen" ohne nähere Spezifikation der Ware.
	Spezifikationskauf	Im Kaufvertrag wird die Menge einer Gattungsware festgelegt. Der Käufer hat aber das Recht, innerhalb einer bestimmten Frist die zu liefernde Ware nach Maß, Form oder Farbe näher zu bestimmen.
	Stückkauf	Kauf einer nicht vertretbaren (einmaligen) Sache, die nicht noch einmal beschafft werden kann.
Lieferzeit	Fixkauf	Die Lieferung muss an oder bis zu einem bestimmten Zeitpunkt erfolgen.
	Kauf auf Abruf	Der Lieferzeitpunkt wird vom Käufer nachträglich festgelegt.
	Sofortkauf	Die Lieferung erfolgt unmittelbar.
	Teillieferungskauf	Die Lieferung erfolgt in Teilmengen.
	Terminkauf	Die Lieferung hat zu einem vereinbarten Termin oder innerhalb einer vereinbarten Frist zu erfolgen.
Zahlung	Barkauf	Die Ware wird sofort bezahlt.
	Kauf gegen Vorauszahlung	Die Zahlung erfolgt vor der Lieferung.
	Ratenkauf	Der Kaufpreis wird in Teilbeträgen vor, bei oder nach der Lieferung gezahlt.
	Ziel- oder Kreditkauf	Die Zahlung ist einige Zeit nach der Lieferung fällig.

8.6 Warenannahme

Bei Eingang der Ware müssen sofort die **Warenbegleitpapiere** und die **Verpackung** geprüft werden. Das wichtigste Begleitpapier ist der Lieferschein. Dieser gibt Auskunft über die gelieferte Ware und dient der Dokumentation der Übergabe. Er enthält Informationen zum Sender und Empfänger der Lieferung, der Ware, der Stückzahl oder Menge, dem Lieferdatum, der Versandart und ggf. dem Gewicht und zu beachtenden Besonderheiten (z. B. bei zerbrechlicher oder verderblicher Ware).

Bei Unstimmigkeiten oder Beschädigungen sollte man sich diese bescheinigen lassen und ggf. auch die Annahme verweigern. Nimmt man die Ware an, sollte sie unverzüglich ausgepackt und geprüft werden.

Beim **zweiseitigen Handelskauf** ist der Käufer zur **unverzüglichen Prüfung der Ware** und ggf. **unverzüglichen Rüge des Mangels verpflichtet**. Kommt er dieser Pflicht nicht nach, verliert er seine Gewährleistungsansprüche (§ 377 HGB).

8.7 Zahlungsarten

Einziges gesetzliches Zahlungsmittel ist **Bargeld**. Für Banknoten, die auf Euro lauten, gilt ein Annahmezwang. Münzen müssen von Händlern allerdings nur bis zu einem Gesamtwert von maximal 100,00 € bzw. höchstens 50 Stück angenommen werden. Der Empfänger muss auf Verlangen eine Empfangsbestätigung (Quittung) ausstellen.

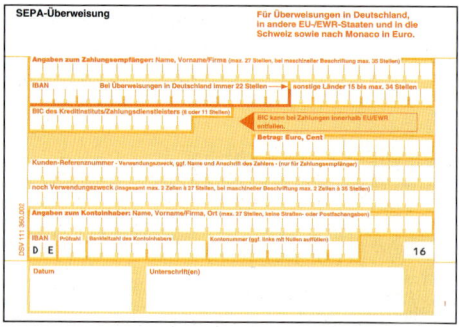

Bei der **halbbaren Zahlung** hat entweder der Zahler oder der Empfänger ein Konto. Hat der Empfänger ein Konto, kann die Zahlung per Zahlschein oder Nachnahme erfolgen. Bei dem Zahlschein zahlt der Schuldner Bargeld bei einem Kreditinstitut ein, das dann den Betrag dem Konto des Gläubigers gutschreibt. Wird eine Ware durch den Lieferer nur gegen Barzahlung ausgehändigt, handelt es sich um eine Nachnahme. Der Absender der Ware erhält eine Gutschrift auf seinem Konto.

Hat lediglich der Zahler ein Konto, kann er mit einer Zahlungsanweisung oder einem Barscheck seine Rechnung begleichen.

Verwenden sowohl der Schuldner als auch der Gläubiger ein Konto, spricht man von **bargeldloser Zahlung**. Herkömmliche Arten des bargeldlosen Zahlungsverkehrs sind die Überweisung, der Dauerauftrag, das Lastschriftverfahren und der Verrechnungsscheck.

Eine einfache Zahlungsmöglichkeit ist die Überweisung. Der Schuldner gibt seinem Kreditinstitut die Anweisung einen bestimmten Betrag von seinem Konto abzubuchen und dem Konto des Empfängers gutzuschreiben. Bei dem Dauerauftrag zahlt der Schuldner an bestimmten Terminen immer den gleichen Betrag an den gleichen Empfänger. Wechseln die Beträge oder die Termine, kann man das Lastschriftverfahren verwenden. Dabei unterscheidet man zwischen dem Einzugsermächtigungsverfahren und dem Abbuchungsverfahren.

Lastschriftverfahren	
Einzugsermächtigungsverfahren	**Abbuchungsverfahren**
Der Schuldner erteilt dem Gläubiger die Ermächtigung, Zahlungen durch eine Lastschrift von seinem Konto einzuziehen. Der Zahler kann innerhalb von 6 Wochen nach Belastung Widerspruch bei seiner Bank einlegen, die ihm den Betrag dann wieder gutschreibt.	Der Schuldner ermächtigt seine Bank, die Lastschrift des Empfängers einzulösen. Es besteht kein nachträgliches Widerspruchsrecht.

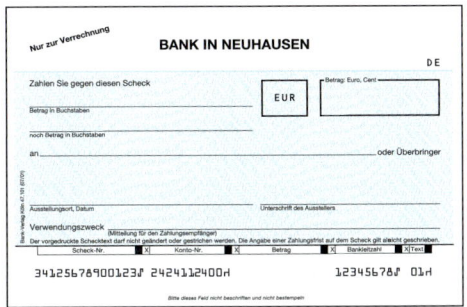

Erhält der Gläubiger einen Verrechnungsscheck, kann er den Betrag auf seinem Konto gutschreiben lassen. Ein Scheck wird nur eingelöst, wenn das Konto des Schuldners gedeckt ist. Die gesetzliche Einlösefrist beträgt acht Tage.

Moderne Zahlungssysteme ersetzen zunehmend die herkömmlichen Zahlungsarten. Statt Bargeld, Scheck oder Überweisung wird eine **Plastikkarte** mit Magnetstreifen und ggf. integriertem Chip benutzt.

Am weitesten verbreitet sind die Bankkarten. Diese haben sich inzwischen zu wahren Multifunktionskarten entwickelt.

Neben der Fähigkeit den Kontostand abzurufen und den Kontostand auszudrucken kann man die Bankkarte vor allem auch für die bargeldlose Zahlung an der Kasse verwenden.
Anhand der Logos kann man erkennen, welche Funktionalitäten die jeweilige Karte hat.

Logo	Verfahren	Legitimation	Zahlungs-garantie	Erläuterung
girocard	girocard-System	PIN	Ja, durch die ausgebende Bank	„girocard" ist der übergeordnete und neutrale Rahmen der deutschen Kreditwirtschaft für die beiden Debitkarten-Zahlungssysteme electronic cash im Handel (Point of Sale, POS) und das Deutsche Geldautomaten-System. Mithilfe einer girocard kann unter Verwendung der persönlichen Geheimzahl an einer elektronischen Kasse bezahlt oder am Geldautomaten Geld abgehoben werden.
girogo	Geldkarte	Nur über den Besitz der Karte	Ja, durch die ausgebende Bank	Seit April 2012 können mithilfe der Girogo-Funktion bis zu 25,00 € schnell und kontaktlos über den Prepaid-Chip auf der Karte, an entsprechend ausgestatteten Kassen, ohne PIN und ohne Unterschrift bezahlt werden.

Logo	Verfahren	Legitimation	Zahlungs-garantie	Erläuterung
	Maestro	PIN oder Unterschrift	Ja, durch die ausgebende Bank	Für Zahlungen außerhalb des girocard-Akzeptanznetzes wird die Karte meist mit einem sogenannten Co-Branding eines internationalen Debit-Systems wie z. B. Maestro oder V Pay ausgestattet.
	Geldkarte	Nur über den Besitz der Karte	Ja, durch die ausgebende Bank	Auf der Karte ist ein Chip angebracht, auf dem der Kunde einen vorher aufge-ladenen Betrag zur Verfügung hat. Man bezeichnet die Geldkarte daher auch als elektronische Geldbörse.
	Kreditkarte	PIN oder Unterschrift	In der Regel durch die Kreditkarten-organisation	Der Inhaber kann weltweit mit der Karte zahlen und mit einer Geheimnummer auch Bargeld abheben. Zwischen der Abhebung bzw. Bezahlung mit der Karte und der Abbuchung vom Konto vergeht i. d. R. einige Zeit, oft wird z. B. einmal im Monat abgerechnet.

Wer bequem von zu Hause aus seine Geldgeschäfte abwickeln möchte, kann das Homebanking nutzen. Darüber hinaus haben sich im Zuge des E-Commerce zahlreiche Online-Bezahlsysteme wie z. B. cybercash oder PayPal entwickelt.

8.8 Haustürgeschäfte und Fernabsatzverträge

Um den Verbraucher zu schützen, hat der Gesetzgeber besondere Regelungen für Haustürgeschäfte und Fernabsatzverträge erlassen.

> Ein **Haustürgeschäft** liegt vor, wenn ein Vertrag zwischen einem Unternehmer und einem Verbraucher geschlossen wird, der eine entgeltliche Leistung zum Gegenstand hat und der Abschluss des Vertrages
> — durch mündliche Verhandlungen am Arbeitsplatz oder im Bereich der Privatwohnung,
> — anlässlich einer vom Unternehmer oder von einem Dritten zumindest auch im Interesse des Unternehmers durchgeführten Freizeitveranstaltung (z. B. Kaffeefahrt) oder
> — im Anschluss an ein überraschendes Ansprechen in Verkehrsmitteln oder im Bereich öffentlich zugänglicher Verkehrsflächen
> abgeschlossen worden ist.

Die Gesetze zu Haustürgeschäften finden keine Anwendung, wenn
— der Kunde den Vertreter selbst bestellt hat (ohne dazu gedrängt worden zu sein),
— der Vertrag notariell beurkundet wurde,
— die Leistung bei Abschluss der Verhandlungen sofort erbracht und bezahlt wird und das Entgelt 40,00 € nicht übersteigt oder
— es sich um einen Versicherungsvertrag handelt.

Bestellt man sich die Ware über einen Versandhandel oder kauft online im Internet, spricht man auch von E-Commerce.

Der Begriff E-Commerce umfasst sämtliche elektronischen kaufmännischen Aktivitäten zwischen Unternehmen, Behörden und Privatpersonen mittels verschiedener Formen der Datenübertragung (Telefon, Fernsehen, Datennetze, Internet).

Es wird zwischen verschiedenen Arten des E-Commerce unterschieden. Die wichtigsten sind
- B2B: Business to Business (zweiseitiges Handelsgeschäft),
- B2C: Business to Consumer (einseitiges Handelsgeschäft),
- C2C: Consumer to Consumer (Geschäft zwischen Privatpersonen).

Die nachfolgende Tabelle zeigt eine vollständige Übersicht über die Beteiligten im E-Commerce.

	Unternehmen (Business)	Privatleute (Customer)	Behörden (Government)
Unternehmen (Business)	B2B	B2C	B2G
Privatleute (Customer)	C2B	C2C	C2G
Behörden (Government)	G2B	G2C	G2G

Die Akteure des E-Commerce

PwC-Studie „Der Kunde wird wieder König"

Digitale Technologien eröffnen Konsumenten und Unternehmen neue Perspektiven und Möglichkeiten. Deutsche Konsumenten nutzen diese Möglichkeiten gerne und geben immer mehr Geld im Internet aus. So kauften deutsche Online Shopper innerhalb einer Woche öfter im Internet ein (36 Prozent) als im selben Zeitraum im Ladengeschäft (31 Prozent). Das geht aus einer aktuellen Studie der Wirtschaftsprüfungs- und Beratungsgesellschaft PwC hervor.

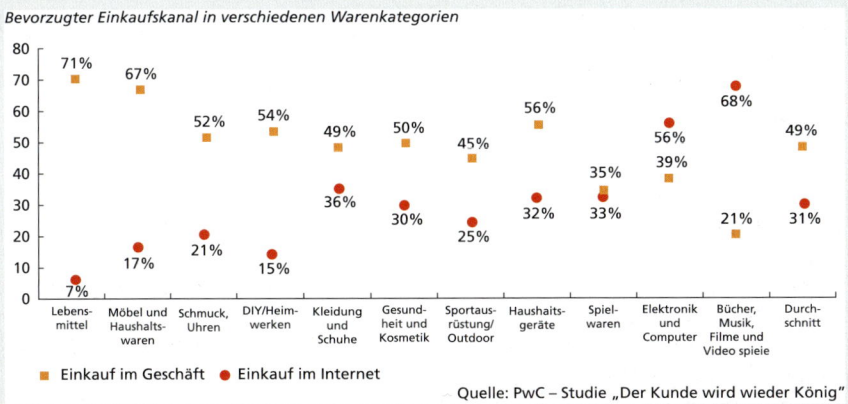

Quelle: PwC – Studie „Der Kunde wird wieder König"

Fast die Hälfte der Ausgaben wird online getätigt

Online-Käufer geben durchschnittlich 42 Prozent ihrer gesamten Konsumausgaben im Internet aus. Die Analyse der Beratungsgesellschaft zeigt: In vier von zehn Warenkategorien fließt im Durchschnitt mindestens die Hälfte der Konsumausgaben in das Internet. In den Segmenten Kleidung und Schuhe, Bücher, Musik, Filme und Videospiele sowie Elektronik und Computer flossen mindestens die Hälfte ihrer Ausgaben online. Dabei legte der Online-Absatz vor allem in den Kategorien Kleidung und Schuhe sowie Gesundheit und Kosmetik um mehr als 30 Prozent gegenüber 2011 zu.

Quelle: eSales4u/Dunja Freimuth (Hrsg.): PwC-Studie „Der Kunde wird wieder König", Zugriff am 22.08.2016 unter: www.esales4u.de/2012/studie-pwc-kaufverhalten-online-handel.php

Zum Schutz der Verbraucher unterliegen E-Commerce-Geschäfte zwischen einem Unternehmen und einer Privatperson den Bestimmungen für Fernabsatzverträge nach § 312 ff. BGB.

> **Fernabsatzverträge** *sind Verträge über Lieferungen von Waren oder über die Erbringung von Dienstleistungen, die zwischen einem Unternehmer und einem Verbraucher unter ausschließlicher Verwendung von Fernkommunikationsmitteln abgeschlossen werden.*

Beispiele für Fernkommunikationsmittel sind Briefe, Kataloge, Telefonanrufe, E-Mails sowie Rundfunk, Tele- und Mediendienste. In einem Urteil vom November 2004 hat der Bundesgerichtshof entschieden, dass das Fernabsatzgesetz auch bei Käufen bei Online-Aktionen, wie z. B. eBay, angewandt werden muss, wenn es sich bei dem Verkäufer um einen professionellen Händler handelt.

Sowohl bei den Haustürgeschäften als auch bei Fernabsatzverträgen hat der Unternehmer eine Informationspflicht. Er muss den Verbraucher vor Vertragsabschluss ausdrücklich über die genauen Vertragsinhalte informieren und auf sein **Widerrufsrecht** gemäß § 355 BGB hinweisen. Danach hat der Verbraucher das Recht, den geschlossenen Vertrag innerhalb einer Frist von zwei Wochen ohne Angabe von Gründen zu widerrufen bzw. die Ware zurückzugeben. Die Frist beginnt erst dann zu laufen, wenn der Verbraucher ausdrücklich über sein Widerrufsrecht bzw. Rückgaberecht informiert worden ist. Kommt der Händler seiner Informationspflicht nicht nach, verlängert sich die Frist auf sechs Monate. Bei der Lieferung von Waren beginnt die Frist nicht vor dem Erhalt der Waren.

Innerhalb der Widerrufsfrist befindet sich der Vertrag in einem Schwebezustand. Widerruft der Verbraucher, so ist er nicht mehr an seine Willenserklärung gebunden und der Vertrag wird nichtig. Der Widerruf muss schriftlich, auf einem dauerhaften Datenträger oder durch Rücksendung der Ware erfolgen. Seit 2014 ist auch ein telefonischer Widerruf möglich. Außerdem muss der Händler ein Muster-Widerrufsformular zur Verfügung stellen.

Der Verbraucher ist bei der Ausübung des Widerrufsrechts zur **Rücksendung** der Ware verpflichtet. Er muss die Rücksendekosten tragen, unabhängig vom Preis der Ware (Es gibt keine 40-€-Klausel mehr, nach der die Kosten der Rücksendung dem Verbraucher nur dann vertraglich auferlegt werden können, wenn der Wert der zurückgesendeten Sache nicht höher als 40,00 EUR ist.). Der Verbraucher hat auch die Pflicht zur Rücksendung nicht paketversandfähiger Ware. Beide Vertragspartner müssen die jeweilig erhaltenen Leistungen innerhalb von 14 Tagen zurückgeben.

Angst vor Datenmissbrauch

60,7 Millionen Menschen* in Deutschland nutzten 2015 das Internet. Aus Angst vor dem Missbrauch persönlicher Daten verzichteten so viele auf folgende Aktivitäten im Netz:

	Anteil in Prozent
Einstellen persönlicher Daten in soziale Netzwerke	39 %
Online-Banking	28
Herunterladen von Daten/Dateien	25
Kommunikation mit Behörden/Ämtern	18
Nutzen von mobilem Internet	15
Online-Shopping	12

www

© Globus

*ab zehn Jahren
Befragung von 12 000 Haushalten von April bis Mai 2015
Quelle: Statistisches Bundesamt (März 2016)

10914

Dies gilt nicht, wenn die gelieferte Ware nicht der bestellten entspricht.

Abweichungen von diesen Vorschriften zum Nachteil des Verbrauchers sind nicht erlaubt und dürfen daher auch nicht vertraglich vereinbart werden oder in den AGB stehen.

Der Verbraucher muss ggf. einen Wertersatz für eine durch die bestimmungsgemäße Ingebrauchnahme der Sache entstandene Verschlechterung leisten, wenn er spätestens bei

Vertragsschluss schriftlich auf diese Folge hingewiesen worden ist und die Verschlechterung nicht ausschließlich auf die Prüfung der Sache zurückzuführen ist.

Das Widerrufsrecht besteht gemäß § 312 d BGB nicht bei Fernabsatzverträgen
- zur Lieferung von Waren, die nach Kundenspezifikation angefertigt worden sind oder die eindeutig auf die persönlichen Bedürfnisse zugeschnitten worden sind,
- zur Lieferung von Waren, die aufgrund ihrer Beschaffenheit nicht für eine Rücksendung geeignet sind, schnell verderben können oder deren Verfalldatum überschritten würde,
- zur Lieferung von Audio- oder Videoaufzeichnungen oder von Software, sofern die gelieferten Datenträger vom Verbraucher entsiegelt worden sind,
- zur Lieferung von Zeitungen, Zeitschriften und Illustrierten, es sei denn, dass der Verbraucher seine Vertragserklärung telefonisch abgegeben hat,
- zur Erbringung von Wett- und Lotterie-Dienstleistungen oder
- die in der Form von Versteigerungen geschlossen worden sind,
- die die Lieferung von Waren oder die Erbringung von Finanzdienstleistungen zum Gegenstand haben, deren Preis auf dem Finanzmarkt Schwankungen unterliegt, auf die der Unternehmer keinen Einfluss hat und die innerhalb der Widerrufsfrist auftreten können (wie z. B. bei Aktien),
- zur Erbringung telekommunikationsgestützter Dienste, die auf Veranlassung des Verbrauchers unmittelbar per Telefon oder Telefax in einem Mal erbracht werden, sofern es sich nicht um Finanzdienstleistungen handelt.

8.9   Leistungsstörungen bei der Erfüllung von Kaufverträgen

Das über 100 Jahre alte Schuldrecht wurde durch das „Gesetz zur Modernisierung des Schuldrechts", das am 01.01.2002 in Kraft trat, grundlegend geändert. Das Schuldrecht kennt vier Fälle der Leistungsstörung.

Mögliche Störungen bei der Erfüllung von Kaufverträgen			
Schlechtleistung	Nicht-rechtzeitig-Lieferung	Nicht-rechtzeitig-Zahlung	Gläubigerverzug
Die gelieferte Ware weist Mängel in der Art, Menge oder Qualität auf.	Die bestellte Ware trifft nicht termingerecht ein.	Die gelieferte Ware wird nicht vertragsgemäß bezahlt.	Der Käufer nimmt die ordnungsgemäß gelieferte Ware nicht an.

8.9.1   Schlechtleistung

Um eine Schlechtleistung geltend machen zu können, muss zunächst geklärt werden, ob ein Sachmangel oder ein Rechtsmangel im Sinne des BGBs vorliegt.

Die verschiedenen Arten von Sach- und Rechtsmängeln

Liegt eine Schlechtleistung nach § 434 oder § 435 BGB vor, kann der Käufer zwischen verschiedenen Vorgehensweisen wählen.

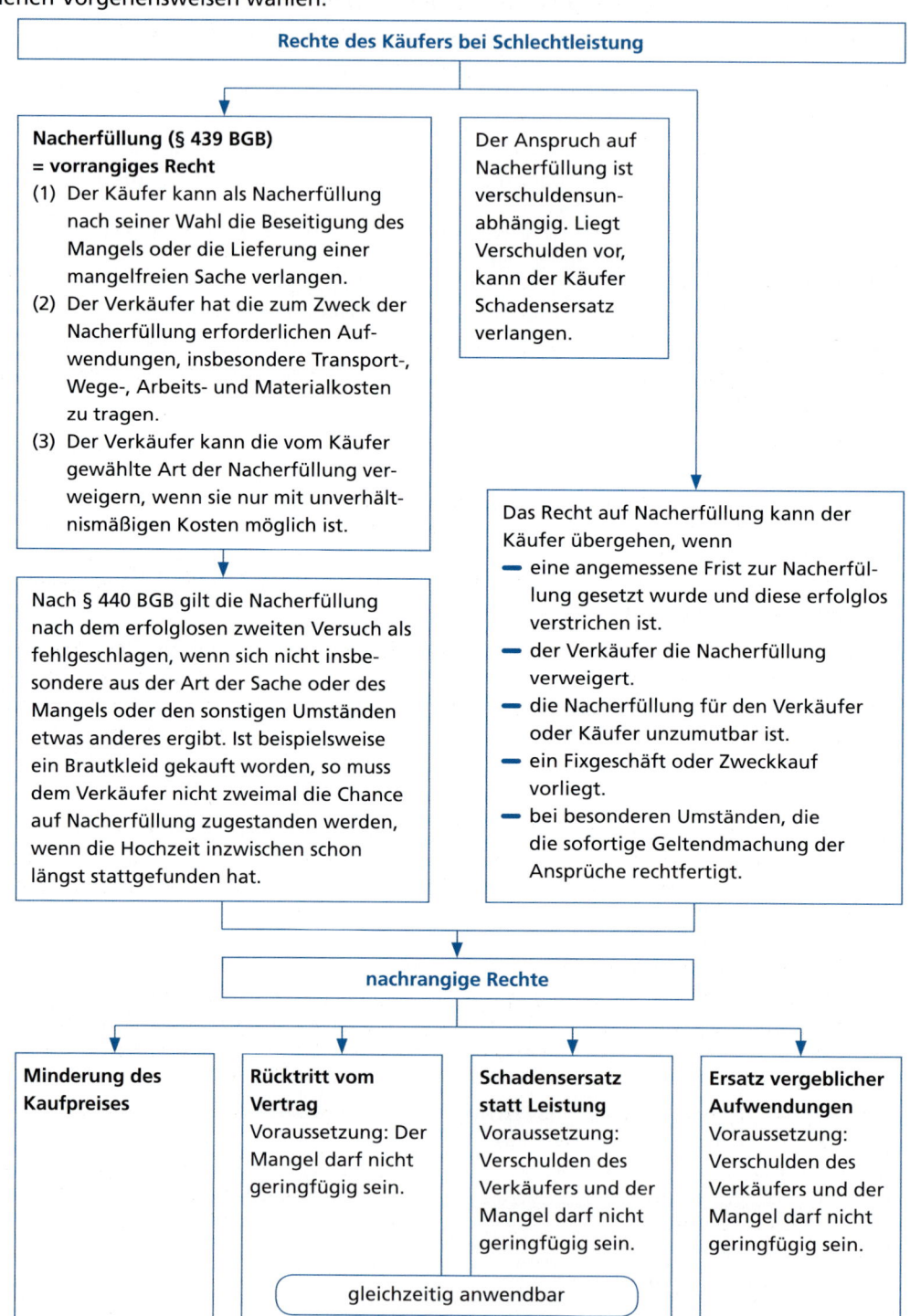

Rechte des Käufers bei Schlechtleistung

Nacherfüllung (§ 439 BGB)
= vorrangiges Recht
(1) Der Käufer kann als Nacherfüllung nach seiner Wahl die Beseitigung des Mangels oder die Lieferung einer mangelfreien Sache verlangen.
(2) Der Verkäufer hat die zum Zweck der Nacherfüllung erforderlichen Aufwendungen, insbesondere Transport-, Wege-, Arbeits- und Materialkosten zu tragen.
(3) Der Verkäufer kann die vom Käufer gewählte Art der Nacherfüllung verweigern, wenn sie nur mit unverhältnismäßigen Kosten möglich ist.

Der Anspruch auf Nacherfüllung ist verschuldensunabhängig. Liegt Verschulden vor, kann der Käufer Schadensersatz verlangen.

Nach § 440 BGB gilt die Nacherfüllung nach dem erfolglosen zweiten Versuch als fehlgeschlagen, wenn sich nicht insbesondere aus der Art der Sache oder des Mangels oder den sonstigen Umständen etwas anderes ergibt. Ist beispielsweise ein Brautkleid gekauft worden, so muss dem Verkäufer nicht zweimal die Chance auf Nacherfüllung zugestanden werden, wenn die Hochzeit inzwischen schon längst stattgefunden hat.

Das Recht auf Nacherfüllung kann der Käufer übergehen, wenn
– eine angemessene Frist zur Nacherfüllung gesetzt wurde und diese erfolglos verstrichen ist.
– der Verkäufer die Nacherfüllung verweigert.
– die Nacherfüllung für den Verkäufer oder Käufer unzumutbar ist.
– ein Fixgeschäft oder Zweckkauf vorliegt.
– bei besonderen Umständen, die die sofortige Geltendmachung der Ansprüche rechtfertigt.

nachrangige Rechte

Minderung des Kaufpreises

Rücktritt vom Vertrag
Voraussetzung: Der Mangel darf nicht geringfügig sein.

Schadensersatz statt Leistung
Voraussetzung: Verschulden des Verkäufers und der Mangel darf nicht geringfügig sein.

Ersatz vergeblicher Aufwendungen
Voraussetzung: Verschulden des Verkäufers und der Mangel darf nicht geringfügig sein.

gleichzeitig anwendbar

§ 478 und § 479 BGB regeln die Rückabwicklung einer mangelhaft hergestellten Sache entlang der Lieferkette. Zwischen dem Händler, eventuellen Zwischenhändlern und dem Hersteller ist keine Nachfristsetzung notwendig, um die Rechte einzufordern. Jedem Händler bzw. Zwischenhändler bleiben für die Geltendmachung seiner Rechte unabhängig vom Kaufdatum noch mindestens zwei Monate Zeit nachdem er in Anspruch genommen wurde, ohne dass sich ein Zwischenhändler oder der Hersteller auf eine Verjährung berufen kann. Alle Rückabwicklungskosten trägt der Hersteller.

8.9.1.1 Besonderheiten des Verbrauchsgüterkaufs

Die oben beschriebenen gesetzlichen Regelungen zur Schlechtleistung gelten sowohl beim Privatkauf als auch bei dem einseitigen oder zweiseitigen Handelskauf. Wenn es sich nicht um einen einseitigen Handelskauf (Verbrauchsgüterkauf) handelt, kann die Gewährleistung allerdings vertraglich ausgeschlossen werden.

Ist nur ein Vertragspartner Kaufmann (einseitiger Handelskauf), so hat der Gesetzgeber für den Kauf von Verbrauchsgütern besondere Schutzvorschriften für den Nichtkaufmann vorgesehen (§ 474 BGB ff.).

Nach § 475 BGB gilt für den Verbrauchsgüterkauf eine **eingeschränkte Vertragsfreiheit**. Der Unternehmer kann sich bei Mitteilung eines Mangels durch den Kunden nicht auf Vereinbarungen berufen, die abweichend von den gesetzlichen Bestimmungen individuell oder in den AGB vereinbart wurden und zum einseitigen Nachteil des Kunden sind. Eine Ausnahme wird hier lediglich bei gebrauchten Sachen gemacht. Hier kann die Gewährleistungsfrist vertraglich auf ein Jahr verkürzt werden. Verboten sind Formulierungen wie z. B. „gekauft wie gesehen" oder „unter Ausschluss jeder Gewährleistung".

Während bei einem Handelskauf der Käufer ggf. beweisen muss, dass der Mangel beim Kauf bestanden hat, gilt beim Verbrauchsgüterkauf die **Beweislastumkehr** (§ 476 BGB). Bei Mängeln, die innerhalb von sechs Monaten gerügt werden, wird unterstellt, dass der Mangel bereits bei der Übergabe bestand. Lehnt der Verkäufer die Mängelrüge des Käufers ab, muss er nachweisen, dass der Käufer die Ware beschädigt hat. Nach Ablauf von sechs Monaten liegt die Beweislast dann aber beim Käufer.

Garantieerklärungen müssen nach § 477 BGB einfach und verständlich geschrieben sein. Sie müssen einen Hinweis enthalten, dass gesetzliche Rechte durch die Garantie nicht eingeschränkt sind. Ferner muss in der Garantieerklärung der genaue Inhalt der Garantie stehen und welche Angaben für die Geltendmachung erforderlich sind.

8.9.1.2 Verjährung bei Schlechtleistung

Der Verkäufer hat ein Leistungsverweigerungsrecht, wenn die Mängelansprüche verjährt sind. Das zur Befriedigung eines verjährten Anspruchs Geleistete kann allerdings nicht zurückgefordert werden, auch wenn in Unkenntnis der Verjährung geleistet worden ist. Bei Schlechtleistung gelten nach § 438 BGB folgende Gewährleistungsfristen:

§ 438 BGB Verjährung von Mängelansprüchen		
Gegenstand	Verjährungsfrist	Beginn der Frist
Dingliche Rechte aufgrund derer die Herausgabe der Sache verlangt werden kann (z. B. Diebstahl) und Rechte, die im Grundbuch eingetragen werden (z. B. Grundschuld)	30 Jahre	mit Übergabe bzw. Ablieferung der Sache

§ 438 BGB Verjährung von Mängelansprüchen		
Gegenstand	**Verjährungsfrist**	**Beginn der Frist**
Bauwerke	5 Jahre	
Arglistig verschwiegene Mängel	mind. 3 Jahre (30 bzw. 5 Jahre, falls es sich um dingliche Rechte, Rechte, die im Grundbuch eingetragen werden oder Bauwerke handelt)	31.12. des Jahres, an dem der Gläubiger von den den Anspruch begründeten Umständen und der Person des Schuldners Kenntnis erlangt hat oder ohne grobe Fahrlässigkeit erlangen müsste
Im Übrigen	2 Jahre (= regelmäßige kaufrechtliche Verjährungsfrist)	mit Übergabe bzw. Ablieferung der Sache

Die Gewährleistung wird oft mit der Garantie verwechselt. Die Gewährleistung wird durch den Händler gewährt und ist gesetzlich geregelt. Die Garantie ist eine freiwillige Leistung des Herstellers.

> Hat ein Gebrauchtwagenhändler an einem Wagen, den er verkauft, gesehen, dass dieser in bestimmten Bereichen nachlackiert worden ist, so muss dies für ihn ein Hinweis auf die Möglichkeit eines reparierten Unfallschadens sein. Verkauft er das Fahrzeug weiter, ohne diesem Hinweis nachgegangen zu sein und ohne den Käufer zu informieren, handelt er arglistig. Stellt der neue Eigentümer fest, dass es sich um einen Unfallwagen handelt, kann er den Kauf rückgängig machen (Az.: OLG Karlsruhe, 4 U 71/09).

Exkurs: Verjährung und Hemmung

Neben den in § 438 BGB beschriebenen Sonderregelungen für Mängelansprüche wird in den Paragrafen 195 ff. BGB die Verjährung von Ansprüchen geregelt.

§ 195 ff. BGB Verjährung		
Gegenstand	**Verjährungsfrist**	**Beginn der Frist**
— Herausgabeansprüche aus Eigentum und anderen dinglichen Rechten — familien- und erbrechtliche Ansprüche — rechtskräftig festgestellte Ansprüche — Ansprüche aus vollstreckbaren Vergleichen oder vollstreckbaren Urkunden — vollstreckbare Ansprüche aus Insolvenzverfahren — Schadensersatzansprüche, die auf der Verletzung des Lebens, des Körpers, der Gesundheit oder der Freiheit beruhen	30 Jahre	mit Entstehung des Anspruchs bzw. mit Rechtskraft der Entscheidung
Rechte an Grundstücken	10 Jahre	Entstehung des Anspruchs
— regelmäßig wiederkehrende Leistungen (auch, wenn sie zu den oben genannten Fällen gehören) — die übrigen Ansprüche (trifft in den meisten Fällen zu.)	3 Jahre (regelmäßige Verjährungsfrist)	31.12. des Jahres, in dem der Anspruch entstanden ist und der Gläubiger davon Kenntnis erlangt hat

Das BGB sieht Möglichkeiten vor, die Verjährung für eine bestimmte Zeit auszusetzen und die Verjährungsfrist dann entsprechend zu verlängern (= Hemmung) bzw. die Verjährung ganz neu beginnen zu lassen. Die Bestimmungen zur Hemmung der Verjährung finden sich in § 203 bis § 206 BGB.

Die Verjährung wird u. a. gehemmt
- bei Verhandlungen zwischen Schuldner und Gläubiger, ob der Anspruch berechtigt ist. Die Verjährung tritt frühestens drei Monate nach dem Ende der Hemmung ein.
- wegen Rechtsverfolgung wie
  - Erhebung der Klage auf Leistung,
  - Erlass des Vollstreckungsbescheids,
  - Zustellung des Mahnbescheids im Mahnverfahren,
  - Anmeldung von Ansprüchen im Insolvenzverfahren,
  - Veranlassung eines Schlichtungsverfahrens.
- Die Hemmung endet sechs Monate nach der rechtskräftigen Entscheidung oder anderweitigen Beendigung des eingeleiteten Verfahrens,
- solange der Schuldner aus irgendeinem Grund vorübergehend berechtigt ist, die Leistung zu verweigern.
- solange der Gläubiger durch Stillstand der Rechtspflege oder durch höhere Gewalt, wie z. B. Krieg, Überschwemmungskatastrophen oder Epidemien innerhalb der letzten sechs Monate der Verjährungsfrist, daran gehindert war, seine Rechte geltend zu machen.

Die Verjährung beginnt erneut, wenn
- der Schuldner seine Schuld anerkennt, indem er z. B. um eine Stundung bittet, Zinsen zahlt, eine Sicherheitsleistung oder Teilzahlung vornimmt.
- der Gläubiger einen gerichtlichen oder behördlichen Vollstreckungsbescheid beantragen oder vornehmen lässt. Dies kann z. B. ein Mahnbescheid sein, wenn auf diesen ein Vollstreckungsbescheid folgt.

Ein gewöhnliches Mahnschreiben bewirkt keinen Neubeginn der Verjährung. Die Verjährungsfrist beginnt auch neu zu laufen, wenn eine Nacherfüllung durch Lieferung einer mangelhaften Sache erfolgt.
Der Neubeginn der Verjährung wird in § 212 BGB geregelt.

8.9.2 Nicht-rechtzeitig-Lieferung und Nicht-rechtzeitig-Zahlung

Diese beiden Leistungsstörungen werden im BGB gemeinsam geregelt.

Ist die Lieferung bzw. die Zahlung fällig, muss der Gläubiger zunächst eine **angemessene Nachfrist** setzen. Dies kann unterbleiben, wenn

— der Schuldner die Leistung verweigert,
— die Leistung kalendermäßig bestimmt war,
— besondere Gründe vorliegen oder
— bei einer Geldschuld 30 Tage nach dem Rechnungszugang vergangen sind.

(Ist der Geldschuldner allerdings ein Verbraucher und ist er nicht ausdrücklich auf die 30-Tage-Regelung hingewiesen worden, so gilt die Regelung nicht.)

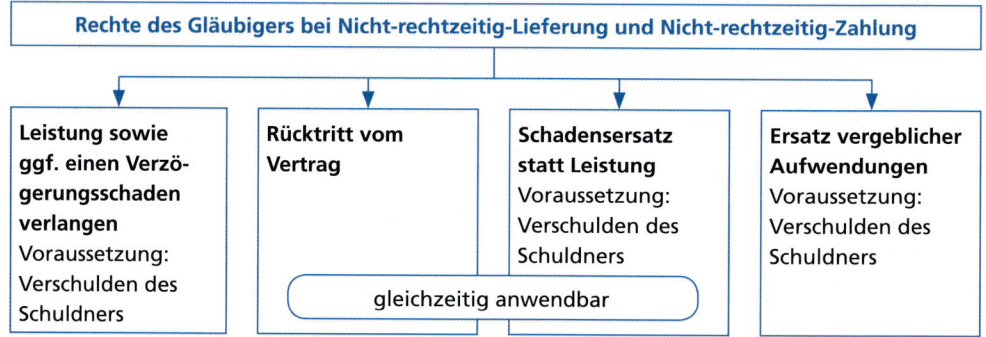

Eine **Geldschuld** muss während des **Verzugs verzinst** werden. Bei einem Privatkauf oder einseitigen Handelskauf beträgt der Verzugszins fünf Prozentpunkte, bei einem zweiseitigen Handelskauf acht Prozentpunkte über dem Basiszinssatz. Liegt der Basiszinssatz beispielsweise bei 2,8 %, so muss ein Kaufmann bei einem zweiseitigen Handelskauf 10,8 % Verzugszinsen zahlen.

8.9.3 Gläubigerverzug

Ein Käufer gerät in Gläubigerverzug, wenn er
- die ordnungsgemäß gelieferte **Ware nicht zum vereinbarten Termin annimmt** oder
- **Mitwirkungshandlungen unterlässt**, wodurch die Ausführung der Warenlieferung verhindert wird.

Ein Verschulden des Gläubigers ist nicht notwendig. Tritt ein Gläubigerverzug ein, haftet der Käufer für die Beschädigung oder Vernichtung der Ware. Der Lieferer haftet nur noch bei Vorsatz oder grober Fahrlässigkeit.

Rechte des Verkäufers		
Klage auf Abnahme der Ware und **Hinterlegung** der Ware auf Kosten des Käufers. Bei einem Handelskauf ist jede Art von Ware hinterlegungsfähig, beim bürgerlich-rechtlichen Kauf nur Geld, Wertpapiere, Urkunden und andere Wertgegenstände.	**Selbsthilfeverkauf** - Beim Handelskauf kann jede Ware zum Selbsthilfeverkauf gebracht werden, beim bürgerlich-rechtlichen Kauf nur Ware, die sich nicht zur Hinterlegung eignet. - Der Selbsthilfeverkauf muss angedroht werden. - Die Ware muss öffentlich versteigert werden (Ausnahme: Waren mit einem Börsen- oder Marktpreis). - Mindererlöse hat der Käufer zu ersetzen, Mehrerlöse müssen ihm ausgezahlt werden.	**Kostenerstattung** Ersatz der Mehrkosten

8.10 Produkthaftung

Unter Produkthaftung im Sinne des Produkthaftungsgesetzes versteht man die Haftung des Herstellers für Personen- und Sachschäden, die aus der Benutzung eines fehlerhaften Produkts resultieren. Diese Haftung ist verschuldensunabhängig (Gefährdungshaftung). Dabei gilt ein Produkt dann als fehlerhaft, wenn es nicht die Sicherheit bietet, die unter normalen Umständen erwartet werden kann. Die Beweislast liegt hier bei dem Geschädigten. Er muss den ursächlichen Zusammenhang zwischen dem Produktfehler und dem Schaden beweisen. Bei Personenschäden liegt die Haftungshöchstgrenze bei 85 Mio. €, bei Sachschäden hat der Geschädigte einen Eigenanteil von 500,00 €.

Die Produkthaftung des Herstellers darf im voraus weder ausgeschlossen noch beschränkt werden. Entgegenstehende Vereinbarungen sind nichtig.

Vertiefungsaufgaben zur Handlungssituation 8

1. Welche der nachfolgenden Aussagen zur Anfrage ist zutreffend? Die Anfrage ist im rechtlichen Sinne …
   [1] eine formfreie Willenserklärung des Käufers.
   [2] nur gültig, wenn sie in Schriftform erfolgt.
   [3] keine Willenserklärung.

2. Erklären Sie, welche rechtlichen Voraussetzungen erfüllt sein müssen, damit ein Angebot eine Willenserklärung (Vertragsantrag) ist.

3. Begründen Sie die Notwendigkeit der gesetzlichen Annahmefrist des BGB und erklären Sie, bis zu welchem Zeitpunkt der Anbieter an sein Angebot unter Anwesenden bzw. Abwesenden und bei einer bestimmten Annahmefrist rechtlich gebunden ist.

4. Erläutern Sie die Rechtswirkung, wenn
   a) eine Bestellung von einem Angebot abweicht,
   b) der Anbieter sein Angebot nach dessen Zugang beim Empfänger widerruft.

5. Die Firma Müller Papier OHG aus Stuttgart unterbreitet der Jurasoft GmbH am 2. Mai ein schriftliches Angebot über 10 000 Blatt Papier, Größe DIN-A4 zum Gesamtpreis von 150,00 €.
   a) Wie lange ist die Müller Papier OHG an dieses Angebot gebunden?
   b) Durch welche Zusätze könnte die Bindung an ein solches Angebot
      − eingeschränkt,
      − ausgeschlossen werden?
   c) Die Jurasoft GmbH bestellt am 6. Mai 5 000 Blatt Papier zum Gesamtpreis von 75,00 €. Muss die Müller Papier OHG liefern? (Begründung)

6. Die Jurasoft GmbH stellt bei der Überprüfung eines Angebotes, das am Vortag per Brief an die Müller OHG versandt wurde, fest, dass der Preis für die Software Jurahelp versehentlich mit 890,00 € statt mit 990,00 € angegeben wurde.
   a) Wann muss das korrigierte Angebot spätestens bei der Müller OHG eintreffen, um das andere zu ersetzen?
   b) Welches Kommunikationsmittel sollte hierbei gewählt werden?

7. Welche der nachstehenden Aussagen über das Zustandekommen eines Kaufvertrags trifft zu? Ein Kaufvertrag kommt zustande durch …
   [1] ein unverbindliches Angebot, dem eine Bestellung folgt.
   [2] eine Bestellung, die auf eine Anfrage und ein unverbindliches Angebot erfolgt ist.
   [3] eine Auftragsbestätigung, die aufgrund einer Bestellung erfolgt ist.

8. Stellen Sie fest, ob es sich bei den nachfolgenden Vorgängen um
   [1] den Antrag des Käufers,
   [2] den Antrag des Verkäufers,
   [3] die Annahme des Käufers,
   [4] die Annahme des Verkäufers oder
   [5] weder um den Antrag noch um die Annahme durch eine Vertragspartei handelt.
   a) − Der Verkäufer schickt dem Käufer ein verbindliches Angebot.
      − Der Käufer bestellt zu den angebotenen Bedingungen.
      − Der Verkäufer liefert die gewünschte Ware vereinbarungsgemäß.

b) – Der Verkäufer wirbt in dem Lokalblättchen für sein neues Produkt.
   – Ein Kunde bestellt das Produkt telefonisch.
   – Der Verkäufer sagt die sofortige Lieferung der Ware zu.
c) – Der Käufer bestellt via Internet drei Bücher.
   – Der Verkäufer schickt eine Auftragsbestätigung.
   – Der Verkäufer liefert wie vereinbart.

9. Beim Kaufvertrag wird zwischen dem Verpflichtungsgeschäft und dem Erfüllungsgeschäft unterschieden. Welche Aussage beschreibt ein Erfüllungsgeschäft?
   [1] Der Verkäufer schickt ein schriftliches Angebot, der Käufer bestellt daraufhin.
   [2] Der Käufer bestellt ohne vorheriges Angebot, der Verkäufer schickt eine Auftragsbestätigung.
   [3] Der Käufer begleicht eine Rechnung über 500,00 €, die aufgrund einer Warenlieferung ausgestellt wurde.

10. Ihr Chef hat Waren im Wert von 10 000,00 € mit folgenden Zahlungsbedingungen gekauft: „Zahlbar innerhalb von 10 Tagen mit 2 % Skonto oder in 30 Tagen ohne Abzug."
   a) Wie hoch ist der Skonto in Euro?
   b) Ihr Chef entscheidet sich dafür, den Skonto auszunutzen und einen Kontokorrentkredit aufzunehmen. Wie viel Euro Zinsbelastung muss er dann bei einem Zinssatz von 12 % p. a. für die 20 Tage bezahlen?

11. Welche Kaufvertragsarten werden hier beschrieben?
   a) Das Hochzeitskleid soll am 1. September geliefert werden.
   b) Der Gastwirt kauft zunächst nur eine Kiste eines teuren Weins. Kommt der Wein bei seinen Gästen gut an, bestellt er eine größere Menge.
   c) Die Schule kauft 10 000 Blatt Kopierpapier, die sie in den nächsten drei Monaten in maximal drei Lieferungen abrufen kann.

12. Sie haben den Internetprovider gewechselt und überlegen, ob Sie die Kosten per Dauerauftrag oder Lastschrift bezahlen sollen. Erläutern Sie kurz die Unterschiede zwischen den beiden Verfahren anhand des Beispiels.

13. Paul Pleitgen zahlt seine Rechnung mit einem Barscheck.
   a) Um welche Zahlungsart handelt es sich?
   b) Ist der Gläubiger verpflichtet, einen Barscheck anzunehmen?

14. Helga Jung hat gerade einen Ausbildungsvertrag unterschrieben. Sie lädt daher einen Versicherungsvertreter zu sich nach Hause ein, um sich beraten zu lassen, welche Versicherungen für sie wichtig sind. Bei diesem Gespräch lässt sie sich überreden, eine Berufsunfähigkeitsversicherung abzuschließen.
   a) Handelt es sich um ein Haustürgeschäft?
   b) Kann Helga Jung den Vertrag innerhalb von zwei Wochen widerrufen?

15. Klaus Eiling hat sich bei einem Online-Versandhandel eine Skijacke für 89,90 € zuzüglich Versandkosten bestellt. Zwei Tage später entdeckt er bei einem Stadtbummel zufällig die gleiche Jacke für 85,90 €. Hat Klaus Eilig jetzt noch ein Widerrufsrecht?

16. Marion Beckmann hat bei einem Versandhandel einen Reiseführer für Ägypten zum Preis von 9,90 € (inkl. Versandkosten) bestellt. Bei Erhalt des Buches ist sie jedoch enttäuscht. Statt schöner Fotos von den Sehenswürdigkeiten Ägyptens liest sie seitenlange Artikel über die Geschichte des Landes. Sie möchte das Buch daher zurückgeben. In dem Katalog liest sie unter den AGB Folgendes: „Ihr Widerrufsrecht: Alle bei uns gekauften und noch nicht gebrauchten Artikel  können Sie innerhalb von 21 Tagen zurücksenden und erhalten den Kaufpreis erstattet. Die Versandkosten werden Ihnen erstattet, wenn Sie innerhalb von 14 Tagen nach Erhalt der Ware den Kaufvertrag widerrufen haben oder die Ware an uns zurückgeschickt haben, vorausgesetzt der Wert der Rücksendung liegt über 40,00 €."
    a) Kann Marion Beckmann den Reiseführer zurückgeben?
    b) Wer trägt die Kosten der Rücksendung?

17. Dirk Mertens hat bei eBay von einem Händler eine originalverpackte und versiegelte Software erstanden. Dirk Mertens entfernt das Siegel und installiert die Software auf seinem PC. Leider entspricht diese nicht seinen Erwartungen. Kann er jetzt von seinem Widerrufsrecht Gebrauch machen?

18. Sie kaufen über das Internet Jeans aus den USA. Die Jeans kosten dort 40,00 $. Das Wechselkursverhältnis von Euro zu Dollar beträgt 1:1,20, d. h., Sie erhalten für 1,00 € 1,20 $. Wie viel kostet die Jeans dann in Euro?

19. Herr Meier kauft bei der Computer Fix & Fertig GmbH einen gebrauchten Tintenstrahldrucker. Bei dem Kauf wurde vertraglich vereinbart, dass die Gewährleistungsansprüche 6 Monate nach der Abholung des Druckers verjähren. Nach zehn Monaten stellt Herr Meier einen Mangel fest. Sind seine Gewährleistungsansprüche verjährt? Begründen Sie Ihre Antwort.

20. a) Frau Mertens verkauft ihrer Nachbarin Frau Kluge einen gebrauchten PC für 50,00 € mit den Worten: „Ich übernehme aber keine Gewährleistung für etwaige Mängel. Du kaufst den PC, so wie du ihn jetzt siehst." Frau Kluge stimmt zu. Nach drei Monaten geht der Lüfter kaputt. Frau Kluge wendet sich erbost an ihre Nachbarin und verlangt, dass sie den PC repariert, schließlich habe man ja bei gebrauchten Gütern mindestens ein Jahr Gewährleistung. Frau Mertens lehnt dies ab. Wer hat Recht? Begründen Sie Ihre Meinung.
    b) Wie beurteilen Sie den Fall, wenn Frau Mertens und Frau Kluge Kauffrauen im Sinne des HGBs sind und das Geschäft im Rahmen ihres Handelgewerbes abgeschlossen haben?

21. Welche Auswirkung haben die folgenden Aktionen auf die Verjährung? Geben Sie an, ob die Verjährung gehemmt wird, neu beginnt oder ob die Aktion keinen Einfluss auf die Verjährung hat.

a) Eine Überschwemmung verhindert die Rechtsverfolgung kurz vor Ablauf der Verjährung.
b) Der Schuldner zahlt Zinsen.
c) Der Schuldner bittet um Stundung der Zahlung.
d) Zustellung eines Mahnbescheids.
e) Der Gläubiger fordert den Schuldner per Einschreiben zur Zahlung auf.

22. Die Computer Fix & Fertig GmbH kauft von einem Großhändler fünf Tintenstrahldrucker, die sie auch schon bezahlt hat. Die Drucker sind bereits von Kunden vorbestellt. Bei der Warenannahme bemerkt der Geschäftsführer der Computer Fix & Fertig GmbH, dass drei Tintenstrahldrucker defekt sind. Er setzt eine angemessene Frist zur Nachbesserung, auf die der Großhändler aber nicht reagiert. Den Kunden der Computer Fix & Fertig GmbH dauert es zu lange, sodass sie bei einem anderen Händler kaufen. Der Geschäftsführer der Computer Fix & Fertig GmbH möchte daher von der Großhandlung die Rückzahlung des Kaufpreises für die drei Tintenstrahldrucker sowie Schadensersatz in Höhe des ihm entgangenen Gewinns. Klären Sie die Rechtslage.

23. Die Computer Fix & Fertig GmbH bestellt bei dem Großhändler Compo AG 1 000 CD-ROMs. Die Compo AG bestätigt die Bestellung, liefert aber dann doch nicht zum vereinbarten Termin. Zwischenzeitlich sind die Preise für CD-ROMs deutlich gefallen. Die Computer Fix & Fertig GmbH kauft daher bei einem anderen Großhändler die CDs und informiert die Compo AG. Diese verlangt die Abnahme und Zahlung der CDs, da die Computer Fix & Fertig GmbH keine angemessene Nachfrist gestellt hat.
Klären Sie die Rechtslage.

24. Die Compo AG liefert an die Computer Fix & Fertig GmbH zehn Notebooks. Die Computer Fix & Fertig GmbH erhält die Rechnung am 3. Juni. Die Computer Fix & Fertig GmbH zahlt nicht rechtzeitig. Ab wann kann die Compo AG in den folgenden Fällen Verzugszinsen in Rechnung stellen?
a) Es wurde kein Zahlungsziel vereinbart. Die Compo AG hat keine Mahnung verschickt.
b) Es wurde kein Zahlungsziel vereinbart. Die Compo AG hat am 25. Juni eine Mahnung verschickt.
c) Vereinbartes Zahlungsziel: „Spätestens 10 Tage nach Erhalt der Rechnung."
d) Wie viel Prozent Verzugszinsen kann die Compo AG verlangen, wenn der Basiszinssatz bei 2,6 % liegt?

25. Die Computer Fix & Fertig GmbH hat vor 30 Monaten an die Kontago GmbH einen Beamer geliefert. Die Zahlung war bereits vor 29 Monaten fällig. Die Kontago GmbH hat immer noch nicht gezahlt. Ist die Forderung inzwischen verjährt?

26. Paul Ebert hat eine Waschmaschine gekauft. Als Liefertermin wurde der 22. Oktober zwischen 14:00 und 15:00 Uhr vereinbart. Herr Ebert macht extra vorzeitig Feierabend, um rechtzeitig zu Hause zu sein. Unterwegs hat er einen schweren Unfall. Die Spedition trifft daher niemanden an und nimmt die Waschmaschine wieder mit. Nachdem Herr Ebert wieder aus dem Krankenhaus entlassen worden ist, vereinbart er einen neuen Liefertermin. Dieses Mal kann er die Waschmaschine auch annehmen. Entsetzt ist er allerdings, dass er auch die Kosten der ersten Lieferung zahlen soll. Er weigert sich zu zahlen. Hat er Recht? Geben Sie eine Begründung an.

9 Vermarktung von solargetriebenen Rasenmähern

Themen
- Bestimmung der Marktsituation eines Unternehmens
- Wirtschaftsordnungen
- Bedürfnis, Bedarf, Nachfrageverhalten privater Haushalte, Gesetz der Nachfrage, Preiselastizität der Nachfrage
- Ökonomisches Prinzip
- Gesetz des Angebots, Preisbildung auf dem vollkommenen Markt
- Marktformen
- Käufermarkt und Verkäufermarkt
- Kooperation und Konzentration von Unternehmen
- Eingriffe des Staates in den Markt, magisches Viereck
- Grundbegriffe Marketing
- Bedarfs- und Absatzforschung, Kundenanalyse, Konkurrenzforschung, Marktuntersuchung, Erhebungsmethoden
- Produkt- und Sortimentspolitik
- Preis- und Konditionenpolitik
- Kommunikationspolitik
- Distributionspolitik
- Wettbewerbsrecht
- Verkaufsgespräch

Mögliche Verknüpfungen zu anderen Themengebieten/Fächern
- Deutsch/Kommunikation: Verkaufsgespräch
- Anwendungsentwicklung: Gestaltung von Flyern, Plakaten o. Ä.
- Webdesign: Gestalten einer Homepage

Max Weber ist ein begeisterter Tüftler. Vor einem Monat hat er die Solarrasenmäher Weber e. K. gegründet. In seiner Firma baut er Elektrorasenmäher zu solargetriebenen Rasenmähern um. Dabei kauft er zum einen selbst Elektrorasenmäher, die er dann umbauen kann, zum anderen baut er aber auch die gebrauchten Rasenmäher seiner Kunden um.
Da Max Weber zwar ein sehr guter Techniker ist, aber nur über minimale kaufmännische Kenntnisse verfügt, benötigt er dringend Hilfe bei der Organisation des Vertriebs seiner Solarrasenmäher.

1. Bevor ein konkretes Marketingkonzept für den Vertrieb der Solarrasenmäher entwickelt werden kann, muss Max Weber zunächst die grundsätzliche Funktionsweise des Marktes kennenlernen. Informieren Sie sich anhand des Informationstextes „Grundlagen zum Marktverhalten der Marktteilnehmer" über die wesentlichen Einflussfaktoren und deren Wirkungsweise auf die Markt-situation eines Produkts und beantworten Sie dann die nachfolgenden Aufgaben.

2. Jeder Eigentümer eines Elektrorasenmähers träumt wahrscheinlich davon, dass ihm die lästigen Kabel sowie die Stromkosten in Zukunft erspart bleiben. Entsteht damit ein Bedürfnis und/oder ein Bedarf nach einem solargetriebenen Rasenmäher?

3. Handelt es sich bei dem Bedürfnis eines Gartenbesitzers nach einem Rasenmäher um ein Existenz-, ein Kultur- oder ein Luxus-bedürfnis?

4. Grenzen Sie anhand des Beispiels die Begriffe *offenes Bedürfnis* und *latentes Bedürfnis* voneinander ab.

5. Max Weber möchte mit seinen gegebenen finanziellen Mitteln und seiner Arbeitskraft einen möglichst hohen finanziellen Gewinn erwirtschaften. Nach welchem ökonomischen Prinzip handelt er dann?

6. Max Weber versucht einen bestimmten Elektrorasenmäher möglichst preisgünstig zu erwerben. Welches ökonomische Prinzip liegt dann vor?

7. Erklären Sie das Gesetz der Nachfrage am Beispiel der Solarrasenmäher. Wie könnte dann ein entsprechendes Gesetz des Angebots aussehen?

8. Ist die Preiselastizität bei Solarrasenmähern Ihrer Meinung nach eher hoch oder eher gering? Begründen Sie Ihre Antwort kurz.

9. Der Markt für Rasenmäher wird von einigen großen Anbietern bestimmt. Welche Marktform liegt vor?

10. Bevor Max Weber sich selbstständig gemacht hat, hat er recherchiert, ob es bereits andere Anbieter von Solarrasenmähern gibt. Er hat jedoch keine kommerziellen Anbieter gefunden. Um welche Marktform handelt es sich dann?

11. In der Volkswirtschaft verwendet man zur Darstellung und Erklärung von komplizierten Sachverhalten Modelle. Welche Eigenschaften zeichnen das Modell eines vollkommenen Marktes aus? Handelt es sich bei dem Markt für Rasenmäher um einen vollkommenen Markt?

12. Liegt Ihrer Meinung nach bei dem Markt für Rasenmäher eher ein Käufer- oder eher ein Verkäufermarkt vor?

13. Mit welchen Wettbewerbsstörungen muss Max Weber bei dem Vertrieb der Solarrasenmäher unter Umständen rechnen?

Nachdem Max Weber jetzt über grundlegende Kenntnisse über die Funktionsweise des Marktes verfügt, möchte er endlich diese allgemeinen Informationen auf sein spezielles Problem übertragen.
Zunächst möchte er mehr über seine potenziellen Kunden erfahren, um diese später möglichst zielgenau ansprechen zu können.
Max Weber hat nur ein kleines Budget für die Bedarfs- und Absatzforschung. Er schlägt daher vor, nur eine Umfrage durchzuführen. Er bittet Sie, einen Fragebogen zu entwerfen. Jeder, der den Fragebogen ausfüllt, kann dann an einer Verlosung teilnehmen. Hauptpreis ist ein neuer Solarrasenmäher. Ebenfalls zu gewinnen sind der Umbau eines gebrauchten Elektrorasenmähers sowie kleinere Gartengeräte.

14. Informieren Sie sich anhand des Informationstextes über die Vorgehensweise bei der Marktuntersuchung.

15. — Überlegen Sie sich, welche Informationen für Max Weber in Zunkunft wichtig sind und entwerfen Sie einen Fragebogen für die Weber e. K. Achten Sie bei der Gestaltung des Fragebogens darauf, dass dieser schnell ausgewertet werden kann.
     — Lassen Sie den Fragebogen von Freunden und Bekannten ausfüllen. Werten Sie den Fragebogen anschließend aus und bereiten die Ergebnisse übersichtlich für Max Weber auf. Welche Empfehlung können Sie ihm geben?

16. Geben Sie eine Prognose über die zukünftige Marktentwicklung der Solarrasenmäher ab. Begründen Sie Ihre Meinung.

Max Weber möchte gerne, dass Sie, ausgehend von den Erkenntnissen der Marktforschung, ein Marketingkonzept für ihn entwerfen.

17. Informieren Sie sich anhand des Informationstextes über die Instrumente des Marketings.

18. Stellen Sie eine Übersicht über die Marketinginstrumente mithilfe eines Mind-Maps grafisch dar.

Max Weber überlegt, ob er neben den Solarrasenmähern auch andere Rasenmäher verkaufen soll. Darüber hinaus möchte er gerne wissen, welchen produktbegleitenden Service er anbieten sollte, um möglichst viele Kunden anzusprechen. Auch der Preis seiner Produkte, die Vertriebswege und die Art der Werbung für die Solarrasenmäher sind ihm noch völlig unklar.

Bilden Sie Gruppen.

19. Erarbeiten Sie in Ihren Gruppen ein konkretes Marketingkonzept für Max Weber. Gehen Sie dabei sowohl auf die Produkt-/Sortimentspolitik, die Preis- und Konditionenpolitik, die Kommunikationspolitik als auch die Distributionspolitik ein. Beachten Sie, dass die Einzelmaßnahmen aufeinander abgestimmt sein müssen, um eine optimale Wirkung zu erzielen. Überschlagen Sie, welche Kosten ihr Marketingkonzept für Max Weber verursacht.

Zusatzinformation: Max Weber hat pro Monat fixe Kosten (Miete, Strom, kalkulatorischer Unternehmerlohn) von 5 500,00 €. Ein neuer Elektrorasenmäher kostet ihn 250,00 €. Je Rasenmäher fallen darüber hinaus noch einmal 20,00 € Materialkosten für den Umbau an. Er kann zurzeit maximal 20 Rasenmäher in der Woche umbauen. Leider kann er diese 20 Rasenmäher momentan noch nicht absetzen. Im vergangenen Monat hat er lediglich zehn neue Solarrasenmäher für je 440,00 € verkauft sowie zwei alte Rasenmäher für je 190,00 € umgerüstet. Der vollautomatische Rasenmäher der Konkurrenz kostet ca. 1 000,00 €.

20. Präsentieren Sie Ihre Ergebnisse in der Klasse. Diskutieren Sie die Lösungen der jeweiligen Gruppe und überlegen Sie sich ggf. Verbesserungsmöglichkeiten.

Ein Jahr später
Inzwischen läuft das Geschäft von Max Weber schon ziemlich gut. Da so viel zu tun ist, hilft ihm seine Ehefrau Elke morgens für ein paar Stunden im Verkauf. Elke Weber ist aber noch sehr unsicher im Umgang mit den Kunden. Damit sie etwas mehr Sicherheit gewinnt, spricht Max Weber einige typische Verkaufssituationen mit ihr durch.

Max Weber: *Jedes Verkaufsgespräch besteht aus drei Stufen:*
die erste Stufe des Verkaufsgesprächs ist die Vorbereitung des Gesprächs,
die zweite Stufe ist die Durchführung des Gesprächs und
die dritte Stufe die Nachbereitung.
Elke Weber: *Und wie soll ich ein Verkaufsgespräch vorbereiten?*

21. Überlegen Sie, welche Tätigkeiten bei der Vorbereitung eines Verkaufsgesprächs anfallen.

Max Weber: *Die Durchführung des Verkaufsgesprächs erfolgt in mehreren Schritten. Ich habe dir ein Schema mitgebracht. Natürlich läuft jedes Gespräch ein bisschen anders ab. Aber so hast du schon einmal einen guten Anhaltspunkt:*
Durchführung eines Verkaufsgesprächs
1. Gesprächseröffnung, erste Kontaktaufnahme
Ein neuer Kunde kommt ins Geschäft. Wie kann man den Kunden ansprechen, ohne sich aufzudrängen?
2. Bedarfsanalyse
Bevor dem Kunden ein konkretes Angebot unterbreitet werden kann, muss der Verkäufer zunächst den Bedarf des Kunden feststellen. Der Verkäufer muss erfragen, was der Kunde will, warum er es will und welche Erwartungen er an das Produkt hat.
3. Angebot
Jetzt muss der Nutzen des Produkts für den Kunden dargestellt werden. Gegebenenfalls sollten Alternativen angeboten werden.
4. Abschluss
Der Preis gehört an das Ende des Verkaufsgesprächs. Ziel ist es, dass der Kunde einen Kaufvertrag abschließt.

Ü 22. Überlegen Sie, wie sich ein Verkäufer in den einzelnen Phasen eines Verkaufsgesprächs jeweils verhalten sollte.
1. Wie könnte die erste Kontaktaufnahme gestaltet werden?
2. Formulieren Sie einige Fragen, um den Bedarf des Kunden zu ermitteln.
3. Empfehlen Sie dem Kunden ein Produkt aus dem Sortiment von Max Weber und sammeln Sie Verkaufsargumente für dieses Produkt.
4. Mit welcher Frage können Sie den Abschluss des Verkaufsgesprächs einleiten?
5. Warum sollte der Preis erst in der Abschlussphase genannt werden?

Elke Weber: *Und was soll ich bei der Nachbereitung des Verkaufsgesprächs machen?*
Max Weber: *Wenn der Kunde nichts gekauft hat, musst du überlegen, woran das lag. War das Verkaufsgespräch erfolgreich, solltest du dir überlegen, wie du den Kontakt zum Kunden halten kannst, damit er auch in Zukunft bei uns einkauft.*

? 23. Mit welchen Maßnahmen kann man versuchen, den Kontakt zum Kunden zu halten?

Ü 24. Führen Sie in der Klasse ein Verkaufsgespräch für einen Solarrasenmäher durch. Beobachtungsauftrag: Achten Sie darauf, ob der Verkäufer die Phasen des Verkaufsgesprächs eingehalten hat. Was sollte er in Zukunft anders machen?

9   Informationen zur Handlungssituation

9.1   Grundlagen zum Marktverhalten der Marktteilnehmer

Bevor ein Unternehmen eine konkrete Marketingstrategie für ein Produkt entwirft, muss es sich zunächst einen Überblick über seine konkrete Situation auf dem Markt für dieses Produkt verschaffen. Die wichtigsten Bestimmungsfaktoren der Marktsituation sind:
1. die Wirtschaftsordnung (freie Marktwirtschaft, soziale Marktwirtschaft oder Zentralverwaltungswirtschaft),
2. die Art der hergestellten Produkte oder der angebotenen Dienstleistung,
3. die Anzahl und Zusammensetzung der Nachfrager (Nachfragemonopol, Nachfrageoligopol oder Polypol),
4. die Stellung des Unternehmens am Markt (z. B. Angebotsmonopol, Angebotsoligopol oder Polypol) und
5. die jeweiligen Gesetze und Verordnungen.

9.1.1   Nachfrageverhalten am Beispiel privater Haushalte

Die jeweiligen Verbrauchswirtschaftspläne der einzelnen Haushalte sind der Ansatzpunkt für die Marketingstrategien der Unternehmen. Die Haushalte entscheiden darüber, wie das jeweils zur Verfügung stehende Einkommen verwendet werden soll. Sie wählen die Güter entsprechend ihrer jeweiligen Bedürfnisskala aus. Um am Markt zu bestehen, muss ein Unternehmen daher über die Erfüllung der Kundenbedürfnisse nachdenken.

> Unter einem **Bedürfnis** versteht man ein **persönliches Mangelempfinden**, mit dem Bestreben, dieses zu beseitigen.

Was macht den Kunden heute aber wirklich glücklich und zufrieden? Was veranlasst ihn, gerade ein bestimmtes Gut und nicht ein anderes zu kaufen? Auf diese Frage gibt es keine allgemeingültige Antwort. Jeder Mensch hat eine eigene Kombination unterschiedlicher Bedürfnisse. Sie werden beeinflusst von den Lebensumständen und dem Umfeld, in denen sich der Einzelne bewegt.

Bedürfnisse können nach verschiedenen Kriterien eingeteilt werden. Nach der Dringlichkeit der Bedürfnisse unterscheidet man zwischen Existenzbedürfnissen, Kulturbedürfnissen und Luxusbedürfnissen.

Bedürfnisarten nach der Dringlichkeit der Bedürfnisse		
Existenzbedürfnisse sind lebensnotwendige Bedürfnisse.	**Kulturbedürfnisse** gehen über die lebensnotwendigen Bedürfnisse hinaus. Sie erleichtern und verschönern das Leben.	**Luxusbedürfnisse** sind absolut nicht notwendig und werden nur selten verwirklicht.

Laut Amerikas bekanntem Kundenforscher Paco Underhill trägt die Erfüllung der über die Existenzbedürfnisse hinausgehenden Bedürfnisse 60 % zum gesamtvolkswirtschaftlichen Volumen bei.

Eine weitere Einteilung der Bedürfnisse erfolgt danach, ob sie dem Bedürfnisträger bewusst sind.

Bedürfnisarten nach der Bewusstheit der Bedürfnisse	
Offene Bedürfnisse sind dem Menschen bewusst.	**Latente Bedürfnisse** sind Wünsche, die erst durch die Umwelt (z. B. durch Werbung) geweckt werden müssen, bevor sie als Bedürfnisse wahrgenommen werden.

Die zunächst nur als unbestimmtes Gefühl des Mangels empfundenen Bedürfnisse werden durch die Entscheidung für ein bestimmtes Gut konkretisiert. Wirtschaftlich von Bedeutung ist nur der Teil der Bedürfnisse, der sich auf konkrete Güter richtet und deren Befriedigung im Rahmen der jeweiligen technischen oder wirtschaftlichen Verhältnisse grundsätzlich möglich ist. Nicht beachtet werden daher an dieser Stelle z. B. das Bedürfnis nach Liebe, Anerkennung oder Freundschaft.

> *Die Summe dieser **konkretisierten Bedürfnisse**, die mit **Kaufkraft** ausgestattet sind, nennt man **Bedarf**.*

Nach Art des Bedarfs und den Möglichkeiten der Bedarfsdeckung unterscheidet man Individual- und Kollektivbedarf.

Bedarfsarten	
Individualbedarf kann vom Menschen alleine befriedigt werden.	**Kollektivbedarf** kann nur von einer Gruppe von Menschen gedeckt werden, z. B. der Bedarf nach Schulen oder der Polizei.

> *Man spricht von **Nachfrage**, wenn der Bedarf durch einen **Kaufentschluss** am Markt wirksam wird.*

BEISPIEL

Bei einem Spaziergang stellt sich das Mangelgefühl Hunger ein (Bedürfnis). Es konkretisiert sich im Bedarf nach einem Stück Kuchen. In einem Café bestellt man sich ein Stück Schwarzwälder Kirschtorte (Nachfrage).

Jeder Haushalt muss Überlegungen anstellen, wie er mit seinen begrenzten Mitteln die Bedürfnisse der Haushaltsmitglieder am besten befriedigen kann. Die wichtigsten Einflussgrößen bei einer Kaufentscheidung sind
- die Höhe des zur Verfügung stehenden Einkommens,
- der Preis der Güter und
- der Nutzen, den sie jeweils versprechen.

> Das **Gesetz der Nachfrage** gibt die Beziehung zwischen dem Preis eines Gutes und der nachgefragten Menge wieder. Es gilt:
> 1. mit steigendem Preis eines Gutes sinkt die Nachfrage nach diesem Gut und
> 2. mit sinkendem Preis steigt die Nachfrage.

Wie stark die Preise jeweils steigen oder fallen, hängt von dem jeweiligen Gut ab. Während die **Preiselastizität** bei Lebensmitteln z. B. eher gering ist, ist sie bei Gütern, die zur Befriedigung von Luxusbedürfnissen dienen, i. d. R. hoch.

> Die **Preiselastizität** der Nachfrage gibt die Reaktionsempfindlichkeit der Nachfrage auf Preisveränderungen an.

Mithilfe von **Nachfragekurven** kann die Beziehung zwischen dem Preis eines Gutes und der nachgefragten Menge visualisiert werden.

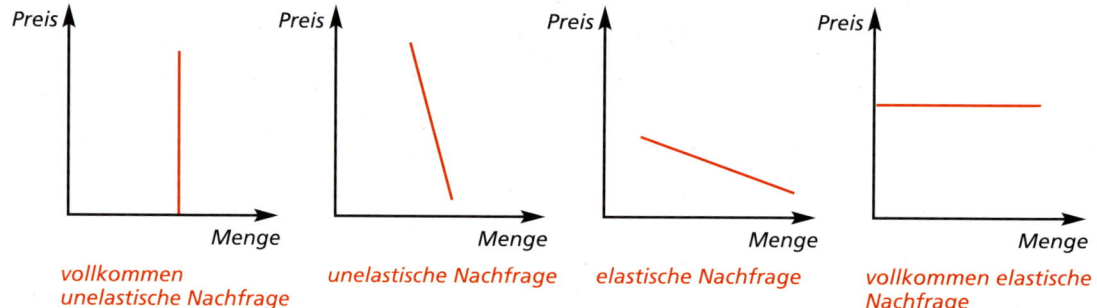

vollkommen unelastische Nachfrage   unelastische Nachfrage   elastische Nachfrage   vollkommen elastische Nachfrage

Verfügen die privaten Haushalte über ein höheres Einkommen als zuvor, verschiebt sich die Nachfragekurve nach rechts, sinkt das Einkommen, verschiebt sie sich nach links.

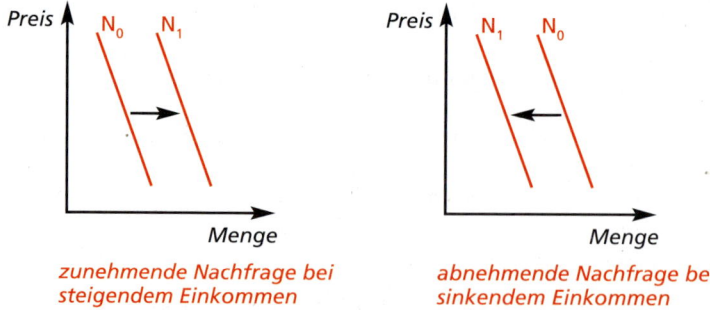

zunehmende Nachfrage bei steigendem Einkommen   abnehmende Nachfrage bei sinkendem Einkommen

Die Nachfrager versuchen bei der Aufstellung ihrer Haushaltspläne, ihren Nutzen möglichst zu maximieren. Die Abwägung zwischen verschiedenen Gütern erfolgt daher nach dem ökonomischen Prinzip.

> **Ökonomische Prinzipien** *sind:*
> 1. **Minimalprinzip:** *Danach handelt wirtschaftlich, wer einen vorgegebenen Erfolg mit minimalem (möglichst geringem) Mitteleinsatz (z. B. Geld) erzielt.*
> 2. **Maximalprinzip:** *Danach handelt wirtschaftlich, wer mit gegebenem Mitteleinsatz (z. B. Geld) einen maximalen (möglichst großen) Erfolg erzielt.*

1. Minimalprinzip: Herr Meier möchte einen Kasten Mineralwasser kaufen. Er versucht diesen möglichst billig zu bekommen.
2. Maximalprinzip: Herr Meier kann 300,00 € für einen neuen Monitor ausgeben. Er möchte von diesem Geld einen möglichst guten Monitor kaufen.

BEISPIEL

Für ein Unternehmen ist es wichtig, möglichst genaue Informationen über die Einkommenserzielung und -verwendung der privaten Haushalte zu erlangen. Diese Informationen kann man u. a. beim Statistischen Bundesamt erhalten.

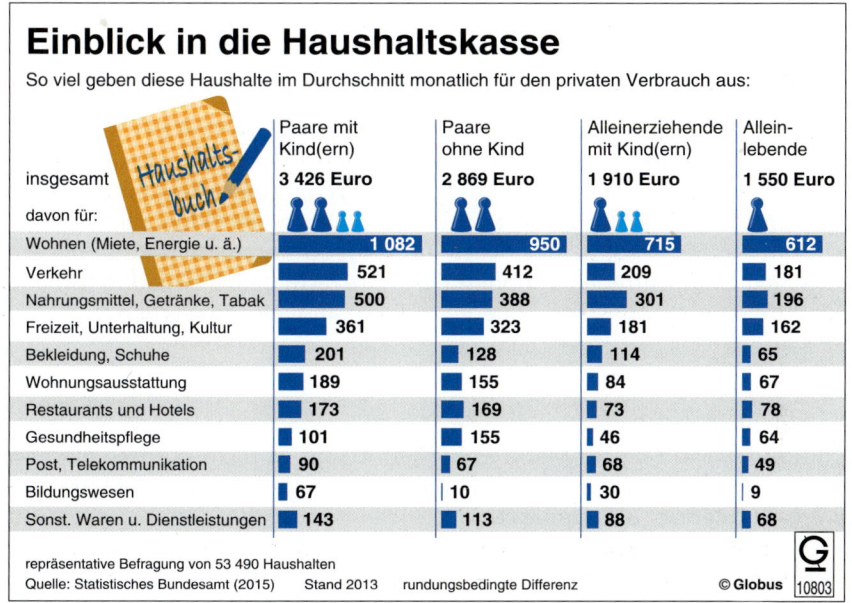

Einblick in die Haushaltskasse

So viel geben diese Haushalte im Durchschnitt monatlich für den privaten Verbrauch aus:

insgesamt davon für:	Paare mit Kind(ern) 3 426 Euro	Paare ohne Kind 2 869 Euro	Alleinerziehende mit Kind(ern) 1 910 Euro	Allein-lebende 1 550 Euro
Wohnen (Miete, Energie u. ä.)	1 082	950	715	612
Verkehr	521	412	209	181
Nahrungsmittel, Getränke, Tabak	500	388	301	196
Freizeit, Unterhaltung, Kultur	361	323	181	162
Bekleidung, Schuhe	201	128	114	65
Wohnungsausstattung	189	155	84	67
Restaurants und Hotels	173	169	73	78
Gesundheitspflege	101	155	46	64
Post, Telekommunikation	90	67	68	49
Bildungswesen	67	10	30	9
Sonst. Waren u. Dienstleistungen	143	113	88	68

repräsentative Befragung von 53 490 Haushalten
Quelle: Statistisches Bundesamt (2015)   Stand 2013   rundungsbedingte Differenz

© Globus 10803

Auch Unternehmen handeln nach dem ökonomischen Prinzip.

1. Minimalprinzip: Von verschiedenen Rohstofflieferanten wird der preisgünstigste ausgewählt.
2. Maximalprinzip: Mit den vorhandenen Maschinen und Arbeitskräften soll möglichst viel produziert werden.

BEISPIEL

9.1.2 Angebot und Nachfrage in Abhängigkeit von der Marktform

Von zentraler Bedeutung für das Marktgeschehen ist es, wie viele Anbieter auf wie viele Nachfrager treffen. Je nach Zahl der Anbieter und der Nachfrager können folgende Marktformen unterschieden werden.

Anzahl	viele Anbieter	wenige Anbieter	ein Anbieter
viele Nachfrager	Polypol (Auf dem Wochenmarkt bieten viele Händler Obst und Gemüse an und viele Familien kaufen dort ein.)	Angebotsoligopol (Wenige Automobilhersteller stehen vielen Autokäufern gegenüber.)	Angebotsmonopol (In einer ländlichen Gegend gibt es im weiten Umkreis nur eine einzige Sprachschule.)
wenige Nachfrager	Nachfrageoligopol (Wenige Lebensmittelfabriken stehen vielen Landwirten gegenüber.)	zweiseitiges Oligopol (Wenige Fluggesellschaften kaufen von wenigen Flugzeugbauern.)	beschränktes Angebotsmonopol (Ein Anbieter einer speziellen Maschine steht einigen Unternehmen gegenüber, die diese Maschine benötigen.)
ein Nachfrager	Nachfragemonopol (Viele Bauern beliefern die einzige Molkerei der Region mit Milch.)	beschränktes Nachfragemonopol (Es gibt nur wenige Bauunternehmen, die Gefängnisse bauen.)	zweiseitiges Monopol (Die Bundeswehr bezieht nur von einem Produzenten Kampfflugzeuge.)

Je nachdem, wie viele Marktteilnehmer sich auf der Angebots- und der Nachfrageseite gegenüberstehen, ist es schwerer oder leichter, die eigenen Interessen am Markt durchzusetzen. Liegt ein Polypol vor, besteht eine vollständige Konkurrenz. Keiner der Marktteilnehmer kann den Preis diktieren. Bei einem Oligopol steigt die Marktmacht der Oligopolisten. Die maximale Marktmacht hat ein Monopolist. Aber auch ein Angebotsmonopolist kann die Preise nicht beliebig hoch und ein Nachfragemonopolist die Preise nicht beliebig niedrig festlegen, da die anderen Marktteilnehmer sonst auf andere Produkte ausweichen werden.

9.1.3 Markt und Preis

Wir sind heute alle keine Selbstversorger mehr. Die Güter, die wir kaufen oder verkaufen möchten, müssen wir auf einem Markt erwerben. Damit ist nicht nur der Wochenmarkt in der Stadt gemeint, sondern z.B. auch der Gebrauchtwagenmarkt, der Markt für PCs, der Immobilienmarkt oder der Börsenmarkt.

 *Auf dem **Markt** treffen Angebot und Nachfrage aufeinander.*

Für den Absatz eines Gutes ist der Preis entscheidend. Die Preisbildung soll am Beispiel des Modells eines vollkommenen Marktes erläutert werden.

*Bei dem **vollkommenen Markt** wird unterstellt, dass ...*
- *alle Marktteilnehmer ausschließlich nach dem ökonomischen Prinzip handeln.*
- *die Güter homogen, d. h. gleichartig sind.*
- *es keine räumlichen, persönlichen oder zeitlichen Präferenzen gibt.*
- *eine vollständige Markttransparenz existiert.*
- *die Marktteilnehmer unendlich schnell reagieren können.*

Die Börse kommt den Modellvorstellungen des vollkommenen Marktes noch am nächsten. Bei einem niedrigen Kurs für die Aktie XY werden wenige ihre Aktien zum Verkauf anbieten. Steigt der Preis, sehen mehr potenzielle Verkäufer die Chance, einen Gewinn zu erzielen. Das Angebot an den Aktien wird steigen. Umgekehrt werden viele Käufer bereit sein, die Aktie zu erwerben, wenn der Kurs niedrig ist, und weniger, wenn der Kurs steigt. Es gibt aber nur einen Preis, bei dem die angebotene Menge mit der nachgefragten Menge übereinstimmt. Man spricht dann von einem **Gleichgewichtspreis**. Bei dem Gleichgewichtspreis wird die maximale Menge umgesetzt.

Ist das Angebot größer als die Nachfrage, spricht man von einem **Käufermarkt**, da sich die Käufer in einer besseren Position befinden. Bei einem Nachfrageüberhang liegt ein **Verkäufermarkt** vor.

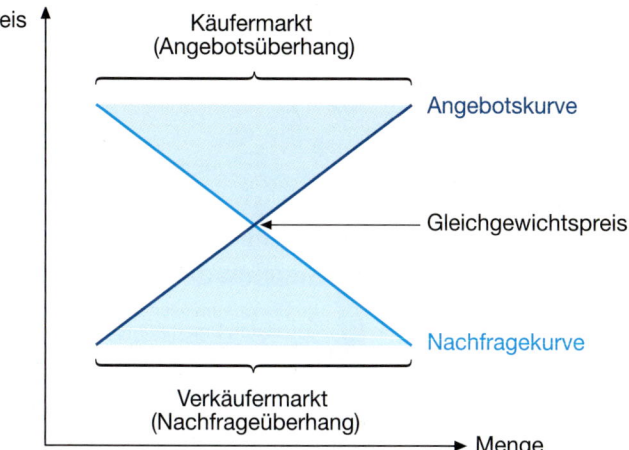

Preisbildung auf dem vollkommenen Markt

In der Wirklichkeit haben wir es selten mit einem vollkommenen Markt zu tun. Kunden verhalten sich nicht immer rational. Unternehmen versuchen über Werbung, die Käufer zu beeinflussen. Der Staat greift in vielen Fällen regulierend in den Markt ein.

9.1.4 Beeinflussung des freien Wettbewerbs

9.1.4.1 Kooperation und Konzentration von Unternehmen

Der Wettbewerb zwischen den Unternehmen ist die Grundvoraussetzung für eine funktionierende Marktwirtschaft. Zunehmender Konkurrenzdruck hat jedoch dazu geführt, dass Unternehmen versuchen, den Wettbewerb durch den Zusammenschluss mit anderen Unternehmen einzuschränken (Kooperation) oder sogar ganz auszuschalten (Konzentration). Die Zusammenarbeit der Unternehmen kann auf verschiedenen Produktionsstufen erfolgen.

	horizontale Zusammenarbeit	vertikale Zusammenarbeit	gemischte (anorganische) Zusammenarbeit
Erläuterung	Zusammenarbeit von Unternehmen der gleichen Produktionsstufe	Zusammenarbeit von Unternehmen aufeinander folgender Produktionsstufen	Zusammenarbeit von Unternehmen aus unterschiedlichen Branchen
Beispiel	Zwei Softwarehäuser schließen sich zusammen.	Eine Papierfabrik und ein Zeitungsverleger schließen sich zusammen.	Ein Automobilwerk, ein Softwarehaus und ein Pharmaunternehmen bilden einen Mischkonzern.

Je nachdem, wie weit die Unternehmer auf ihre rechtliche oder wirtschaftliche Selbstständigkeit verzichten, gibt es verschiedene Arten der Zusammenarbeit.

Kartelle sind vertragliche Zusammenschlüsse von Unternehmen der gleichen Produktionsstufe, die miteinander kooperieren. Die beteiligten Unternehmen behalten ihre rechtliche Selbstständigkeit, schränken aber ihre wirtschaftliche Selbstständigkeit auf einigen Gebieten, z. B. bei der Festlegung von Normen, ein.

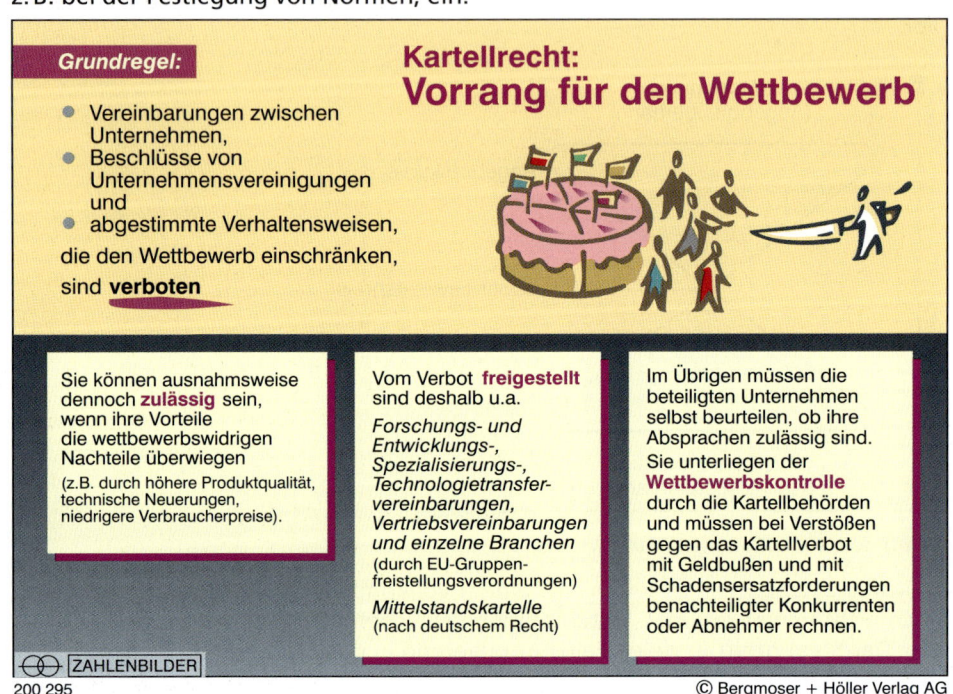

Grundregel:

Kartellrecht:
Vorrang für den Wettbewerb

- Vereinbarungen zwischen Unternehmen,
- Beschlüsse von Unternehmensvereinigungen und
- abgestimmte Verhaltensweisen,

die den Wettbewerb einschränken,

sind **verboten**

Sie können ausnahmsweise dennoch **zulässig** sein, wenn ihre Vorteile die wettbewerbswidrigen Nachteile überwiegen

(z.B. durch höhere Produktqualität, technische Neuerungen, niedrigere Verbraucherpreise).

Vom Verbot **freigestellt** sind deshalb u.a.

Forschungs- und Entwicklungs-, Spezialisierungs-, Technologietransfervereinbarungen, Vertriebsvereinbarungen und einzelne Branchen
(durch EU-Gruppenfreistellungsverordnungen)

Mittelstandskartelle
(nach deutschem Recht)

Im Übrigen müssen die beteiligten Unternehmen selbst beurteilen, ob ihre Absprachen zulässig sind. Sie unterliegen der **Wettbewerbskontrolle** durch die Kartellbehörden und müssen bei Verstößen gegen das Kartellverbot mit Geldbußen und mit Schadensersatzforderungen benachteiligter Konkurrenten oder Abnehmer rechnen.

ZAHLENBILDER

200 295

© Bergmoser + Höller Verlag AG

Weitere Beispiele für die Kooperation von Unternehmen sind Arbeitsgemeinschaften und Syndikate. Neben diesen Kooperationsformen gibt es noch engere Formen der Zusammenarbeit zwischen Unternehmen bis hin zu ihrer Verschmelzung.

Konzentration von Unternehmen	
Konzern	**Trust**
Konzerne entstehen durch den Zusammenschluss von rechtlich selbstständigen Unternehmen zu einer wirtschaftlichen Einheit. Gegenseitige Beteiligungen führen zur Entstehung von Mutter- und Tochter- bzw. Schwestergesellschaften. Das beherrschende Unternehmen, die Muttergesellschaft, wird auch **Holding** genannt.	Ein Trust ist ein Zusammenschluss von Unternehmen, die ihre rechtliche und wirtschaftliche Selbstständigkeit aufgegeben haben. Ein Trust entsteht durch eine Verschmelzung der Unternehmen (**Fusion**).

9.1.4.2 Der Staat

In einer arbeitsteiligen Wirtschaft müssen Regeln für das Zusammenwirken der Wirtschaftssubjekte (Unternehmen, private Haushalte, der Staat usw.) festgelegt werden.

> Die **Wirtschaftsordnung** umfasst sämtliche in einem Staat geltenden Regelungen für den Aufbau und Ablauf des Wirtschaftens.

In der Volkswirtschaftslehre werden grundsätzlich zwei idealtypische Modelle von Wirtschaftsordnungen unterschieden, wie die nachfolgende Tabelle zeigt.

Merkmal	freie Marktwirtschaft	Zentralverwaltungswirtschaft
Prinzip	Individualprinzip (Freiheit des Individuums)	Kollektivprinzip (Das Individuum muss sich dem Gemeinwohl unterordnen.)
Eigentum	Recht auf Privateigentum (besonders auch an Produktionsmitteln)	Kollektiveigentum an Produktionsmitteln
Planung	dezentrale Planung (Jedes Wirtschaftssubjekt plant sein Vorgehen selbst.)	zentral durch den Staat
Lenkung und Steuerung	durch den Markt	zentral durch den Staat
Ziel der Unternehmen	Gewinnmaximierung	Planerfüllung
Preisbildung	durch den Markt (in Abhängigkeit von Angebot und Nachfrage)	zentrale Preisfestsetzung durch den Staat
Verträge	Vertragsfreiheit	keine Vertragsfreiheit, sondern staatliche Vorgaben
Berufswahl und Arbeitsplatzwahl	freie Berufswahl und Wahl des Arbeitsplatzes, Gewerbe- und Niederlassungsfreiheit	staatliche Planung der Arbeitskräfte und Zuweisung eines Berufs und Arbeitsplatzes
Konsum	Konsumfreiheit	gelenkter Verbrauch durch Zuteilungssysteme
Rolle des Staates	Schutz der Bürger, Festlegung eines Ordnungsrahmens (Nachtwächterstaat)	uneingeschränkte wirtschaftliche und politische Kontrolle und Macht

Ludwig Erhard (1897–1977): zweiter Bundeskanzler der Bundesrepublik Deutschland; „Vater" der Sozialen Marktwirtschaft und des Wirtschaftswunders nach dem Zweiten Weltkrieg

In Deutschland wurde 1948 eine Weiterentwicklung der freien Marktwirtschaft eingeführt: die **soziale Marktwirtschaft**.

Es gelten die Prinzipien der freien Marktwirtschaft (Privateigentum, dezentrale Planung, Lenkung und Steuerung durch den Markt usw.), aber der Staat hat zusätzlich die Verantwortung, für soziale Sicherheit und Gerechtigkeit zu sorgen.

Auch in der sozialen Marktwirtschaft befindet sich der größte Teil der Produktionsmittel in Privatbesitz. Das Grundgesetz schreibt aber zusätzlich die Sozialpflicht des Eigentums vor. So sind z.B. Enteignungen, die dem Allgemeinwohl dienen, möglich. Die Planung erfolgt ebenfalls dezentral und der Preis wird über den Markt gebildet. Darüber hinaus kann der Staat allerdings Mindestpreise (z.B. für die Landwirtschaft) oder Höchstpreise (z.B. für den Nahverkehr) festlegen. Auch bei der Vertragsfreiheit werden den Unternehmen, z.B. zum Schutz der Verbraucher, Grenzen gesetzt.

In der sozialen Marktwirtschaft stehen dem Staat verschiedenste Möglichkeiten zur Verfügung, um unerwünschte ökonomische und soziale Folgen des marktwirtschaftlichen Geschehens zu verhindern.

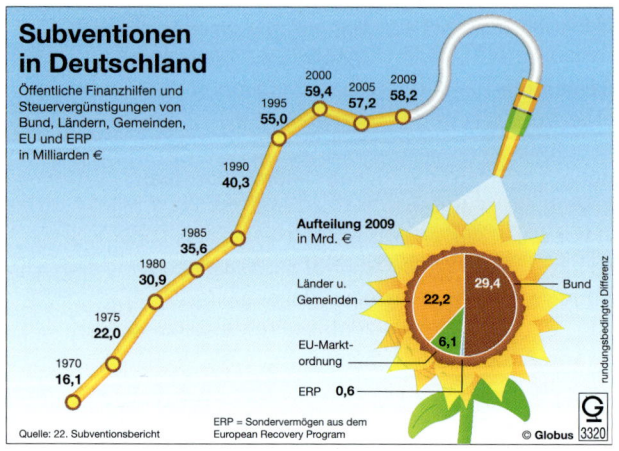

Mithilfe der **Fiskalpolitik** (Steuerpolitik) unterstützt der Staat einzelne Wirtschaftszweige, wie z. B. den Bergbau oder die Landwirtschaft durch Subventionen oder ermöglicht erhöhte Abschreibungen (z. B. für den Wohnungsbau). Die Nachfrage der Haushalte wird durch die Erhöhung bzw. Senkung der Steuern beeinflusst. Darüber hinaus werden durch Steuern bestimmte Produkte, wie z. B. Benzin, verteuert.

Im Rahmen der **Ordnungspolitik** versucht der Staat, den freien Wettbewerb durch Gesetze und Verordnungen zu schützen. Wichtig ist hier z. B. das Gesetz gegen Wettbewerbsbeschränkungen zur Einschränkung bzw. Verhinderung von Kartellen.

Durch die **Konjunkturpolitik** und die **Strukturpolitik** soll die Wirtschaftsentwicklung stabilisiert werden, um ein möglichst gleichmäßiges Wirtschaftswachstum zu erhalten.

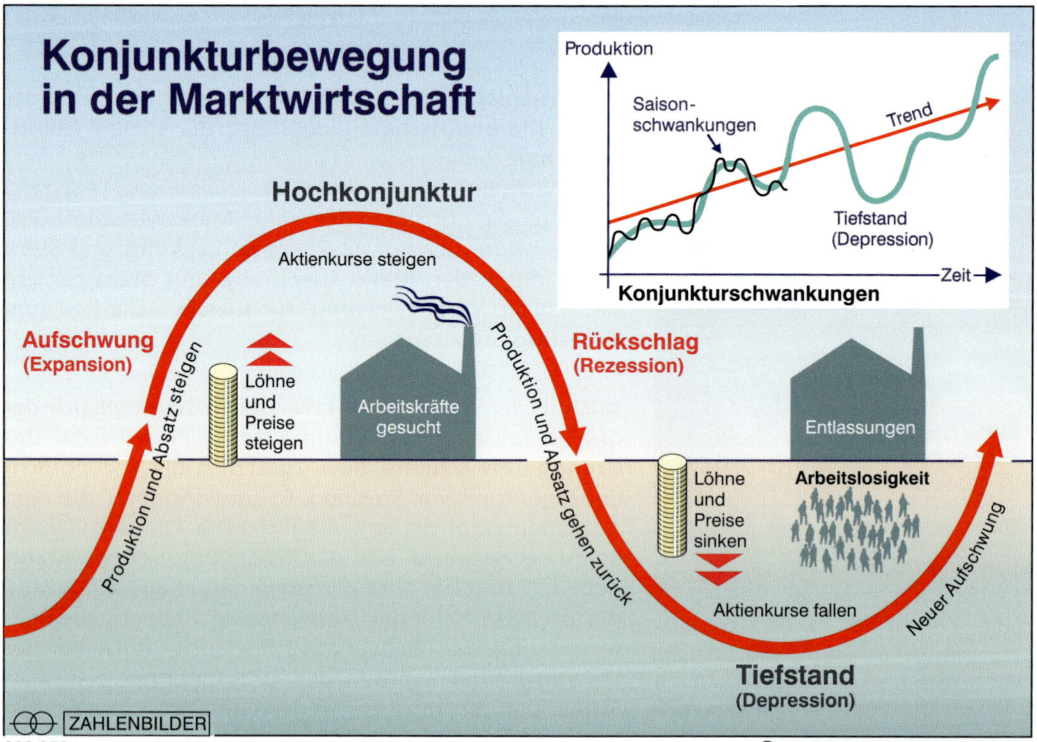

Konjunkturbewegung in der Marktwirtschaft

Hochkonjunktur

Aktienkurse steigen

Aufschwung
(Expansion)

Produktion und Absatz steigen

Löhne und Preise steigen

Arbeitskräfte gesucht

Produktion und Absatz gehen zurück

Rückschlag
(Rezession)

Entlassungen

Löhne und Preise sinken

Arbeitslosigkeit

Aktienkurse fallen

Neuer Aufschwung

Tiefstand
(Depression)

Produktion

Saison-schwankungen

Trend

Tiefstand (Depression)

Zeit

Konjunkturschwankungen

ZAHLENBILDER

Stark an Bedeutung zugenommen hat auch die **Umweltpolitik**. Durch Auflagen an die Industrieunternehmen bei der Produktion und der Förderung von umweltfreundlichen Techniken (z. B. der Solarenergie) greift der Staat direkt in den Markt ein.

Mit Hilfe der Sozialpolitik soll der soziale Frieden in Deutschland erhalten bleiben. Bestandteile der Sozialpolitik sind u. a. die Sozialversicherungen, die Unterstützung bestimmter Bevölkerungsgruppen (z. B. durch die Gewährung von Sozialhilfe, Erziehungsgeld und Wohngeld) sowie die Gestaltung des Einkommenssteuertarifs, da höhere Einkommensgruppen stärker besteuert werden.

Die folgende Grafik veranschaulicht das Vermögen des Bundeshaushalts sowie die geplanten Ausgaben des Haushalts für 2017. Dabei wird der weitaus größte Teil in „Arbeit und Soziales" investiert. Das Vermögen ergibt sich unter anderem durch Steuereinnahmen oder Einnahmen durch produzierte Güter.

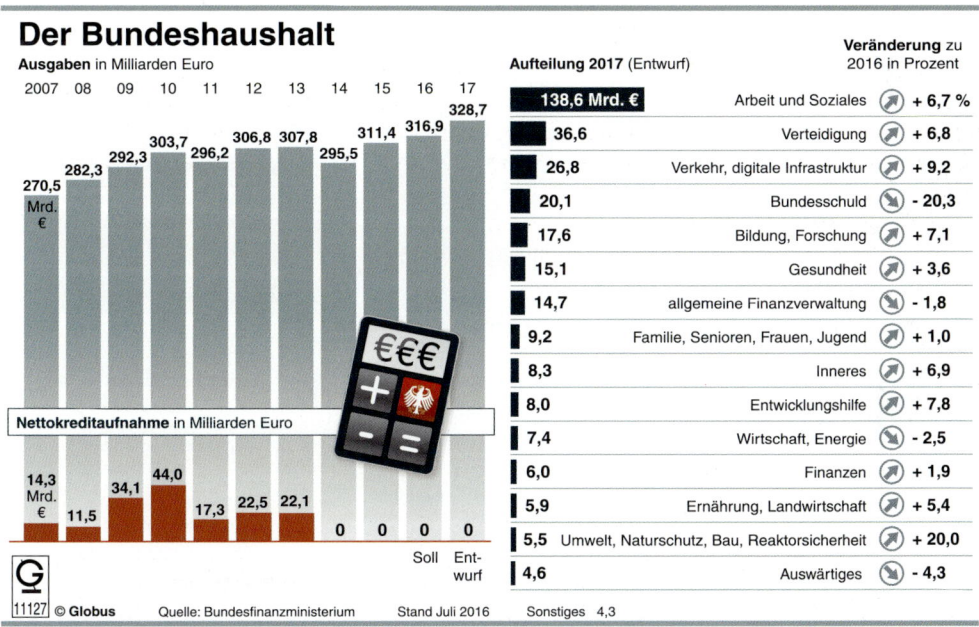

Der Bundeshaushalt

Ausgaben in Milliarden Euro

2007: 270,5 Mrd. €
08: 282,3
09: 292,3
10: 303,7
11: 296,2
12: 306,8
13: 307,8
14: 295,5
15: 311,4
16: 316,9
17: 328,7

Nettokreditaufnahme in Milliarden Euro

14,3 Mrd. €
11,5
34,1
44,0
17,3
22,5
22,1
0 (Soll)
0
0
0 (Entwurf)

Aufteilung 2017 (Entwurf) — **Veränderung** zu 2016 in Prozent

Betrag	Bereich	Veränderung
138,6 Mrd. €	Arbeit und Soziales	+ 6,7 %
36,6	Verteidigung	+ 6,8
26,8	Verkehr, digitale Infrastruktur	+ 9,2
20,1	Bundesschuld	- 20,3
17,6	Bildung, Forschung	+ 7,1
15,1	Gesundheit	+ 3,6
14,7	allgemeine Finanzverwaltung	- 1,8
9,2	Familie, Senioren, Frauen, Jugend	+ 1,0
8,3	Inneres	+ 6,9
8,0	Entwicklungshilfe	+ 7,8
7,4	Wirtschaft, Energie	- 2,5
6,0	Finanzen	+ 1,9
5,9	Ernährung, Landwirtschaft	+ 5,4
5,5	Umwelt, Naturschutz, Bau, Reaktorsicherheit	+ 20,0
4,6	Auswärtiges	- 4,3

Sonstiges 4,3

11127 © Globus   Quelle: Bundesfinanzministerium   Stand Juli 2016

Das Bruttoinlandsprodukt, kurz BIP genannt, spiegelt den Wert aller im Inland produzierten Güter und Waren wieder. Es wird häufig als Maß für die wirtschaftliche Leistung (u. a. das Wirtschaftswachstum, vgl. S. 197) eines Landes herangezogen. Die folgende Grafik veranschaulicht die Zusammensetzung des BIPs in Deutschland 2015.

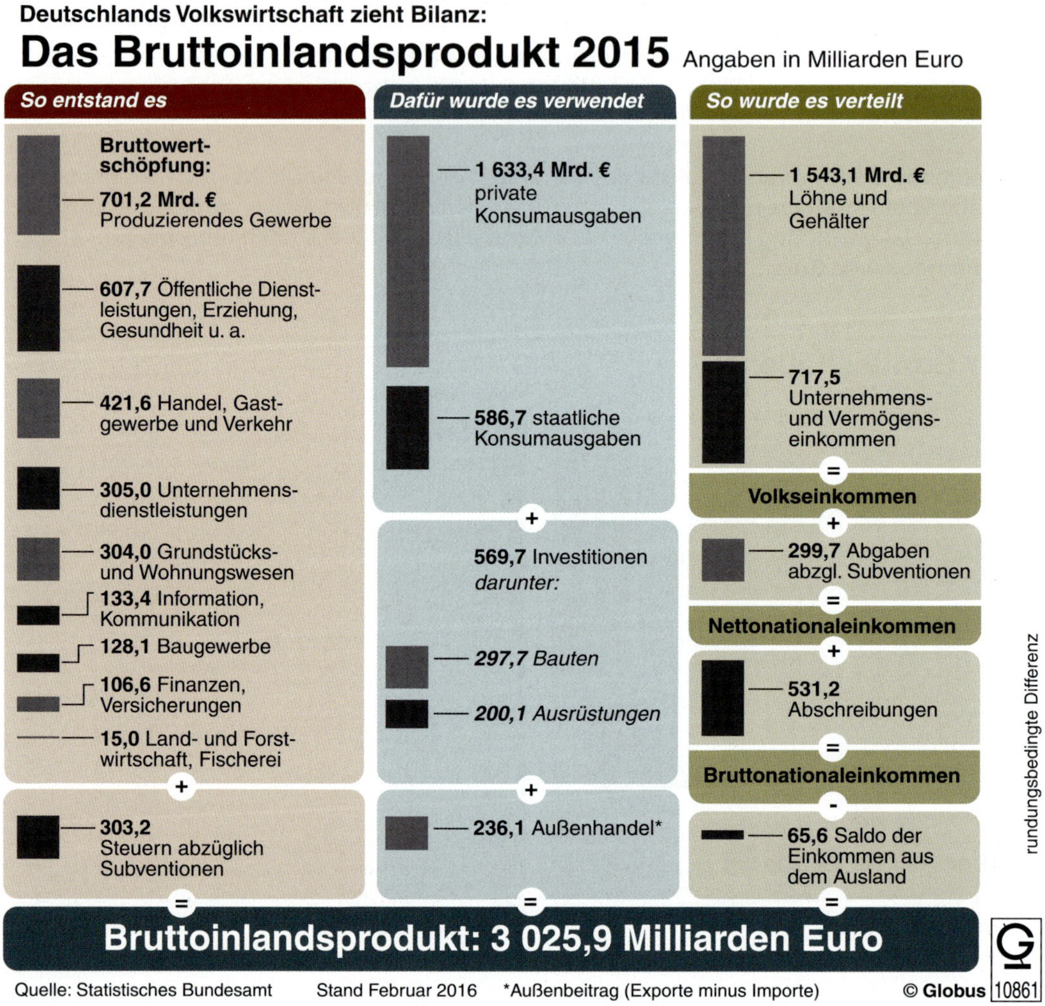

Deutschlands Volkswirtschaft zieht Bilanz:

Das Bruttoinlandsprodukt 2015 <small>Angaben in Milliarden Euro</small>

So entstand es	Dafür wurde es verwendet	So wurde es verteilt
Bruttowertschöpfung:	— **1 633,4 Mrd. €** private Konsumausgaben	— **1 543,1 Mrd. €** Löhne und Gehälter
— **701,2 Mrd. €** Produzierendes Gewerbe		
— **607,7** Öffentliche Dienstleistungen, Erziehung, Gesundheit u. a.		
— **421,6** Handel, Gastgewerbe und Verkehr	— **586,7** staatliche Konsumausgaben	— **717,5** Unternehmens- und Vermögenseinkommen
— **305,0** Unternehmensdienstleistungen		**=**
— **304,0** Grundstücks- und Wohnungswesen	**+**	**Volkseinkommen**
— **133,4** Information, Kommunikation	**569,7** Investitionen *darunter:*	**+**
— **128,1** Baugewerbe		— **299,7** Abgaben abzgl. Subventionen
— **106,6** Finanzen, Versicherungen	— **297,7** *Bauten*	**Nettonationaleinkommen**
— **15,0** Land- und Forstwirtschaft, Fischerei	— **200,1** *Ausrüstungen*	**+**
+		— **531,2** Abschreibungen
		=
— **303,2** Steuern abzüglich Subventionen	— **236,1** Außenhandel*	**Bruttonationaleinkommen**
		-
		— **65,6** Saldo der Einkommen aus dem Ausland
=	**=**	**=**

rundungsbedingte Differenz

Bruttoinlandsprodukt: 3 025,9 Milliarden Euro

Quelle: Statistisches Bundesamt   Stand Februar 2016   *Außenbeitrag (Exporte minus Importe)   © Globus 10861

Wenn der Staat in den freien Markt eingreift, muss er **§ 1 des Gesetzes zur Förderung der Stabilität und des Wachstums der Wirtschaft** (StabG) berücksichtigen:

§ 1 StabG

Bund und Länder haben bei ihren wirtschafts- und finanzpolitischen Maßnahmen die Erfordernisse des gesamtwirtschaftlichen Gleichgewichts zu beachten. Die Maßnahmen sind so zu treffen, dass sie im Rahmen der marktwirtschaftlichen Ordnung gleichzeitig zur Stabilität des Preisniveaus, zu einem hohen Beschäftigungsstand und außenwirtschaftlichem Gleichgewicht bei stetigem und angemessenem Wirtschaftswachstum beitragen.

Ideal wäre es, wenn die vier genannten Ziele tatsächlich alle erreicht werden könnten. In der Praxis ergeben sich allerdings Konflikte zwischen den einzelnen Zielen. Beispielsweise ist es schwer, gleichzeitig das Ziel des Wirtschaftswachstums und der Preisstabilität zu erreichen.
In den letzten Jahren hat sich die Diskussion um das magische Viereck weiter entwickelt. Man spricht jetzt auch von dem **magischen Sechseck**. Die Ziele des magischen Vierecks wurden durch die Ziele Erhaltung der natürlichen Umwelt und eine gerechte Einkommens- und Vermögensverteilung ergänzt.

Das magische Viereck der Wirtschaftspolitik in Deutschland

Wirtschaftswachstum in Prozent
ZIEL: Angemessenes Wachstum
+ 0,3 % (2013) + 1,6 (2014) + 1,7 (2015)

Überschuss der Leistungsbilanz in Milliarden Euro
ZIEL: Außenwirtschaftliches Gleichgewicht
+ 190,4 Mrd. € (2013) + 212,9 (2014) + 257,0 (2015)

Arbeitslosigkeit in Prozent*
ZIEL: Vollbeschäftigung
6,9 % (2013) 6,7 (2014) 6,4 (2015)

Preisanstieg in Prozent
ZIEL: Preisstabilität
+ 1,5 % (2013) + 0,9 (2014) + 0,3 (2015)

10899

*Arbeitslose in % aller zivilen Erwerbspersonen
Quelle: Stat. Bundesamt, Deutsche Bundesbank, Bundesagentur für Arbeit © Globus

9.2 Marketing

9.2.1 Grundbegriffe

Nach der Beschaffung und der Produktion ist der **Absatz** die letzte Phase des betrieblichen Leistungsprozesses. Die erzeugten Produkte werden am Markt angeboten und verkauft. Der Begriff des Marketings geht jedoch über diesen reinen Absatz hinaus.

> *Marketing bedeutet die **Planung, Koordination und Kontrolle aller auf den Markt und den Kunden gerichteten Aktivitäten** mit dem Ziel, den Kunden dauerhaft mit den Leistungen des Unternehmens zufriedenzustellen und gleichzeitig die übrigen Unternehmensziele, wie z. B. eine Gewinnmaximierung oder eine Ausweitung des Marktanteils, anzustreben.*

Die konkrete Gestaltung des Marketing erfolgt in vier Schritten:

Das Marketing-Management-Konzept

1. Marktuntersuchung

Viele deutsche Haushalte haben heute fast alles, was sie zum Leben brauchen. Wenn die Unternehmen auch in Zukunft ihre Leistungen absetzen möchten, müssen sie die Wünsche und Ansprüche ihrer Kunden möglichst genau erforschen. Gleichzeitig müssen sie auch ihre eigene Stellung im Markt sowie die der Konkurrenz berücksichtigen.

2. Festlegung der Unternehmensstrategie

Hier werden grundsätzliche Entscheidungen zur Unternehmensstrategie getroffen. Wichtig ist z. B., ob ein möglichst hoher Gewinn oder die Erweiterung der Marktanteile im Vordergrund steht. Hier wird auch festgelegt, auf welchen Märkten sich das Unternehmen in Zukunft bewegen soll.

Das Marketing-Management-Konzept

3. Entscheidung über die durchzuführenden Marketingmaßnahmen

Festlegung der:

- Produkt- bzw. Sortimentspolitik
- Preis- und Konditionenpolitik
- Kommunikationspolitik
- Distributionspolitik

4. Kontrolle

Waren die Marketingmaßnahmen erfolgreich? Wurden die angestrebten Ziele wie z.B. Umsatzerhöhung oder Verbesserung des Images erreicht? Wurden die geplanten Kosten eingehalten? Ist der Mehrerlös größer als die zusätzlichen Kosten? Waren die Kunden mit dem Produkt zufrieden? Indikatoren für die Kundenzufriedenheit sind beispielsweise die Wiederkaufsrate, die Reklamationsrate, Ergebnisse von Kundenumfragen und Testergebnissen.

9.2.2 Marktuntersuchung

Um Marketingentscheidungen treffen zu können, müssen verlässliche Informationen über die Kunden, deren Wünsche und Gewohnheiten und ihre Kaufkraft (**Bedarfs-** und **Absatzforschung**) gesammelt werden. Ein Großteil der deutschen Unternehmen teilt ihre Kunden in drei Gruppen ein. Die Kunden werden entsprechend ihres Umsatzes der Kategorie A (sehr hoher Umsatz), der Kategorie B (mittlerer Umsatz) oder der Kategorie C (nur kleine Umsätze) zugeordnet. Die Kunden der Kategorie A werden dann besonders intensiv umworben. Andere Einteilungskriterien sind z.B. Alter oder Geschlecht der Kunden, das Einkommen oder die Unterscheidung in Geschäfts- und Privatkunden.

Neben der Analyse der Kundenstruktur ist es auch wichtig, sich über die Konkurrenz mit ihren Angeboten zu informieren. Aufgabe der **Konkurrenzforschung** ist es, die Mitbewerber und deren Produkte oder Dienstleistungen auf Stärken und Schwächen zu untersuchen.

Die Bedarfs- und Absatzforschung sowie die Konkurrenzforschung sind Aufgabe der Marktuntersuchung.

Marktuntersuchung

Markterkundung

Von Markterkundung spricht man, wenn die **Informationen betriebsintern und unsystematisch** gesammelt werden. Erhebungsmethoden sind beispielsweise Einzelbeobachtungen und Gespräche (z.B. die Auswertung von Berichten der Handelsvertreter).

Marktforschung

Erfolgt eine **systematische Informationssammlung** (betriebsintern und/oder betriebsextern), spricht man von Marktforschung. Betriebsinterne Informationsquellen sind z.B. die Buchhaltung oder eingegangene Reklamationen. Betriebsexterne Quellen sind z.B. das Internet, öffentliche Statistiken, Fachzeitschriften oder Messebesuche.

Wird die Marktforschung nur einmal durchgeführt, spricht man von einer **Marktanalyse**. Werden sie mehrmals durchgeführt, handelt es sich um eine **Marktbeobachtung**. Eine Marktbeobachtung, bei der eine bestimmte Anzahl von ausgewählten Haushalten oder Unternehmen über einen längeren Zeitraum untersucht wird, nennt man **Panel**.

Werden die Daten direkt am Markt erhoben, z.B. durch Befragungen, Beobachtungen, Experimente oder Tests, spricht man von **Primärforschung** (Feldforschung).

Werden schon vorhandene Informationen wie z.B. Kundenstatistiken, Daten des Rechnungswesens, Veröffentlichungen der IHK, des statistischen Bundesamtes oder von Branchenverbänden ausgewertet, spricht man von **Sekundärforschung** (Tischforschung).

Die Ergebnisse der Marktforschung werden hochgerechnet zur **Marktprognose**.

9.2.3 Marketinginstrumente

Aufbauend auf den Ergebnissen der Marktuntersuchung und der Festlegung der grundsätzlichen Strategie des Unternehmens kann der Einsatz der marketingpolitischen Instrumente geplant werden. Dabei dürfen die einzelnen Marketinginstrumente nicht isoliert voneinander betrachtet werden, sondern müssen aufeinander abgestimmt werden (**Marketing-Mix**).

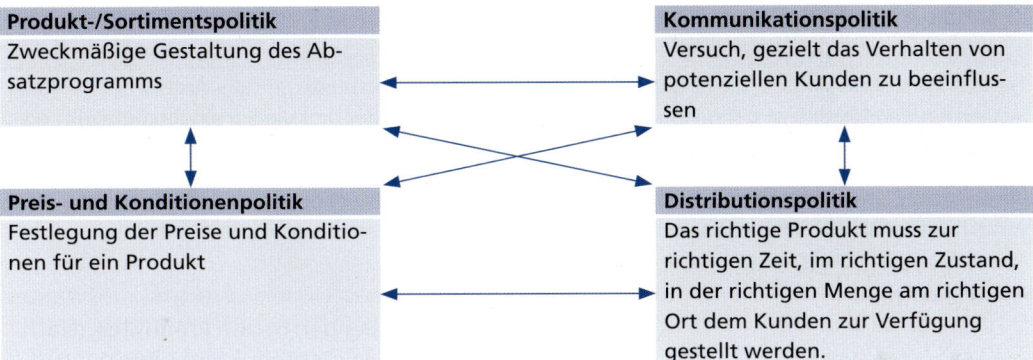

Produkt-/Sortimentspolitik	**Kommunikationspolitik**
Zweckmäßige Gestaltung des Absatzprogramms	Versuch, gezielt das Verhalten von potenziellen Kunden zu beeinflussen
Preis- und Konditionenpolitik	**Distributionspolitik**
Festlegung der Preise und Konditionen für ein Produkt	Das richtige Produkt muss zur richtigen Zeit, im richtigen Zustand, in der richtigen Menge am richtigen Ort dem Kunden zur Verfügung gestellt werden.

9.2.3.1 Produkt-/Sortimentspolitik

Während man in Industrie- und Handwerksbetrieben bei der Gestaltung des Absatzprogramms von **Produktpolitik** spricht, nennt man diese im Handel **Sortimentspolitik**.
Die Produkt- bzw. Sortimentspolitik untergliedert sich in vier Entscheidungsbereiche:

1. Bei der **Produktgestaltung** wird die Qualität des Produkts, seine Aufmachung sowie die Verpackung festgelegt.

2. Darüber hinaus muss entschieden werden, welcher **Service** den Kunden angeboten wird (Kundendienst, Garantieleistungen, Schulungen von Verkäufern und Außendienstmitarbeitern). Service kostet in der Regel Geld. Deshalb ist es besonders wichtig, ins Leben gerufene Services regelmäßig auf ihre Akzeptanz und Notwendigkeit hin zu überprüfen.

3. Die **prozessorientierte Produktpolitik** beschäftigt sich mit dem Lebenszyklus eines Produkts. Auch wenn es zwischen den einzelnen Produkten starke Unterschiede in den Lebenszyklen gibt, so lässt sich doch ein grundsätzlich ähnlicher Verlauf feststellen.

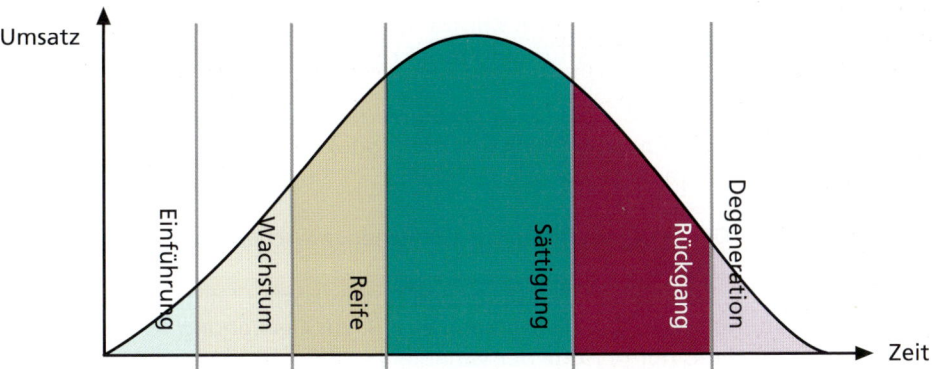

Produktlebenszyklus

Bei der Einführung eines Produktes muss überlegt werden, ob ein programmnahes Produkt (= **Produktdifferenzierung**) oder ein programmfernes Produkt (= **Produktdiversifikation**) in das neue Produktionsprogramm aufgenommen werden soll. Wird ein ganz neuartiges

Produkt eingeführt, spricht man von **Produktinnovation**. Der Lebenszyklus eines Produkts kann durch eine gezielte Produktdifferenzierung oder durch die Änderung einzelner Produkteigenschaften bei einem bereits eingeführten Produkt (= **Produktvariation**) verlängert werden. Am Ende steht die Herausnahme des Produkts (= **Produktelimination**).

4. Die **Programm- bzw. Sortimentspolitik** beschäftigt sich mit der Zusammensetzung und Struktur des Sortiments.

Zusammensetzung des Sortiments	Struktur des Sortiments
Das **Kernsortiment** umfasst die hauptsächlichen Artikel, im **Randsortiment** befinden sich zusätzliche Artikel.	Die **Sortimentsbreite** gibt die Anzahl der Artikelgruppen wieder und die **Sortimentstiefe** gibt die Anzahl der Artikel pro Artikelgruppe an.

Die Boston Consulting Group hat eine Portfolio-Matrix entwickelt, in der die Produkte eines Unternehmens nach Marktwachstum und relativem Marktanteil gruppiert werden.

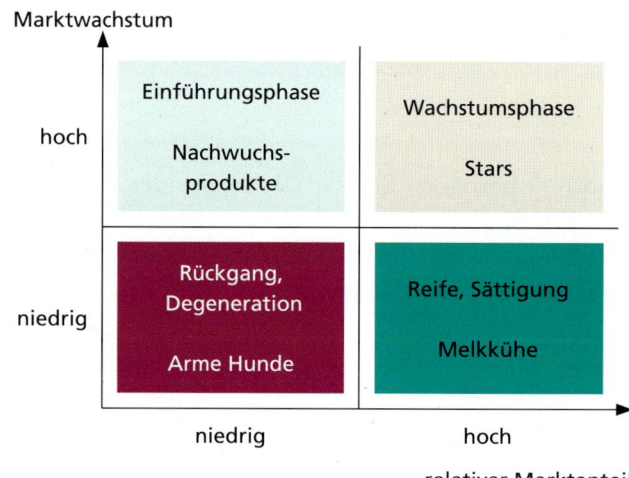

Bei den neuen Produkten (Nachwuchsprodukten) muss geprüft werden, ob sich ein Ausbau des Marktanteils rechnet oder aber das Know-how gewinnbringend verkauft werden kann. Bei den Stars lohnt es sich zu investieren und die Marktanteile zu halten oder sogar zu verbessern. Die Melkkühe sind besonders profitabel, haben aber keine lange Zukunft mehr. Die armen Hunde sollten möglichst vom Markt genommen werden.

Portfolio-Analyse

9.2.3.2 Preis- und Konditionenpolitik

Die Preis- und Konditionenpolitik, die auch **Kontrahierungspolitik** genannt wird, beschäftigt sich mit der Festlegung eines Preises für ein Produkt sowie mit den Konditionen, die dem Kunden angeboten werden.
Bei der Festlegung des Verkaufspreises für ein Produkt müssen
- die Kosten der Produktion bzw. des Einkaufs des Produktes,
- das Verhalten der Nachfrager sowie
- die Preise der Konkurrenz

berücksichtigt werden. Der Unternehmer muss versuchen, zwischen diesen drei Einflussgrößen einen Ausgleich zu finden.
Langfristig sollte der Preis auf keinen Fall unter den Gesamtkosten für die Produktion sowie Vertrieb und Verwaltung liegen, kurzfristig kann es z.B. zur Gewinnung von Marktanteilen auch sinnvoll sein, den Preis nur in Höhe der variablen Kosten festzusetzen. Variable Kosten sind Kosten, die von der produzierten Stückzahl abhängen, z. B. Materialkosten, Lohnkosten. Keine variablen Kosten sind z. B. Miete und Gehälter. Diese Kosten werden fixe Kosten genannt. Variable und fixe Kosten zusammen ergeben die Gesamtkosten. (Siehe HS 12: Die Meier-Drucker OHG erhält eine Kosten- und Leistungsrechnung)

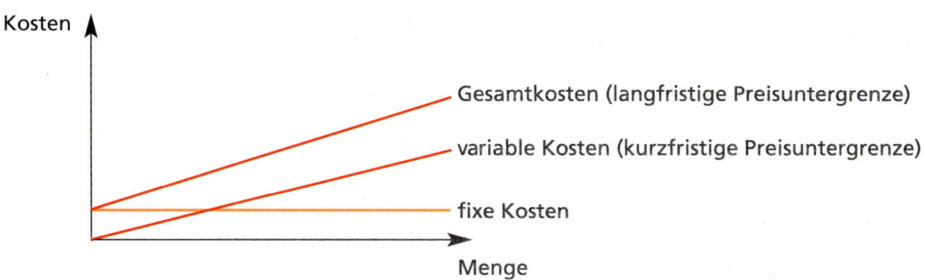

Kostenorientierte Preisfindung

Die Preisobergrenze wird vor allem von den Käufern bestimmt. Der Unternehmer muss überlegen, was die Käufer maximal für sein Produkt ausgeben werden.

Der Gestaltungsspielraum zwischen der Preisober- und der Preisuntergrenze hängt von den Preisen für gleiche oder ähnliche Produkte der Konkurrenz ab. Je einzigartiger ein Produkt ist, desto größer ist der Preisspielraum. Aber auch hier muss beachtet werden, dass der Preis nicht so hoch ist, dass die Nachfrager auf ein Substitutionsgut ausweichen oder ganz auf den Kauf verzichten.

Bei manchen Produkten peilen die Verkäufer von vornherein einen bestimmten Preisbereich an (= **Preispositionierung**). So werden Markenartikel z. B. im oberen Preisbereich positioniert. Mithilfe der **Preisdifferenzierung** wird versucht, den Preis auf die unterschiedlichen Käuferschichten in verschiedenen Teilmärkten anzupassen.

Formen der Preisdifferenzierung
— räumliche Preisdifferenzierung (z. B. unterschiedliche Preise in Ballungsgebieten und ländlichen Gegenden)
— zeitliche Preisdifferenzierung (z. B. Happy Hour)
— mengenmäßige Preisdifferenzierung (z. B. Mengenrabatt)
— verwendungsbezogene Preisdifferenzierung (z. B. Unterscheidung in gewerbliche oder private Käufer)
— personenbezogene Preisdifferenzierung (z. B. Ermäßigungen für Schüler und Studenten)

Eine besondere Bedeutung hat auch die **Rabattpolitik** bekommen. Täglich locken neue Rabattaktionen die Kunden in die Geschäfte. Dabei werden mehrere Formen von Preisnachlässen unterschieden.

Rabattpolitik
— Bonus (nachträglicher Preisnachlass bei Erreichen eines bestimmten Umsatzes)
— Einführungsrabatt (bei einem neuen Produkt)
— Mengenrabatt (ab einer bestimmten Stückzahl)
— Saisonrabatt (z. B. Sommer- und Winterschlussverkäufe)
— Skonto (Nachlass für eine vorzeitige Zahlung)
— Treuerabatt (für Stammkunden)
— Wiederverkäuferrabatt (z. B. für Zwischenhändler)

Ausnutzung von Mengenrabatten durch Powershopping

Das Power- oder Co-Shopping ist eine Variante des Online-Einkaufs, die im Internet inzwischen von mehreren Unternehmen angeboten wird. Käufer schließen sich dabei zu virtuellen Käufergemeinschaften zusammen, die dann aufgrund der größeren Abnahmemenge einen Mengenrabatt eingeräumt bekommen. Je mehr Käufer sich finden, desto billiger wird das Produkt.

BEISPIEL

Besonders bei Versandhäusern und Onlineanbietern sind die **Lieferungsbedingungen** wichtig. Festgelegt werden muss, wer die Transport- und Versicherungskosten trägt und welches Umtauschrecht die Kunden wahrnehmen können.

Bei der Bestimmung der **Zahlungsbedingungen** muss sich der Verkäufer überlegen, welche Zahlungsfristen er dem Kunden einräumt, welche Sicherheiten er ggf. verlangt und welche Zahlungswege (bar, ec-Karte, Kreditkarte, online) er akzeptiert.

Darüber hinaus kann der Kunde auch bei der Finanzierung des Kaufs durch die zur Verfügungstellung oder Vermittlung eines Kredits unterstützt werden oder er kann das Produkt leasen (**Absatzkreditpolitik**).

9.2.3.3 Kommunikationspolitik

Wenn ein Unternehmen seine Produkte oder Dienstleistungen verkaufen will, muss es mit seinen potenziellen Kunden kommunizieren und diese über das Angebot informieren. Aufgabe der Kommunikationspolitik ist es daher, das Unternehmen und seine Produkte in der Öffentlichkeit und vor allem bei potenziellen Kunden darzustellen und ein Kaufinteresse bei ihnen zu wecken. Dabei bedient sich die Kommunikationspolitik zahlreicher Instrumente.

Werbung

Lange Zeit war die Werbung das einzige wichtige Kommunikationsinstrument. Sie informiert über konkrete Produkte und Dienstleistungen des Unternehmens und versucht gezielt das Kaufverhalten möglicher Kunden zu beeinflussen.

Um möglichst geringe Streuverluste bei der Werbung zu haben, ist es wichtig, zuvor die **Zielgruppe** zu spezifizieren und die **Ziele**, die mit der Werbung verfolgt werden, festzulegen (z. B. Einführung eines neuen Produkts). Überlegt werden muss auch, ob die Werbung nur **regional, national oder international** durchgeführt werden soll.

Mithilfe einer **Werbebotschaft** wird versucht, der Zielgruppe das Produkt möglichst einprägsam näherzubringen. Die Werbebotschaft soll den Nutzen des beworbenen Produkts für den Kunden herausstellen. Um die Werbung einprägsamer zu gestalten, werden Zeichen, Bilder oder Slogans eingesetzt.

Die Vorgehensweise bei der klassischen Werbung erfolgt in vier Stufen:

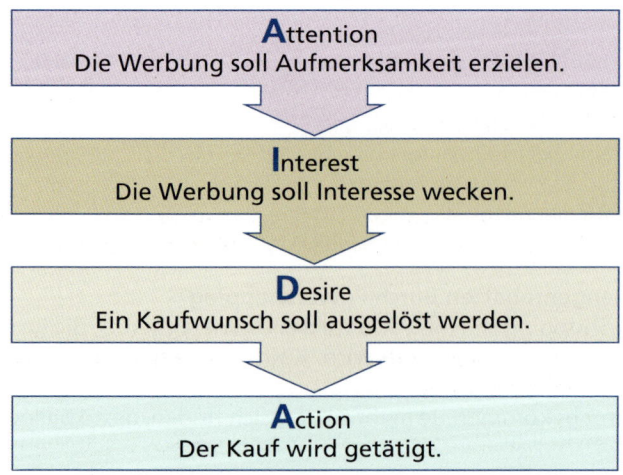

AIDA-Regel

Werbung in Deutschland

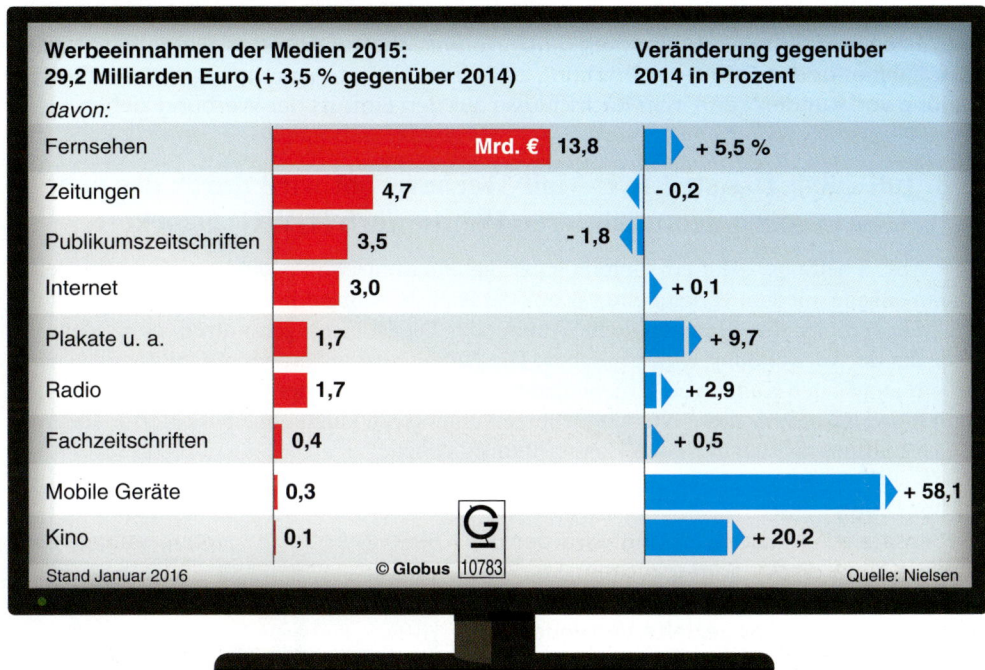

Wo Werber pro Kopf das meiste Geld ausgeben

Die wertvollsten Kunden der Welt leben in den Vereinigten Staaten – das zeigt ein Blick auf die weltweiten Werbeausgaben. Auch in Australien greifen Unternehmen tief in die Tasche, um Produkte und Dienstleistungen bekannter zu machen. Deutschlands Werbemarkt bleibt ein Platz im Mittelfeld.

[…] Um Amerikanern ihre Produkte oder Dienstleistungen vorzuführen, greifen Unternehmen tief in die Tasche: [So] kommen auf jeden US-Bürger 2014 Werbeausgaben von gut 450 Euro. Zum Vergleich: Jeder Deutsche ist werbenden Unternehmen dagegen nur 247,40 Euro wert. Am Schluss der Aufstellung über die größten Werbemärkte der Welt steht mit Pro-Kopf-Ausgaben von 27,10 Euro China.

Für das kommende Jahr sagt der Marktforscher ZenithOptimedia […] einen wachsenden Werbemarkt voraus: 4,9 Prozent mehr als noch in diesem Jahr werde 2015 in Werbung investiert. Gegen Ende des Jahres sei der Markt damit 545 Milliarden US-Dollar schwer. 2016 sei sogar noch ein stärkeres Wachstum (5,6 Prozent) drin – mit der Fußball-Europameisterschaft und den Olympischen Spielen ständen dann erneut einige Großereignisse mit hohem Werbeaufkommen an.

Quelle: manager magazin/mm-Grafik (Hrsg.): Wo Werber pro Kopf das meiste Geld ausgeben, veröff. am 09.12.2014 unter: www.manager-magazin.de/unternehmen/artikel/mm-grafik-wo-werber-pro-kopf-das-meiste-geld-ausgeben-a-1007457.html

Als Werbeträger kommen z. B. Tageszeitungen, Fernsehen, Postwurfsendungen, Zeitschriften, Anzeigenblätter, Hörfunk, Kino oder Online-Angebote infrage.

203

Welche Werbeträger eingesetzt werden, hängt nicht zuletzt auch vom **Werbeetat** ab. Häufig wird in den Unternehmen ein prozentualer Anteil der Werbeausgaben am Umsatz festgelegt. Am Ende steht eine **Werbeerfolgskontrolle**. War der werbebedingte Mehrumsatz größer als die Werbekosten, so hat die Werbung einen Gewinn erwirtschaftet. Oft ist es allerdings sehr schwer, genaue Zahlen für den Erfolg der Werbung zu liefern. Mithilfe von Umfragen oder durch eine Befragung von Kunden kann man Rückschlüsse auf den Einfluss der Werbung ziehen.

8. Juli 2004: Das strikte E-Mail-Werbeverbot wird durch das neue Gesetz gegen den unlauteren Wettbewerb (UWG) gelockert.

In § 7 Abs. 3 heißt es: „Hat ein Unternehmer die elektronische Postadresse eines Kunden im Zusammenhang mit dem Verkauf einer Ware oder Dienstleistung erhalten, kann er diese Adresse zur Direktwerbung für eigene ähnliche Waren oder Dienstleistungen nutzen, es sei denn, der Kunde hat der Verwendung widersprochen. Die Nutzung ist außerdem nur zulässig, wenn der Werbetreibende den Kunden bei Erhebung der Adresse und bei jeder Nutzung klar und deutlich darauf hinweist, dass er diese Nutzung jederzeit untersagen kann, ohne dass hierfür andere als die Übermittlungskosten nach den Basistarifen entstehen."

Direktwerbung

Im Gegensatz zur Massenwerbung wird der potenzielle Kunde direkt angesprochen. Stark an Bedeutung gewonnen hat vor allem das Telefonmarketing und auch das gezielte Versenden von E-Mails.

Öffentlichkeitsarbeit (Public Relations)

Ziel der Öffentlichkeitsarbeit ist es, dem Unternehmen ein **positives Image** zu verleihen. Es werden nicht einzelne Produkte beworben, sondern mithilfe von Betriebsbesichtigungen, Tagen der offenen Tür, Spenden oder Veröffentlichungen u. Ä. soll das Ansehen des Unternehmens verbessert werden. „Tue Gutes und Rede darüber" ist das Hauptmotto der Public Relations.

Um das Unternehmen in der Öffentlichkeit einheitlich zu präsentieren, ist die Gestaltung einer Unternehmensidentität (**Corporate Identity**) wichtig. Durch die Verwendung von einheitlichen Symbolen auf Briefbögen, Visitenkarten und durch ein einheitliches Auftreten gegenüber Kunden, Lieferanten und der Öffentlichkeit soll ein bestimmtes Bild des Unternehmens nach außen getragen werden.

Product Placement

Produkte werden gezielt in Kinofilmen, Fernsehsendungen, Videoclips usw. platziert. Produktinnovationen können so bekannt gemacht werden, ohne dass der Zuschauer dies als Werbemaßnahme wahrnimmt. Durch die direkte Nähe zu einem beliebten Film oder einer

Sendung und den entsprechenden Stars wird ein Produkt bei bestimmten Käuferschichten „in". Bekanntes Beispiel ist der Einsatz der neuesten BMWs in den James-Bond-Filmen.

Social Media Marketing

Im Social Media Marketing wird bei sozialen Plattformen für ein bestimmtes Produkt geworben. Facebook hat täglich mehr als eine Milliarde Nutzer, Twitter rund 300 Millionen, die dann diese Werbung sehen könnten und das – im Vergleich zu herkömmlicher Werbung – extrem kostengünstig für das werbende Unternehmen. Die Verbreitung folgt weitestgehend automatisch, indem die Nutzer den Post des Unternehmens teilen, wodurch eine Kettenreaktion entsteht. Viele Unternehmen erstellen eigene Seiten, um sich, ihre Produkte und ihre Aktivitäten vorzustellen (z. B. Starbucks, Apple oder Borussia Dortmund). Die Kunden/Nutzer können so viel schneller Rückmeldung zu den Produkten oder dem generellen Unternehmenskonzept geben, indem sie bestimmte Beiträge kommentieren oder liken.

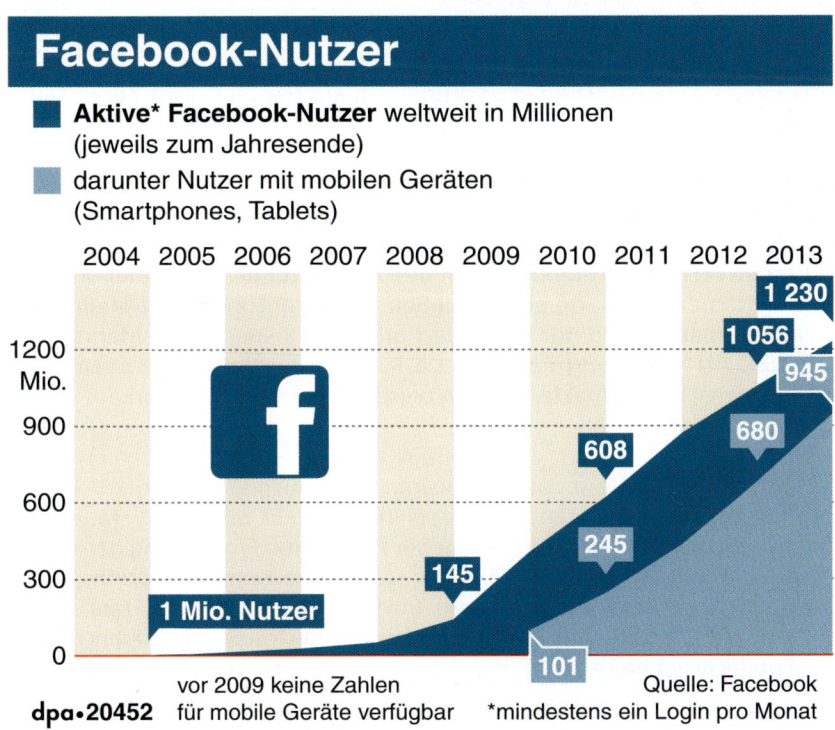

Facebook-Nutzer

■ **Aktive* Facebook-Nutzer** weltweit in Millionen (jeweils zum Jahresende)
■ darunter Nutzer mit mobilen Geräten (Smartphones, Tablets)

2004 2005 2006 2007 2008 2009 2010 2011 2012 2013

1 230
1 056
945
680
608
245
145
1 Mio. Nutzer
101

1200 Mio.
900
600
300
0

vor 2009 keine Zahlen für mobile Geräte verfügbar
Quelle: Facebook
*mindestens ein Login pro Monat
dpa•20452

Sponsoring

Der Sponsor unterstützt durch Finanz-, Sach- oder Dienstleistungen einzelne Personen, Vereine oder Organisationen und versucht so, das positive Image des Gesponserten auf sich zu übertragen. Neben dem Sponsoring von Sportlern, Vereinen oder kulturellen Veranstaltungen hat insbesondere auch das Sponsoring von Bildungseinrichtungen zugenommen.

Verkaufsförderung (Sales Promotion)

Verkaufsfördernde Maßnahmen dienen der Unterstützung und Verbesserung des Verkaufs am Verkaufsort. Beispiele sind die Verteilung von Prospekten und/oder kleine Werbegeschenke, die Ausgabe von Mustern und Proben, die Durchführung von Gewinnspielen, die Schulung des Verkaufspersonals und die Gewährung von Sonderrabatten.

9.2.3.4 Distributionspolitik

Alle Maßnahmen, die die bestmögliche Verteilung der Produkte und Dienstleistungen an potenzielle Kunden beinhalten, gehören zur Distributionspolitik.

Grundsätzlich gibt es zwei Möglichkeiten, den Vertrieb zu organisieren:

1. Beim **direkten Absatz** verkauft der Produzent direkt an den Endverbraucher. Dies geschieht z. B. durch Direktverkauf via Internet, den Werksverkauf, eigene Verkaufsniederlassungen oder durch Handelsreisende.

2. Beim **indirekten Absatz** erfolgt der Verkauf über Groß- oder Einzelhändler sowie über selbstständige Handelsvermittler:

   — **Kommissionär:** Bei manchen Produkten wird ein Händler nicht bereit sein, die Ware zu erwerben, bevor er sie weiterveräußert. Er kann die Ware dann in Kommission nehmen. Ein Kommissionär schließt in eigenem Namen auf fremde Rechnung ein Rechtsgeschäft ab. Nicht verkaufte Ware kann er zurückgeben. Für seine Bemühung erhält er bei Verkauf der Ware eine Provision. Üblich ist beispielsweise die Übernahme von Gebrauchtwagen in Kommission.

   — Der **Handelsvertreter** ist ständig damit beauftragt, für den Hersteller oder Dienstleister in dessen Namen Geschäfte abzuschließen. Als Vergütung erhält er eine Provision.

   — Der **Handelsmakler** wird nur bei Bedarf aufgrund seiner guten Marktkenntnisse eingeschaltet. Als Vergütung erhält er i. d. R. einen bestimmten Prozentsatz vom Auftragsvolumen. Handelsmakler werden beispielsweise oft beim Verkauf von Immobilien eingesetzt.

Eine Sonderform des Vertriebs ist das **Franchising**. Der Franchisenehmer (z. B. ein Einzelhändler) vertreibt die Produkte des Franchisegebers in Lizenz. Er zahlt dem Franchisegeber eine Gebühr. Dafür unterstützt ihn der Franchisegeber z. B. bei der Einrichtung der Verkaufsräume. Der Franchisegeber kümmert sich darüber hinaus um die Kommunikationspolitik. Oftmals macht er auch Vorgaben bezüglich der Preise. In vielen Fällen muss der Franchisenehmer sich verpflichten, nur die Produkte des Franchisegebers zu vertreiben. Das Franchisesystem wird z. B. bei Fast-Food-Ketten eingesetzt.

9.2.4 Wettbewerbsrecht

Der Gesetzgeber hat eine Reihe von Gesetzen und Verordnungen erlassen, die die Marketingmaßnahmen der Unternehmen einschränken. Ziel dieser Gesetze ist der Schutz der Verbraucher und der Mitbewerber.

Das Wettbewerbsrecht umfasst sowohl das Recht des unlauteren Wettbewerbs (UWG) als auch das Recht der Wettbewerbsbeschränkungen (GWB). Das Gesetz gegen den unlauteren Wettbewerb verbietet insbesondere in § 3 durch die sogenannte große Generalklausel Wettbewerbshandlungen, die den Wettbewerb erheblich beeinträchtigen.

§ 3 UWG

Unlautere Wettbewerbshandlungen, die geeignet sind, den Wettbewerb zum Nachteil der Mitbewerber, der Verbraucher oder der sonstigen Marktteilnehmer nicht nur unerheblich zu beeinträchtigen, sind unzulässig.

In § 4 UWG gibt der Gesetzgeber einige Beispiele dafür, wann eine unlautere Wettbewerbshandlung vorliegt.

Unlauter im Sinne von § 3 handelt insbesondere, wer

1. Wettbewerbshandlungen vornimmt, die geeignet sind, die Entscheidungsfreiheit der Verbraucher oder sonstiger Marktteilnehmer durch Ausübung von Druck, in menschenverachtender Weise oder durch sonstigen unangemessenen unsachlichen Einfluss zu beeinträchtigen;
2. Wettbewerbshandlungen vornimmt, die geeignet sind, die geschäftliche Unerfahrenheit insbesondere von Kindern und Jugendlichen, die Leichtgläubigkeit, die Angst oder die Zwangslage von Verbrauchern auszunutzen;
3. den Werbecharakter von Wettbewerbshandlungen verschleiert;
4. bei Verkaufsfördermaßnahmen wie Preisnachlässen, Zugaben oder Geschenken die Bedingungen für die Inanspruchnahme nicht klar und eindeutig angibt;
5. bei Preisausschreiben oder Gewinnspielen mit Werbecharakter die Teilnahmebedingungen nicht klar und eindeutig angibt;
6. die Teilnahme von Verbrauchern an einem Preisausschreiben oder Gewinnspiel von dem Erwerb einer Ware oder der Inanspruchnahme einer Dienstleistung abhängig macht, es sei denn, das Preisausschreiben oder Gewinnspiel ist naturgemäß mit der Ware oder der Dienstleistung verbunden;
7. die Kennzeichen, Waren, Dienstleistungen, Tätigkeiten oder persönlichen oder geschäftlichen Verhältnisse eines Mitbewerbers herabsetzt oder verunglimpft;
8. über die Waren, Dienstleistungen oder das Unternehmen eines Mitbewerbers oder über den Unternehmer oder ein Mitglied der Unternehmensleitung Tatsachen behauptet oder verbreitet, die geeignet sind, den Betrieb des Unternehmens oder den Kredit des Unternehmers zu schädigen, sofern die Tatsachen nicht erweislich wahr sind, handelt es sich um vertrauliche Mitteilungen und hat der Mitteilende oder der Empfänger der Mitteilung an ihr ein berechtigtes Interesse, so ist die Handlung nur dann unlauter, wenn die Tatsachen der Wahrheit zuwider behauptet oder verbreitet wurden;
9. Waren oder Dienstleistungen anbietet, die eine Nachahmung der Waren oder Dienstleistungen eines Mitbewerbers sind, wenn er
   a) eine vermeidbare Täuschung der Abnehmer über die betriebliche Herkunft herbeiführt,
   b) die Wertschätzung der nachgeahmten Ware oder Dienstleistung unangemessen ausnutzt oder beeinträchtigt oder
   c) die für die Nachahmung erforderlichen Kenntnisse oder Unterlagen unredlich erlangt hat;
10. den Mitbewerber gezielt behindert;
11. einer gesetzlichen Vorschrift zuwiderhandelt, die auch dazu bestimmt ist, im Interesse der Marktteilnehmer das Marktverhalten zu regeln.

Ziel des GWB ist der Schutz der Handlungsfreiheit der Marktteilnehmer und des Wettbewerbs als marktwirtschaftlicher Institution. Das Gesetz regelt beispielsweise den Umgang mit Kartellen oder mit marktbeherrschenden Unternehmen.

Weitere wichtige Gesetze sind das BGB, das HBG, das Bundesdatenschutzgesetz, das Ladenschlussgesetz, das Urheberrechtsgesetz, das Patentgesetz, das Rabattgesetz, die Preisangabenverordnung, die Zugabenverordnung, das Fernabsatzgesetz und das Produkthaftungsgesetz.

Vertiefungsaufgaben zur Handlungssituation 9

1. Entscheiden Sie, ob der Wunsch nach einem Auto ein Existenz-, Kultur- oder Luxusbedürfnis ist.

2. Nennen Sie jeweils drei Beispiele für Existenz-, Kultur- und Luxusbedürfnisse.

3. Nennen Sie entsprechende Beispiele für den Bedarf und die Nachfrage, die durch folgende Bedürfnisse ausgelöst werden, und finden Sie ein weiteres Beispiel:

Bedürfnis	Bedarf	Nachfrage
– Bedürfnis nach politischer Information – Bedürfnis etwas Warmes anzuziehen		

4. Wird der prozentuale Anteil der Ausgaben eines privaten Haushalts für den Existenzbedarf bei steigendem Einkommen größer, kleiner oder bleibt er gleich?

5. Nach welchem ökonomischen Prinzip handeln Sven und Michael jeweils?
   Sven schätzt, dass er am Ende des Schuljahres ca. 3 000,00 € für ein Auto zur Verfügung haben wird. Sein Ziel ist es, dafür ein möglichst gutes Auto zu kaufen. Michael möchte sich am Ende des Jahres einen alten Porsche kaufen. Dafür möchte er möglichst wenig Geld ausgeben. Formulieren Sie je ein weiteres Beispiel für das Minimal- und das Maximalprinzip.

6. Man nennt das ökonomische Prinzip auch Rationalprinzip (rational = vernünftig, verstandesmäßig bestimmt). Unsere wirtschaftlichen Entscheidungen sind allerdings häufig von irrationalem Verhalten geprägt.
   a) Nennen Sie ein Beispiel für irrationales Verhalten bei einer wirtschaftlichen Entscheidung.
   b) Welche Gründe sehen Sie dafür, dass die Menschen nicht immer nach dem Rationalprinzip handeln?

7. Welche der folgenden Aussagen ist/sind richtig?
   a) Durch den Anstieg der Konsumsumme wird die Nachfrage ausgeweitet.
   b) Steigende Produktionskosten führen i. d. R. zum Rückgang des Angebots.
   c) Je höher der Preis für ein Gut ist, desto niedriger ist die Nachfrage und damit auch das Angebot.
   d) Wenn der Preis des Substitutionsgutes von Gut A steigt, sinkt die Nachfrage nach Gut A.
   e) Eine Nachfrageverringerung führt bei gleichem Angebot zu einem höheren Gleichgewichtspreis.
   f) Eine Angebotsverringerung führt bei gleicher Nachfrage zu einem höheren Gleichgewichtspreis.

8.

Preis (€/St.)	Angebotene Menge (St.)	Nachgefragte Menge (St.)	Menge, die max. für den Preis umgesetzt werden kann
20,00	48	172	
21,00	77	124	
22,00	100	122	
23,00	107	92	

a) Ermitteln Sie den Gleichgewichtspreis, indem Sie die Tabelle vervollständigen. Welcher Umsatz wird bei dem Gleichgewichtspreis erreicht?
b) Nehmen Sie zu folgenden Aussagen Stellung.
   1. Bei einem Preis von 23,00 € besteht ein Nachfrageüberhang.
   2. Würden sich alle nachgefragten Mengen bei gleichbleibendem Angebot halbieren, dann läge der neue Gleichgewichtspreis bei 21,00 €.

9. Die Klasse HBT (Höhere Berufsfachschule für Technik) hat in der Metallwerkstatt aus Edelstahl 100 Verschlüsse für Wein- und Sektflaschen hergestellt. Um einen Teil der anstehenden Klassenfahrt finanzieren zu können, möchten die Schüler die Verschlüsse am Tag der offenen Tür verkaufen. Je 25 Verschlüsse fallen folgende Materialkosten an:

1 Stange nicht rostender Edelstahl,
Ø 30 mm, Länge 3 m: 100,00 €
25 O-Ringe, Innendurchmesser
15 mm: 2,50 €

Eine zusätzliche Fertigung der Flaschenverschlüsse kann nur noch im Anschluss an den regulären Unterricht erfolgen. Die Schüler können maximal 20 Stück in einer Unterrichtsstunde fertigen. Ein Lehrer der Metallwerkstatt hat sich bereit erklärt, nachmittags zusätzlich bis zu vier Unterrichtsstunden für die Herstellung weiterer Verschlüsse zu betreuen.

In der Klasse ist eine Diskussion im Gange, wie viele Flaschenverschlüsse zu welchem Preis verkauft werden können. Um herauszufinden, welchen Preis die Käufer zahlen würden, hat jeder Schüler die Aufgabe erhalten, in seiner Familie und bei Freunden und Bekannten zu fragen, wie viele diese höchstens bereit wären, für einen Verschluss auszugeben. Jeder Schüler sollte darüber hinaus auch angeben, bei welchem Verkaufspreis er bereit wäre, auch am Nachmittag zu arbeiten. So konnte die Anzahl der angebotenen Verschlüsse ermittelt werden. Das Ergebnis der Befragung wurde an der Tafel gesammelt:

Preis	Anzahl der Kaufinteressenten	Angebot
5,50 €	200	100
6,00 €	175	112
6,50 €	160	125
7,00 €	140	150
7,50 €	125	175
8,00 €	100	185
8,50 €	75	200
9,00 €	40	215

a) Die Schüler möchten aus 100 Flaschenverschlüssen einen möglichst großen Gewinn erzielen. Nach welchem ökonomischen Prinzip handeln sie dann?
b) Nach welchem ökonomischen Prinzip müssten sie handeln, wenn Sie eine bestimmte Summe für die Klassenfahrt erwirtschaften möchten.

c) Berechnen Sie die Materialkosten für einen Flaschenverschluss.

d) Stellen Sie die Angebots- und die Nachfragekurve grafisch dar und ermitteln Sie den Gleichgewichtspreis.

e) Wie viele Kaufverträge würden bei einem Preis von 6,00 € abgeschlossen?

f) Handelt es sich um eine elastische oder eine unelastische Nachfrage?

g) Der Lieferant des Edelstahls hört von dem Engagement der Klasse und lässt ihnen pro Stange 20,00 € nach. Wie wirkt sich Ihrer Meinung nach dieser Preisnachlass auf die Angebotskurve und den Gleichgewichtspreis aus?

10. Geben Sie jeweils an, welche Marktform hier beschrieben wird.
a) Mehrere Stromanbieter konkurrieren um die Stromkunden in Unna.
b) Viele Anbieter konkurrieren um einen Nachfrager.
c) Der Staat lässt die Personalausweise exklusiv bei der Bundesdruckerei herstellen.
d) Markt für Neuwagen (Autohersteller) in Deutschland
e) Markt für Gebrauchtwagen in Deutschland
f) Viele Anbieter bedienen wenige Nachfrager.

11. Finden Sie Beispiele für einen Verkäufermarkt und einen Käufermarkt.

12. Welche der folgenden Aussagen ist/sind richtig?
a) Beim vertikalen Zusammenschluss arbeiten Unternehmen aus verschiedenen Branchen zusammen.
b) Im horizontalen Zusammenschluss werden Unternehmen der gleichen Branche, aber verschiedener Produktionsstufen zusammengefasst.
c) Konzentration bedeutet, dass die beteiligten Unternehmen ihre rechtliche und/oder wirtschaftliche Selbstständigkeit aufgeben.
d) Ein Trust entsteht durch Fusion von zwei Unternehmen.

13. Welches der folgenden Ziele ist kein wirtschaftspolitisches Ziel nach dem Stabilitätsgesetz?
— Stabilität des Preisniveaus
— Senkung der Wirtschaftskriminalität
— Angemessenes Wirtschaftswachstum
— Hoher Beschäftigungsstand
— Außenwirtschaftliches Gleichgewicht

14. Diskutieren Sie über nachfolgenden Text. Sieht so die Zukunft der Kundenanalyse aus? Möchten Sie gerne Kunde im Prada-Shop New York sein?

Zukunft Kundenanalyse – ein Best Practice Beispiel

Sie erhalten beim Betreten eines Bekleidungsgeschäftes Ihre Kunden-ID-Card, lustwandeln durch die Verkaufsräume, finden das Gesuchte und möchten dieses anprobieren. So weit alltägliches Shoppingvergnügen vieler Kunden. Im neuen Prada-Shop in New York beginnt jedoch ab hier die Zukunft moderner Kundenanalyse. Ein im Kleidungsstück versteckter Bewegungssensor zeichnet auf, was der Kunde anprobiert, übermittelt die während des Einkaufs erfassten Daten über Funk an den Zentralrechner. Dort wird daraus ein Kundenprofil erstellt, das vom Kunden selbst jederzeit via Web eingesehen und ergänzt werden kann.

Erst jetzt wird dieser Aufwand für Kunden und Unternehmen gleichermaßen nützlich. Der Kunde wird anhand seines Kundenprofils zum nächsten Kauf mittels persönlichen Mailings eingeladen. Er kann dann bereits mit einigen von seiner Fachberaterin vorausgewählten Kleidungsstücken direkt in die Umkleidekabine zum Anprobieren gehen. Stamm- und VIP-Kunden mit eigener ID-Card sparen sich zudem den Weg an die Kasse, der Kaufbetrag wird bei Verlassen des Geschäfts automatisch vom Konto abgebucht, selbstverständlich unter Berücksichtigung aller persönlichen Stammkunden-Rabatte und kann zusätzlich noch den kostenfreien Heimlieferservice beanspruchen.

Quelle: Marketingberatung Christa Klickermann (Hrsg.): Zukunft Kundenanalyse, Zugriff am 01.10.2014 unter: www.kundenbeziehungen.com/analyse/kunden1.html#T, Kontakt: Bischof-Hartl-Str. 16, 83410 Laufen

15. Angenommen, Ihre Schule plant im nächsten Jahr einen Tag der offenen Tür. Dort können u. a. die einzelnen Bildungsgänge vorgestellt werden. Um die potenziellen neuen Schüler möglichst zielgerecht anzusprechen, soll eine Marktuntersuchung für den Bildungsgang, in dem Sie sich befinden, geplant und durchgeführt werden.
    a) Sammeln Sie Fragen, die durch die Marktuntersuchung geklärt werden sollen.
    b) Welche Methoden der Marktuntersuchung sind in diesem Fall sinnvoll?

16. Ein Hersteller von TFT-Monitoren hat bei dem Modell 17/34 folgende Absatzzahlen prognostiziert:

Jahr	1	2	3	4	5	6	7	8	9	10
Absatz	500	1500	2500	2900	3000	2900	2000	1500	500	0

    a) Stellen Sie die Absatzentwicklung grafisch dar.
    b) Berechnen Sie, um wie viel Prozent der Absatz jeweils gegenüber dem Vorjahr gestiegen bzw. gefallen ist.

17. Geben Sie bei den nachfolgenden produktpolitischen Maßnahmen an, ob es sich um eine 1) Produktinnovation, 2) Produktdifferenzierung, 3) Produktdiversifikation, 4) Produktvariation oder 5) Produkteliminierung handelt.
    a) Je nach Jahreszeit werden Marzipanweihnachtsmänner oder -osterhasen verkauft.
    b) Ein Marmeladenhersteller verringert den Zuckeranteil in seiner Marmelade.
    c) Ein Autohersteller bietet verschiedene Autotypen an.
    d) Ein Autohersteller kauft eine Fluglinie.
    e) Ein Hersteller von PC-Gehäusen stellt die Produktion von Desktops ein.
    f) Ein namhafter Produzent von Papiertaschentüchern bietet seine Produkte unter einem anderen Namen bei einem Discounter an.
    g) Erstmals wird ein Auto vorgestellt, das mit altem Frittierfett fährt.

18. Niall Fitzgerald, Vorsitzender von Unilever, äußerte sich zu der Bedeutung von Marken folgendermaßen: „Eine Marke ist eine mit Vertrauen gefüllte Schatztruhe, die immer wichtiger wird, je mehr Auswahl die Konsumenten haben. Die Menschen möchten ihr Leben vereinfachen."
    a) Welche Bedeutung haben Marken Ihrer Meinung nach für den Konsumenten?
    b) Nennen Sie Beispiele für bekannte Marken.

19. Welche der unten stehenden Aussagen trifft auf den Begriff „Sortimentstiefe" zu? Ein Händler …
    a) bietet von einer Warengruppe viele verschiedene Ausführungen an.
    b) führt viele Warengruppen in seinem Sortiment.
    c) hat von einer Ware große Mengen.
    d) bietet von jeder Warengruppe einen Artikel an.

20. Die Interfax GmbH in München überlegt, welchen Preis sie für das neue Minifaxgerät nehmen sollte. Die variablen Stückkosten betragen 20,00 €. Fixe Kosten fallen in Höhe von 35 000,00 € pro Jahr an. Die monatliche Produktionsmenge beträgt 1 000 Stück.
    a) Wie hoch ist die kurzfristige Preisuntergrenze?
    b) Wo liegt die langfristige Preisuntergrenze?

21. Welche Form der Preisdifferenzierung liegt hier vor?
    a) Ein Liter Diesel kostet in der Großstadt 2 Cent weniger als auf dem Land.
    b) Im Spätsommer sinken die Preise für kurze Hosen.
    c) Dienstags zahlen Schüler und Studenten im Kino nur den halben Preis.
    d) Eine Großpackung Waschmittel ist günstiger als zwei kleine Packungen mit der gleichen Gesamtmenge.

22. Ein Großhändler teilt einem Kunden mit, dass er nachträglich eine Vergütung von 5 % erhält, da er im vergangenen Jahr für 50 000,00 € Ware bezogen hat.
    a) Um welche Art des Preisnachlasses handelt es sich?
    b) Wie hoch ist der Preisnachlass?

23. Die Netto-Werbeeinnahmen der Online-Anbieter sind in den Jahren 2010 bis 2013 stark gestiegen. Berechnen Sie die prozentuale Veränderung der Einnahmen gegenüber dem jeweiligen Vorjahr.

Jahr	2010	2011	2012	2013
Netto-Werbeeinnahmen (in Mio €)	246	271	332	495
Prozentuale Veränderung gegenüber dem Vorjahr	8,4			

24. Welche Vorteile sehen Sie aus Sicht eines mittelständischen Unternehmens darin, das Internet als eine Möglichkeit des Vertriebs zu nutzen?

25. Unterscheiden Sie, ob es sich in den folgenden Fällen um
    (1) Absatzwerbung,
    (2) Public Relations,
    (3) Sponsoring,
    (4) Verkaufsförderung,
    (5) Direktwerbung,
    (6) Product Placement
    handelt.
    a) Herr Lenzen von der Lenzen-Bäckerei wird Karneval-sprinz in seiner Stadt.
    b) Ein Sportartikelhersteller finanziert ein Tennisturnier.
    c) Ein Modeschöpfer stellt seine neue Kollektion kostenlos für einen Kinofilm zur Verfügung. Die Heldin der Serie trägt die Kleidung.

d) Ein Kreditinstitut möchte über Telefonmarketing neue Kunden ansprechen.

e) Ein Softwarehaus schreibt alle Kunden persönlich an und stellt in dem Schreiben ein neues Produkt vor.

f) Eine Schule führt einen Tag der offenen Tür durch.

g) Ein Elektrofachgeschäft inseriert in der Zeitung.

h) Ein Textilunternehmen führt in Boutiquen, in denen seine Produkte angeboten werden, Modeschauen durch.

26. Entscheiden Sie, für welche Absatzhelfer (Handelsreisender, Kommissionär, Handelsvertreter und Handelsmakler) die nachfolgenden Aussagen zutreffen. Mehrfachnennungen sind möglich. Der Absatzhelfer

a) ist ein selbstständiger Kaufmann.

b) erhält einen Spesensatz.

c) kann die Produkte verschiedener Hersteller anbieten.

d) wird nur bei Bedarf eingeschaltet.

e) verkauft die Ware in eigenem Namen auf fremde Rechnung.

27. Beurteilen Sie, ob bei den nachfolgenden Fällen gegen das Recht des unlauteren Wettbewerbs (UWG) verstoßen wird.

a) Ein im Schaufenster eines EDV-Fachgeschäfts ausgestellter Farblaserdrucker ist mit 50 % des üblichen Preises ausgezeichnet. Einem Kunden, der den Drucker kaufen will, wird mitgeteilt, dass der Drucker ausverkauft sei. Gleichwertige Geräte zu einem vergleichbaren Preis seien ebenfalls nicht mehr vorrätig.

b) Ein Hersteller von Margarine bietet sein Produkt unter dem Namen Rahma an.

c) Ein Discounter wirbt mit folgendem Slogan: „Sonderangebot: Ein T-Shirt 3,45 €, 3 T-Shirts nur 10,50 €".

d) In einem Kaffeegeschäft erhält jeder Kunde vor Weihnachten beim Kauf von 1 kg Kaffee eine Kaffeedose geschenkt.

e) Ein kleines Möbelhaus wirbt mit dem Slogan: „Größtes Möbelhaus in Nordrhein-Westfalen".

f) Die Teilnahme an ein Preisausschreiben ist an den Kauf von einem Kasten Bier geknüpft.

g) Ein Schokoladenhersteller wirbt mit dem Satz: „Für die glücklichsten Stunden im Leben".

28. Entwerfen Sie eine Marketingstrategie für ein von Ihnen selbst gewähltes Produkt oder eine Dienstleistung.

10 Finanzierung eines Autos

Themen mit Verknüpfung
- Grundbegriffe der Finanzierung
- Finanzierungsarten
- Berechnung von Finanzierungsalternativen
- Sicherheiten
- Leasing

Mögliche Verknüpfungen zu anderen Themengebieten/Fächern
- Kaufmännisches Rechnen
- Tabellenkalkulation

Familie Schmidt aus Bochum besteht aus vier Personen. Sie wohnen in einem alten Zechen-haus, das sie vor 15 Jahren gekauft und inzwischen weitestgehend abgezahlt haben. Die Eltern haben sich vor drei Jahren mit einem kleinen Grafikbüro selbstständig gemacht. Inzwi-schen läuft das Büro ganz gut, sodass sie im Durchschnitt ein monatliches Brutto-Einkommen von 4 700,00 € haben. Der älteste Sohn Peter ist vor einem Monat 18 Jahre alt geworden und macht eine Ausbildung zum Informationstechnischen Assistenten mit gleichzeitigem Erwerb der allgemeinen Hochschulreife. Die Tochter Anna-Lena ist 15 Jahre alt und geht auf die Realschule.

Peter hat gerade seinen Führerschein gemacht. Die Eltern haben daher überlegt, ihm ihren bereits zwölf Jahre alten Ford zu überlassen und sich endlich einen neuen Wagen zu kaufen. Ernst Schmidt ist in der Zeitung auf folgende Anzeige eines BMW-Händlers gestoßen:

Einfach nur super! Der BMW 3er

Neuwagen 318i Limousine   **für nur 23 000,00 €**

In den Metallic-Farben saphirschwarz, titansilber und silbergrau

Zentralverriegelung mit Funkfernbedienung, 6 x Airbag, DSC III, ABS, Car/Key-Memory, Klimaautomatik, Radio inkl. CD-Laufwerk u. v. m.

Finanzierungsangebot:

Effektiver Jahreszins:	3,90 %
Anzahlung:	5 370,00 €
23 mtl. Raten	76,86 €
bei einer Laufleistung von:	15 000 km pro Jahr
Endrate nach 2 Jahren:	17 184,00 €

Reservieren Sie jetzt Ihren Traumwagen: Tel. 0234/98765 BMW Müller

---

Herr Schmidt hat schon lange von der Anschaffung eines BMWs geträumt. Er zeigt seiner Frau daher die Anzeige. Frau Schmidt ist im ersten Moment entsetzt. So viel wollte sie nicht für einen Neuwagen ausgeben. Sie gibt zu bedenken, dass sie erst 5 500,00 € für ein neues Auto angespart haben.

Peter befürchtet inzwischen, dass er den Ford doch noch nicht erhalten wird, wenn die Eltern erst auf einen neuen Wagen sparen wollen. Da dem Autofan außerdem der BMW ebenfalls sehr gut gefällt, schlägt er vor, den Wagen über den BMW-Händler oder ein Kreditinstitut zu finanzieren. Er bietet der Mutter an, sich über die verschiedenen Finanzierungsalternativen zu informieren und die günstigste herauszufinden.

Die Kosten einer Finanzierung sind von mehreren Faktoren abhängig. Die wichtigsten sind: der Kreditgeber, die Art der Finanzierung, die Laufzeit sowie die zur Verfügung zu stellenden Sicherheiten. Je nach gewählter Finanzierungsalternative wird der Kreditnehmer Eigentümer oder nur Besitzer der Ware.

1. Erkundigen Sie sich bei mehreren Kreditinstituten über die von diesen angebotenen Finanzierungsmöglichkeiten für Familie Schmidt unter Berücksichtigung der verschie-denen Laufzeiten und der möglichen Kreditsicherheiten. Gehen Sie dabei in Ihrer Klasse arbeitsteilig vor.

Vorgaben:
a) Auszuzahlender Betrag: 17 500,00 €.
b) Die Finanzierung soll jeweils für eine Laufzeit von zwei, fünf oder acht Jahren berechnet werden.
c) Mögliche Sicherheiten sind:
- eine Sicherungsübereignung des Neuwagens,
- eine Bürgschaft des Ehepartners,
- eine Lohn- und Gehaltsabtretung des Kreditnehmers oder
- die bereits eingetragene aber nicht mehr voll ausgenutzte Grundschuld auf das Zechenhaus.

2. Stellen Sie die jeweiligen Ergebnisse Ihrer Erkundung in der Klasse vor und erarbeiten Sie eine Übersicht über die wichtigsten Finanzierungsalternativen. Gehen Sie dabei auch auf die Vor- und Nachteile der jeweiligen Sicherheiten ein. Welches Angebot können Sie Familie Schmidt empfehlen?

Herr Schmidt ist inzwischen in der BMW-Niederlassung gewesen. Dort hat der Verkäufer ihm erklärt, dass neben einer Finanzierung durch die BMW-Hausbank auch die Möglichkeit besteht, den BMW zu leasen. Da er den Wagen überwiegend geschäftlich nutzen will, ist es sogar möglich, die Leasingrate steuerlich abzusetzen. Er unterbreitet Herrn Schmidt folgendes Angebot:

Fahrzeugpreis:	23 000,00 €
Anzahlung:	5 500,00 €
Laufzeit:	24 Monate
Laufleistung p. a.:	15 000 km
Leasingrate:	199,00 €
Restwert:	15 430,00 €

3. Vergleichen Sie das Leasingangebot mit dem Finanzierungsvorschlag aus dem Inserat und der Finanzierungsalternative, die Sie zuvor der Familie Schmidt empfohlen haben. Welches Angebot können Sie Familie Schmidt jetzt empfehlen? Begründen Sie Ihre Antwort.

10 Informationen zur Handlungssituation

10.1 Grundbegriffe der Finanzierung

Finanzierung umfasst alle Maßnahmen, die mit der *Kapitalbeschaffung* verbunden sind.

Dabei kann das Kapital in Form von
- Geld,
- Gütern oder
- Wertpapieren
zur Verfügung gestellt werden.

Einem Unternehmen kann auf verschiedene Art und Weise Kapital zugeführt werden. Einmal kann es von außen zufließen, zum anderen kann das Kapital aber auch aus der Unternehmung selbst stammen. Man unterscheidet daher nach der **Herkunft der Mittel** zwischen
- Außenfinanzierung und
- Innenfinanzierung.

Trifft man eine Unterscheidung nach der **Rechtstellung der Kapitalgeber,** unterscheidet man zwischen
- Eigenfinanzierung (die Kapitalgeber sind die Inhaber der Gesellschaft) und
- Fremdfinanzierung (die Kapitalgeber sind Gläubiger, z. B. Kreditinstitute).

Finanzierungsarten		Herkunft der Mittel	
		Außenfinanzierung	Innenfinanzierung
Rechtstellung der Kapitalgeber	Eigenfinanzierung	Finanzierung durch Kapitaleinlagen oder durch Beteiligungen	Selbstfinanzierung aus Gewinnen und aus Kapitalfreisetzungen durch Abschreibungen
	Fremdfinanzierung	Kreditfinanzierung	Finanzierung aus Rückstellungen

Darüber hinaus gibt es Sonderformen der Finanzierung, wie Factoring oder Leasing.

10.2 Außenfinanzierung

10.2.1 Eigenfinanzierung

Die Zuführung von Eigenkapital von außen in ein Unternehmen hängt von der jeweiligen Rechtsform der Unternehmung ab. Bei einer OHG oder KG können ein neuer Gesellschafter aufgenommen oder die Kapitalanteile der bisherigen Gesellschafter erhöht werden. Ähnlich ist es auch bei einer GmbH. Auch hier können ein neuer Gesellschafter aufgenommen oder die Stammeinlagen erhöht werden. Bei der Aktiengesellschaft kann eine Kapitalerhöhung durch die Ausgabe „junger" Aktien erfolgen.
Der Kapitalgeber erwirbt durch die Zuführung finanzieller Mittel in Abhängigkeit von der Unternehmensform Eigentumsrechte in Form von **Gewinnanteilsrechten** und eventuellen **Mitsprache- und Leitungsrechten**.

10.2.2 Fremdfinanzierung

Bei der Außenfinanzierung mit Fremdkapital wird dem Unternehmen von außen Gläubiger-kapital zugeführt. Das Unternehmen erhält einen Kredit.

> *Unter einem **Kredit** versteht man die **Überlassung von Geld oder anderen vertretbaren Sachen**, meist gegen Zinsen, mit der **Vereinbarung zur Rückzahlung** zu einem bestimmten Zeitpunkt.*

Der Kreditgeber wird **Gläubiger** und der Kreditnehmer **Schuldner** genannt.

10.2.2.1 Kreditarten

Die wichtigsten Kreditarten sind:

Lieferantenkredit

Der Lieferer räumt seinem Kunden ein **Zahlungsziel** ein, sodass der Kunde erst zu einem späteren Zeitpunkt bezahlen muss.

Beispiel: „Zahlung innerhalb von 40 Tagen netto Kasse oder in 10 Tagen mit 2 % Skonto."

Dispositions-/Kontokorrentkredit

Kreditinstitute bieten ihren Kunden i. d. R. die Möglichkeit, ihr **Girokonto** (bei Privatkunden) bzw. ihr **Kontokorrentkonto** (bei Geschäftskunden) **zu überziehen.** Der Lieferer richtet für seinen Kunden ein **Verrechnungskonto** (Kontokorrentkonto) ein und gewährt ihm bis zu einer bestimmten Höhe Kredit. Innerhalb des Kreditrahmens kann der Kunde Ware bestellen.

Teilzahlung, Ratenkauf

Verkäufer und Kunde vereinbaren, den gesamten Rechnungsbetrag in Teilbeträgen zu bezahlen. Der Käufer erhält die benötigte Ware sofort, wird aber erst nach vollständiger Bezahlung Eigentümer. In die Raten werden bereits die Zinsen eingerechnet. Teilzahlungsgeschäfte mit Privatpersonen müssen schriftlich abgeschlossen werden. Darüber hinaus haben sie ein Widerrufsrecht, über das sie informiert werden müssen. Sie können den Vertrag binnen einer Woche nach Vertragsabschluss widerrufen.

Wechsel

Der Wechsel ist eine **Urkunde** (Formular). Der Gläubiger (Verkäufer) ist Wechselaussteller. Im Wechsel wird der Schuldner (Käufer, Wechselbezogener) schriftlich aufgefordert, zu einem bestimmten Zeitpunkt einen bestimmten Betrag gegen Vorlage des Wechsels zu bezahlen.

Die Wechselforderung ist abstrakt, d. h. losgelöst vom zugrunde liegenden Rechtsgeschäft. Somit kann im Streitfall der Gläubiger seine Klage ausschließlich auf den Wechsel stützen, ohne die Abwicklung des Kaufvertrags zu berücksichtigen. Durch das Wechselgesetz wird der Umgang mit dem Wechsel sehr streng gehandhabt.

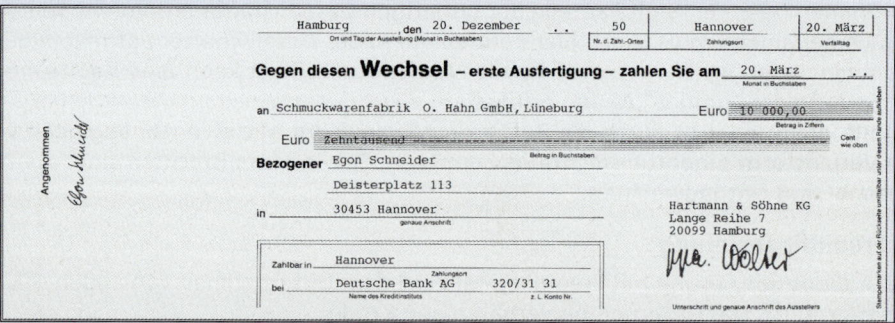

Verwendungsmöglichkeiten des Wechsels:

- Aufbewahrung bis zum Fälligkeitstag und Einlösung beim Schuldner.
- Weitergabe des Wechsels als Zahlungsmittel an eigene Gläubiger.
- Verkauf des Wechsels an ein Kreditinstitut (Diskontierung) vor dem Fälligkeitstag, das Kreditinstitut berechnet entsprechende Zinsen (**Diskont**).

Darlehen

Ein **langfristiger Kredit** wird auch Darlehen genannt. Das Darlehen wird dem Darlehensnehmer in einer Summe zur Verfügung gestellt. Der Zinssatz wird i. d. R. für mehrere Jahre festgeschrieben. Neben der Zinszahlung muss auch festgelegt werden, wie das Darlehen getilgt werden soll. Üblich sind zwei Varianten der Tilgungsvereinbarung:

Darlehen

- Die Tilgung erfolgt am Ende der Laufzeit. Während der Laufzeit werden lediglich die Zinsen bezahlt (**Fälligkeitsdarlehen**).

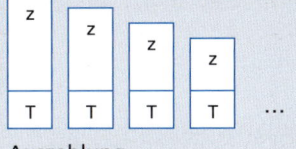

Darlehenssumme

Z   Z   Z   Z   ...   Z

Auszahlung   Fälligkeitstag

- Die Tilgung erfolgt kontinuierlich mit der Ratenzahlung. Zahlt der Schuldner von Beginn bis zum Ende der Laufzeit immer die gleiche Rate, spricht man von einem **Annuitätendarlehen**. Da die Zinsen mit jedem Tilgungsbetrag geringer werden, wird bei den gleichbleibenden Raten der Tilgungsanteil immer größer.

Z   Z   Z   Z   Z

T   T   T   T   ...   T

Auszahlung   Darlehen getilgt

- Wird vereinbart, dass das Darlehen mit immer gleichbleibenden Tilgungsbeträgen zurückgezahlt wird, spricht man von einem **Abzahlungsdarlehen**. Da auch hier die Zinsen mit jeder Tilgung abnehmen, werden die zu zahlenden Raten immer kleiner.

Z
    Z
        Z
            Z   Z
T   T   T   T   ...   T

Auszahlung   Darlehen getilgt

Zusätzlich zu den Zinsen wird von vielen Kreditinstituten auch eine einmalige Bearbeitungsgebühr von 1 % bis 2 % erhoben. Erhebt ein Kreditinstitut ein **Disagio**, so bedeutet dies, dass der Darlehensbetrag nicht zu 100 % ausgezahlt wird, sondern ein Abschlag vorgenommen wird.

10.2.2.2 Sicherheiten

Um eine Finanzierung erhalten zu können, erwartet der Gläubiger i. d. R. Sicherheiten, um sicherzustellen, dass er sein Kapital zurückerhält. Diese Sicherheiten dürfen nur dann von dem Gläubiger verwertet werden, wenn tatsächlich der Fall eingetreten ist, dass der Schuldner seinen Verpflichtungen nicht mehr nachkommt.

Sicherheit	Erläuterung
Abtretung von Forderungen (Zession) 	Eine Privatperson, die sich in einem abhängigen Beschäftigungsverhältnis befindet, kann ihre Lohn- und Gehaltsforderungen abtreten. Unternehmen können ihre offenen Forderungen abtreten. Sie reichen dann Listen mit den offenen Forderungen bei dem Gläubiger, i.d.R. einem Kreditinstitut ein. Die Listen müssen regelmäßig aktualisiert werden. Der Kreditgeber wird auch **Zessionar** und der Kreditnehmer **Zedent** genannt. Grundsätzlich wird zwischen einer offenen und einer stillen Zession unterschieden. Bei der **offenen Zession** weiß der Drittschuldner von der Zession und kann Schuld befreiend nur noch an den Zessionar zahlen. Bei der **stillen Zession** weiß er nichts von der Abtretung und kann daher Schuld befreiend an den Zedenten zahlen.
Bürgschaft 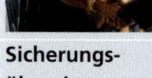	Eine Bürgschaft ist ein Vertrag zwischen dem Bürgen und dem Gläubiger. Der **Bürge verpflichtet sich für die Verpflichtungen des Schuldners einzustehen,** wenn dieser nicht rechtzeitig zahlt. Während Kaufleute im Rahmen ihres Gewerbes auch mündlich eine Bürgschaft eingehen dürfen, ist **bei Nicht-Kaufleuten die Schriftform** vorgeschrieben.
Sicherungs- übereignung 	Die Sicherungsübereignung ist dann sinnvoll, wenn der Schuldner die zu übereignende Sache auch weiterhin nutzen möchte. Bei Privatpersonen wird die Sicherungsübereignung vor allem bei der Finanzierung eines Pkw angewandt. Der **Kreditgeber** erhält den Fahrzeugbrief und **wird Eigentümer** des Pkw. **Der Kreditnehmer ist Besitzer** und darf den Pkw nutzen. Nach Rückzahlung des Kredits geht das Eigentumsrecht auf den Kreditnehmer über. Kredite an Unternehmen können z.B. durch die Sicherungsübereignung von Maschinen abgesichert werden.
Pfand 	**Der Kreditnehmer hinterlegt beim Kreditgeber eine Sache.** Er bleibt Eigentümer dieser Sache. Üblich ist beispielsweise die Hinterlegung von Sparbriefen, Wertpapieren oder wertvollem Schmuck.
Grundschuld, Hypothek 	Bei einer Grundschuld oder einer Hypothek wird **als Sicherheit ein Grundstück oder ein Gebäude** genommen. Die Grundschuld bzw. die Hypothek müssen ins Grundbuch beim Grundbuchamt (Amtsgericht) eingetragen werden. Während die **Hypothek vom Bestand der Forderung abhängig** ist, handelt es sich bei der **Grundschuld** um eine **abstrakte Schuld**. Sie besteht auch dann, wenn das Darlehen zurückgezahlt worden ist. Natürlich hat der Begünstigte dann trotzdem nicht das Recht, die Grundschuld zu verwerten. Vorteil der Grundschuld ist aber, dass bei einer neuen Kreditaufnahme die alte Grundschuld erneut verwendet werden kann. Eine Hypothek müsste neu eingetragen werden. Die Eintragung einer Grundschuld oder Hypothek muss **notariell beurkundet** werden. Kommt der Schuldner seinen Verpflichtungen nicht nach, hat der Gläubiger das Recht, das Grundstück oder das Gebäude auf dem Wege der Zwangsversteigerung versteigern zu lassen und sich aus dem Erlös zu befriedigen.

Die Wahl der zur Verfügung gestellten Sicherheit sollte vor allem im Hinblick auf die Kosten getroffen werden. So kann es beispielsweise sinnvoll sein, ein Anschaffungsdarlehen für einen Pkw nicht durch eine Sicherungsübereignung abzusichern, sondern durch eine Grundschuld, sofern diese schon zugunsten der Bank eingetragen worden ist. Dadurch sind die zu zahlenden Zinsen deutlich niedriger, da eine eingetragene Grundschuld für den Gläubiger eine höhere

Gewähr bietet als ein Pkw. Eine Grundschuld neu eintragen zu lassen lohnt sich allerdings nicht in jedem Fall, da die Gebühren und Notarkosten u. U. die Zinsersparnis übersteigen können.

10.2.3 Sonderformen der Außenfinanzierung

10.2.3.1 Factoring

> Unter **Factoring** versteht man den **Kauf von Geldforderungen** aus Waren- und Dienstleistungsgeschäften.

Ein Factoringinstitut, das die Geldforderungen ankauft, stellt dem Verkäufer der Forderung sofort **Liquidität** zur Verfügung. Darüber hinaus trägt der Factor das **Ausfallrisiko** und übernimmt die **Debitorenbuchhaltung**, das **Inkasso** und das **Mahnwesen**, wenn der Kunde dies wünscht.

Factoring = Ankauf von Forderungen aus Lieferungen und Leistungen durch ein Finanzierungsinstitut („**Factor**")

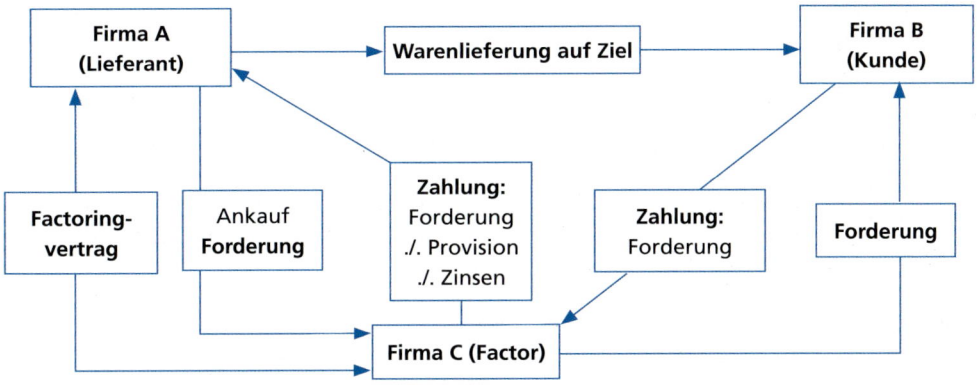

10.2.3.2 Leasing

> Unter **Leasing** versteht man das **entgeltliche Überlassen** (= Vermieten) von Gegenständen des Anlagevermögens über einen bestimmten Zeitraum.

Der **Leasinggeber** (Vermieter) übergibt dem **Leasingnehmer** (Mieter) den Gegenstand des Anlagevermögens, beispielsweise eine Maschine oder einen Lastkraftwagen, und erhält für diese Überlassung eine regelmäßig zu zahlende Leasingrate (= Mietzins). Nach Ablauf der Leasingdauer erhält der Leasinggeber den überlassenen Gegenstand zurück.

Leasing wird immer mehr als **Alternative zum Kauf** eines Anlageguts gesehen. Bei der Wahl zwischen diesen beiden Alternativen sollte Folgendes berücksichtigt werden:
- Beim Leasing ist der Kapitalbedarf geringer. Ein Unternehmen, das eine Maschine least, setzt diese in der Produktion ein und kann aus den Umsatzerlösen dieser Produktion die Leasingraten zahlen. Zusätzliche liquide Mittel werden nur in geringem Ausmaß benötigt.
- Wird ein Anlagegut durch Leasing beschafft, kann die Leasingrate als Aufwand in der Gewinn- und Verlustrechnung angesetzt werden. Bei einem fremdfinanzierten Kauf eines

Anlagegutes können die jährlichen Abschreibungen (s. Kap. 12.2) und die Fremdkapitalzinsen als Aufwand berücksichtigt werden.

— Die Leasingrate ist höher als der Abschreibungs- und Zinsaufwand beim Kauf, da der
Leasinggeber nicht nur Abschreibungen und Zinsen, sondern auch seinen Verwaltungs-
aufwand, seine Gewinnspanne und seine Risikoprämie mit in die Leasingrate einrechnen
muss. Der jährliche Aufwand ist daher beim Leasing höher als beim Kauf, entsprechend
ist allerdings auch die Belastung durch gewinnabhängige Steuern geringer.

— Geht die Kapazitätsauslastung eines Unternehmens zurück, das in großem Ausmaß mit
geleasten Anlagegütern arbeitet, so bleibt die ausgabenwirksame Belastung durch die Leasingrate bestehen. Ein Unternehmen, das überwiegend mit durch Bankkredit gekauften
Anlagegütern arbeitet, hat bei einem Beschäftigungsrückgang nach wie vor die Fremdkapitalzinsen und je nach Kreditart die laufenden Tilgungsraten zu bezahlen. Bei länger andau-
erndem Beschäftigungsrückgang können gekaufte Anlagegüter veräußert werden. Aus dem
Verkaufserlös kann dann der Kredit getilgt werden, wenn der Kreditvertrag dies zulässt.

— Der technische Fortschritt kann in einem Unternehmen dazu führen, dass alte Anlagegüter durch neue, technisch weiterentwickelte ersetzt werden müssen, obwohl die alten Anlagen erst zum Teil abgeschrieben sind. Ein Unternehmen, das seine Anlagegüter
überwiegend gekauft hat, trägt das Risiko des technischen Fortschritts allein, Sonderab-
schreibungen als Folge technischer Überalterung schmälern den Gewinn oder führen zu
Verlusten. Ein Unternehmen, das seine Anlagegüter least, kann das Risiko der technischen
Überalterung auf den Leasinggeber überwälzen, wenn im Leasingvertrag der Austausch
des alten Anlagegutes durch das jeweils technisch neueste vereinbart wurde. Eine solche
Vereinbarung führt natürlich zu entsprechend höheren Leasingraten.

— Mit dem Leasing von Anlagegütern ist häufig ein sogenanntes Dienstleistungsleasing verbunden, das heißt, der Leasinggeber übernimmt die laufende Wartung und die Reparatur
des geleasten Anlagegutes. Dabei werden häufig bestimmte Reparaturfristen und/oder
die Stellung eines Ersatzgutes zugesichert. Diese Leistungen werden entweder durch eine
Dienstleistungsleasingrate gesondert in Rechnung gestellt oder in die Leasingrate des
Anlagegutes einkalkuliert. Wartungs- und Reparaturverträge können in gleicher Weise
für gekaufte Anlagegüter abgeschlossen werden. Zusätzliche Wartungs- und Reparaturverträge sind beim Leasing allerdings die Regel, beim Kauf von Anlagegütern werden sie
nicht von jedem Verkäufer angeboten.

10.3 Innenfinanzierung

Bei der Innenfinanzierung entstammt das Kapital der Unternehmung selbst. Verbleiben die
Gewinne in der Unternehmung, so spricht man von der **Selbstfinanzierung**. Bei Personen-
gesellschaften ergeben sich die Selbstfinanzierungsbeträge aus der Differenz zwischen dem
Jahresgewinn und den Privatentnahmen. Bei den Kapitalgesellschaften wird der nicht ausgeschüttete Gewinn den Rücklagen zugeführt oder er wird als Gewinnvortrag ausgewiesen.
Neben dieser **offenen Selbstfinanzierung** gibt es auch noch die **stille Selbstfinanzierung** durch
die Unterbewertung von Vermögensteilen oder die Überbewertung von Schuldteilen.
Eine weitere Möglichkeit der Innenfinanzierung ist die Finanzierung durch **Kapitalfreiset-
zung**. Dabei wird unterschieden in die Finanzierung

— durch **Abschreibungen** (Abschreibungen sind Aufwendungen, die als Bestandteile der erziel-
ten Erlöse wieder in das Unternehmen zurückfließen. Die Abschreibungswerte können bis zum
Kauf einer neuen Anlage als zusätzliche Finanzierungsmaßnahme eingesetzt werden.) und

— durch **Rückstellungen** (Rückstellungen sind Aufwendungen, die erst in der Zukunft zu
Ausgaben werden. Das zurückgestellte Kapital kann bis zur Auszahlung zu Finanzierungs-
zwecken genutzt werden.).

Vertiefungsaufgaben zur Handlungssituation 10

1. Geben Sie jeweils an, um welche zwei Finanzierungsarten es sich handelt:
   [1] Innenfinanzierung,   [2] Außenfinanzierung,
   [3] Eigenfinanzierung oder   [4] Fremdfinanzierung.
   a) Aufnahme eines neuen Gesellschafters in eine OHG
   b) Einbehaltung von Gewinnanteilen
   c) Überziehung des Kontokorrentkontos
   d) Ausnutzung eines Zahlungsziels von 30 Tagen
   e) Ausgabe von Aktien
   f) Eine Ersatzinvestition wird aus Abschreibungen finanziert

2. Ein Großhändler verabredet mit einem Kunden folgende Zahlungsbedingungen für eine Rechnung über 9 000,00 €: „30 Tage netto Kasse, bei Zahlung innerhalb von 10 Tagen 2 % Skonto". Der Kunde begleicht die Rechnung am 10. Tag, indem er den Überweisungsbetrag durch die Überziehung seines Girokontos finanziert. Die Bank berechnet 12 % Zinsen für die Überziehung. Berechnen Sie
   a) den erforderlichen Kreditbetrag,
   b) die zu zahlenden Zinsen für 20 Tage,
   c) den Finanzierungsgewinn aus der Inanspruchnahme von Skonto,
   d) den Jahreszinssatz, der der Skontovereinbarung entspricht.

3. Herr Kolk hat Ware im Wert von 4 220,00 € mit folgenden Zahlungsbedingungen gekauft: „Zahlbar innerhalb von 10 Tagen mit 2 % Skonto oder in 30 Tagen ohne Abzug". Da er erst in 30 Tagen über das Geld verfügt, überlegt er, ob es günstiger ist, den Lieferantenkredit in Anspruch zu nehmen oder den Kontokorrentkredit bei der Hausbank mit einem Zinssatz von 12 % pro Jahr auszuschöpfen. Alternativ bietet der Lieferer auch an, dass Herr Kolk mit einem Wechsel mit einer Laufzeit von 90 Tagen zahlen kann. Dann müsste er allerdings einen Wechsel über 4 300,00 € ausstellen, da dem Lieferer ebenfalls Kosten durch das Wechselgeschäft entstehen. Bereiten Sie die Entscheidung zwischen den drei Alternativen vor, indem Sie die Alternativen gegenüberstellen. Welche Lösung können Sie empfehlen?
   Anmerkung: Gehen Sie bei der Berechnung der Zinsen davon aus, dass jeder Monat 30 Zinstage und ein Jahr somit 360 Zinstage hat.

4. Mehmet Abdul möchte drei Lkw für seinen Fuhrpark kaufen. Seine Hausbank macht ihm ein Kreditangebot mit folgenden Konditionen: Kreditsumme 300 000,00 €, Laufzeit vier Jahre, Tilgung in vier gleichen Jahresraten, beginnend am Ende des ersten Jahres, Zinssatz 8 % p. a. Berechnen Sie mithilfe der nachfolgenden Tabelle die jährlichen Zinsbelastungen, Tilgungsraten sowie die jährliche Gesamtbelastung. Wie hoch ist die Summe der Gesamtbelastung?

Jahr	Darlehensschuld	Zinsen	Tilgung	Gesamtbelastung
1				
2				
3				
4				
Summe:				

5. Die Krückmann Schmiede GmbH benötigt eine neue Spezialmaschine. Diese kostet 240 000,00 €. Der Lieferer gewährt bei sofortiger Zahlung 2,5 % Skonto. Die Unternehmung verfügt über 80 000,00 € Eigenmittel. Der GmbH liegen zwei alternative Finanzierungsangebote vor:
   - Kreditinstitut A bietet ein Darlehen mit einer Laufzeit von drei Jahren und einem Zinssatz von 7,5 % Zinsen bei einer Auszahlung von 95 % an.
   - Kreditinstitut B verlangt bei gleicher Laufzeit 10,5 % Zinsen bei einer Auszahlung von 100 %.
   - Die Tilgung soll bei beiden Alternativen erst am Ende der Laufzeit erfolgen.

   Berechnen Sie
   a) den Auszahlungsbetrag des erforderlichen Kredits (unter Ausnutzung des Skonto).
   b) den Betrag, über den bei Kreditinstitut A ein Kredit aufgenommen werden müsste.
   c) den zu zahlenden Zinsaufwand bei den beiden Finanzierungsalternativen.

6. Frau Schlossberg hat für die Zeit vom 01.04.04 bis 01.08.04 einen Kredit von 40 000,00 € aufgenommen. Es wurden 9 % p. a. Zinsen und 100,00 € Bearbeitungsgebühr am Ende der Laufzeit berechnet. Berechnen Sie
   a) den Gesamtbetrag aus Zinsen und Bearbeitungsgebühr,
   b) die effektive Belastung in Prozent.

7. Welche Art der Kreditsicherung wird hier jeweils beschrieben?
   a) Als Sicherheit dient ein Gebäude.
   b) Bei der Sparkasse wird ein Sparbrief hinterlegt.
   c) Die Mutter bürgt für das Anschaffungsdarlehen ihrer Tochter.
   d) Eine Galerie bietet ein wertvolles Gemälde als Sicherheit an.
   e) Die Textilfabrik tritt zur Sicherung eines Bankkredits ihre Kundenforderungen an die Bank ab.
   f) Nach der Rückzahlung des Kredits erhält der Schuldner die Eigentumsrechte an einer in seinem Besitz befindlichen beweglichen Sache zurück.

8. Die Eltern des 18-jährigen Schülers Max M. beantragen bei ihrer Hausbank ein Darlehen in Höhe von 650 000,00 € für den Kauf eines Einfamilienhauses mit Einliegerwohnung. Max soll dann in der Einliegerwohnung wohnen. Die Hausbank schlägt daher vor, Max als Bürgen für das Darlehen zu nehmen, da er ja schließlich auch Nutznießer sei und es absehbar ist, dass er in das Berufsleben einsteigen wird. Max unterschreibt den Bürgschaftsvertrag. Kurz darauf wird sein Vater arbeitslos. Die Bank wendet sich an Max, der immer noch zur Schule geht. Diskutieren Sie, ob Max für die Schulden seiner Eltern eintreten muss.

9. Geben Sie an, welche der nachstehenden Aussagen zum Leasing richtig sind.
   a) Beim Leasing ist die Kapitalbindung niedriger als beim Kauf.
   b) Der Leasinggegenstand geht in das Eigentum des Leasingnehmers über.
   c) Die Leasingrate kann steuerlich als Aufwand geltend gemacht werden.
   d) Es besteht die Möglichkeit, immer über die neueste Technik zu verfügen.

11 Einführung in die Finanzbuchhaltung

Diese Handlungssituation richtet sich in erster Linie an IT-Auszubildende mit einem kaufmännischen Ausbildungsschwerpunkt. Ziel des Kapitels ist es, einen Einblick in die Finanzbuchhaltung zu geben.

Der Fachinformatiker Marius Baumschläger eröffnet am 01. April ein PC-Geschäft, in dem er Hardware und Software vertreiben möchte. Im Laufe des März kommt es zu nachfolgenden geschäftsvorbereitenden Tätigkeiten:
Marius Baumschläger stellt eigene Mittel in Höhe von 20 000,00 € für das Unternehmen zur Verfügung, die er auf das neu eröffnete Kontokorrentkonto bei seiner Hausbank, der Stadtsparkasse in Musterhausen, überweist. Außerdem bringt er seinen Opel Zafira ein, den er vor genau zwei Jahren zum Preis von 25 000,00 € gekauft hat. Dieser hat noch einen Wert von 15 000,00 €. In die Geschäftskasse zahlt er zusätzlich 500,00 € in bar ein. Außerdem nimmt er bei seiner Hausbank ein langfristiges Darlehen über 10 000,00 € auf, um das Geschäft renovieren zu können. Der Betrag wird zunächst ebenfalls dem Kontokorrentkonto gutgeschrieben. Er kauft am 23.03. bei einem Großhändler vorab 20 PCs zum Preis von je 400,00 €, 20 TFT-Monitore zum Preis von je 149,00 € und diverse Software für insgesamt 2 480,00 €. Die Rechnung begleicht er über das Kontokorrentkonto. In dem Möbelhaus Werner in Musterhausen ersteht er am 28.03. einen Schreibtisch für 200,00 €, einen Schreibtischstuhl für 80,00 € und 3 Regale für je 60,00 €. Die Rechnung für die Möbel muss er erst am 10.04. begleichen.

1. Informieren Sie sich über den Aufbau eines Inventars und erstellen Sie ein Inventar für den 1. April.

2. Gemäß § 242 HGB muss jeder Kaufmann zu Beginn seines Handelsgewerbes eine das Verhältnis seines Vermögens und seiner Schulden darstellende Eröffnungsbilanz aufstellen. Erstellen Sie für Marius Baumschläger die Eröffnungsbilanz.
   Anmerkung: Bei den Aufgaben 3 bis 7 soll noch keine Berücksichtigung der Umsatzsteuer erfolgen!

3. Inzwischen hat Marius Bauschläger seine Geschäftstätigkeit aufgenommen. Wie wirken sich nachfolgende Geschäftsfälle auf die Bilanz aus? Geben Sie jeweils an, ob es sich um einen Aktivtausch, einen Passivtausch, eine Aktiv-Passiv-Mehrung oder eine Aktiv-Passiv-Minderung handelt.
   a) Verkauf des Opel Zafira für 15 000,00 € am 05.04. Die Zahlung erfolgt unmittelbar durch Überweisung auf das Konto bei der Stadtsparkasse in Musterhausen.
   b) Marius Baumschläger begleicht am 06.04. die Rechnung für die Möbel durch Banküberweisung.
   c) Er kauft am 06.04. noch einen Verkaufstisch für 100,00 €. Die Rechnung muss er erst in einem Monat begleichen.

4. Erstellen Sie ein Hauptbuch und buchen Sie die entsprechenden Werte aus der Eröffnungsbilanz auf den jeweiligen Bestandskonten. Erfassen Sie alle Eröffnungsbuchungen sowie die Geschäftsfälle aus der vorhergehenden Aufgabe in dem neu anzulegenden Grundbuch.

5. Marius Baumschläger erhält am 01.05. Zinsen in Höhe von 500,00 € auf sein Konto bei seiner Hausbank. Außerdem muss er die Miete für den Verkaufsraum und das Lager in Höhe von 600,00 € überweisen. Geben Sie die entsprechenden Buchungssätze an und buchen Sie im Hauptbuch.

6. Am 15.05. hat er einen Großauftrag und verkauft zehn PCs zum Preis von 600,00 € und 20 TFT-Monitore für je 169,00 € auf Ziel. Nehmen Sie die entsprechenden Buchungen im Grund- und Hauptbuch vor.

7. Marius Baumschläger hat noch vier PCs mit einem Einkaufspreis von je 400,00 € im Lager. Berechnen Sie den bisherigen Wareneinsatz. Auf welches Konto wird der Wareneinsatz am Ende des Geschäftsjahres gebucht? Über welches Konto wird das Konto „Umsatzerlöse für Waren" abgeschlossen?

8. Bisher wurde die Umsatzsteuer zur Vereinfachung nicht berücksichtigt. Buchen Sie die nachfolgenden Geschäftsfälle im Grundbuch unter Berücksichtigung der Vorsteuer und der Umsatzsteuer.
   a) Kauf von fünf PCs für je 380,00 € zuzüglich 72,20 € MwSt.
   b) Verkauf von sieben PCs für 580,00 € zuzüglich 110,20 € MwSt.
   c) Kauf von einem Ausstellungsständer für 50,00 € zuzüglich 9,50 € MwSt.
   d) Ermitteln Sie die Zahllast und schließen Sie das Vorsteuerkonto.
   e) Wie lautet der Buchungssatz zur Überweisung der Zahllast an das Finanzamt?

11   Informationen zur Handlungssituation

11.1 Das betriebliche Rechnungswesen

Durch den Kauf und den Verkauf von Waren sowie weitere Einnahmen und Ausgaben wird das Vermögen einer Unternehmung ständig verändert. Das betriebliche Rechnungswesen erfasst sämtliche wirtschaftliche Geschäftsfälle, die in einem Unternehmen Wertbewegungen auslösen. Sie stellt alle Veränderungen der Vermögens- und Kapitalstruktur eines Unternehmens dar und berechnet den Gewinn oder Verlust innerhalb einer Rechnungsperiode. Dabei berücksichtigt sie die gesamten Aufwendungen und Erträge, die in dieser Zeit angefallen sind. Das Rechnungswesen ist zugleich Informations-, Kontroll- und Steuerungsinstrument für die Geschäftsleitung. Wichtigster Zweck des nach außen gegenüber Dritten wirkenden Rechnungswesens, dem externen Rechnungswesen, ist die vergangenheitsbezogene Rechnungslegung. Sie geschieht vor allem im Interesse von Eigentümern, Gläubigern und dem Staat. Daher mussten rechtliche Vorschriften geschaffen werden, um eine einheitliche Buchführung zu gewährleisten.

Handelsrechtliche Vorschriften	
§ 238 HGB	(1) Jeder Kaufmann ist verpflichtet, Bücher zu führen und in diesen die Lage seines Vermögens … ersichtlich zu machen. …
§ 242 HGB	(1) Der Kaufmann hat zu Beginn seines Handelsgewerbes und für den Schluss eines jeden Geschäftsjahrs einen das Verhältnis seines Vermögens und seiner Schulden darstellenden Abschluss (Eröffnungsbilanz, Bilanz) aufzustellen. …
	(2) Er hat für den Schluss eines jeden Geschäftsjahrs eine Gegenüberstellung der Aufwendungen und Erträge des Geschäftsjahrs (Gewinn- und Verlustrechnung) aufzustellen.
	(3) Die Bilanz und die Gewinn- und Verlustrechnung bilden den Jahresabschluss.

Ergänzt werden die Bestimmungen des HGBs durch die Abgabenordnung, die z. B. eine Buchführungs- und Aufzeichnungspflicht für Gewerbetreibende, die keine Kaufmannseigenschaft haben, festlegt (§ 141 AO). Weitere Vorschriften finden sich in den Einkommens-, Körperschaft-, Umsatz- und Gewerbesteuergesetzen.

11.2 Grundsätze ordnungsgemäßer Buchführung

Ein Teilgebiet des internen Rechnungswesens ist die Finanzbuchhaltung. Die ordnungsgemäße Buchführung soll Anteilseigner, Gläubiger und den Fiskus vor Vermögensverlusten durch Fehlinformationen schützen. Daher müssen bei der Aufzeichnung der Geschäftsfälle in der Finanzbuchhaltung folgende Grundsätze beachtet werden:

- Die Buchführung muss **klar und übersichtlich** sein.
- Die Eintragungen müssen **vollständig, richtig, zeitgerecht und geordnet** sein. Es dürfen keine Geschäftsfälle weggelassen werden.
- Die Bilanz muss **wahrheitsgemäß** erstellt werden.
- Die Eintragungen müssen in einer **lebenden Sprache** geschrieben sein und die Beträge der Bilanz sind in Inlandswährung auszudrücken.
- **Keine Buchung ohne Beleg.** Die Belege sind fortlaufend nummeriert aufzubewahren.
- Alle Buchführungsunterlagen (Bücher, Inventare, Bilanzen und Belege) müssen **zehn Jahre**, sonstige Aufzeichnungen (z. B. Handelsbriefe) **sechs Jahre aufbewahrt werden**. Bei der Führung der Handelsbücher auf Datenträgern muss sichergestellt sein, dass die Daten während der Dauer der Aufbewahrungsfrist verfügbar sind und jederzeit innerhalb einer angemessenen Frist lesbar gemacht werden können.

11.3 Inventur, Inventar, Bilanz

Zu Beginn und zum Schluss eines Geschäftsjahres muss die Höhe des Vermögens und der Schulden eines Unternehmens ermittelt werden.

> *Das Erfassen aller Vermögensteile und Schulden nach Art, Menge und Wert wird als* **Inventur** *bezeichnet.*

Bei der **körperlichen Inventur** werden die Wirtschaftsgüter gezählt, gemessen, gewogen oder geschätzt und anschließend bewertet. Erfolgt die Inventur genau am Ende des Geschäftsjahres, spricht man von einer **Stichtagsinventur**. Die Finanzverwaltung räumt zur Durchführung der körperlichen Inventur einen Zeitraum von zehn Tagen vor oder von zehn Tagen nach dem Abschlussstichtag ein. Die Bestände müssen dann auf den Abschlussstichtag fortgeschrieben bzw. zurückgerechnet werden (= **zeitnahe Stichtags-**

inventur). Bei manchen Unternehmen ist wegen des großen Warensortiments eine Betriebsschließung notwendig. In diesem Fall darf die Inventur an beliebigen Tagen innerhalb der letzten drei Monate vor oder der ersten zwei Monate nach dem Schluss des Geschäftsjahres durchgeführt werden (= **verlegte Inventur**).

Bei der **Buchinventur** wird der Bestand nur anhand von schriftlichen Unterlagen ermittelt. Wird der Bestand kontinuierlich fortgeschrieben, spricht man auch von einer **permanenten Inventur**. Einmal im Jahr muss der Bestand allerdings körperlich überprüft werden.

Bei der Ermittlung des Wertes des Bestandes gilt das Bewertungsprinzip der „kaufmännischen Vorsicht", d. h., ist der Wert einer Ware seit der Anschaffung gesunken, so muss der niedrigere Wert bei der Inventur berücksichtigt werden. Allerdings ist es im Gegenzug nicht erlaubt, dass die Ware mit einem Wert, der über den Anschaffungskosten liegt, aufgenommen wird (Niederstwertprinzip).

Das Ergebnis der Inventur wird in einem Bestandsverzeichnis festgehalten.

> Das Bestandsverzeichnis aller Vermögensteile und Schulden nach Art, Menge und Wert wird **Inventar** genannt.

Inventur

Inventar

A. Vermögen
  I. Anlagevermögen (genaue Auflistung aller Vermögensgegenstände, die am Abschlussstichtag dazu bestimmt sind, dauernd dem Geschäftsbetrieb zu dienen, nach Art, Menge und Wert)
  II. Umlaufvermögen (genaue Auflistung aller Vermögensgegenstände, die am Abschlussstichtag dazu bestimmt sind, veräußert oder nur einmalig genutzt zu werden, nach Art, Menge und Wert)
B. Schulden
  I. Langfristige Schulden (mit einer Restlaufzeit von mindestens einem Jahr)
  II. Kurzfristige Schulden (mit einer Restlaufzeit von bis zu einem Jahr)
C. Errechnen des Reinvermögens (Eigenkapital = Vermögen ./. Schulden)

Die **Bilanz** ist eine Kurzfassung des Inventars. Während im Inventar Vermögen, Schulden und Reinvermögen in Staffelform stehen, werden in der Bilanz Vermögen (Aktiva) und Kapital (Passiva) in T-Kontenform gegenübergestellt. Die Bilanz enthält im Gegensatz zum Inventar keine Mengenangaben und Namen der Banken, Lieferer oder Kunden. Gleichartige Vermögens- oder Schuldenteile werden zu Bilanzpositionen zusammengefasst und nur deren Gesamtwert ausgewiesen (siehe auch Kapitel 12.2).

Da für jeden Vermögensgegenstand irgendwann einmal Mittel zur Beschaffung aufgewendet werden mussten, sind die Aktiv- und Passivseite einer Bilanz immer ausgeglichen, d.h. beide Bilanzseiten sind gleich groß. Aus dieser Gleichheit der Aktiva und Passiva ist der Begriff Bilanz abgeleitet worden (italienisch: bilancia = Waage).

Sowohl bei der Bilanz als auch beim Inventar erfolgt die Gliederung des Vermögens nach zunehmender Liquidität und die Gliederung der Schulden bzw. der Passivseite nach abnehmender Fristigkeit (Fälligkeit) der Leistung.

Bilanz

Inventar
Bilanz

Aktiva	Passiva
Anlagevermögen	**Eigenkapital**
— Grundstücke und Bauten	
— Maschinen	
— Fuhrpark	
— Betriebs- u. Geschäftsausstattung	
Umlaufvermögen	**Fremdkapital**
— Roh-, Hilfs- und Betriebsstoffe	— langfristiges Fremdkapital
— unfertige Erzeugnisse	(z. B. Darlehen)
— fertige Erzeugnisse	— mittelfristiges Fremdkapital
— Handelswaren	— kurzfristiges Fremdkapital
— Forderungen aus Lieferungen u. Leistungen	(z. B. Verbindlichkeiten aus Lieferungen und
— Wertpapiere	Leistungen)
— Bankguthaben	
— Schecks	
— Kasse	

11.4 Wertbewegungen in der Bilanz

Durch die Geschäftstätigkeit werden Vermögens- und Kapitalbestände eines Unternehmens laufend verändert. Damit verändern sich auch die Bestände der Bilanz.

Alle Vorgänge, die zu Änderungen einzelner Bilanzpositionen führen, nennt man Geschäftsfälle.

Der Finanzbuchhaltung werden diese Geschäftsfälle durch Belege, z. B. Rechnungen, Banküberweisungen oder Quittungen angezeigt. Folgende vier Arten von Wertbewegungen in der Bilanz werden unterschieden.

Art der Wert-bewegung	Erläuterung	Wirkung auf die Bilanzsumme	Beispiel
Aktivtausch	Der Geschäftsfall betrifft nur die Aktivseite der Bilanz.	keine	Kauf eines PCs für 500,00 € durch Banküberweisung
Passivtausch	Der Geschäftsfall betrifft nur die Passivseite der Bilanz.	keine	Eine Verbindlichkeit gegenüber einem Lieferanten in Höhe von 5 000,00 € wird in ein Darlehen umgewandelt.
Aktiv-Passiv-Mehrung	Die Aktiv- und die Passivseite erhöhen sich um den gleichen Betrag.	Die Bilanzsumme steigt.	Einkauf eines PCs für 600,00 € auf Ziel
Aktiv-Passiv-Minderung	Die Aktiv- und die Passivseite vermindern sich um den gleichen Betrag.	Die Bilanzsumme wird kleiner.	Tilgung eines Darlehens über 20 000,00 € durch Banküberweisung

11.5 Auflösung der Bilanz in Bestandskonten

Würde nach jedem Geschäftsfall eine neue Bilanz aufgestellt, wäre das sehr umständlich und zeitaufwendig. Daher wird die Bilanz in T-Konten zerlegt, die in einem eigenen Buch, dem Hauptbuch, geführt werden. Die Benennung der Konten erfolgt entsprechend der Bilanzpositionen. Die linke Seite des Kontos wird mit **Soll** und die rechte Seite mit **Haben** bezeichnet. Nach den Bilanzseiten unterscheidet man **Aktivkonten** (Vermögenskonten) und **Passivkonten** (Kapitalkonten). Zu Beginn eines Geschäftsjahres werden die Anfangsbestände der Vermögenspositionen auf der Soll-Seite und der Kapitalposten auf der Haben-Seite gebucht. Zusätzlich wird ein Eröffnungsbilanzkonto eingerichtet (EBK), da es in der doppelten Buchführung für jede Buchung mindestens eine Eintragung im Soll und eine Eintragung im Haben geben muss.

Soll	Aktivkonto	Haben		Soll	Passivkonto	Haben
Anfangsbestand						Anfangsbestand

Wird der Anfangsbestand durch einen Geschäftsfall erhöht, so bucht man den Betrag auf der Seite, auf der auch der Anfangsbestand steht. Bestandsminderungen stehen entsprechend auf der anderen Seite. Buchungen auf der Soll-Seite werden **Soll-Buchung** oder Lastschrift genannt. Entsprechend heißen Buchungen auf der Haben-Seite **Haben-Buchung** bzw. Gutschrift. Am Ende des Geschäftsjahres müssen die Konten wieder abgeschlossen werden und ein Schlussbestand errechnet werden.

Schlussbestand = Anfangsbestand + Mehrungen – Minderungen

Soll	Aktivkonto	Haben		Soll	Passivkonto	Haben
Anfangsbestand		Minderungen		Minderungen		Anfangsbestand
Mehrungen		Schlussbestand		Schlussbestand		Mehrungen

Der Schlussbestand (Buchbestand) muss mit dem Inventurbestand (Ist-Bestand) abgeglichen und ggf. angepasst werden. Er wird auf die Schlussbilanz übertragen. Die Schlussbilanz eines Geschäftsjahres ist zugleich die Eröffnungsbilanz des nächsten Geschäftsjahres.

11.6 Buchungen von Geschäftsfällen

11.6.1 Buchungen auf Bestandskonten

Jeder Buchung muss ein entsprechender Beleg zugrunde liegen (siehe Grundsätze der ordnungsgemäßen Buchführung). Die Belege werden sortiert und anschließend vorkontiert. Der Buchhalter bringt auf jedem Beleg einen Buchungsstempel an, auf dem er vorgibt, auf welchen Konten der Geschäftsfall gebucht werden soll.

Konto	Soll	Haben
	€	€
	€	€
Gebucht:		Datum:

Beispiel Buchungsstempel

Diese kurz gefasste Anweisung nennt man **Buchungssatz**. Bei einem Buchungssatz wird immer zunächst das Konto angegeben, auf dem die Soll-Buchung erfolgt, dann erfolgt das Wort „an" und anschließend das Konto, auf dem die Haben-Buchung gebucht wird.

 Einfacher Buchungssatz: Soll-Konto an Haben-Konto, Betrag

Dabei muss beachtet werden, dass keine Buchung im Soll ohne eine Gegenbuchung im Haben in gleicher Höhe durchgeführt werden darf. Alle Buchungen werden in chronologischer

Reihenfolge im Grundbuch (Journal) aufgezeichnet. Anschließend erfolgt die Buchung auf den Konten des Hauptbuchs.

Beispiele für einfache Buchungssätze

1. Beispiel für eine Eröffnungsbuchung: Eröffnung des Aktivkontos Betriebs- und Geschäftsausstattung

Grundbuch				
Datum	Beleg	Buchungssatz	Soll	Haben
01.01.	EB	Betriebs- und Geschäftsausstattung	10 000,00 €	
		an EBK		10 000,00 €

Soll	BGA	Haben		Soll	EBK	Haben
EBK	10 000,00				BGA	10 000,00

2. Geschäftsfall: Kauf eines PCs für 500,00 € durch Banküberweisung

Grundbuch				
Datum	Beleg	Buchungssatz	Soll	Haben
05.02.	EG543	Betriebs- und Geschäftsausstattung	500,00 €	
		an Bank		500,00 €

Soll	BGA	Haben		Soll	Bank	Haben
EBK	10 000,00			EBK	28 000,00	BGA 500,00
Bank	500,00					

3. Geschäftsfall: Eine Verbindlichkeit gegenüber einem Lieferanten in Höhe von 5 000,00 € wird in ein Darlehen umgewandelt

Grundbuch				
Datum	Beleg	Buchungssatz	Soll	Haben
06.02.	B546	Verbindlichkeiten aus Lieferungen	5 000,00 €	
		und Leistungen		
		an Darlehen		5 000,00 €

Soll	Verbindlichkeiten aus LL	Haben		Soll	Darlehen	Haben
Darlehen	5 000,00	EBK 15 000,00		EBK	98 000,00	Verb. aus LL 5 000,00

4. Geschäftsfall: Einkauf eines PCs für 600,00 € auf Ziel

Grundbuch				
Datum	Beleg	Buchungssatz	Soll	Haben
07.02.	EG765	BGA	600,00 €	
		an Verbindlichkeiten aus		
		Lieferung und Leistungen		600,00 €

Soll	Verbindlichkeiten aus LL	Haben		Soll	BGA	Haben
Darlehen	5 000,00	EBK 15 000,00		EBK	10 000,00	
		BGA 600,00		Bank	500,00	
				Verb. aus LL	600,00	

5. Geschäftsfall: Tilgung eines Darlehens über 20 000,00 € durch Banküberweisung

Grundbuch				
Datum	Beleg	Buchungssatz	Soll	Haben
07.02.	EG765	Darlehen	20 000,00 €	
		an Bank		20 000,00 €

Soll	BGA	Haben		Soll	Passivkonto	Haben
Darlehen	20 000,00	EBK 98 000,00		EBK	28 000,00	BGA 500,00
		Verb. aus LL 5 000,00				Darlehen 20 000,00

6. Abschluss des Darlehenskontos über das Konto Schlussbilanz (SBK)

Grundbuch				
Datum	Beleg	Buchungssatz	Soll	Haben
31.12.		Darlehen	83 000,00 €	
		an Schlussbilanz		83 000,00 €

Soll	Darlehen	Haben
Bank	20 000,00	EBK 98 000,00
SBK	83 000,00	Verb. aus LL 5 000,00
Saldo	103 000,00	Saldo 103 000,00

Entsprechend lautet die Eröffnungsbuchung für das folgende Geschäftsjahr: Eröffnungsbilanz an Darlehen, 83 000,00 €.

Werden durch einen Geschäftsfall mehr als zwei Konten angesprochen, entstehen zusammengesetzte **Buchungssätze**.

7. Geschäftsfall: Begleichung einer Rechnung des Lieferers über 3 000,00 € durch 2 600,00 € per Überweisung und 400,00 € bar

Grundbuch				
Datum	Beleg	Buchungssatz	Soll	Haben
09.02.	EG987	Verb. aus LL	3 000,00 €	
		an Bank		2 600,00 €
		an Kasse		400,00 €

Soll	Verb. aus LL	Haben		Soll	Bank	Haben
Darlehen	5 000,00	EBK 15 000,00		EBK	28 500,00	BGA 500,00
Bank/Kasse	3 000,00	Bank 600,00				Darlehen 20 000,00
						Verb. aus LL 2 600,00

Soll	Kasse	Haben
EBK	3 000,00	Verb. aus LL 400,00

11.6.2 Buchungen auf Erfolgskonten

Bei den bisherigen Geschäftsfällen ist das Eigenkapitalkonto nicht betroffen gewesen. Das Konto Eigenkapital ändert sich durch **Aufwendungen** und **Erträge**. Aufwendungen (z. B. Lohn- und Gehaltszahlungen, Zinsaufwendungen, Steuern) mindern und Erträge (z. B. Verkaufserlöse, Zinserträge) mehren das Eigenkapital. Damit die Herkunft der einzelnen Aufwendungen und Erträge zu erkennen ist und das Eigenkapitalkonto nicht zu unübersichtlich wird, werden für gleichartige Aufwendungen und Erträge spezielle Erfolgskonten angelegt. Erfolgskonten sind daher Unterkonten des Eigenkapitalkontos. Es muss auf ihnen daher genauso gebucht werden wie auf dem Eigenkapitalkonto. Daher gilt: Aufwendungen werden auf Aufwandskonten im Soll und Erträge auf Ertragskonten im Haben gebucht. Im Gegensatz zu Bestandskonten weisen die Erfolgskonten keinen Anfangsbestand auf.

BEISPIEL

Beispiel: Erhalt einer Zinsgutschrift in Höhe von 800,00 € auf das Bankkonto

Grundbuch

Datum	Beleg	Buchungssatz	Soll	Haben
31.03.	BK755	Bank	800,00 €	
		an Zinserträge		800,00 €

Soll	Zinserträge	Haben	Soll	Bank		Haben
	Bank	800,00	EBK	28 000,00	BGA	500,00
			Zinserträge	800,00	Darlehen	20 000,00
					Verb. aus LL	2 600,00

Am Schluss eines Geschäftsjahres werden die Aufwands- und Ertragskonten über das **Gewinn- und Verlustkonto** (GuV) abgeschlossen.

Beispiel: Abschluss des Kontos Zinserträge

Grundbuch

Datum	Beleg	Buchungssatz	Soll	Haben
31.12.	Bank	Zinserträge	800,00 €	
		an GuV		800,00 €

Soll	Zinserträge	Haben	Soll	GuV	Haben
GuV	800,00	Bank	800,00	Zinserträge	800,00

Sind die Erträge größer als die Aufwendungen, so ergibt sich im Soll des GuV-Kontos ein Gewinn, sind sie niedriger, hat das Unternehmen einen Verlust zu verbuchen.

Das Konto GuV wird über das Eigenkapitalkonto abgeschlossen. Ein Gewinn führt zu einer Eigenkapitalmehrung (Buchung: GuV an Eigenkapital) und ein Verlust zu einer Eigenkapitalminderung (Buchung Eigenkapital an GuV).

Typischer Aufbau einer GuV

1. Umsatzerlöse
2. Erhöhung oder Verminderung des Bestands an fertigen und unfertigen Erzeugnissen
3. Andere aktivierte Eigenleistungen
4. Sonstige betriebliche Erträge
5. Materialaufwand
6. Personalaufwand
7. Abschreibungen
   a) auf immaterielle Vermögensgegenstände des Anlagevermögens und Sachanlagen sowie auf aktivierte Aufwendungen für die Ingangsetzung und Erweiterung des Geschäftsbetriebs
   b) auf Vermögensgegenstände des Umlaufvermögens, soweit diese die in der Kapitalgesellschaft üblichen Abschreibungen überschreiten
8. Sonstige betriebliche Aufwendungen
9. Erträge aus Beteiligungen
10. Erträge aus anderen Wertpapieren und Ausleihungen des Finanzanlagevermögens, davon aus verbundenen Unternehmen

Typischer Aufbau einer GuV

11. Sonstige Zinsen und ähnliche Erträge, davon aus verbundenen Unternehmen

12. Abschreibungen auf Finanzanlagen und auf Wertpapiere des Umlaufvermögens

13. Zinsen und ähnliche Aufwendungen, davon an verbundene Unternehmen

14. Ergebnis der gewöhnlichen Geschäftstätigkeit

15. Außerordentliche Erträge

16. Außerordentliche Aufwendungen

17. Außerordentliches Ergebnis

18. Steuern vom Einkommen und vom Ertrag

19. Sonstige Steuern

20. Jahresüberschuss/Jahresfehlbetrag

Die Gewinn- und Verlustrechnung bildet zusammen mit der Bilanz den Jahresabschluss des Unternehmens, der vom Kaufmann unterschrieben und zehn Jahre aufbewahrt werden muss. Sind mehrere persönlich haftende Gesellschafter vorhanden, so haben auch sie den Jahresabschluss zu unterschreiben.

11.6.3 Buchungen beim Einkauf und Verkauf von Waren

Bei Handelsbetrieben ist die wichtigste Tätigkeit der Ein- und Verkauf von Waren. In der Finanzbuchführung müssen daher entsprechende Konten eingerichtet werden, um das Warengeschäft buchhalterisch transparent zu machen. Während die Wareneinkäufe auf dem Konto „Waren" erfasst werden, werden die Warenverkäufe auf dem Ertragskonto „Umsatzerlöse für Waren" gebucht.

Beispiel: Kauf von Ware am 06.04. in Höhe von 50 000,00 € auf Ziel und Verkauf von Ware in Höhe von 80 000,00 € auf Ziel

Grundbuch				
Datum	Beleg	Buchungssatz	Soll	Haben
06.04.	AG4	Waren	50 000,00 €	
		an Verb. aus LL		50 000,00 €
06.04.	AG56	Forderungen aus LL	80 000,00 €	
		an Umsatzerlöse für Waren		80 000,00 €

Soll	Waren	Haben		Soll	Umsatzerlöse aus Waren	Haben
EBK	40 000,00				Ford. aus LL	60 000,00
Verb. aus LL	50 000,00					

Bei der Buchung von Wareneinkäufen wird zwischen dem „bestandrechnerischen Verfahren" und dem „aufwandrechnerischen Verfahren" („Just-in-Time-Verfahren") unterschieden.

Bei dem **bestandrechnerischen Verfahren** werden auf dem Warenkonto im Soll der Anfangsbestand sowie alle Wareneinkäufe gebucht. Im Haben werden alle Bestandsminderungen und der Abschlussbestand erfasst. Warenverkäufe sind Bestandsminderungen. Da diese aber bereits auf dem Konto „Umsatzerlöse für Waren" gebucht worden sind, fehlen zunächst die Buchungen der Verkäufe auf dem Warenkonto. Der Schlussbestand an Waren ist daher rechnerisch nicht ermittelbar, sondern muss dem Inventar entnommen werden. Anschließend kann man die Bestandsminderungen errechnen. Dabei handelt es sich um die Warenverkäufe bewertet zum Einstandspreis (= Wareneinsatz):

Wareneinsatz = Warenanfangsbestand + Bestandsmehrungen – Warenschlussbestand lt. Inventur

BEISPIEL

Weiterführung des Beispiels für das bestandsrechnerische Verfahren:
Warenschlussbestand lt. Inventur 20 000,00 €
→ Wareneinsatz = 40 000 + 50 000 ./. 20 000 = 70 000

Soll		Waren	Haben	
EBK	40 000,00	SBK	20 000,00	
Verb. aus LL	50 000,00	Auf.f. Waren	70 000,00	
	90 000,00		90 000,00	

Der Wareneinsatz wird anschließend vom Warenkonto auf das Konto Aufwendungen für Waren umgebucht. Dieses Konto wird dann über das GuV-Konto abgeschlossen.

BEISPIEL

Weiterführung des Beispiels: Abschluss der Konten
Warenverkäufe: 80 000,00 €

Soll	Aufwendungen für Waren		Haben		Soll	Umsatzerlöse für Waren		Haben
Waren	70 000,00	GuV	70 000,00		GuV	80 000,00	Ford. aus LL	80 000,00
	70 000,00		70 000,00			80 000,00		80 000,00

Soll	SBK		Haben		Soll	GuV		Haben
Waren	20 000,00				Aufw.		Ums.-erl.	
					f. Waren	70 000,00	f. Waren	80 000,00

Die Differenz zwischen den Warenaufwendungen und dem Umsatzerlös für Waren ergibt das **Rohergebnis**. In dem obigen Beispiel hat das Unternehmen einen Rohgewinn von 10 000,00 €.

Bei dem **aufwandsrechnerischen Verfahren** werden die Wareneinkäufe direkt auf dem Konto „Aufwendungen für Waren" gebucht. Auf dem Warenkonto werden daher nur der Warenanfangsbestand, der Warenschlussbestand laut Inventur und als Saldo die Bestandsveränderungen erfasst.

11.6.4 Die Verbuchung der Umsatzsteuer

Bei den bisherigen Buchungssätzen haben wir außer Acht gelassen, dass der Staat auf die Umsätze der Unternehmen eine Umsatzsteuer erhebt. Der Umsatzsteuer unterliegen nach **§ 1 des Umsatzsteuergesetzes:**
1. alle Lieferungen und Leistungen, die im Rahmen eines Unternehmens im Inland gegen Entgelt ausgeführt werden,
2. der Eigenverbrauch eines Unternehmens,
3. die Einfuhr von Gegenständen aus Nicht-EU-Ländern,
4. der innergemeinschaftliche Erwerb im Inland gegen Entgelt.
Bei der Umsatzsteuer handelt es sich um eine indirekte Steuer, die von den Unternehmen über die Ausgangsrechnung vereinnahmt und vom Endverbraucher letztendlich getragen wird. Für das Unternehmen ist die Umsatzsteuer nur ein durchlaufender Posten. Der Regelsteuersatz beträgt zzt. 19 % des Umsatzes. Für verschiedene Umsätze, wie z. B. Grundnahrungsmittel, Bücher, Zeitungen, Blumen und Kunstgegenstände gilt ein ermäßigter Steuersatz von zzt. 7 %.

Die Umsatzsteuer ist gleichzeitig auch eine Mehrwertsteuer, da die Unternehmen nur den Mehrwert durch ihren Umsatz versteuern. Von der vereinnahmten Umsatzsteuer der Ausgangsrechnungen können sie die gezahlte Umsatzsteuer der Eingangsrechnungen als Vorsteuer abziehen. Lediglich die Differenz zwischen der eingenommenen Umsatzsteuer und der gezahlten Vorsteuer muss an den Fiskus überwiesen werden (= Zahllast).

1. Verkauf von zehn Druckern gegen Lastschrift für 1 000,00 € zuzüglich 190,00 € USt.
2. Kauf von acht Schreibtischstühlen für je 50,00 € zuzüglich 9,50 € USt.
3. Zur buchhalterischen Ermittlung der Zahllast wird das Aktivkonto „Vorsteuer" über das Passivkonto „Umsatzsteuer" abgeschlossen.
4. Der Saldo im Konto Umsatzsteuer ist die Zahllast (190,00 € . /. 76,00 € = 114,00 €). Überweisung der Zahllast von 114,00 € an das Finanzamt.

Grundbuch				
Datum	Beleg	Buchungssatz	Soll	Haben
11.03.	AG874	Bank	1 190,00 €	
		an Umsatzerlöse für Waren		1 000,00 €
		an Umsatzerlöse		190,00 €
12.03.	EG474	BGA	400,00 €	
		Vorsteuer	76,00 €	
		an Verb. aus LL		476,00 €
31.03.	I876	Umsatzsteuer	76,00 €	
		an Vorsteuer		76,00 €
31.03.	I877	Umsatzsteuer	114,00 €	
		an Bank		114,00 €

11.6.5 Die Verbuchung von Abschreibungen

Bei Vermögensgegenständen des Anlagevermögens können die Anschaffungs- bzw. Herstellkosten jedes Jahr um einen Abschreibungsbetrag vermindert werden. Abschreibungen dienen dem Ausgleich des Wertverlustes durch zeitliche Wertminderung, Abnutzung oder technischen Fortschritt. Der Fiskus schreibt in sogenannten AfA-Tabellen vor, wie einzelne Anlagengüter abgeschrieben werden dürfen. AfA steht dabei für Absetzung für Abnutzung. Eine genaue Berechnung der Abschreibungsbeträge kann in der Handlungssituation 12 „Die Meier-Drucker OHG erhält eine Kosten- und Leistungsrechnung" nachgelesen werden.
Die Abschreibung wird als Aufwand auf dem Erfolgskonto „Abschreibungen auf ..." im Soll gebucht und auf dem betroffenen Bestandskonto im Haben als Wertminderung.

Beispiel: Abschreibungen von 3 000,00 € der Betriebs- und Geschäftsausstattung
Buchungssatz: Abschreibungen an BGA, 3 000,00 €

Vertiefungsaufgaben zur Handlungssituation 11

1. Die Meier OHG hat zum 31.12. des Geschäftsjahres noch 200 Paletten DIN-A4-Papier auf Lager. Die Anschaffungskosten der einzelnen Paletten betrugen 1 050,00 €. Am 31.12. liegt der Wert der Paletten bei je 1 090,00 €.
   a) Welcher Wert muss bei der Inventur berücksichtigt werden?
   b) Was wäre, wenn der Preis der Paletten inzwischen auf 1 000,00 € gesunken ist?

2. Zum Geschäftsvermögen bzw. zu den Schulden der PC-Service Musterstadt GmbH gehören zum 31.12. eines Geschäftsjahres laut Inventur folgende Posten:
   150 000,00 € Bankguthaben bei der Sparkasse Musterstadt
   1 500 000,00 € Grundstücke und Gebäude laut Anlagenverzeichnis 1
   10 000,00 € Kassenbestand
   700 000,00 € langfristiges Darlehen bei der Sparkasse Musterstadt
   180 000,00 € Forderungen aus Lieferungen und Leistungen laut Kundenkartei
   190 000,00 € technische Anlagen und Maschinen laut Anlagenverzeichnis 2
   600 000,00 € Verbindlichkeiten aus Lieferungen und Leistungen laut Liefererkartei
   200 000,00 € Betriebs- und Geschäftsausstattung laut Anlagenverzeichnis 3
   200 000,00 € Darlehen mit einer Restlaufzeit von 10 Monaten bei der Volksbank Musterstadt
   900 000,00 € Warenvorräte laut Warenliste
   Ordnen Sie die Vermögensposten nach steigender Flüssigkeit dem Anlage- und Umlaufvermögen sowie die Schuldposten nach ihrer Fälligkeit jeweils den lang- und kurzfristigen Schulden zu und erstellen Sie ein Inventar. Wie hoch ist das Reinvermögen der PC-Service Musterstadt GmbH?

3. Geben Sie jeweils an, ob es sich um [1] einen Aktivtausch, [2] einen Passivtausch, [3] eine Aktiv-Passiv-Mehrung oder [4] eine Aktiv-Passiv-Minderung handelt:
   a) Kauf eines PCs gegen Bankscheck
   b) Kauf von Büromaterial auf Ziel
   c) Verbindlichkeiten aus Lieferungen und Leistungen werden in ein langfristiges Darlehen umgeschuldet
   d) Begleichung einer Verbindlichkeit aus Lieferungen und Leistungen durch Banküberweisung
   e) Verkauf von Ware auf Ziel
   f) ein Kunde bezahlt eine fällige Rechnung bar

4. Lösen Sie die Eröffnungsbilanz in Aktiv- und Passivkonten auf und buchen Sie anschließend die Geschäftsfälle im Hauptbuch. Eine Berücksichtigung der Umsatzsteuer soll hier noch nicht erfolgen. Alle Angaben verstehen sich als Nettowerte:
   a) Barkauf eines Monitors für 300,00 € für den Geschäftsführer,
   b) Umwandlung einer Verbindlichkeit aus Lieferungen in Leistungen in Höhe von 5 000,00 € in ein Darlehen,
   c) Banküberweisung einer fälligen Eingangsrechnung in Höhe von 300,00 €,
   d) Zielkauf eines neuen Schreibtischs für 1 000,00 €.
   Schließen Sie die Konten über das Schlussbilanzkonto (SBK) ab. Annahme: Alle Schlussbestände auf den Aktiv- und Passivkonten stimmen mit der Inventur überein.

Aktiva	Eröffnungsbilanzkonto		Passiva
Anlagevermögen		**Eigenkapital**	25 000,00
Maschinen	20 000,00		
BGA	15 000,00		
Umlaufvermögen		**Fremdkapital**	
Waren	24 000,00	Darlehen	50 000,00
Bank	30 000,00	Verb. a. LL	15 000,00
Kasse	1 000,00		
	90 000,00		90 000,00

5. Geben Sie die Buchungssätze zu folgenden Geschäftsfällen an (ohne Berücksichtigung der Umsatzsteuer).
   a) Eingangsrechnung: Zielkauf eines Kopierers für 1 000,00 €
   b) Ausgangsrechnung: Barverkauf eines alten Bürostuhls für 50,00 € aus der Betriebs- und Geschäftsausstattung
   c) Banküberweisung eines Kunden über 4 000,00 €
   d) Überweisung der Tilgungsrate für ein Darlehen in Höhe von 1 500,00 €

6. Gegeben sind folgende Anfangsbestände: Bankguthaben 60 000,00 € und Eigenkapital 80 000,00 €. Geben Sie für nachfolgende Geschäftsfälle die Buchungssätze an und buchen Sie anschließend im Hauptbuch. Schließen Sie die Aufwands- und Ertragskonten ab und ermitteln Sie das Eigenkapital.
   a) Gehaltszahlung durch Banküberweisung, 6 500,00 €
   b) Mietzahlungen für eine Lagerhalle durch Banküberweisung, 1 200,00 €
   c) Zinszahlungen für ein Darlehen durch Banküberweisung, 3 000,00 €
   d) Begleichung der Strom- und Wasserrechnung, 600,00 €
   e) Zinsgutschrift für ein Tagesgeldkonto auf das Bankkonto, 300,00 €
   f) Gutschrift von Provisionserträgen auf das Bankkonto, 500,00 €
   Konten: Bank, Eigenkapital, Energieaufwendungen, GuV, Mietaufwendungen, Personalaufwendungen, Provisionserträge, SBK, Zinsaufwendungen, Zinserträge

7. Buchen Sie die nachfolgenden Geschäftsfälle im Grundbuch und führen Sie folgende Konten im Hauptbuch: Aufwendungen für Waren, GuV, SBK, Umsatzerlöse für Waren, Waren. Ermitteln Sie das Rohergebnis (ohne Berücksichtigung der Umsatzsteuer):
   a) Eröffnungsbuchung des Warenkontos am 1.1., Anfangsbestand 30 000,00 €
   b) Kauf von Ware am 06.01. in Höhe von 20 000,00 € auf Ziel
   c) Barkauf von Ware am 08.01., 500,00 €
   d) 10.01. Verkauf von Ware in Höhe von 40 000,00 € auf Ziel
   e) Schlussbestand an Waren lt. Inventur: 20 000,00 € am 31.01.
   f) Verbuchung des Wareneinsatzes auf das Konto „Aufwendungen für Waren"
   g) Abschluss des Kontos „Aufwendungen für Waren"
   h) Abschluss des Kontos „Umsatzerlöse für Waren"

8. Geben Sie für nachfolgende Geschäftsfälle die Buchungssätze an:
   a) Verkauf von Ware in Höhe von 10 000,00 € zuzüglich 19 % USt auf Ziel
   b) Barverkauf von Ware in Höhe von 1 000,00 € zuzüglich 19 % USt
   c) Barverkauf von Ware in Höhe von 571,20 € brutto
   d) Kauf von Rohstoffen in Höhe von 4 000,00 € zuzüglich 19 % USt auf Ziel
   e) Schließen des Vorsteuerkontos und Überweisen der Zahllast

12 Die Meier-Drucker OHG erhält eine Kosten- und Leistungsrechnung

Themen
- Bereiche und Aufgaben des betrieblichen Rechnungswesens
- Rechtliche und betriebswirtschaftliche Gründe für die Einführung einer Kosten- und Leistungsrechnung
- Aufbau einer Kosten- und Leistungsrechnung (Vollkostenrechnung)
- Kostenartenrechnung und Ermittlung des Betriebsergebnisses
- Kostenstellenrechnung (BAB I)
- Kostenträgerzeitrechnung (BAB II)
- Kostenträgerstückrechnung
- Handelskalkulation
- Plankostenrechnung
- Nachteile der Vollkostenrechnung
- Deckungsbeitragsrechnung
- Statistische Kennzahlen (Indexzahlen)
- Grafische Aufbereitung der Kosten und Leistungen

Mögliche Verknüpfungen zu anderen Themengebieten/Fächern
- Finanzbuchhaltung
- Deutsch/Kommunikation: Präsentationstechnik
- Powerpoint
- Tabellenkalkulation: Entwicklung und Durchführung der Kosten- und Leistungsrechnung mithilfe einer Tabellenkalkulation

Überblick über die Kosten- und Leistungsrechnung

Mittwoch 10:00 Uhr, Besprechungszimmer der Meier-Drucker OHG, einem mittelständischen Unternehmen, das Drucker fertigt. Ausschnitt aus einem Gespräch zwischen dem Ausbilder Herrn Müller und einem Auszubildenden.

Ausbilder: Was machen Sie eigentlich gerade in der Berufsschule im Fach „Wirtschafts- und Betriebslehre"?

Azubi: Wir müssen uns bis zu den Ferien mit der Kosten- und Leistungsrechnung beschäftigen. Ich weiß gar nicht, was das soll. Ich weiß doch, was unsere Materialien im Einkauf kosten. Was gibt es da noch zu rechnen?

Ausbilder: Ja, aber das sind ja noch längst nicht alle Kosten. Wir müssen beispielsweise auch noch unser Gehalt mitrechnen und auch die Miete der Büroräume und ... Diese ganzen Kosten müssen ja auch bei der Kalkulation des Verkaufspreises berücksichtigt werden.

Azubi: Und wo bekomme ich die ganzen Informationen her? Ich kann doch nicht jedes Mal, wenn ein Kunde etwas bestellt, stundenlang rechnen.

Ausbilder: Das ist normalerweise Aufgabe der Kosten- und Leistungsrechnung. Dann kann man ganz schnell sehen, welche Kosten ein einzelner Drucker verursacht hat. Leider haben wir bis jetzt noch keine Kosten- und Leistungsrechnung.

Morgen haben wir eine Sitzung mit dem Betriebsrat und den Gesellschaftern. Dort diskutieren wir, ob eine Kosten- und Leistungsrechnung bei uns eingeführt wird. Der Betriebsrat sträubt sich noch gegen die Einführung. Er meint, damit würden die Mitarbeiter unter Druck gesetzt, da sie immer alle anfallenden Kosten erfassen müssen. Durch die Kosten- und Leistungsrechnung sei eine zu enge Kontrolle der Mitarbeiter möglich. Eine Finanzbuchhaltung reiche völlig aus.

Da fällt mir etwas ein. Können Sie mir für die Sitzung eine kleine Präsentation als Überzeugungshilfe erstellen?

Azubi: Auf welche Themen soll ich denn in der Präsentation eingehen?

Ausbilder: Die Präsentation sollte mindestens folgende Fragen beantworten:

1. Wie ist die Kosten- und Leistungsrechnung in das betriebliche Rechnungswesen eingebunden?
2. Wie ist die Kosten- und Leistungsrechnung aufgebaut?
3. Warum ist die Kosten- und Leistungsrechnung für unser Unternehmen wichtig?

1. Informieren Sie sich anhand des Informationstextes und falls möglich mithilfe des Internets über den Aufbau des betrieblichen Rechnungswesens und insbesondere über den Aufbau der Kosten- und Leistungsrechnung.

2. Erstellen Sie für den Ausbilder die gewünschte Präsentation. Beachten Sie, dass die Präsentation neben der Bereitstellung von Informationen auch dazu dienen soll, den Betriebsrat für die Einführung der Kosten- und Leistungsrechnung zu gewinnen.

*Arbeitsschritte zur Erstellung einer Kosten- und Leistungs-
rechnung*

*Auf der Sitzung wird die Einführung einer einfachen Kos-
ten- und Leistungsrechnung beschlossen. Die Erstellung der
Kosten- und Leistungsrechnung soll dabei in mehreren Ar-
beitsschritten erfolgen:*

1. *Identifizierung und Erfassung aller Kosten und Leistungen. Errechnung des Betriebsergebnisses.*
2. *Zuordnung der Kosten auf die einzelnen Abteilungen.*
3. *Zuordnung der Kosten auf die einzelnen Produktgrup-
   pen. Bewertung der Bestände an Halb- und Fertigfabri-
   katen.*
4. *Berechnung der Verkaufspreise für die einzelnen Druckertypen.*

3. Die genaue Erfassung aller in einem Unternehmen entstehenden Kosten ist Aufgabe
der Kostenartenrechnung. Informieren Sie sich im Kapitel Kostenartenrechnung über
mögliche Einteilungskriterien für Kosten und erklären Sie die Begriffe Einzelkosten,
Gemeinkosten, fixe Kosten und variable Kosten am Beispiel der Meier-Drucker OHG.

4. Eine Aufgabe der Kostenartenrechnung ist die Ermittlung des Betriebsergebnisses. Um
das Betriebsergebnis zu errechnen, müssen zunächst alle erbrachten Leistungen und
angefallenen Kosten aufgelistet werden. Eine wichtige Informationsquelle ist dabei
die Finanzbuchhaltung, da viele Kosten und Leistungen dort auch als Aufwand bzw.
Ertrag verbucht werden müssen. Von dem Gesellschafter Günther Meier erhalten Sie
daher die Gewinn- und Verlustrechnung der Meier-Drucker OHG.
Mithilfe einer Ergebnistabelle (siehe Seite 244) kann man die Aufwendungen und
Erträge der GuV in
- neutrale Aufwendungen bzw. neutrale Erträge (≠ Kosten bzw. Leistungen) und
- Grundkosten bzw. Grundleistungen
unterteilen und das Betriebsergebnis berechnen.
Ermitteln Sie für die Meier-Drucker OHG das Betriebsergebnis, indem Sie die Ergebnistabelle ergänzen. Geben Sie jeweils in der Spalte „Begründung" an, ob es sich um
1. betriebsfremde,
2. periodenfremde,
3. außergewöhnliche oder
4. betriebsbedingte, periodenbezogene und regelmäßige
Aufwendungen oder Erträge handelt.

Gewinn- und Verlustrechnung der Meier-Drucker OHG

	Aufwendungen	Erträge
Umsatzerlöse		3 500 000,00
Bestandsveränderungen		80 000,00
Aktivierte Eigenleistungen		50 000,00
Mieterträge		14 500,00
Zinserträge		20 000,00
Wertpapiererträge		50 000,00
Aufwendungen für Fertigungsmaterial	650 000,00	
Aufwendungen für Betriebsstoffe	60 000,00	
Verpackung	25 000,00	
Reparaturen	17 000,00	
Personalaufwendungen	900 000,00	
Abschreibung auf Gebäude	87 000,00	
Abschreibung auf Maschinen	600 000,00	
Mieten	35 000,00	
Büromaterial	15 000,00	
Versicherungen	32 000,00	
Verlust aus Schadensfällen (Fertigung)	102 000,00	
Verluste aus Anlagenabgang	35 000,00	
Betriebliche Steuern	156 000,00	
Zinsaufwendungen	65 000,00	
Sonstige betriebliche Aufwendungen	250 000,00	
Ergebnis	**3 029 000,00**	**3 714 500,00**
Gewinn	**685 500,00**	
	3 714 500,00	**3 714 500,00**

Ergebnistabelle

	Gesamtergebnis GuV-Rechnung		Neutrales Ergebnis		Betriebsergebnis KuL-Rechnung		Begründung
	Aufwendungen €	Erträge €	Neutrale Aufw.	Neutrale Erträge	Kosten	Leistungen	
Umsatzerlöse		3 500 000,00					
Bestandsveränderungen		80 000,00					
Aktivierte Eigenleistungen		50 000,00					
Mieterträge		14 500,00					
Zinserträge		20 000,00					
Wertpapiererträge		50 000,00					
Aufw. für Fertigungsmaterial	650 000,00						
Aufw. für Betriebsstoffe	60 000,00						
Verpackung	25 000,00						
Reparaturen	17 000,00						
Personalaufwendungen	900 000,00						
Abschr. a. Gebäude	87 000,00						
Abschr. a. Maschinen	600 000,00						
Mieten	35 000,00						
Büromaterial	15 000,00						
Versicherungen	32 000,00						
Verlust aus Schadensfällen (Fertigung)	102 000,00						
Verluste aus Anlagenabgang	35 000,00						
Betriebliche Steuern	156 000,00						
Zinsaufwendungen	65 000,00						
Sonstige betriebliche Aufw.	250 000,00						
Summe	3 029 000,00	3 714 500,00					
Gewinn bzw. Verlust	685 500,00						
Saldo	3 714 500,00	3 714 500,00					

⇒ Betriebsergebnis = _____ €

Kalkulatorische Kosten

Herr Meier ist mit dem in der Ergebnistabelle ermittelten Betriebsergebnis hoch zufrieden. Der zweite Gesellschafter, Herr Kroll, gibt jedoch zu bedenken, dass noch nicht alle Kosten bei der Ermittlung berücksichtigt wurden. So haben die Gesellschafter z. B. ein Eigenkapital von 3 200 000,00 € in die OHG eingebracht. Dafür könnte man auf dem Kapitalmarkt bei einer Verzinsung von 6 % immerhin 192 000,00 € Zinsen in einem Jahr erwirtschaften und das ohne jedes Risiko.

Spezielle Risiken des Unternehmens, die u. U. hohe Kosten nach sich ziehen, sind bisher ebenfalls noch nicht entsprechend berücksichtigt worden. Als Beispiel führt er den Diebstahl von Druckern, einen starken Preisfall oder aber auch Forderungsausfälle bei den Kunden an. Ein Großhändler, mit dem sie in der Vergangenheit eng zusammengearbeitet haben, hat schon seit zwei Monaten keine Rechnung beglichen. Diese kalkulatorischen Wagnisse könnten durchaus in einer beachtlichen Höhe anfallen und sollten daher auch mit 200 000,00 € in der Betriebsergebnisrechnung berücksichtigt werden.

Herr Meier möchte sich seine Siegesstimmung jedoch nicht so schnell verderben lassen. Er hält dagegen, dass die drei neu gekauften Verpackungsmaschinen für je 20 000,00 € innerhalb von 5 Jahren mit einem Satz von 20 % degressiv abgeschrieben worden sind. Die tatsächliche Abnutzung ist hingegen viel geringer. Geht man von einem Wiederbeschaffungspreis von 22 000,00 € je Maschine und einer Nutzungsdauer von acht Jahren aus, fallen geringere kalkulatorische Abschreibungsbeträge an, als zunächst in der Finanzbuchhaltung berücksichtigt wurden.

Ähnliches gelte auch für die letztes Jahr angeschaffte Lackiermaschine. Hier sei die Abschreibung ebenfalls zu hoch, sodass die kalkulatorischen Abschreibungen für diese Maschinen in der Kosten- und Leistungsrechnung insgesamt um 60 000,00 € niedriger ausfallen können als in der Gewinn- und Verlustrechnung.

5. Grenzen Sie die Begriffe Grundkosten, Anderskosten und Zusatzkosten voneinander ab und ordnen Sie die in der Situationsbeschreibung dargestellten Kosten den jeweiligen Begriffen zu.

6. Berechnen Sie die Höhe der Abschreibungen für die drei neuen Verpackungsmaschinen für das erste Jahr
   a) in der Finanzbuchhaltung,
   b) bei der Kosten- und Leistungsrechnung.

7. Korrigieren Sie das Betriebsergebnis unter Berücksichtigung der kalkulatorischen Kosten.

8. Welche Zusatzkosten könnten ebenfalls noch in der Kosten- und Leistungsrechnung berücksichtigt werden?

9. Warum ist es sinnvoll, bei der kalkulatorischen Abschreibung mit den Wiederbeschaffungskosten zu rechnen, während man bei der Finanzbuchhaltung von den Anschaffungskosten ausgeht?

Hinweis: Für die Bearbeitung der nachfolgenden Aufgaben empfiehlt sich der Einsatz einer Tabellenkalkulation!

Kostenentwicklung

Die Meier-Drucker OHG hat zwar immer noch einen Gewinn erwirtschaftet, dieser ist aber deutlich niedriger ausgefallen als in den Jahren zuvor. Der Geschäftsführer möchte daher wissen, welche Kosten überproportional angestiegen sind.

Entwicklung der wichtigsten Kosten				
Kostenart	2013	2014	2015	2016
Aufw. f. Fertigungsmaterial	635 000,00 €	640 000,00 €	642 000,00 €	650 000,00 €
Aufw. für Betriebsstoffe	56 000,00 €	57 000,00 €	60 000,00 €	60 000,00 €
Verpackung	24 000,00 €	24 500,00 €	25 000,00 €	25 000,00 €
Reparaturen	10 000,00 €	20 000,00 €	20 000,00 €	17 000,00 €
Personalaufwendungen	800 000,00 €	830 000,00 €	840 000,00 €	900 000,00 €
Abschr. auf Gebäude	87 000,00 €	87 000,00 €	87 000,00 €	87 000,00 €
Abschr. auf Maschinen	500 000,00 €	500 000,00 €	500 000,00 €	535 200,00 €
Mieten	35 000,00 €	35 000,00 €	35 000,00 €	35 000,00 €
Büromaterial	12 000,00 €	13 000,00 €	14 000,00 €	15 000,00 €
Versicherungen	33 000,00 €	33 000,00 €	32 000,00 €	32 000,00 €
Betriebliche Steuern	150 000,00 €	155 000,00 €	150 000,00 €	156 000,00 €
Sonstige betriebliche Aufw.	200 000,00 €	210 000,00 €	230 000,00 €	250 000,00 €

Auszug aus der Tabelle „Kostenentwicklung je Kostenart"

10. Errechnen Sie die prozentuale Veränderung der hier aufgeführten Kosten. Nehmen Sie als Basisjahr das Jahr 2013 ($\Rightarrow$ Indexzahl = 100) und errechnen Sie die Indexzahlen für die darauf folgenden Jahre. Ermitteln Sie die durchschnittliche Kostenentwicklung und vergleichen Sie diese mit der Entwicklung der Kosten der einzelnen Kostenarten. Welche Kosten sind überdurchschnittlich gestiegen?

11. Stellen Sie die Entwicklung der überdurchschnittlich gestiegenen Kosten sowie die durchschnittliche Kostenentwicklung in einer Grafik dar.

Kostenstellenrechnung

Nachdem der Arbeitsschritt 1: „Identifizierung und Erfassung aller Kosten und Leistungen und Errechnung des Betriebsergebnisses" zur Zufriedenheit der Gesellschafter fertiggestellt worden ist, sollen jetzt die Kosten den einzelnen Abteilungen zugeordnet werden. Herr Meier und Herr Kroll haben sich zusammengesetzt und überlegt, nach welchen Kriterien sie die Kosten auf die Abteilungen verteilen.

Dabei haben Sie sich auf folgende Vorgehensweise geeinigt:
1. *Es werden vier Kostenstellen gebildet: Material, Fertigung, Verwaltung und Vertrieb.*
2. *Die Verteilung der Kostenstellengemeinkosten soll nach folgenden Vorgaben erfolgen:*

Gemein-kosten	Verteilungs-grundlage	Summe €	Material €	Fertigung €	Verwaltung €	Vertrieb €
Aufw. für Betriebs-stoffe		60 000,00	20 000,00	30 000,00	5 000,00	5 000,00
Verpackung		25 000,00	–	–	–	25 000,00
Reparaturen	Rechnungen	16 000,00	2 000,00	13 000,00	1 000,00	–
Personalauf-wendungen	Gehaltslisten	500 000,00	55 000,00	125 000,00	220 000,00	100 000,00
Kalk. Abschr. auf Gebäude	nur auf Vertrieb u. Verwaltung nach m²	87 000,00	–	–	180 m²	60 m²
Kalk. Abschr. a. Maschinen	Anlagekartei	535 200,00	85 200,00	450 000,00	–	–
Kalk. Wag-niskosten		200 000,00	–	–	–	200 000,00
Kalk. Zinsen	Betriebs-notw. Kapital	192 000,00	50 000,00	92 000,00	30 000,00	20 000,00
Kalk. Unter-nehmerlohn	Vorgaben der Unter-nehmens-leitung	120 000,00	–	60 000,00	–	60 000,00
Mieten	nur auf Material und Fertigung nach m²	35 000,00	100 m²	550 m²	–	–
Büromaterial	Anzahl der Mitarbeiter (MA)	15 000,00	2 MA	15 MA	4 MA	2 MA
Versicherun-gen	Anlagen-werte	32 000,00	8 000,00	16 000,00	5 000,00	3 000,00
Betriebliche Steuern	Verteilungs-liste	156 000,00	16 000,00	80 000,00	35 000,00	25 000,00
Sonstige betriebliche Aufwendun-gen	Rechnungen u. a.	250 000,00	50 000,00	47 000,00	73 000,00	80 000,00

12. Erstellen Sie den Betriebsabrechnungsbogen (BAB 1) für die Meier-Drucker OHG und ermitteln Sie die Summe der Material-, Fertigungs-, Verwaltungs- und Vertriebsgemein-kosten.

13. Bei den Gemeinkosten wird zwischen Kostenstelleneinzelkosten und Kostenstellenge-meinkosten unterschieden. Welche Kosten des BAB 1 sind Kostenstelleneinzelkosten?

14. Mithilfe des BAB 1 können jetzt die Gemeinkostenzuschlagssätze der einzelnen Kostenstellen berechnet werden. Berechnen Sie
- den Materialgemeinkostenzuschlagssatz,
- den Fertigungsgemeinkostenzuschlagssatz,
- den Verwaltungsgemeinkostenzuschlagssatz und
- den Vertriebsgemeinkostenzuschlagssatz.

Zuschlagsgrundlage für
- die Materialgemeinkosten sind die Aufwendungen für das Fertigungsmaterial in Höhe von 650 000,00 €.
- die Fertigungsgemeinkosten sind die Fertigungslöhne in Höhe von 400 000,00 €.
- die Verwaltungs- und die Vertriebsgemeinkosten sind die Herstellkosten des Umsatzes. Gehen Sie davon aus, dass gefertigte Drucker im Wert von 130 000,00 € zunächst nicht in den Verkauf, sondern ins Lager gekommen sind.

Geben Sie Ihr Ergebnis mit einer Genauigkeit von zwei Stellen hinter dem Komma an.

Kostenträgerzeitrechnung

Die Meier-Drucker OHG produziert die zwei Druckertypen MX3 und MZ1. Nach der Erstellung des BAB I und der Errechnung der Gemeinkostenzuschlagssätze können jetzt mithilfe des Kostenträgerblatts (BAB II) die Einzel- und Gemeinkosten den beiden Druckertypen direkt zugeordnet werden. Ziel ist die Ermittlung der Selbstkosten des Umsatzes sowie des Anteils der beiden Drucker am Betriebsergebnis.

15. Erstellen Sie den BAB II und ermitteln Sie den jeweiligen Beitrag der Drucker zum Betriebsergebnis der Meier-Drucker OHG. Gehen Sie von folgenden Daten aus:

	Druckertyp MX3	Druckertyp MZ1
Materialeinzelkosten	300 000,00 €	350 000,00 €
Fertigungslöhne	180 000,00 €	220 000,00 €
Bestandsmehrungen an unfertigen/fertigen Erzeugnissen	60 000,00 €	70 000,00 €
Bestandsminderung an unfertigen/fertigen Erzeugnissen	keine	keine
Umsatzerlöse	1 700 000,00 €	1 800 000,00 €

Verwenden Sie dabei die zuvor errechneten Zuschlagssätze.

16. Die Höhe der Gemeinkosten ändert sich jeden Monat. Welche innerbetrieblichen und außerbetrieblichen Gründe können für die Schwankungen verantwortlich sein?

17. Da die Ist-Gemeinkosten Schwankungen unterliegen, verwendet man in der Kalkulation zusätzlich Normal-Gemeinkostenzuschlagssätze, die für einen längeren Zeitraum festgelegt werden. Aufgrund der zuvor errechneten Ist-Zuschlagssätze und der von Herrn Meier und Herrn Kroll erwarteten Kostenentwicklung haben die Gesellschafter nachfolgende Normal-Gemeinkostenzuschlagssätze festgelegt:
- Normal-Materialgemeinkostenzuschlagssatz: 45 %
- Normal-Fertigungsgemeinkostenzuschlagssatz: 240 %
- Normal-Verwaltungsgemeinkostenzuschlagssatz: 20 %
- Normal-Vertriebsgemeinkostenzuschlagssatz: 25 %

Führen Sie die Kostenträgerzeitrechnung mithilfe der Normal-Gemeinkostenzuschlagssätze durch und stellen Sie fest, ob eine Kostenüberdeckung oder eine Kostenunterdeckung vorliegt.

Kostenträgerstückrechnung
Endlich sind die Gesellschafter bei Arbeitsschritt 4

„Berechnung der Verkaufspreise für die einzelnen Druckertypen"

angelangt. Herr Meier und Herr Kroll möchten jetzt mithilfe der neu eingeführten Kosten- und Leistungsrechnung den Listenverkaufspreis für den Drucker MX3.4 kalkulieren.

18. Informieren Sie sich anhand des Informationstextes über die Verfahren der Kostenträgerstückrechnung.

19. Welche beiden Verfahren der Kostenträgerstückrechnung werden grundsätzlich unterschieden?

20. a) Berechnen Sie zunächst mithilfe der Zuschlagskalkulation die Selbstkosten für einen Drucker MX3.4. Der Drucker benötigt bei der Produktion Fertigungsmaterial in Höhe von 15,00 € und Fertigungslöhne in Höhe von 9,00 €.

   b) Berechnen Sie den Listenverkaufspreis für einen Drucker MX3.4. Bei der Preiskalkulation rechnen die Gesellschafter mit einem Gewinn von 15 % bezogen auf die Selbstkosten. Den Kunden wird bei Zahlung innerhalb von 30 Tagen ein Skonto von 3 % eingeräumt. Ein Teil des Vertriebs erfolgt über Vertreter. Diese erhalten eine Provision von 7 % vom Zielverkaufspreis. Großkunden wird darüber hinaus ein Rabatt von 10 % eingeräumt.

Im PC-Fachgeschäft „Müllers Discount-PC"

Handelskalkulation
Ein Auszubildender der Meier-Drucker OHG, Hans Molker, sieht den neuen Drucker MX3.4 in dem PC-Fachgeschäft „Müllers Discount-PC e. K.". Dort ist er als Schnäppchen für nur 169,00 € ausgeschrieben. Hans Molker weiß, dass der Listenverkaufspreis der Meier-Drucker OHG deutlich niedriger war. Hans Molker spricht den Inhaber an.

Hans Molker:	Sie verkaufen den MX3.4 aber ganz schön teuer. Da machen Sie ja einen riesigen Gewinn an einem Drucker. Kein Wunder, dass wir nicht mehr Drucker an Sie verkaufen können, wenn Sie solche Preise nehmen.
Berthold Müller:	Jetzt aber mal langsam. Ich verdiene ja so schon kaum noch etwas an dem Drucker. Ich muss ja schließlich auch noch meine Handlungskosten decken. Was meinen Sie denn, was ich alleine an Miete bezahle. Und die Verkäuferin möchte auch am Monatsende ihr Gehalt haben.
Hans Molker:	Wie viel Prozent rechnen Sie denn für Handlungskosten auf die Einkaufspreise drauf?
Berthold Müller:	Eigentlich geht es Sie ja nichts an, aber 40 % brauche ich schon.
Hans Molker:	Dann müsste der Drucker aber immer noch deutlich billiger sein.
Berthold Müller:	Bei Barzahlung gewähre ich den Kunden noch einmal ein Skonto von 2 %. Außerdem muss ich, seit es das neue Rabattgesetz gibt, auch noch mit vielen Kunden über einen Rabatt verhandeln. Wenn man gleich zwei Drucker kauft, gebe ich 5 % Mengenrabatt. Das muss ich auch alles im Preis kalkulieren. Da bleibt für mich nicht mehr viel übrig.
Hans Molker:	Was verdienen Sie denn an einem Drucker?

🖉 21. Wie hoch ist der Gewinn, den Herr Müller an einem Drucker MX3.4 absolut und in Prozent von den Selbstkosten macht? (Annahme: Es fallen keine Bezugskosten an.)

🖉 22. Berechnen Sie den von Herrn Müller verwendeten Kalkulationszuschlag, den Kalkulationsfaktor sowie die Handelsspanne für den Drucker MX3.4.

Nachteile der Vollkostenrechnung

Einige Monate später:
Die Einführung der Kosten- und Leistungsrechnung ist inzwischen beendet. Alle Arbeitsschritte wurden wie geplant ausgeführt und erfolgreich abgeschlossen.
Trotzdem sind nicht alle in dem Unternehmen mit dem Ergebnis zufrieden.
Herr Kroll führt an, dass es bei der Vollkostenrechnung zu einem falschen Gewinn bzw. Verlustausweis kommt, wenn
sich die Stückzahlen in der Produktion ändern, da nicht berücksichtigt wurde, dass mit wachsender Ausbringungsmenge die fixen Kosten pro Stück sinken und mit sinkender Ausbringungsmenge die fixen Kosten pro Stück steigen.

🖉 23. Herr Kroll möchte seine Behauptung, dass es bei der Vollkostenrechnung zu einem falschen Gewinn bzw. Verlustausweis kommt, wenn sich die Stückzahlen in der Produktion ändern, anhand einer Grafik erläutern.
Bei der Berechnung der Selbstkosten für den Nachfolge-Drucker MX3.5 ist von einer prognostizierten Produktionsmenge von 19 643 Druckern ausgegangen worden. Diese haben Selbstkosten in Höhe von 1 488 124,39 € verursacht.
a) Zeichnen Sie die Vollkostenkurve nach folgender Vorlage.

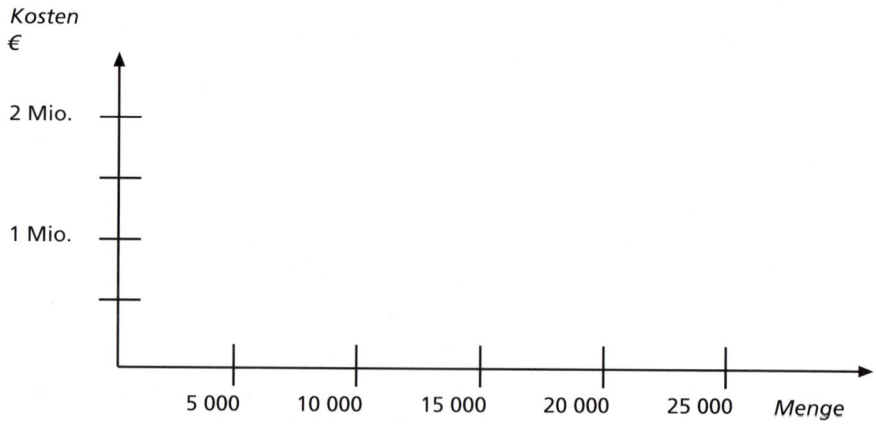

b) Angenommen, alle Einzelkosten und 20 % der Gemeinkosten sind variable Kosten. Berechnen Sie dann die Summe der variablen und der fixen Kosten mithilfe folgender Tabelle.

	Drucker MX3.5	Fixe Kosten	Variable Kosten
Fertigungsmaterial	300 000,00 €		
Materialgemeinkosten	135 180,00 €		
Fertigungslöhne	180 000,00 €		
Fertigungsgemeinkosten	428 580,00 €		
Verwaltungsgemeinkosten	198 522,77 €		
Vertriebsgemeinkosten	245 841,62 €		
Summe	**1 488 124,39 €**		

c) Ergänzen Sie das Diagramm um folgende Kurven:
  - Fixkostenkurve,
  - variable Kostenkurve und
  - Gesamtkostenkurve.
d) Erklären Sie anhand des Diagramms, warum bei der Vollkostenrechnung ein veränderter Beschäftigungsgrad zu einem falschen Ausweis der Kosten führt.

Deckungsbeitragsrechnung
Um die Nachteile der Vollkostenrechnung auszugleichen, schlägt Herr Kroll vor, bei der Planung des Produktionsprogramms und bei der Entscheidung, ob ein Produkt selbst produziert werden soll oder ob der Auftrag an eine Fremdfirma vergeben werden soll, die Deckungsbeitragsrechnung einzuführen.

24. Warum nennt sich die Deckungsbeitragsrechnung auch Teilkostenrechnung?

25. Wie hoch muss der Deckungsbeitrag bei Drucker MX3.5 pro Periode und pro Stück mindestens sein, damit ein Gewinn erzielt werden kann? Wie hoch muss dann mindestens der Netto-Verkaufserlös pro Periode und pro Stück für diesen Drucker sein?

Eigenfertigung oder Fremdfertigung
Herr Kroll schlägt vor, in Zukunft einen weiteren Drucker in das Produktionsprogramm aufzunehmen. Entsprechende Produktionskapazitäten sind noch frei. Bisher wurde dieser Drucker im Auftrag der Meier-Drucker OHG in einer Stückzahl von 5 000 Druckern in einem kleinen Betrieb in Polen gefertigt. Der Bezugspreis je Drucker beträgt zurzeit 45,00 €.

Bei der Eigenfertigung kalkuliert Herr Kroll mit folgenden Zahlen:
  - *Stückzahl:*   *5 000 Drucker*
  - *Materialeinzelkosten:*   *8,00 €*
  - *Materialgemeinkostenzuschlagssatz:*   *45,06 %*
  - *Fertigungseinzelkosten:*   *6,00 €*
  - *Fertigungsgemeinkostenzuschlagssatz:*   *238,10 %*
  - *Verwaltungsgemeinkostenzuschlagssatz:*   *20,18 %*
  - *Vertriebsgemeinkostenzuschlagssatz:*   *24,99 %*

26. Entscheiden Sie, ob der Drucker auch weiterhin fremdgefertigt werden soll, oder ob die Meier-Drucker OHG diesen in Zukunft selbst produzieren sollte. Gehen Sie bei der Berechnung davon aus, dass es sich bei allen Einzelkosten und bei 20 % der Gemeinkosten um variable Kosten handelt.
  a) Führen Sie die Berechnung mithilfe der folgenden Tabelle durch. Geben Sie die Werte für jeweils einen Drucker an.

	Zuschlagssätze	Kosten	Fixe Kosten	Variable Kosten
Fertigungsmaterial				
Materialgemeinkosten				
Materialkosten				
Fertigungslöhne				
Fertigungsgemeinkosten				
Fertigungskosten				
Herstellkosten der Erzeugung				
Verwaltungsgemeinkosten				
Vertriebsgemeinkosten				
Herstellkosten des Umsatzes				

Fazit:

b) Welchen Deckungsbeitrag erzielt der Drucker bei einem Verkaufserlös von 55,00 € pro Stück?

c) Berechnen Sie die fixen Kosten pro Periode bei der geplanten Produktionsmenge von 5 000 Druckern und berechnen Sie anschließend den Break-even-Point.

12 Informationen zur Handlungssituation

12.1 Aufbau des betrieblichen Rechnungswesens

Das betriebliche Rechnungswesen stellt Informationen für die Betriebsführung, aber auch für Außenbeziehungen des Unternehmens bereit. Je nach Zielgruppe müssen die Informationen anders zusammengefasst und aufbereitet werden. Sinnvoll ist daher eine Unterteilung in ein externes und in ein internes Rechnungswesen, d. h. eine **Zuordnung des Zahlenmaterials und der Aktivitäten im Rechnungswesen nach dem Informationsempfänger**:

Internes Rechnungswesen	Externes Rechnungswesen
Das interne Rechnungswesen, zu dem die **Kosten- und Leistungsrechnung** gehört, kann entsprechend der individuellen Wünsche der Unternehmung gestaltet werden. Von Ausnahmen abgesehen gibt es für die Ausgestaltung keine gesetzlichen Vorschriften. Die Kosten- und Leistungsrechnung dient in erster Linie der Unternehmensleitung zu Planungs-, Abrechnungs-, Steuerungs- und Kontrollzwecken.	Das externe Rechnungswesen enthält die **Finanzbuchführung** und **Bilanzierung** sowie die **Statistiken**. Es dient vor allem der Information und Beeinflussung von Außenstehenden, wie z. B. von Gläubigern oder dem Fiskus. Deshalb gelten über alle Betriebsarten und Branchen hinweg einheitliche handelsrechtliche und steuerrechtliche Vorschriften (z. B. im Handelsgesetzbuch und in der Abgabenverordnung) sowie rechtsform- und branchenspezifische Ergänzungsbestimmungen (z. B. Publizitätspflicht). Wichtigste Ergebnisse des externen Rechnungswesens sind die Gewinn- und Verlustrechnung sowie die Bilanz. (Für weitere Informationen siehe Handlungssituation 11.)

12.2 Die Kosten- und Leistungsrechnung

12.2.1 Aufbau der Kosten- und Leistungsrechnung

> *Hauptbereiche der Kosten- und Leistungsrechnung sind die **Kostenrechnung** mit den Modulen: **Kostenarten-, Kostenstellen- und Kostenträgerrechnung** sowie die **Leistungsrechnung**.*

Die **Kostenartenrechnung** beantwortet die Frage, welche Kosten in dem Unternehmen entstanden sind. Ihre Aufgabe ist die systematische Erfassung aller Kosten.

Die Errechnung der Gesamtleistung erfolgt in der Leistungsrechnung. Dabei wird untersucht, bei welchen Erträgen aus der Gewinn- und Verlustrechnung es sich um Leistungen handelt. Dies wird in der Praxis oft gemeinsam mit der Kostenartenrechnung durchgeführt.

Aus der Differenz zwischen den Gesamtkosten aus der Kostenartenrechnung und der Gesamtleistung kann das Betriebsergebnis ermittelt werden:

> *Gesamtleistung – Gesamtkosten = Betriebsergebnis*

Die **Kostenstellenrechnung** beschäftigt sich mit der Frage, welche Abteilung welche Kosten verursacht hat bzw. an welchen Stellen die Kosten entstanden sind. Diese Zuordnung ist umso leichter, je detaillierter die Kosten in der Kostenartenrechnung erfasst worden sind.

Die **Kostenträgerrechnung** besteht aus der Kostenträgerstückrechnung und der Kostenträgerzeitrechnung. Die **Kostenträgerstückrechnung** beantwortet die Frage, für welche Leistungen die Kosten entstanden sind. Aufgaben der Kostenträgerstückrechnung sind die Bestandsbewertung und die Preiskalkulation und damit die Schaffung von Entscheidungsgrundlagen für die Sortiments- und Absatzplanung.

Stellt man den Kosten der Erzeugnisse bzw. der Erzeugnisgruppen die zugehörigen Umsatzerlöse gegenüber, so erhält man das Betriebsergebnis je Erzeugnis bzw. je Erzeugnisgruppe. Eine solche Darstellung wird auch als **Kostenträgerzeitrechnung (Betriebsergebnisrechnung)** bezeichnet.

Kostenrechnung

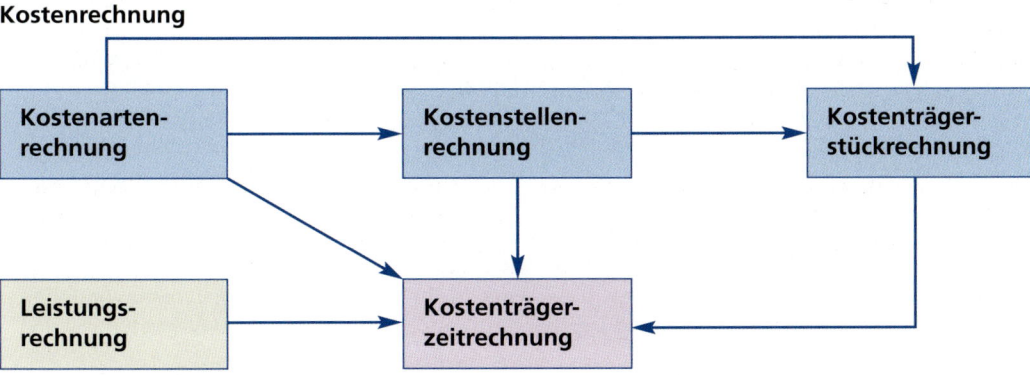

Überblick über die Module der Kosten- und Leistungsrechnung

12.2.2 Leistungsrechnung

In der **Leistungsrechnung** werden alle Leistungen möglichst detailliert erfasst, um sie später den entsprechenden Kosten (z. B. je Produkt) so genau wie möglich zuordnen zu können.

> *Unter **Leistungen** versteht man die in Geldeinheiten bewerteten erfolgswirksamen Wertzuflüsse, die aus der **betrieblichen Leistungserstellung** resultieren.*

Die Leistungsrechnung gibt Auskunft über die Höhe der
- **Absatzleistungen** (= Umsatzerlös aus dem Verkauf von Waren),
- **Lagerleistungen** (= Mehrbestände an unfertigen und fertigen Erzeugnissen),
- **aktivierten Eigenleistungen** (= selbst erstellte Anlagen, die im eigenen Betrieb Verwendung finden) und der
- **Gesamtleistungen** (= Summe aller Leistungen).

12.2.3 Kostenartenrechnung

Die Kostenartenrechnung bildet die 1. Stufe der Kostenrechnung und stellt somit das wesentliche Bindeglied zwischen der Finanzbuchhaltung und der Kosten- und Leistungsrechnung dar. In ihr werden alle anfallenden Kosten erfasst und für die jeweiligen Zwecke der Kosten- und Leistungsrechnung aufbereitet.

> *Unter **Kosten** versteht man den in Geldeinheiten bewerteten mengenmäßigen Verbrauch an Gütern und Leistungen, der zur **betrieblichen Leistungserstellung** erforderlich ist.*

Die Kostenartenrechnung versucht die Kosten bei ihrer Erfassung möglichst genau aufzusplitten und einzelnen Kostenarten zuzuordnen.

Einteilung der Kosten		
Kriterium	**Kosten**	**Beispiel**
betriebliche Funktion	a) **Beschaffungskosten** b) **Produktionskosten** c) **Lagerkosten** d) **Absatzkosten** e) **Verwaltungskosten**	a) Einkauf von Bauteilen b) Lohnkosten c) Kosten für einen Gabelstapler d) Kosten für eine Werbeaktion e) Gehälter der Personalabteilung
Zurechenbarkeit auf die Kostenträger[1] (Produkte)	a) **Einzelkosten** (Kosten, die direkt dem Kostenträger[1] zugerechnet werden können) b) **Gemeinkosten** (Kosten, die nicht direkt, sondern nur mithilfe von Verteilungsschlüsseln den einzelnen Kostenträgern zugeordnet werden können)	a) Fertigungsmaterial, Bauteile, Löhne, Verpackung, Werbung für ein konkretes Produkt, Vertreterprovision b) Betriebsstoffe (z. B. Schmierstoffe), Gehälter, Energiekosten, Miete, Büromaterial, Steuern, Abschreibungen auf Gebäude, Abschreibungen auf Maschinen, Zinsen, Werbung für das Unternehmen
von der Beschäftigung abhängige Kosten	a) **fixe Kosten** (Kosten, die unabhängig von der Produktionsmenge anfallen) b) **variable Kosten** (Kosten, die von der Produktionsmenge abhängig sind)	a) Gehälter, Miete, Abschreibungen auf Gebäude oder Maschinen b) Verpackungsmaterial, Fertigungslöhne, Fertigungsmaterial, Vertreterprovision

Kostenarten

Ein wichtiges Ergebnis der Kostenartenrechnung ist die Ermittlung aller Kosten (= Gesamtkosten), die in dem Betrieb anfallen.

---

[1] Kostenträger sind einzelne Kundenaufträge, Produkte, Dienstleistungen oder innerbetriebliche Leistungen.

Beobachtet man den Verlauf der diversen Kostenarten in regelmäßigen Abständen, kann man die Wirtschaftlichkeit der Kostenarten kontrollieren und somit ggf. schnell Maßnahmen zur Kostensenkung ergreifen.

Um alle Kosten möglichst genau zu ermitteln, werden neben den Informationen aus der Finanzbuchhaltung Daten aus dem Betrieb, wie sie die Betriebsdatenerfassung und die Produktionsplanung und -steuerung liefert, benötigt. Beispielsweise kann so die genaue Produktionsmenge der einzelnen Maschinen ermittelt werden. Wichtig sind auch interne Belege, z.B. über die Reparaturzeiten für eine Maschine und die Rechnungen an die Kunden, aus denen etwaige Rabatte hervorgehen.

12.2.4 Ermittlung des Betriebsergebnisses

Die Meier-Drucker OHG hat bisher den Unternehmensgewinn (oder Verlust) aus dem Gewinn- und Verlustkonto (GuV) ihrer Finanzbuchhaltung ermittelt. In der GuV werden aber alle Aufwendungen und Erträge zusammengefasst, auch die Aufwendungen oder Erträge, die nicht unmittelbar dem Betriebszweck (z.B. Spekulationsgewinne, Zinserträge, Mieterträge) dienen oder außergewöhnlich sind.

Wenn ein Gesellschafter wissen möchte, welche **Aufwendungen und Erträge durch den eigentlichen Betriebszweck** entstanden sind, muss er alle in der GuV aufgeführten Aufwendungen und Erträge überprüfen, ob diese auch tatsächlich aus normalen oder geplanten betrieblichen Tätigkeiten entstanden sind. Nur diese Erträge sind zugleich auch Leistungen bzw. nur diese Aufwendungen sind auch Kosten.

> *Erfolgsbestandteile der GuV werden als **neutral** bezeichnet, weil sie sich im **Betriebsergebnis nicht auswirken** sollen. Als neutral ist ein Aufwand oder Ertrag anzusehen, wenn **mindestens eines der folgenden Merkmale** zutrifft:*
> - *nicht auf die betriebliche Tätigkeit bezogen = **betriebsfremd**,*
> - *nicht auf eine Abrechnungsperiode bezogen = **periodenfremd**,*
> - *unregelmäßig anfallend oder ungewöhnlich hoch = **außergewöhnlich**.*

Die Beseitigung von Hochwasserschäden wird als außergewöhnliche Aufwendung in der GuV-Rechnung verbucht. In der Kosten- und Leistungsrechnung finden diese Ausgaben keine Berücksichtigung.

Die neutralen Aufwendungen und Erträge werden ebenfalls einander gegenübergestellt. So wird das **neutrale Ergebnis** ermittelt.

Betriebsergebnis und neutrales Ergebnis müssen zusammen wieder das Ergebnis der Geschäftsbuchhaltung ausmachen, das auch als **Gesamtergebnis** bzw. **Unternehmensergebnis** bezeichnet wird. Die Aufspaltung des Gesamtergebnisses wird in der sogenannten Ergebnistabelle vorgenommen.

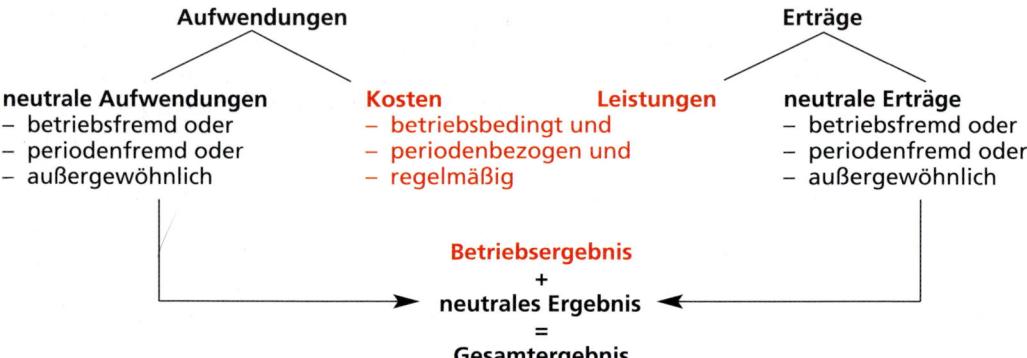

Aufspaltung des Gesamtergebnisses

Die in dieser Phase der Abgrenzungsrechnung ermittelten Kosten und Leistungen werden als **Grundkosten** bzw. **Grundleistungen** bezeichnet.

> *Grundkosten sind Aufwendungen und Grundleistungen sind Erträge der Geschäftsbuchhaltung, die unverändert in die Kosten- und Leistungsrechnung übernommen werden.*

Beispiele für Grundkosten sind Personalkosten, Materialkosten oder Mietkosten. Grundleistungen sind z. B. die Verkaufserlöse.

Darüber hinaus gibt es aber auch Kosten und Leistungen, die keinen Niederschlag in der GuV finden oder in einer anderen Höhe in der GuV angesetzt worden sind. Diese nennt man kalkulatorische Kosten bzw. kalkulatorische Leistungen.

> *Kalkulatorische Kosten bzw. kalkulatorische Leistungen sind Kosten, die nicht oder in anderer Höhe in der Gewinn- und Verlustrechnung gebucht werden.*

Die Kosten- und Leistungsrechnung muss daher in einem zweiten Arbeitsschritt um diese kalkulatorischen Kosten und Leistungen korrigiert werden. Zusätzliche Kosten und Leistungen müssen erfasst werden (= **Zusatzkosten** bzw. **Zusatzleistungen**). Kosten und Leistungen, die in einer anderen Höhe als in der GuV bewertet werden sollen, müssen entsprechend korrigiert werden (= **Anderskosten** bzw. **Andersleistungen**).

Das Schaubild soll den Zusammenhang zwischen der Gewinn- und Verlustrechnung und der Kosten- und Leistungsrechnung verdeutlichen.

Nur in der GuV	In der GuV und KLR	Nur in der KLR
Neutrale Erträge	**Grundleistung**	**Kalkulatorische Leistungen**
— **Betriebsfremde Erträge** (z. B. Mieterträge durch die Vermietung einer zzt. nicht genutzten Lagerhalle)	**(Absatzleistung, Lagerleistung, Eigenleistung)**	— **Andersleistung** (Leistungen, die anders als in der GuV bewertet werden, z. B. höhere Bewertung der Eigenleistung
— **Außerordentliche Erträge** (z. B. Verkauf des Firmenwagens weit über Buchwert)	=	als dies in dem Ausbildungsvertrag vorgeschrieben ist.)
— **Periodenfremde Erträge** (z. B. Gutschrift von zu viel gezahlten Steuern für das vorangegangene Jahr)	**Betriebsbezogene, periodenbezogene Erträge** (z. B. Erlös aus dem Verkauf der erzeugten Produkte)	— **Zusatzleistungen** (Leistungen, die in der GuV nicht berücksichtigt werden, z. B. Bewertung des „guten Namens des Unternehmens")
Neutrale Aufwendungen	**Grundkosten**	**Kalkulatorische Kosten**
— **Betriebsfremde Aufwendungen** (z. B. Spekulationsverluste bei Wertpapieren)	=	— **Anderskosten** (Kosten, die anders als in der GuV bewertet werden, z. B. höhere kalkulatorische Abschreibungen,
— **Außerordentliche Aufwendungen** (z. B. Verkauf einer Maschine weit unter Buchwert)	**Betriebsbezogene, periodenbezogene Aufwendungen** (z. B. Fertigungsmaterial, Fertigungslöhne)	kalkulatorische Wagnisse)
— **Periodenfremde Aufwendungen** (z. B. eine Steuernachzahlung)		— **Zusatzkosten** (Kosten, die in der GuV nicht berücksichtigt werden, z. B. kalkulatorischer Unternehmerlohn bei Einzelunternehmungen und Personengesellschaften und kalkulatorische Zinsen auf das betriebsnotwendige Kapital)

Kalkulatorische Abschreibungen

Am Beispiel der kalkulatorischen Abschreibungen soll noch einmal der Unterschied zwischen dem internen und dem externen Rechnungswesen verdeutlicht werden.

Externes Rechnungswesen

Wertminderungen von Anlagegütern werden durch jährliche Abschreibungen erfasst. Dabei werden die Anschaffungs- bzw. Herstellkosten auf die Jahre der Nutzung verteilt. Das Steuerrecht spricht hier von einer **Absetzung für Abnutzung (AfA)**. Wertminderungen können z. B. durch

- Nutzung (technischer Verschleiß),
- natürlichen Verschleiß durch zeitabhängige Faktoren (z. B. Verrosten), } planmäßige Abschreibung
- technischen Fortschritt oder

- außergewöhnliche Ereignisse, wie z. B. ein Feuer oder eine Veränderung der Marktsituation, } außerplanmäßige Abschreibung

erfolgen.

Abschreibungen **vermindern den Gewinn** eines Unternehmens und damit auch die Steuer-
schuld. Daher gibt es für das externe Rechnungswesen Vorschriften, wie die Abschreibungen
durchgeführt werden sollen. Grundsätzlich kann man zwischen linearer und degressiver
Abschreibung wählen.

**Methoden der planmäßigen Abschreibung am Beispiel des Kaufs eines Lkw
für 50 000,00 € bei einer erwarteten Nutzungsdauer von zehn Jahren**

lineare Abschreibung	**degressive Abschreibung**
Es werden **jährlich gleichbleibende Abschreibungsbeträge** von den Anschaffungskosten abgeschrieben.	Es werden **jährlich sinkende Abschreibungsbeträge** vom Buchwert abgeschrieben. Der degressive Abschreibungssatz darf **max. das 2,5-fache des linearen AfA-Satzes** betragen, höchstens jedoch **25 % des Buchwertes.**

Berechnung:
jährlicher Abschreibungsbetrag

$$= \frac{\text{Anschaffungskosten}}{\text{betriebsgewöhnliche Nutzungsdauer}}$$

$$= \frac{50\,000,00\ \text{€}}{10} = 5\,000,00\ \text{€}$$

Abschreibungssatz

$$= \frac{100\,\%}{\text{betriebsgewöhnliche Nutzungsdauer}}$$

$$= \frac{100\,\%}{10} = 10\,\%$$

Berechnung:
jährlicher Abschreibungsbetrag
= Buchwert · Abschreibungssatz

50 000,00 · 25 % = 12 500,00 € (max. Betrag)

⇒ max. Abschreibungssatz 25 %

Ein Wechsel zur degressiven Abschreibung ist nicht möglich.

Ein Wechsel zur linearen Abschreibung ist möglich.

Buchwert in €	AfA in €	Ende des Jahres	Buchwert in €	AfA in €
50 000,00		0	50 000,00	
45 000,00	5 000,00	1	37 500,00	12 500,00
40 000,00	5 000,00	2	28 125,00	9 375,00
35 000,00	5 000,00	3	21 093,75	7 031,25
30 000,00	5 000,00	4	15 820,31	5 273,44
25 000,00	5 000,00	5 Wechsel zur linearen Abschreibung:	13 183,59	2 636,72
20 000,00	5 000,00	6	10 546,87	2 636,72
15 000,00	5 000,00	7	7 910,15	2 636,72
10 000,00	5 000,00	8	5 273,43	2 636,72
5 000,00	5 000,00	9	2 636,71	2 636,72
0,00	5 000,00	10	0,00	2 636,72

Wird von vornherein festgelegt, dass das Anschaffungsgut nach der geplanten Nutzungsdauer noch einen Restwert hat, berechnet sich der jährliche Abschreibungsbetrag bei der linearen
Abschreibung, indem zunächst von den Anschaffungskosten der Restwert subtrahiert wird
und dann erst durch die betriebsgewöhnliche Nutzungsdauer dividiert wird. Der Abschreibungssatz muss dann entsprechend angepasst werden.

Internes Rechnungswesen

In der Kosten- und Leistungsrechnung wird mit **kalkulatorischen Abschreibungen** gerechnet. Diese unterscheiden sich in folgenden Punkten von den Abschreibungen der Finanzbuchhaltung:

Externes Rechnungswesen	Internes Rechnungswesen
Die Abschreibungen werden nach **steuerlichen Gesichtspunkten** durchgeführt. Daher wird i.d.R. in den ersten Nutzungsjahren die degressive Abschreibungsmethode verwendet. Die Nutzungsdauer wird aus steuerlichen Gründen möglichst gering gewählt (in den zulässigen Grenzen), um den zu versteuernden Gewinn möglichst gering zu halten. (Seit 2008 können nur noch **geringwertige Wirtschaftsgüter** mit einem Wert bis 150,00 € sofort abgeschrieben werden. Güter mit einem Wert von 150,00 € bis 1 000,00 € müssen zu einem Pool zusammengefasst werden und über 5 Jahre abgeschrieben werden.)	Die Abschreibungen sollen den **tatsächlichen Werteverzehr** widerspiegeln. Es wird daher von der tatsächlichen Nutzungsdauer ausgegangen und linear abgeschrieben.
Es gilt das **Nominalprinzip**, d.h. die Abschreibungen werden von den Anschaffungs- bzw. Herstellkosten berechnet.	Es gilt das **Substanzerhaltungsprinzip**. Die KLR geht davon aus, dass am Ende der Nutzungsdauer wieder ein gleichwertiges Anlagegut angeschafft werden muss. Diese Wiederbeschaffungskosten müssen zuvor über die verkauften Produkte erwirtschaftet werden. Bei der Berechnung der jährlichen Abschreibungsbeträge werden daher die Wiederbeschaffungskosten zugrunde gelegt.
Abschreibungen erfolgen für alle Anlagegüter, die noch nicht in vollem Umfang abgeschrieben sind.	Abschreibungen erfolgen nur für betriebsnotwendige Anlagegüter.

Abschreibungen im internen und externen Rechnungswesen

Die Auswirkungen der unterschiedlichen Vorgehensweise kann man gut an dem Beispiel des Lkw-Kaufs sehen. Herr Meier rechnet mit einer Teuerung des Lkw von jährlich 3 % und einer Nutzungsdauer von zwölf Jahren. Es soll die lineare kalkulatorische Abschreibung verwendet werden.

Abschreibungsplan
Die Wiederbeschaffungskosten nach zwölf Jahren betragen:
$50\,000,00\ € \cdot 1,03^{12} = 71\,288,05\ €$

Ende des Jahres	GuV Buchwert	GuV Abschreibung	KLR Buchwert	KLR Abschreibung
0	50 000,00 €		71 288,05 €	
1	37 500,00 €	12 500,00 €	65 347,38 €	5 940,67 €
2	28 125,00 €	9 375,00 €	59 406,71 €	5 940,67 €
3	21 093,75 €	7 031,25 €	53 466,04 €	5 940,67 €
4	15 820,31 €	5 273,44 €	47 525,37 €	5 940,67 €
5	13 183,59 €	2 636,72 €	41 584,70 €	5 940,67 €
6	10 546,87 €	2 636,72 €	35 644,03 €	5 940,67 €
7	7 910,15 €	2 636,72 €	29 703,36 €	5 940,67 €

	Abschreibungsplan Die Wiederbeschaffungskosten nach zwölf Jahren betragen: 50 000,00 € · 1,03¹² = 71 288,05 €			
8	5 273,43 €	2 636,72 €	23 762,69 €	5 940,67 €
9	2 636,71 €	2 636,72 €	17 822,02 €	5 940,67 €
10	0,00 €	2 636,71 €	11 881,35 €	5 940,67 €
11	0,00 €	0,00 €	5 940,68 €	5 940,67 €
12	0,00 €	0,00 €	0,00 €	5 940,68 €

Vergleich der kalkulatorischen Abschreibung mit der Abschreibung nach dem HGB und der Abgabenordnung

12.2.5 Kostenstellenrechnung

Aufgabe der Kostenstellenrechnung ist eine möglichst verursachungsgerechte Zuordnung der Gemeinkosten auf die einzelnen Kostenstellen des Unternehmens.

> Eine **Kostenstelle** ist der **Ort, an dem die Kosten** entstehen. Dabei kann es sich um einen Arbeitsplatz, eine Unterabteilung, eine Abteilung oder einen aus den betrieblichen Funktionen abgeleiteten Betriebsbereich handeln.

Kostenstellen können nach verschiedenen Kriterien gebildet werden. Die Einteilung kann z. B. aufgrund von räumlichen, funktionellen oder organisatorischen Gesichtspunkten erfolgen. Bei Industriebetrieben hat sich die Bildung von Kostenstellen nach Funktionsbereichen durchgesetzt.

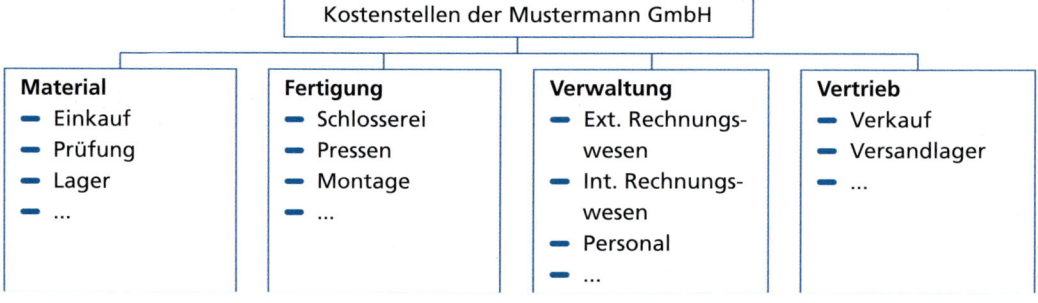

Die Informationen über die Höhe der Gemeinkosten erhält die Kostenstellenrechnung aus der Kostenartenrechnung. Die Aufteilung der Kosten wird mithilfe eines **Betriebsabrechnungsbogens (BAB I)** vorgenommen.

Betriebsabrechnungsbogen I der Mustermann GmbH						
Gemein-kosten	Summe der Gemeinkos-ten in €	Verteilungs-grundlage	Kostenstellen			
			Material €	Fertigung €	Verwaltung €	Vertrieb €
Gehälter	160 000,00	Gehaltsliste	26 000,00	57 000,00	35 000,00	42 000,00
Energie	30 000,00	Fläche in m²	5 000,00	10 000,00	8 000,00	7 000,00
Miete	60 000,00	Fläche in m²	2 500,00	5 000,00	4 000,00	3 500,00
…		…				
Summe in €	400 000,00		50 000,00 Material-gemein-kosten	150 000,00 Fertigungs-gemein-kosten	90 000,00 Verwaltungs-gemein-kosten	110 000,00 Vertriebs-gemein-kosten

Die Erstellung des Betriebsabrechnungsbogens erfolgt in drei Schritten:

1. Schritt: BAB erstellen
Erstellung des Formulars „Betriebsabrechnungsbogen" zur Erfassung der Gemeinkosten je Kostenstelle.

2. Schritt: Verteilung der Gemeinkosten auf die Kostenstellen
Soweit dies möglich ist, erhält man aus der Kostenartenrechnung eine Aufschlüsselung der Gemeinkosten nach den Abteilungen, in denen sie angefallen sind. So sollte die Kostenartenrechnung z. B. Informationen darüber liefern, in welchen Abteilungen die Gehaltskosten entstanden sind. Diese können dann direkt in den Betriebsabrechnungsbogen übernommen werden.

> *Gemeinkosten, die **direkt einer Kostenstelle zugeordnet werden können**, nennt man* ***Kostenstelleneinzelkosten.***

Andere Gemeinkosten (z. B. die Energiekosten) lassen sich nicht direkt einer einzelnen Kostenstelle zuordnen. Sie werden aufgrund von internen Belegen, Rechnungen oder Informationen aus der Betriebsdatenerfassung (BDE) und dem Produktions-, Planungs- und Steuerungssystem (PPS) mithilfe von Schlüsselzahlen auf die einzelnen Kostenstellen verteilt. Nach welchen Kriterien die Kosten jeweils den Kostenstellen zugeordnet werden, legt i. d. R. die Unternehmensleitung fest.

> *Können die Gemeinkosten nur **indirekt über Verteilungsschlüssel** den Kostenstellen zugeordnet werden, handelt es sich um* ***Kostenstellengemeinkosten.***

3. Schritt: Ermittlung der Gemeinkostensumme
Nachdem alle Gemeinkosten auf die Kostenstellen verteilt worden sind, kann für jede Kostenstelle durch Addition der Gemeinkostenbeiträge eine Gemeinkostensumme gebildet werden.

Ergebnisse der Kostenstellenrechnung
Wichtigstes Ergebnis der Kostenstellenrechnung ist die Zuordnung der Gemeinkosten auf die Kostenstellen. Wird der Betriebsabrechnungsbogen monatlich aufgestellt, erhält man eine Kontrolle über den Kostenverlauf der einzelnen Kostenstellen und damit über die Wirtschaftlichkeit der Kostenstellen.

12.2.6 Kostenträgerrechnung

Die Kostenträgerrechnung baut auf den Ergebnissen der Kostenarten- und der Kostenstellenrechnung auf. In der Kostenträgerrechnung werden die Einzelkosten und die Kosten der einzelnen Kostenstellen möglichst verursachungsgerecht auf die Kostenträger verteilt.

> Als **Kostenträger** werden einzelne Kundenaufträge, Produkte, Dienstleistungen oder innerbetriebliche Leistungen bezeichnet.

Die Kostenträgerrechnung hat folgende Aufgaben:
- Ermittlung aller Kosten der einzelnen Kostenträger,
- Ermittlung der Daten für die Bestandsbewertung an fertigen und unfertigen Erzeugnissen,
- Überprüfung der Wirtschaftlichkeit des Herstellungsprozesses,
- Informationen für den Einkauf, die Konstruktion, die Fertigung und den Vertrieb liefern,
- Kalkulation der Verkaufspreise.

Entsprechend ihrer Aufgaben besteht die Kostenträgerrechnung aus zwei Komponenten, der Kostenträgerstückrechnung (Kalkulation) und der Kostenträgerzeitrechnung (Betriebsanalyse).

12.2.6.1 Kostenträgerzeitrechnung

In der Kostenträgerzeitrechnung werden alle für einen Kostenträger anfallenden Kosten innerhalb eines bestimmten Zeitraumes erfasst.

Ziel der Kostenträgerzeitrechnung ist die Kontrolle der Wirtschaftlichkeit der einzelnen Kostenträger. Die Wirtschaftlichkeit wird durch die Gegenüberstellung der jeweiligen Kosten und der Leistungen, die auf die einzelnen Kostenträger entfallen, ermittelt. Dies geschieht zum einen absolut, indem festgestellt wird, ob jeder einzelne Kostenträger Gewinn erwirtschaftet hat und zum anderen im Zeitvergleich, um zu sehen, wie sich die einzelnen Kostenträger entwickelt haben.

Werden in einem Industriebetrieb unterschiedliche Produkte mit unterschiedlichen Produktionsgängen hergestellt, erfolgt die Kostenträgerzeitrechnung in Form der **Zuschlagskalkulation**. Dabei werden die in der Kostenstellenrechnung ermittelten Gemeinkosten je Kostenstelle in Form von Zuschlagssätzen zu den Einzelkosten der jeweiligen Kostenträger hinzugerechnet. Die Höhe der Gemeinkostenzuschlagssätze wird nach folgenden Formeln berechnet:

$$Materialgemeinkostenzuschlag\ (MGKZ) = \frac{Materialgemeinkosten \cdot 100}{Fertigungsmaterial}$$

$$Fertigungsgemeinkostenzuschlag\ (FGKZ) = \frac{Fertigungsgemeinkosten \cdot 100}{Fertigungslöhne}$$

Es wird unterstellt, dass sich die Materialgemeinkosten und die Fertigungsgemeinkosten proportional zum Fertigungsmaterial bzw. zu den Fertigungslöhnen verhalten. Bei den Vertriebs- und Verwaltungsgemeinkosten geht man davon aus, dass diese sich proportional zu den Herstellkosten des Umsatzes verhalten. Dieser errechnet sich wie folgt:

	Fertigungsmaterial
+	*Materialgemeinkosten*
+	*Fertigungslöhne*
+	*Fertigungsgemeinkosten*
=	**Herstellkosten der Erzeugung**
–	*Bestandsmehrungen an unfertigen/fertigen Erzeugnissen*
+	*Bestandsminderung an unfertigen/fertigen Erzeugnissen*
=	**Herstellkosten des Umsatzes**

Hinweis: Eine Bestandsmehrung liegt vor, wenn z. B. die Meier-Drucker OHG einige Drucker nicht verkauft, sondern zunächst ins Lager nimmt. Wird Ware aus dem Lager verkauft, liegt eine Bestandsminderung vor.

Jetzt können auch die Verwaltungs- und Vertriebsgemeinkostenzuschlagssätze berechnet werden:

$$\text{Verwaltungsgemeinkostenzuschlagssatz (VwGKZ)} = \frac{\text{Verwaltungsgemeinkosten} \cdot 100}{\text{Herstellkosten des Umsatzes}}$$

$$\text{Vertriebsgemeinkostenzuschlagssatz (VtrGKZ)} = \frac{\text{Vertriebsgemeinkosten} \cdot 100}{\text{Herstellkosten des Umsatzes}}$$

Berechnung der Zuschlagssätze für die Mustermann GmbH

Die Mustermann GmbH hat Materialkosten in Höhe von 90 000,00 € und zahlt Fertigungslöhne in Höhe von 250 000,00 €. Ware im Wert von 10 000,00 € wurde zunächst nicht verkauft, sondern ins Lager aufgenommen. Daraus ergeben sich folgende Zuschlagssätze

$$\text{MGKZ} = \frac{50\,000,00 \cdot 100\,\%}{90\,000,00} = 55{,}556\,\%$$

$$\text{FKGZ} = \frac{150\,000,00 \cdot 100\,\%}{250\,000,00} = 60\,\%$$

Materialkosten	**Fertigungskosten**	**Herstellkosten des Umsatzes**
50 000,00	150 000,00	140 000,00
+ 90 000,00	+ 250 000,00	+ 400 000,00
= 140 000,00	= 400 000,00	– 10 000,00
		= 530 000,00

$$\text{VwGKZ} = \frac{90\,000,00 \cdot 100\,\%}{530\,000,00} = 16{,}981\,\%$$

$$\text{VtrGKZ} = \frac{110\,000,00 \cdot 100\,\%}{530\,000,00} = 20{,}755\,\%$$

Addiert man zu den Herstellkosten des Umsatzes die Verwaltungs- und die Vertriebsgemeinkosten sowie ggf. die Einzelkosten des Vertriebs (z. B. Vertreterprovision), so erhält man die Selbstkosten des Umsatzes für die jeweiligen Kostenträger. Diese Berechnung wird mithilfe des Kostenträgerblatts (Betriebsabrechnungsbogen II) durchgeführt.

*Im **Kostenträgerblatt** werden alle Einzel- und Gemeinkosten einer Abrechnungsperiode auf die einzelnen Kostenträger verrechnet und den Umsatzerlösen gegenübergestellt.*

Anhand des Kostenträgerblatts kann man erkennen, welchen Beitrag die Kostenträger, in diesem Fall die zwei Notebooks, zum Betriebsergebnis beigetragen haben.

	Kostenträgerblatt (BAB II) der Mustermann GmbH				
		Zuschlags-sätze	Summe	Kostenträger 1 (Notebook A)	Kostenträger 2 (Notebook B)
1	Fertigungsmaterial		90 000,00 €	40 000,00 €	50 000,00 €
2	Materialgemeinkosten	55,556 %	50 000,40 €	22 222,40 €	27 778,00 €
3	**Materialkosten (1 + 2)**		**140 000,40 €**	**62 222,40 €**	**77 778,00 €**
4	Fertigungslöhne		250 000,00 €	100 000,00 €	150 000,00 €
5	Fertigungsgemeinkosten	60 %	150 000,00 €	60 000,00 €	90 000,00 €
6	**Fertigungskosten (4 + 5)**		**400 000,00 €**	**160 000,00 €**	**240 000,00 €**
7	**Herstellkosten der Erzeu-gung (3 + 6)**		**540 000,40 €**	**222 222,40 €**	**317 778,00 €**
8	Bestandsmehrungen an unfertigen/fertigen Erzeug-nissen		10 000,00 €	6 000,00 €	4 000,00 €
9	Bestandsminderungen an unfertigen/fertigen Erzeug-nissen		–	–	–
10	**Herstellkosten des Umsatzes (7 – 8 +9)**		**530 000,40 €**	**216 222,40 €**	**313 778,00 €**
11	Verwaltungsgemeinkosten	16,981 %	89 999,37 €	36 716,73 €	53 282,64 €
12	Vertriebsgemeinkosten	20,755 %	110 001,58 €	44 876,96 €	65 124,62 €
13	**Selbstkosten des Umsatzes (10 + 11 + 12)**		**730 001,35 €**	**297 816,09 €**	**432 185,26 €**
14	**Umsatzerlöse**		**865 050,00 €**	**364 530,00 €**	**500 520,00 €**
15	**Betriebsergebnis (14 – 13)**		**135 048,65 €**	**66 713,91 €**	**68 334,74 €**

Kostenträgerblatt der Mustermann GmbH

Die Verwendung von Normal-Gemeinkostenzuschlagssätzen

Die in einem Unternehmen anfallenden Kosten sind i. d. R. nicht konstant, sondern ändern sich jeden Monat. Dies würde dazu führen, dass monatlich neue Zuschlagssätze ausgerechnet und in der Kalkulation berücksichtigt werden müssten. Um dies zu verhindern und eine Stetigkeit in der Kalkulation zu erreichen, wird mit Normal-Gemeinkostenzuschlagssätzen gerechnet.

> *Normal-Gemeinkostenzuschlagssätze* ergeben sich als **Durchschnittswerte von Ist-Gemeinkostenzuschlagssätzen** mehrerer vergangener Abrechnungsperioden unter Berücksichtigung von erwarteten Veränderungen der Gemeinkosten.

Das Kostenträgerblatt kann dann mit den Normal-Gemeinkostenzuschlagssätzen berechnet werden. Stellt man die Ist-Gemeinkosten den Normal-Gemeinkosten gegenüber, so kann man die Entwicklung der tatsächlichen Kosten überwachen.

> Eine **Kostenüberdeckung** liegt vor, wenn die Normal-Gemeinkosten größer als die Ist-Gemeinkosten sind. Von einer **Kostenunterdeckung** spricht man, wenn die Normal-Gemeinkosten kleiner als die Ist-Gemeinkosten sind.

Kostenträgerblatt (BAB II) der Mustermann GmbH

	Ist-Zuschlagssätze	Summe €	Kostenträger 1 €	Kostenträger 2 €	Normal-Zuschlagssätze	Summe €	Kostenträger 1 €	Kostenträger 2 €	Kostenabweichung €
Fertigungsmaterial		90 000,00	40 000,00	50 000,00		90 000,00	40 000,00	50 000,00	
Materialgemeinkosten	55,556 %	50 000,40	22 222,40	27 778,00	54 %	48 600,00	21 600,00	27 000,00	– 1 400,40
Materialkosten		**140 000,40**	**62 222,40**	**77 778,00**		**138 600,00**	**61 600,00**	**77 000,00**	
Fertigungslöhne		250 000,00	100 000,00	150 000,00		250 000,00	100 000,00	150 000,00	
Fertigungsgemeinkosten	60,0 %	150 000,00	60 000,00	90 000,00	60 %	150 000,00	60 000,00	90 000,00	0,00
Fertigungskosten		**400 000,00**	**160 000,00**	**240 000,00**		**400 000,00**	**160 000,00**	**240 000,00**	
Herstellkosten der Erzeugung		**530 000,40**	**216 222,40**	**313 778,00**		**538 600,00**	**221 600,00**	**317 000,00**	
Bestandsmehrungen an unfertigen/fertigen Erzeugnissen		10 000,00	6 000,00	4 000,00		10 000,00	6 000,00	4 000,00	
Bestandsminderung an unfertigen/fertigen Erzeugnissen		–	–	–		–	–	–	
Herstellkosten des Umsatzes		**530 000,40**	**216 222,40**	**313 778,00**		**528 600,00**	**215 600,00**	**313 000,00**	
Verwaltungsgemeinkosten	16,981 %	89 999,37	36 716,73	53 282,64	18 %	95 148,00	38 808,00	56 340,00	5 148,63
Vertriebsgemeinkosten	20,755 %	110 001,58	44 876,96	65 124,62	20 %	105 720,00	43 120,00	62 600,00	– 4 281,58
Selbstkosten des Umsatzes		**730 001,35**	**297 816,09**	**432 185,26**		**729 468,00**	**297 528,00**	**431 940,00**	
Umsatzerlöse		865 050,00	364 530,00	500 520,00		865 050,00	364 530,00	500 520,00	
Kostenüberdeckung/-unterdeckung						– 533,35	– 288,09	– 245,26	
Betriebsergebnis		**135 048,65**	**66 713,91**	**68 334,74**		**135 048,65**	**66 713,91**	**68 334,74**	Summe: – 533,35

Normal-Selbstkosten des Umsatzes
– Ist-Selbstkosten des Umsatzes
= Kostenüberdeckung/-unterdeckung

Fazit: Da die Normal-Gemeinkosten kleiner als die Ist-Gemeinkosten sind, liegt eine Kostenunterdeckung vor. Es wurden also bei der Verwendung von Normal-Gemeinkostenzuschlagssätzen zu wenig Kosten auf die einzelnen Kostenträger verteilt.

Plankostenrechnung

Wir haben uns bisher nur die Kalkulation mit Ist- oder Normal-Zuschlagssätzen angeschaut. Für Betriebe ist es aber auch wichtig, im Vorhinein zu planen, welche Kosten und Leistungen entstehen werden.

> In der **Vorkalkulation** werden mit vorher **festgelegten Plankosten** und den erwarteten **Plan-Gemeinkostenzuschlägen** die Kosten ermittelt.

Durch einen Soll-Ist-Vergleich können dann Kostenabweichungen entdeckt und analysiert werden.

12.2.6.2 Kostenträgerstückrechnung

Aufgabe der Kostenträgerstückrechnung ist die Ermittlung der Kosten pro Kostenträger sowie die Kalkulation der Verkaufspreise.

1. Ermittlung der Kosten pro Kostenträger

Grundsätzlich wird zwischen zwei Verfahren der Kostenträgerstückrechnung unterschieden:
a) Divisionskalkulation b) Zuschlagskalkulation

a) Divisionskalkulation

Das einfachste Verfahren ist die einstufige Divisionskalkulation. Diese ist in Betrieben anwendbar, die nur ein Erzeugnis in großen Massen herstellen. Die Selbstkosten pro Stück werden dann nach folgender Formel berechnet:

> Berechnung der Selbstkosten pro Stück mithilfe der **einstufigen Divisionskalkulation:**
>
> $$\text{Selbstkosten pro Stück} = \frac{\text{Gesamtkosten}}{\text{Produktionsmenge}}$$

Bei der einstufigen Divisionskalkulation geht man davon aus, dass alle produzierten Produkte auch verkauft worden sind. Weicht die Absatzmenge von der Produktionsmenge ab, muss die mehrstufige Divisionskalkulation angewandt werden.

> Berechnung der Selbstkosten pro Stück mit der **mehrstufigen Divisionskalkulation:**
>
> $$\text{Selbstkosten pro Stück} = \frac{\text{Herstellkosten}}{\text{Produktionsmenge}} + \frac{\text{Verwaltungs- und Vertriebskosten}}{\text{Absatzmenge}}$$

Betriebe, die artverwandte Erzeugnisse mit gleichem Fertigungsmaterial und mit ähnlichen Produktionsgängen herstellen, wenden zur Berechnung der Selbstkosten die **Divisionskalkulation mit Äquivalenzziffern** an. Dabei werden die Kostenunterschiede zwischen den einzelnen Produkten mithilfe von Äquivalenzziffern ausgedrückt.

BEISPIEL

Eine kleine Papierfabrik stellt Briefpapier der Größe DIN-A4 her. Demnächst soll auch Briefpapier der Größe DIN-A5 produziert werden. Das DIN-A5-Papier ist in der Herstellung 40 % billiger als das große Briefpapier. Daraus lassen sich folgende Äquivalenzziffern ableiten:

DIN-A4-Briefpapier: Äquivalenzziffer 1
→ DIN-A5-Briefpapier: Äquivalenzziffer 0,6

Folgende Mengen sollen produziert werden: DIN-A4-Briefpapier: 500 000 Blatt und DIN-A5-Briefpapier: 400 000 Blatt. Dabei fallen Selbstkosten in Höhe von 27 000,00 € an.

Mithilfe der Tabelle können die Selbstkosten pro Blatt Briefpapier errechnet werden:

Briefpapier	Menge (M)	Äquivalenz-ziffer (Äz)	Recheneinheit (M · Äz)	Selbstkosten pro Sorte	Selbstkosten pro Blatt
DIN A4	500 000	1	500 000	18 243,24 €	0,04
DIN A5	400 000	0,6	240 000	8 756,76 €	0,02
		Summe	740 000	27 000,00 €	

$$\frac{27\,000 \cdot 500\,000}{740\,000}$$

$$\frac{18\,243,24}{500\,000}$$

Berechnung der Selbstkosten mithilfe von Äquivalenzziffern

b) Zuschlagskalkulation

Die Zuschlagskalkulation wird angewandt, wenn in einem Betrieb unterschiedliche Produkte mit unterschiedlichen Produktionsgängen hergestellt werden. Bei der Zuschlagskalkulation wird die gleiche Vorgehensweise wie bei der Kostenträgerzeitrechnung angewandt. Ausgehend von den Einzelkosten werden dem Kostenträger die Gemeinkosten mithilfe der im BAB I ermittelten Gemeinkostenzuschlagssätze hinzugerechnet.

Die Mustermann GmbH berechnet die Selbstkosten für ein Notebook Typ A. Dieses hat Fertigungsmaterial in Höhe von 48,76 € und Fertigungslöhne in Höhe von 121,89 € verursacht. Die Selbstkosten für den Kostenträger können dann nach folgendem Schema berechnet werden:

1	Fertigungsmaterial		48,76 €
2	+ Materialgemeinkosten	55,56 %	27,09 €
3	= Materialkosten (1 + 2)		75,85 €
4	Fertigungslöhne		121,89 €
5	+ Fertigungsgemeinkosten	60,00 %	73,13 €
6	= Fertigungskosten (4 + 5)		195,02 €
7	= Herstellkosten (3 + 6)		270,87 €
8	+ Verwaltungsgemeinkosten	16,98 %	45,99 €
9	+ Vertriebsgemeinkosten	20,76 %	56,23 €
10	= Selbstkosten		373,12 €

Berechnung der Selbstkosten mithilfe der Zuschlagskalkulation

Durchführung der Verkaufskalkulation

Berechnung des Angebotspreises (Vorwärtskalkulation)

Nachdem die Kosten, die für die Produktion und den Vertrieb der Kostenträger anfallen, berechnet worden sind, kann der Angebotspreis (Listenverkaufspreis) kalkuliert werden.
Die **Kalkulation des Listenverkaufspreises** geschieht in mehreren Schritten.

1. Berechnung des Gewinns in Prozent von den Selbstkosten.
2. Kundenskonto und Vertreterprovision werden vom Zielverkaufspreis gewährt. Da dieser aber noch unbekannt ist, müssen Kundenskonto und Vertreterprovision vom Barverkaufspreis als vermindertem Grundwert berechnet werden.
3. Der Kundenrabatt wird vom Listenverkaufspreis gewährt. Da dieser ebenfalls noch nicht bekannt ist, muss der Kundenrabatt vom Zielverkaufspreis als vermindertem Grundwert berechnet werden.

Kalkulationsschema	Rechenweg			Mustermann	
Selbstkosten	100 %				373,12 €
+ Gewinn	+ a %			15 %	55,97 €
= Barverkaufspreis	= 100 % + a %	100 % – b % – c %			429,08 €
+ Kundenskonto		+ b %		2 %	9,23 €
+ Vertreterprovision		+ c %		5 %	23,07 €
= Zielverkaufspreis		= 100 %	100 % – d %		461,38 €
+ Kundenrabatt			+ d %	10 %	51,26 €
= Listenverkaufspreis			= 100 %		512,64 €

Berechnung des Listenverkaufspreises für ein Notebook Typ A

Wird die **Höhe des Listenverkaufspreises durch den Markt festgelegt**, kann mithilfe einer **Rückwärtskalkulation** errechnet werden, wie hoch die Selbstkosten maximal sein dürfen, um den gewünschten Listenverkaufspreis nicht zu überschreiten.

Exkurs: Handelskalkulation

Ein Einzelhändler verkauft seine Ware deutlich teurer als die Produkte bei der Produktion gekostet haben. Wie diese Verkaufspreise zustande kommen, soll in diesem Exkurs kurz dargestellt werden.
Die Handelskalkulation wird in Form einer Zuschlagskalkulation durchgeführt. Die Gemeinkosten (= Handlungskosten) werden i. d. R. nicht weiter aufgesplittet, sondern durch den Handlungskostenzuschlagssatz abgedeckt.

> Der **Handlungskostenzuschlag** gibt das **prozentuale Verhältnis der Handlungskosten zum Wareneinsatz** an.

Ein Einzelhändler erwirbt von der Mustermann GmbH zehn Notebooks vom Typ A. Der Einzelhändler führt dann nachfolgende Kalkulation zur Berechnung des Listenverkaufspreises durch:

Kalkulationsschema	Rechenweg			Mustermann	
Listeneinkaufspreis	100 %				512,64 €
– Lieferrabatt	a %			10 %	51,26 €
= Zieleinkaufspreis	100 % – a %	100 %		2 %	461,38 €
– Lieferskonto		b %			9,23 €
= Bareinkaufspreis		100 % – b %		5,40 €	452,15 €
+ Bezugskosten					5,40 €
= Bezugspreis			100 %	43 %	457,55 €
+ Handlungskosten			c %		196,75 €
= Selbstkosten	100 %		100 % + c %	15 %	654,30 €
+ Gewinn	d %				98,15 €
= Barverkaufspreis	100 % + d %	100 % – e %		2 %	752,45 €
+ Kundenskonto		e %			15,36 €
= Zielverkaufspreis		100 %	100 % – f %	10 %	767,81 €
+ Kundenrabatt			f %		85,31 €
= Listenverkaufspreis			100 %		853,12 €

Anmerkung: Gerechnet wird immer mit den Nettopreisen. Die Mehrwertsteuer wird bei der Preiskalkulation nicht berücksichtigt.

Handelskalkulation

Um die Kalkulation zu vereinfachen, kann man die Zuschlagssätze für
— die Handlungskosten,
— den Gewinn,
— den Kundenskonto und
— den Kundenrabatt

zu dem **Kalkulationszuschlagssatz** zusammenfassen.

> Der **Kalkulationszuschlag** gibt die **Höhe des Rohgewinns im Verhältnis zum Bezugspreis** an.

Um den Kalkulationszuschlag berechnen zu können, muss zunächst der **Rohgewinn** ermittelt werden.

> Der **Rohgewinn** stellt die **Differenz zwischen Bezugspreis und Listenverkaufspreis** dar.

Daraus ergibt sich folgende Formel zur Berechnung des Kalkulationszuschlags:

> $$Kalkulationszuschlag = \frac{Rohgewinn \cdot 100}{Bezugspreis} = \frac{(853,12 - 457,55) \cdot 100}{457,55} = 86,45\,\%$$
>
> Wenn man auf den Bezugspreis also 86,45 % aufschlägt, erhält man den Listenverkaufspreis.

Aus dem Kalkulationszuschlag lässt sich leicht der **Kalkulationsfaktor** ableiten.

> Der **Kalkulationsfaktor** ist der Wert, mit dem man den Bezugspreis multiplizieren muss, um den Angebotspreis zu erhalten.
>
> $$Kalkulationsfaktor = \frac{Listenverkaufspreis}{Bezugspreis} = \frac{853,12}{457,55} = 1,8645$$

Nimmt man nicht wie bei der Berechnung des Kalkulationszuschlags den Bezugspreis, sondern den Listenverkaufspreis als Nenner, so erhält man die **Handelsspanne**.

> Die **Handelsspanne** gibt die **Höhe des Rohgewinns im Verhältnis zum Listenverkaufspreis** an.
>
> $$Handelsspanne = \frac{Rohgewinn \cdot 100}{Listenverkaufspreis} = \frac{(853,12 - 457,55) \cdot 100}{853,12} = 46,37\,\%$$

12.3 Deckungsbeitragsrechnung

12.3.1 Nachteile der Vollkostenrechnung

Bei der bisher dargestellten Kostenträgerstückrechnung wurden bei der Kalkulation die Kosten in vollem Umfang auf die Kostenträger umgelegt. Man spricht daher von der **Vollkostenrechnung**.
Bei der Vollkostenrechnung wird allerdings nicht berücksichtigt, dass
— mit steigender Produktionsmenge die fixen Kosten pro Stück sinken und
— mit sinkender Produktionsmenge die fixen Kosten pro Stück steigen.

Daher fallen bei einer Veränderung der Auslastung nicht die mithilfe der Vollkostenrechnung prognostizierten Kosten an, sondern die tatsächlichen Kosten sind
— bei steigender Produktionsmenge niedriger und
— bei sinkender Produktionsmenge höher als die prognostizierten Kosten.

12.3.2 Deckungsbeitrag

Bei der Deckungsbeitragsrechnung werden nicht mehr die vollen Kosten, sondern nur ein Teil der Kosten, nämlich die variablen Kosten, auf die Kostenträger umgelegt. Man spricht daher auch von der **Teilkostenrechnung**. Der Deckungsbeitrag berechnet sich aus der Differenz aus dem Netto-Stückerlös und den variablen Stückkosten. Er leistet einen Beitrag zur Deckung der fixen Kosten.

Netto-Verkaufserlös
– variable Stückkosten
= Deckungsbeitrag pro Stück

Netto-Verkaufserlöse d. Periode
– variable Kosten d. Periode
= Deckungsbeitrag pro Periode

Ist die Summe aller Deckungsbeiträge gleich der Summe der fixen Kosten, hat ein Unternehmen die Gewinnschwelle, auch **Break-Even-Point** genannt, erreicht. Jeder darüber hinaus erzielte Deckungsbeitrag stellt einen Gewinn dar.

> *Am **Break-Even-Point** gilt:*
>
> *1. Summe der Deckungsbeiträge = Summe der fixen Kosten*
> *2. Kosten = Erlöse*
>   *$(K_{fix} + K_{var} \cdot Menge = Nettoverkaufspreis \cdot Menge)$*

Der Betriebserfolg kann nach folgender Formel berechnet werden:

> *Summe der Deckungsbeiträge aller Kostenträger pro Periode*
> *– Fixkosten*
>
> *= Betriebsgewinn/Betriebsverlust*

12.3.3 Einsatzmöglichkeiten der Deckungsbeitragsrechnung

Die wichtigsten **Anwendungsmöglichkeiten** der Deckungsbeitragsrechnung sind
a) die Produktionsprogrammplanung und
b) die Wahl zwischen Eigenfertigung und Fremdbezug (Make or Buy).

12.3.3.1 Produktionsprogrammplanung

Bei der Planung des Produktionsprogramms muss grundsätzlich zwischen zwei Fällen unterschieden werden:
1. Das Unternehmen verfügt über ausreichende freie Kapazitäten.
2. Es liegt ein Engpass vor, sodass nicht alle Produkte in der gewünschten Stückzahl hergestellt werden können.

Verfügt ein Unternehmen über ausreichende Kapazität, ist es sinnvoll, alle Kostenträger mit einem positiven Deckungsbeitrag ins Produktionsprogramm aufzunehmen, da jeder Kostenträger noch einen Beitrag zur Deckung der fixen Kosten leistet.
Ist die Kapazität hingegen begrenzt, sollten die Produkte mit positivem Deckungsbeitrag ins Produktionsprogramm aufgenommen werden, die die knappe Kapazität möglichst optimal nutzen. Als Entscheidungskriterium wird der **relative Deckungsbeitrag** herangezogen.

> $$relativer\ Deckungsbeitrag = \frac{Deckungsbeitrag\ pro\ Kostenträger}{benötigte\ Engpasskapazität\ pro\ Kostenträger}$$

Beispiel für die Produktionsprogrammplanung mithilfe der Deckungsbeitragsrechnung (bei knapper Kapazität)
Ein Industriebetrieb produziert die Produkte I, II, III, IV
Fixe Kosten: 200 000,00 €, vorhandene Engpasskapazität: 3 600 Stunden

Produkte	I	II	III	IV
Eingabe				
Verkaufserlöse je Stück	620,00 €	810,00 €	690,00 €	800,00 €
– Einzelkosten	310,00 €	500,00 €	400,00 €	390,00 €
– var. Gemeinkosten	100,00 €	220,00 €	90,00 €	310,00 €
Absatzmenge (Stück)	500	500	400	600
Kapazitätsbeanspruchung pro Kostenträger (in Std.)	3	3,2	1,5	2,5
Ausgabe:				
Kapazitätsbeanspruchung für die Absatzmenge	1 500	1 600	600	1 500
Deckungsbeitrag je Stück	210,00 €	90,00 €	200,00 €	100,00 €
relativer Deckungsbeitrag pro Stück	70,00 €	28,13 €	133,33 €	40,00 €
Rangfolge	2	4	1	3
kumulierte Kapazitätsbeanspruchung[1]	2 100	5 200	600	3 600

Fazit: Die Produkte III, I und IV werden in das Produktionsprogramm aufgenommen.

Dabei kann folgender Gewinn realisiert werden:

DB III	80 000,00 €
+ DB I	105 000,00 €
+ DB IV	60 000,00 €
– fixe Kosten	200 000,00 €
= Gewinn	45 000,00 €

12.3.3.2 Eigenfertigung oder Fremdfertigung

Oftmals stellt sich in einem Unternehmen die Frage, ob ein Produkt selbst gefertigt oder von einem anderen Anbieter bezogen werden soll. Da sich die fixen Kosten durch die Aufnahme eines neuen Produkts nicht unbedingt verändern, werden sie nicht mit in die Betrachtung einbezogen. Verglichen werden die variablen Kosten der Eigenfertigung mit dem Bezugspreis bei Fremdfertigung.

> *variable Kosten > Bezugspreis → Fremdfertigung ist günstiger.*
> *Bezugspreis ≥ variable Kosten → Eigenfertigung ist günstiger.*

Die Reduzierung der Produktionstiefe durch Fremdbezug sowie durch langfristiges Outsourcing zielt jedoch nicht nur auf die Senkung der Kosten ab. Der externe Lieferer stellt i. d. R. nicht nur seine Produktionskapazität zur Verfügung, sondern auch sein Know-how. Durch die Zusammenarbeit können daher oftmals beide Unternehmen profitieren. Angestrebt werden daher meistens langfristige Kooperationen zwischen den Unternehmen. Andererseits erhöht dies auch die Abhängigkeit von dem Lieferer. Es ist daher wichtig, sich vor Eingehen einer solchen Geschäftsbeziehung über die Bonität des potenziellen Lieferers zu informieren. Durch die Konzentration auf ihre Kernkompetenzen erhoffen sich die Unternehmen auch Wettbewerbsvorsprünge durch eine hohe Innovationskraft. Bei Veränderungen auf dem Markt können sie wesentlich schneller reagieren, vor allem auch deshalb, weil sie nicht so hohe Fixkosten für Produktionsanlagen und Mitarbeiter haben. Ein Teil des Risikos wird so auf die Zulieferer verlagert.

---

[1] Kumulation kommt aus dem Lateinischen und bedeutet Anhäufung. Hier wird die Kapazitätsbeanspruchung für die geplante Absatzmenge in der Reihenfolge der vorher festgelegten Rangfolge aufaddiert.

Vertiefungsaufgaben zur Handlungssituation 12

1. Welche Aussagen treffen zu?
   a) Die Kosten- und Leistungsrechnung ist entscheidend von handelsrechtlichen Vorschriften geprägt.
   b) Kosten stellen den Wertzuwachs dar, der zur betrieblichen Leistungserstellung erforderlich ist.
   c) Neutrale Aufwendungen unterteilen sich in betriebsfremde, periodenfremde oder außergewöhnliche Aufwendungen.
   d) Alle betriebsbezogenen Aufwendungen ergeben die Grundkosten.
   e) Nicht alle Erträge stellen auch Leistungen dar.
   f) Kapitalgesellschaften berücksichtigen keinen kalkulatorischen Unternehmerlohn.

2. Welche Definition gehört zu welchem Begriff?
   Begriffe: (1) Leistungen (2) Kosten (3) Einzelkosten
        (4) Gemeinkosten (5) fixe Kosten (6) variable Kosten
   Definitionen:
   a) Unter … versteht man die in Geldeinheiten bewerteten erfolgswirksamen Wertzuflüsse, die aus der betrieblichen Leistungserstellung resultieren.
   b) Kosten, die direkt dem Kostenträger zugerechnet werden können
   c) Kosten, die von der Produktionsmenge abhängig sind
   d) Kosten, die nicht direkt, sondern nur mithilfe von Verteilungsschlüsseln in der Kostenstellenrechnung den einzelnen Kostenträgern zugeordnet werden können
   e) Unter … versteht man den in Geldeinheiten bewerteten mengenmäßigen Verbrauch an Gütern und Leistungen, der zur betrieblichen Leistungserstellung erforderlich ist.
   f) Kosten, die unabhängig von der Produktionsmenge anfallen

3. Beschriften Sie die unten abgebildeten Kurven mit folgenden Begriffen: Fixe Kosten, variable Kosten, Gesamtkosten, fixe Stückkosten.

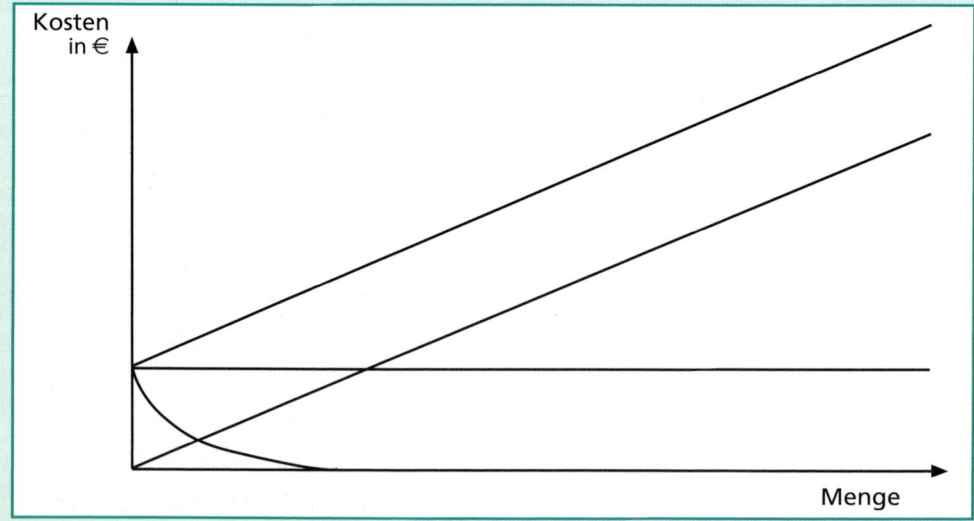

4. Die Gesamtkosten für 1 000 Videorekorder belaufen sich auf 90 000,00 €. Die variablen Kosten pro Stück betragen 65,00 €.
   a) Errechnen Sie die fixen Kosten.
   b) Stellen Sie den Verlauf der fixen Kosten, der variablen Kosten und der Gesamtkosten grafisch dar.

5. Die Optidruck GmbH möchte einen neuen Drucker auf den Markt bringen. Die fixen Kosten (Kf) für diesen Drucker betragen 20 000,00 €, die variablen Kosten (Kv) betragen 50,00 € je Stück. Die Kapazitätsgrenze liegt bei 1 000 Stück. Der Verkaufspreis soll mit 90,00 € festgelegt werden.
   a) Wie viele Drucker müssen verkauft werden, damit die Optidruck GmbH einen Gewinn erzielt?
   b) Bei welcher Stückzahl wird der höchste Gewinn erzielt?
   c) Stellen Sie die fixen Kosten, die variablen Kosten, die Gesamtkosten und die Erlösfunktion grafisch dar.

6. Geben Sie die richtigen Aussagen an:
   a) Bei der linearen Abschreibung wird stets mit einem gleichbleibenden Betrag vom jeweiligen Buchwert abgeschrieben.
   b) Bei der linearen Abschreibung ist der jährliche Abschreibungsbetrag von der betriebsgewöhnlichen Nutzungsdauer des Anlagegutes abhängig.
   c) Bei der linearen Abschreibung sind die jährlichen Abschreibungsbeträge im ersten Jahr der Nutzung höher als bei der degressiven Abschreibung.
   d) Die kalkulatorischen Abschreibungen stellen Anderskosten dar.
   e) In der Kosten- und Leistungsrechnung gilt das Substanzerhaltungsprinzip.
   f) Die Berechnung der kalkulatorischen Abschreibungen erfolgt immer vom Anschaffungswert.

7. Der Anschaffungswert eines Lkw beträgt 120 000,00 €. Er hat eine Nutzungsdauer von fünf Jahren und wird linear abgeschrieben. Ermitteln Sie
   a) den Abschreibungssatz,
   b) den jährlichen Abschreibungsbetrag,
   c) den Buchwert am Ende des zweiten Nutzungsjahres.

8. Für einen Lieferwagen liegen unten stehende Daten vor:
   Wiederbeschaffungswert   20 000,00 €
   Buchwert   7 500,00 €
   Nutzungsdauer   acht Jahre
   Abschreibungsmethode   linear
   Ermitteln Sie
   a) den jährlichen kalkulatorischen Abschreibungssatz,
   b) den jährlichen kalkulatorischen Abschreibungsbetrag,
   c) die bisherige Nutzungsdauer in Jahren.

9. Eine Maschine wird für 51 000,00 € angeschafft und hat eine Nutzungsdauer von neun Jahren. Wie hoch ist die jährliche Abschreibung, wenn der Restbuchwert 6 000,00 € betragen soll?

10. Ergänzen Sie den Betriebsabrechnungsbogen und errechnen Sie die Kosten für die einzelnen Kostenstellen. Die Verteilung soll aufgrund folgender Verteilungstabelle erfolgen.

Gemein-kostenart	Betrag	Verteilungs-basis	Kostenstellen			
			Material	Fertigung	Verwaltung	Vertrieb
Gehälter	350 000,00	Gehaltsliste	50 000,00	60 000,00	140 000,00	100 000,00
Hilfslöhne	280 000,00	Lohnliste	44 000,00	180 000,00	–	56 000,00
Sozialkosten	99 500,00	Lohn- und Gehaltslisten	Die Verteilung erfolgt entsprechend der Löhne und Gehälter der Kostenstellen.			
Miete	23 800,00	m²	400 m²	1 400 m²	500 m²	200 m²
Energie	50 500,00	Verteilungs-schlüssel	1	7	2	1
Abschrei-bungen	94 800,00	Anlagenkartei	6 200,00	76 400,00	10 500,00	1 700,00

BAB I					
Gemeinkostenart	Betrag	Kostenstellen			
		Material	Fertigung	Verwaltung	Vertrieb
Gehälter	350 000,00				
Hilfslöhne	280 000,00				
Sozialkosten	99 500,00				
Miete	23 800,00				
Energie	50 500,00				
Abschreibungen	94 800,00				
Summe					

11. Aus dem BAB I eines Industriebetriebes ergeben sich folgende Gemeinkosten:
Materialgemeinkosten: 19 500,00 €
Fertigungsgemeinkosten: 140 000,00 €
Verwaltungsgemeinkosten: 54 900,00 €
Vertriebsgemeinkosten: 27 400,00 €
Für Material- und Fertigungseinzelkosten fielen 90 000,00 € bzw. 60 000,00 € an. Ermitteln Sie:
a) den Materialgemeinkostenzuschlagssatz,
b) den Fertigungsgemeinkostenzuschlagssatz,
c) den Verwaltungsgemeinkostenzuschlagssatz,
d) den Vertriebsgemeinkostenzuschlagssatz.

12. Ergänzen die das Kostenträgerblatt (BAB II) und stellen Sie fest, ob eine Kostenüberdeckung oder eine Kostenunterdeckung vorliegt.

	Ist-Kosten				Normal-Kosten				
	Ist-Zu-schlags-satz	Summe	K1	K2	Normal-Zu-schlags-satz	K1	K2	Summe	Abwei-chung
Ferti-gungs-material		600 000	400 000	200 000					
Material-gemein-kosten	8,78 %				9,00 %				
Material-kosten									
Ferti-gungs-löhne		750 000	550 000	200 000					
Ferti-gungs-gemein-kosten	49,60 %				50,00 %				
Ferti-gungs-kosten									
Herstell-kosten									
Verwal-tungsge-meinkos-ten	10,85 %				10,00 %				
Vertrieb-gemein-kosten	4,58 %				5,00 %				
Selbst-kosten des Umsatzes									
Verkaufs-erlös		2 450 550	1 700 550	750 000					
Kosten-über-deckung/-unter-deckung									
Betriebs-ergebnis									

13. Auf einem Bauernhof sind insgesamt 36 700,00 € an Kosten angefallen. Hergestellt wurden 180 000 l Milch. Wie hoch sind die Selbstkosten pro l?

14. In einem Betrieb zur Produktion von Himbeersirup sind folgende Kosten angefallen:
Herstellkosten 2 400 500,00 €
Verwaltungs- und Vertriebskosten 1 500 000,00 €
Hergestellt wurden 65 000 hl Sirup, von denen 59 000 hl verkauft wurden.
Berechnen Sie die Selbstkosten je Hektoliter. Verwenden Sie dabei die mehrstufige Divisionskalkulation.

15. Um auf dem Markt wettbewerbsfähig zu bleiben, bietet die Optidruck GmbH neben dem Standarddrucker einen weiteren verbesserten Drucker an. Dieser erfordert daher bei der Produktion 20 % höhere Kosten als der Standarddrucker. Von der Produktionsmenge von 13 300 Druckern entfallen 3 500 auf den neuen Drucker. Die gesamten Herstellkosten für beide Drucker betragen 2 261 000,00 €.
    a) Wie hoch sind die Herstellkosten für einen Standarddrucker?
    b) Wie hoch sind die Herstellkosten für die gesamten neuen Drucker?

15. Eine Schreinerei stellt individuelle Computerschreibtische her. Berechnen Sie mithilfe der nachfolgenden Angaben den Angebotspreis (Listenverkaufspreis) für einen Computerschreibtisch.

Materialeinzelkosten:	45,00 €
Materialgemeinkostenzuschlag:	8 %
Fertigungseinzelkosten:	28,00 €
Fertigungsgemeinkostenzuschlag:	50 %
Verwaltungsgemeinkostenzuschlag:	10 %
Vertriebsgemeinkostenzuschlag:	5 %
Gewinnzuschlag:	15 %
Kundenskonto:	3 %
Vertreterprovision:	2 %
Rabatt:	3 %

17. Das Softwarehaus Fastsoft GmbH hat durch seinen Vertreter Geschäftsbeziehungen zu einer großen Handelskette angeknüpft. Um sich die Aufträge dieses neuen Kunden zu sichern, sollen 3 % Kundenskonto und 5 % Mengenrabatt bei einer Abnahme von mehr als 100 Softwarepaketen gewährt werden. Außerdem ist die Vertreterprovision in Höhe von 7 % in die Berechnung des Verkaufspreises einzubeziehen. Das Softwarehaus hat Selbstkosten in Höhe von 500,00 € für ein Softwarepaket ermittelt. Der Geschäftsinhaber möchte einen Gewinn von 12,5 % der Selbstkosten als Verzinsung des Eigenkapitals, als Entgelt für seine Unternehmertätigkeit und als Risikoprämie ansetzen. Berechnen Sie
    a) den Barverkaufspreis,
    b) den Zielverkaufspreis,
    c) den Listenverkaufspreis (Angebotspreis).

18. Die Laser Otto GmbH produziert einen Laserdrucker, der bisher für 300,00 € verkauft wurde. Zu diesem Preis konnten über einen längeren Zeitraum 3 000 Stück monatlich abgesetzt werden. Die Produktion hatte sich der Absatzmenge angepasst, die Kapazität war damit aber nicht voll ausgelastet.

Bei dieser Stückzahl betragen die monatlichen variablen Kosten insgesamt 675 000,00 € bzw. 225,00 € je Stück. Die fixen Kosten belaufen sich auf 180 000,00 € monatlich.

Mit Besorgnis wird der Preiskampf auf diesem Sektor beobachtet. Er hat bereits in den letzten drei Monaten zu erheblichen Absatzeinbußen und damit hohen Lagerbeständen geführt.

Die Verkaufsabteilung schlägt vor, den Netto-Angebotspreis auf 270,00 € zu senken. Dadurch sei ein wesentlich höherer Absatz und gleichzeitig eine bessere Kapazitätsauslastung zu erzielen. Die Geschäftsleitung hat Bedenken, da die Selbstkosten je Stück 285,00 € betragen.

a) Berechnen Sie den Deckungsbeitrag je Stück bei einem Angebotspreis von 270,00 €.

b) Wie hoch ist der Gewinn bzw. Verlust der Laser Otto GmbH bei einer Absatzmenge von 3 000 Stück und einem Angebotspreis von 270,00 €?

c) Wie hoch muss der Absatz sein, damit der Deckungsbeitrag die Fixkosten ausgleicht (= Break-even-Point)? (Annahme: Der Angebotspreis von 270,00 € bleibt konstant.)

d) Stellen Sie den Verlauf der Kosten und der Erlöse in Abhängigkeit von der Absatzmenge grafisch dar und zeichnen Sie den Break-even-Point ein.

e) Mit welchem Argument können Sie versuchen, die Bedenken der Geschäftsleitung zu zerstreuen?

19. Eine Unternehmung, die nur ein einziges Produkt verkauft, erzielt einen Nettoverkaufspreis von 15,00 € je Stück. Die Kostensituation der Unternehmung stellt sich in einer Periode wie folgt dar: Fixe Kosten: 190 000,00 €, Variable Stückkosten: 8,00 €

Berechnen Sie …

a) den Deckungsbeitrag je Stück,

b) den Gewinn der Unternehmung bei einer Produktion von 70 000 Stück,

c) den Break-even-Point. (Runden Sie auf die nächst größere Zahl auf.)

20. Ein Industriebetrieb produziert die Produkte I, II, III, IV. Es liegen folgende Informationen vor:

Fixe Kosten: 100 000,00 €, vorhandene Engpasskapazität: 4 600 Stunden

Produkte	I	II	III	IV
Verkaufserlöse je Stück	520,00 €	730,00 €	890,00 €	750,00 €
Einzelkosten	310,00 €	500,00 €	550,00 €	390,00 €
variable Gemeinkosten	100,00 €	220,00 €	90,00 €	310,00 €
Absatzmenge (Stück)	500	400	400	600
Kapazitätsbeanspruchung pro Kostenträger (in Std.)	3	3,5	4	2,5

Berechnen Sie …

a) die Kapazitätsbeanspruchung bei der angegebenen Absatzmenge der Produkte I, II, III, IV

b) den jeweiligen Deckungsbeitrag pro Stück.

c) den relativen Deckungsbeitrag pro Stück.

d) Bestimmen Sie das Produktionsprogramm.

e) wie hoch der Gewinn ist, den das Unternehmen realisieren kann.

13 Nichts als Zahlen – oder?

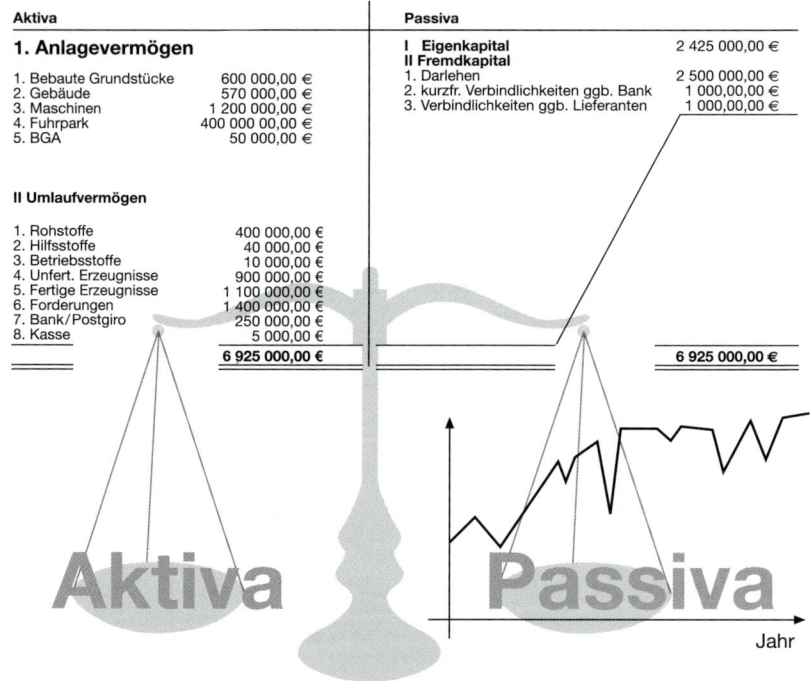

BILANZ

Aktiva		Passiva	
1. Anlagevermögen		**I Eigenkapital**	2 425 000,00 €
		II Fremdkapital	
1. Bebaute Grundstücke	600 000,00 €	1. Darlehen	2 500 000,00 €
2. Gebäude	570 000,00 €	2. kurzfr. Verbindlichkeiten ggb. Bank	1 000,00 €
3. Maschinen	1 200 000,00 €	3. Verbindlichkeiten ggb. Lieferanten	1 000,00,00 €
4. Fuhrpark	400 000 00,00 €		
5. BGA	50 000,00 €		
II Umlaufvermögen			
1. Rohstoffe	400 000,00 €		
2. Hilfsstoffe	40 000,00 €		
3. Betriebsstoffe	10 000,00 €		
4. Unfert. Erzeugnisse	900 000,00 €		
5. Fertige Erzeugnisse	1 100 000,00 €		
6. Forderungen	1 400 000,00 €		
7. Bank/Postgiro	250 000,00 €		
8. Kasse	5 000,00 €		
	6 925 000,00 €		**6 925 000,00 €**

Jahr

Themen mit Verknüpfung
- Betriebswirtschaftliche Kennzahlen (Produktivität, Wirtschaftlichkeit und Rentabilität)
- Aufbau der Bilanz
- Bedeutung der Bilanzanalyse
- Investitions-, Finanzierungs- und Liquiditätsanalyse
- Darstellung der Entwicklung von Kennzahlen als Tabelle oder Diagramm
- Interpretation der Kennzahlen durch einen periodischen Vergleich und einen Betriebsvergleich

Mögliche Verknüpfungen zu anderen Themengebieten/Fächern
- Tabellenkalkulation (grafische Aufbereitung der Zahlen)
- Deutsch/Kommunikation (Diskussion/Streitgespräch)

Ausschnitt aus einem Streitgespräch zwischen Herrn Meier, Geschäftsführer der Meier Maschinenfabrik GmbH, und dem Betriebsratsvorsitzenden Herrn Pesch:

Pesch: Sie haben uns doch bereits letztes Jahr den Bau einer Cafeteria zugesagt und jetzt soll schon wieder kein Geld da sein?

Meier: Herr Pesch, Sie wissen doch selbst ganz genau, dass die Geschäfte zurzeit nicht so gut laufen. Unser Gewinn ist alleine von 540 000,00 € im vergangenen Jahr auf 490 000,00 € in diesem Jahr gefallen. Und das Geld wird dringend für neue Investitionen benötigt. Wenn wir die neue AX540 kaufen, können wir 30 % schneller produzieren als noch mit dem Vorgängermodell.

Pesch: Aber es ist doch nur fair, wenn die Mitarbeiter auch etwas von der höheren Arbeitsproduktivität haben.

Meier: Ja, was bringt uns eine gestiegene Produktivität, wenn wir gleichzeitig durch den hohen Eurokurs viel mehr für den Einkauf unserer Bauteile ausgeben müssen? Wir müssen nicht nur produktiver, sondern auch wirtschaftlicher arbeiten.

Pesch: Aber wir haben doch auch ein sehr hohes Eigenkapital. Da muss es doch möglich sein, auch etwas für die Mitarbeiter zu verwenden. Schließlich sind die Mitarbeiter doch das wertvollste Kapital des Unternehmens.

Meier: Unsere Eigenkapitalquote ist stark zurückgegangen. Ich habe Ihnen extra die aktuelle Bilanz mitgebracht. Sehen Sie doch selbst. Wir müssen unbedingt erst unser Eigenkapital erhöhen. Außerdem ist unsere Anlagenintensität sowieso schon viel zu hoch.

Pesch: Das muss ich mir erst in Ruhe anschauen.

Meier: Also gut, dann setzen wir uns in zwei Tagen noch einmal zusammen.

Bilanz der Meier Maschinenfabrik GmbH, 31.12.20..

Aktiva		Passiva	
I. Anlagevermögen		**I. Eigenkapital**	2 425 000,00 €
1. Bebaute Grundstücke	600 000,00 €	**II. Fremdkapital**	
2. Gebäude	570 000,00 €	1. Darlehen	2 500 000,00 €
3. Maschinen	1 200 000,00 €	2. kurzfr. Verbindlichkeiten	
4. Fuhrpark	50 000,00 €	(Banken)	1 000 000,00 €
5. BGA	400 000,00 €	3. Verbindlichkeiten	
II. Umlaufvermögen		(Lieferanten)	1 000 000,00 €
1. Rohstoffe	400 000,00 €		
2. Hilfsstoffe	40 000,00 €		
3. Betriebsstoffe	10 000,00 €		
4. Unfert. Erzeugnisse	900 000,00 €		
5. Fertige Erzeugnisse	1 100 000,00 €		
6. Forderungen	1 400 000,00 €		
7. Bank/Postgiro	250 000,00 €		
8. Kasse	5 000,00 €		
	6 925 000,00 €		6 925 000,00 €

Einem Protokoll einer internen Sitzung der Geschäftsleitung mit dem Betriebsrat entnehmen Sie nachfolgende Informationen zur Abschlussbilanz des Vorjahres:

Kennzahlen Vorjahr		
Anlagenintensität	38 %	
Arbeitsintensität	62 %	
Eigenkapitalquote	40 %	
Fremdkapitalquote	60 %	Notiz:
Verschuldungsgrad	150 %	*Die Anlagenintensität bei vergleichbaren Unternehmen in Deutschland lag im Vorjahr bei 45 %*
Anlagendeckungsgrad I	1,1	*und die Eigenkapitalquote bei 30 %.*
Anlagendeckungsgrad II	1,8	
Liquidität 1. Grades	2 %	
Liquidität 2. Grades	70 %	
Liquidität 3. Grades	186 %	

Gehen Sie davon aus, dass die Anlagenintensität und die Eigenkapitalquote bei vergleichbaren Unternehmen der Branche im aktuellen Jahr nahezu konstant geblieben sind.

1. Teilen Sie für die Bearbeitung der Handlungssituation die Klasse in zwei Gruppen ein.

Gruppe 1 (Herr Meier)	Gruppe 2 (Herr Pesch)
Ermitteln Sie die wichtigsten betriebswirtschaftlichen Kennzahlen für das Unternehmen und vergleichen Sie diese mit den Zahlen des vorangegangenen Jahres und den Vergleichszahlen der Branche.	Ermitteln Sie die wichtigsten betriebswirtschaftlichen Kennzahlen für das Unternehmen und vergleichen Sie diese mit den Zahlen des vorangegangenen Jahres und den Vergleichszahlen der Branche.
Bereiten Sie die Kennzahlen, die für Ihre Argumentation besonders wichtig sind, für das anschließende Gespräch grafisch auf.	Bereiten Sie die Kennzahlen, die für Ihre Argumentation besonders wichtig sind, für das anschließende Gespräch grafisch auf.
Welche Argumente kann **Herr Meier** aufgrund der Bilanz von diesem Jahr gegen den Bau einer Cafeteria anführen?	Welche Argumente kann **Herr Pesch** aufgrund der Bilanz von diesem Jahr für den Bau einer Cafeteria anführen?

2. Führen Sie ein Rollenspiel durch, bei dem sich die beiden Kontrahenten erneut über den Bau der Cafeteria unterhalten.
Beobachtungsauftrag: Notieren Sie alle Argumente, die von Herrn Meier und Herrn Pesch im Gespräch angeführt werden.

3. Welche Argumente können Sie noch ergänzen?

13 Informationen zur Handlungssituation

13.1 Betriebswirtschaftliche Kennzahlen

Aufgrund der Daten, die aus der Bilanz und der Gewinn- und Verlustrechnung entnommen werden können, werden betriebswirtschaftliche Kennzahlen gebildet. Mithilfe der Kennzahlen wird versucht, in einfacher, leicht lesbarer und nachvollziehbarer Form wirtschaftliche Entwicklungen und Zusammenhänge in einem Unternehmen darzustellen und transparent zu machen.

Betrachtet man die Kennzahlen nur von einem Jahr und nur für ein einzelnes Unternehmen, ist die Aussagekraft nicht sehr hoch. Vielmehr ist es sinnvoll, die Kennzahlen mit den Kennzahlen vorangegangener Betrachtungszeiträume (= **Periodenvergleich**) oder mit den Kennzahlen ähnlicher Unternehmen (= **Betriebsvergleich**) zu vergleichen. Werden die Kennzahlen den Soll-Werten, die sich bei der Aufstellung von Planbilanzen ergeben haben, gegenübergestellt, spricht man von einem **Soll-Ist-Vergleich**.

13.1.1 Produktivität

Die Produktivität ist eine **Messgröße für die Ergiebigkeit der in der Produktion eingesetzten Produktionsfaktoren**. Sie wird gebildet, indem man die mengenmäßige Ausbringungsmenge auf den mengenmäßigen Einsatz an Produktionsfaktoren bezieht.

$$Produktivität = \frac{mengenmäßige\ Ausbringungsmenge}{mengenmäßigen\ Einsatz\ der\ Produktionsfaktoren} = \frac{Output}{Input}$$

$$Arbeitsproduktivität = \frac{mengenmäßige\ Ausbringungsmenge}{Arbeitsstunden}$$

Ein Absinken der Produktivität ist für den Betrieb ein Warnsignal und Anlass, nach den Gründen zu suchen.

13.1.2 Wirtschaftlichkeit

Um den Betriebsablauf genauer analysieren zu können, wird die Produktivitätsbetrachtung durch die Untersuchung der Wirtschaftlichkeit ergänzt. Bei der Berechnung der Wirtschaftlichkeit handelt es sich um eine **Erweiterung der Produktivität um den Faktor Geld**. Zur Berechnung der Wirtschaftlichkeit werden die wertmäßigen Leistungen auf den Wert der eingesetzten Produktionsfaktoren bezogen.

$$Wirtschaftlichkeit = \frac{Leistungen}{Kosten}$$

13.1.3 Rentabilität

Ziel privatwirtschaftlicher Unternehmen ist die Erzielung von Gewinnen. Nur so können die Zinsen für das aufgenommene Fremdkapital und eine Vergütung an den Eigenkapitalgeber für das zur Verfügung gestellte Eigenkapital gezahlt werden. Zur Beurteilung, ob ein Unternehmen erfolgreich am Markt tätig war, reicht es aber nicht aus, den Gewinn als absolute Größe zu betrachten. Ein Gewinn von 100 000,00 € kann für ein mittelständisches Unternehmen sehr gut sein, während es für einen großen Konzern ein schlechtes Ergebnis darstellen würde. Es ist daher wichtig, den Gewinn in Bezug zum eingesetzten Kapital zu setzen.

$$Eigenkapitalrentabilität = \frac{Gewinn \cdot 100}{Eigenkapital}$$

Die Eigenkapitalrentabilität gibt an, wie sich das in der Unternehmung eingesetzte Eigenkapital verzinst. Zum Ausgleich des unternehmerischen Risikos sollte die Eigenkapitalrentabilität über dem durchschnittlichen Zinssatz für langfristig angelegtes Kapital liegen.

$$Gesamtkapitalrentabilität = \frac{(Gewinn + Fremdkapitalzinsen) \cdot 100}{Eigenkapital + Fremdkapital}$$

Die Gesamtkapitalrentabilität zeigt, wie sich das in der Unternehmung eingesetzte Kapital verzinst. Übersteigt die Gesamtkapitalrentabilität den Fremdkapitalzins, so bringt das in dem Unternehmen eingesetzte Fremdkapital Gewinn.

13.2 Bilanzanalyse

Die **Bilanz** ist eine kurz gefasste Darstellung des **Vermögens und** der **Schulden** eines Unternehmens in **Kontenform**.
Jeder Kaufmann muss zum Schluss seines Geschäftsjahres eine Bilanz (ital. Bilancia = Waage) aufstellen. In der Bilanz werden das Vermögen und die Schulden des Unternehmens einander gegenübergestellt. Die Vermögensseite wird **Aktiva**, die Schuldenseite **Passiva** genannt. Da für jeden Vermögensgegenstand irgendwann einmal Mittel zur Beschaffung bereitgestellt wurden, sind Aktiva und Passiva immer ausgeglichen, d. h. beide Bilanzseiten sind gleich groß.

Aufgabe der Bilanzanalyse ist es, Informationen über die Investitionen, ihre Finanzierung sowie die Liquidität der Unternehmung zu gewinnen und entsprechend aufzubereiten. Anschließend muss eine kritische Beurteilung des Zahlenmaterials erfolgen.

Die Informationen der Bilanzanalyse sind für die Steuerung eines Unternehmens wichtig. Große Unternehmen haben oft eine eigene Abteilung, um alle Kennzahlen entsprechend aufzubereiten und zu verfolgen. Die Bilanz muss aber auch für externe Interessenten, wie z. B. das Finanzamt, zur Verfügung stehen. Auch Kreditinstitute verlangen von ihren Geschäftskunden i. d. R. die Einreichung einer Bilanz, bevor sie einen Kredit gewähren. Die Erstellung der Bilanz unterliegt daher engen Handlungsspielräumen, die im Handelsgesetzbuch (HGB) geregelt werden.

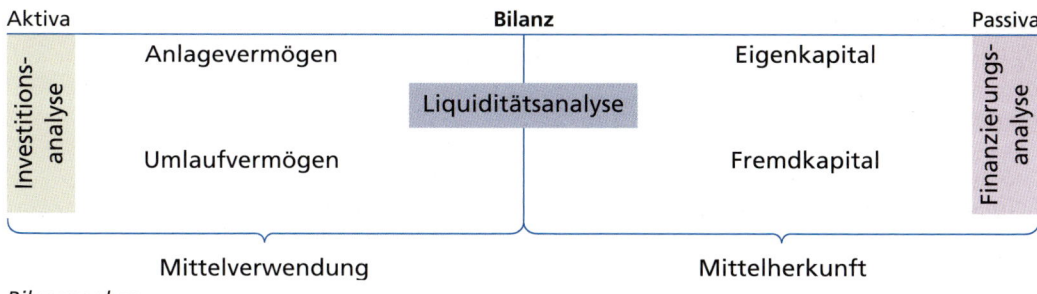

Bilanzanalyse

13.2.1 Investitionsanalyse

> *Investition* umfasst die ***Verwendung*** *der durch die Finanzierung* ***beschafften Mittel.***

Bei der Investitionsanalyse geht es um die Frage, wohin das Kapital investiert worden ist, d.h. welche Vermögensstruktur wir vorfinden. Diese Informationen können der Aktivseite der Bilanz entnommen werden.

Aktiva	Bilanz	Passiva
Anlagevermögen — Grundstücke und Bauten — Maschinen — Betriebs- u. Geschäftsausstattung	**Eigenkapital**	
Umlaufvermögen — Roh-, Hilfs- und Betriebsstoffe — unfertige Erzeugnisse — fertige Erzeugnisse — Forderungen aus Lieferungen u. Leistungen — Wertpapiere — Bankguthaben — Schecks — Kasse	**Fremdkapital**	

Investitionsanalyse

Eine Investition in das Anlagevermögen bedeutet grundsätzlich eine langfristige Kapitalbindung. Soweit es sich um nicht abnutzbares Anlagevermögen handelt, fließen die eingesetzten Mittel nur über die Abschreibungen in das Unternehmen zurück.
Die Kennzahlen **Anlageintensität** bzw. **Arbeitsintensität** geben Auskunft darüber, wie hoch der Anteil des Anlagevermögens bzw. des Umlaufvermögens am Gesamtvermögen der Unternehmung ist.

$$Anlagenintensität = \frac{Anlagevermögen \cdot 100}{Gesamtvermögen}$$

$$Arbeitsintensität = \frac{Umlaufvermögen \cdot 100}{Gesamtvermögen}$$

Folgendes sollte bei der **Interpretation** der Kennzahlen beachtet werden:
- Da beispielsweise ein Industriebetrieb eine höhere Anlageintensität hat als ein Handelsbetrieb, müssen die ermittelten Kennzahlen mit den Werten von anderen Unternehmen der gleichen Branche verglichen werden.
- Das Anlagevermögen verursacht fixe Kosten, wie z.B. Abschreibungen oder Kosten für die Instandsetzung. Fixe Kosten fallen unabhängig von der Beschäftigungs- und Absatzlage, also auch in Krisenzeiten, an. Je niedriger das Anlagevermögen, desto niedriger sind die fixen Kosten und desto höher ist die Anpassungsfähigkeit des Unternehmens an sich verändernde Marktverhältnisse.
- Eine vergleichsweise geringe Anlagenintensität könnte aber auch darauf beruhen, dass Grundstücke gemietet bzw. andere Gegenstände des Sachanlagevermögens in größerem Umfang geleast wurden.
- Eine vergleichsweise hohe Arbeitsintensität kann auf Lagerrisiken (überhöhte Rohstoffbestände), Absatzrisiken (überhöhte Bestände an Fertigerzeugnissen) oder Ausfallrisiken (überhöhte Außenstände) hinweisen.

13.2.2 Finanzierungsanalyse

Finanzierung umfasst die **Herkunft** der für die Investition **notwendigen Mittel**.

Bei der Beurteilung der Kapitalausstattung eines Unternehmens geht es vor allem um die Frage, ob das Unternehmen überwiegend mit eigenem oder mit fremdem Kapital arbeitet.

Die Informationen über die Kapitalherkunft findet man auf der Passivseite der Bilanz.

Aktiva	Bilanz	Passiva
Anlagevermögen Umlaufvermögen	Eigenkapital Fremdkapital — langfristiges Fremdkapital (z.B. Hypothekenschulden) — mittelfristiges Fremdkapital (z.B. Kredit) — kurzfristiges Fremdkapital (z.B. Verbindlichkeiten aus Lieferungen und Leistungen)	

Finanzierungsanalyse

Je höher der Anteil des Eigenkapitals am Gesamtkapital, desto krisensicherer ist ein Unternehmen (Haftungs- und Schutzfunktion des Eigenkapitals).

Der Eigenkapitalanteil drückt darüber hinaus auch den Grad der Unabhängigkeit gegenüber den Gläubigern des Unternehmens aus. Ein hoher Fremdkapitalanteil bedeutet eine erhebliche Einengung der Selbstständigkeit des Unternehmens, da mit jeder weiteren Fremdkapitalaufnahme stets ein Nachweis für die Verwendung der Mittel und eine Kontrolle durch die Gläubiger verbunden ist. Je höher der Anteil des Fremdkapitals, desto mehr Mitsprachemöglichkeiten werden die Gläubiger verlangen. Zusätzlich besteht die Gefahr, dass das Fremdkapital kurzfristig zurückgefordert wird.

Während Eigenkapital im Allgemeinen langfristig bereitsteht, wird bei dem Fremdkapital zwischen lang-, mittel- und kurzfristigem Fremdkapital unterschieden. Aufgrund der Verpflichtung zur Zins- bzw. Rückzahlung erfordert das Fremdkapital eine besondere Aufmerksamkeit. Es muss grundsätzlich sichergestellt sein, dass ausreichend liquide Mittel im Fälligkeitszeitpunkt vorhanden sind. Schließlich ist zu bedenken, dass Fremdkapitalzinsen auch Kosten darstellen und auch bei rückläufiger Beschäftigung weiter anfallen.
Die wichtigsten Kennzahlen der Finanzierungsanalyse sind:

$$Eigenkapitalquote = \frac{Eigenkapital \cdot 100}{Gesamtkapital}$$

$$Fremdkapitalquote = \frac{Fremdkapital \cdot 100}{Gesamtkapital}$$

$$Verschuldungsgrad = \frac{Fremdkapital \cdot 100}{Eigenkapital}$$

Es gibt keine allgemeingültige Regel, in welchem Verhältnis das Eigen- zum Fremdkapital stehen sollte. Die Zahlen gewinnen nur im Branchenvergleich bzw. im Zeitvergleich an Aussagekraft.

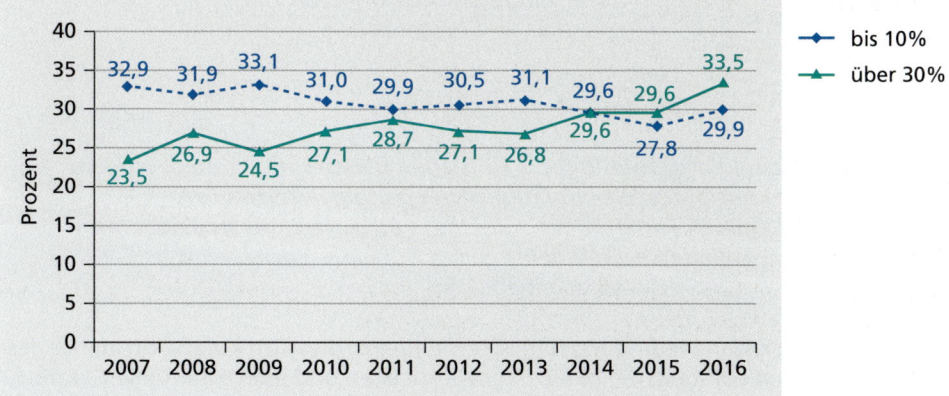

Eigenkapitalausstattung des Mittelstandes in Deutschland (Herbst 2016) im Verhältnis zur Bilanzsumme

Quelle: Bretz, Michael: Wirtschafslage und Finanzierung im Mittelstand Herbst 2016, Neuss, Verband der Vereine Creditreform e.V., 2016, Seite 21

13.2.3 Liquiditätsanalyse

> Unter **Liquidität** versteht man die Fähigkeit eines Unternehmens, **in angemessener Frist seine Zahlungsverpflichtung erfüllen zu können.**

Die Liquiditätsanalyse hat die Aufgabe, festzustellen, ob ein Unternehmen liquide (zahlungsfähig) ist. Bei der Liquiditätsanalyse werden aufgrund der Bestände der Bilanz die Beziehungen zwischen der Aktiv- und der Passivseite untersucht. Ein Unternehmen ist dann liquide, wenn für alle auf der Passivseite fällig werdenden Zahlungsverpflichtungen auf der Aktivseite ausreichende Mittel zur Verfügung stehen.

Um dies zu gewährleisten, sollte ein Unternehmen Kapital nicht über einen längeren Zeitraum investieren, als es dem Unternehmen zur Verfügung steht **(Grundsatz der Fristenkongruenz)**. Beispielsweise sollte der Kauf einer Maschine mit einer Nutzungsdauer von drei Jahren daher nicht durch die Überziehung des Kontokorrentkontos erfolgen.

Nach der **Goldenen Bilanzregel im engeren Sinne** sollte das Anlagevermögen durch Eigenkapital finanziert werden. Die **Goldene Bilanzregel im weiteren Sinne** verlangt, dass die Finanzierung durch langfristig zur Verfügung stehendes Kapital, also durch Eigenkapital und langfristiges Fremdkapital erfolgen kann.

$$Anlagendeckungsgrad\ I = \frac{Eigenkapital}{Anlagevermögen}$$

$$Anlagendeckungsgrad\ II = \frac{Eigenkapital + langfristiges\ Fremdkapital}{Anlagevermögen}$$

Der Anlagendeckungsgrad II sollte immer größer als 1 sein.

Eine besondere Gefahr für die Liquidität eines Unternehmens geht von dem kurzfristigen Fremdkapital aus. Es muss unbedingt sichergestellt sein, dass das Unternehmen das kurzfristige Fremdkapital fristgerecht zurückzahlen kann. Nach der **Banker's Rule** sollten deshalb Umlaufvermögen und kurzfristiges Fremdkapital im Verhältnis 2 : 1 zueinander stehen.

$$Liquidität\ 1.\ Grades = \frac{flüssige\ Mittel \cdot 100}{kurzfristige\ Verbindlichkeiten}$$

$$Liquidität\ 2.\ Grades = \frac{(flüssige\ Mittel + kurzfr.\ Forderungen) \cdot 100}{kurzfristige\ Verbindlichkeiten}$$

$$Liquidität\ 3.\ Grades = \frac{Umlaufvermögen \cdot 100}{kurzfristige\ Verbindlichkeiten}$$

flüssige Mittel = Kasse, Postgiroguthaben, Guthaben bei Kreditinstituten, Schecks, diskontfähige Wechsel und börsengängige Wertpapiere
kurzfristige Forderungen = Forderungen mit einer Restlaufzeit bis zu einem Jahr
kurzfristige Verbindlichkeiten = Verbindlichkeiten mit einer Restlaufzeit bis zu einem Jahr

Die Liquidität ist eine Existenzbedingung des Unternehmens, die auch kurzfristig immer gesichert sein muss, um eine Zahlungsfähigkeit zu gewährleisten und eine eventuelle Gefahr für den Fortbestand des Unternehmens durch eine Zahlungsunfähigkeit zu verhindern.

Vertiefungsaufgaben zur Handlungssituation 13

1. Welche Aussage ist richtig?
   Unter Produktivität versteht man
   a) das Verhältnis zwischen den erbrachten Leistungen und den dabei entstandenen Kosten.
   b) eine Kennziffer, die den Gewinn auf die Herstellkosten bezieht.
   c) das prozentuale Verhältnis der tatsächlich produzierten Menge zur maximalen Kapazität eines Betriebes.
   d) das Verhältnis von mengenmäßiger Ausbringung zum mengenmäßigen Einsatz von Produktionsfaktoren.

2. Ein Unternehmen beschäftigt 300 Arbeitskräfte und stellt im Jahr 200 000 Stück eines Produktes her, das zum Preis von 100,00 € pro Stück verkauft wird. Die jährlichen Gesamtkosten betragen 10 000 000,00 €.
   a) Berechnen Sie die Produktivität einer Arbeitskraft pro Jahr.
   b) Berechnen Sie die Wirtschaftlichkeit des Unternehmens.

3. Nehmen Sie Stellung zu folgender Aussage: „Ein Fertigungsverfahren, das eine höhere Produktivität hat, muss deshalb nicht unbedingt auch wirtschaftlicher sein."

4. Herr Siebort hat sich im vergangenen Jahr selbstständig gemacht. Dabei hat er 50 000,00 € in sein Unternehmen eingebracht. Nach Ablauf des ersten Jahres hat er einen Reingewinn von 10 000,00 €. Berechnen Sie die Eigenkapitalrentabilität.

5. Berechnen Sie für unten stehende Bilanz die folgenden Kennzahlen: Anlagenintensität, Arbeitsintensität, Eigenkapitalquote, Fremdkapitalquote, Verschuldungsgrad, Anlagendeckungsgrad I und II, Liquidität 1., 2. und 3. Grades.

Aktiva		Bilanz	Passiva
A. Anlagevermögen	700 000,00	A. Eigenkapital	820 000,00
B. Umlaufvermögen		B. Fremdkapital	
Vorräte	950 000,00	langfristiges FK	930 000,00
Forderungen	240 000,00	kurzfristiges FK	350 000,00
flüssige Mittel	210 000,00		
	2 100 000,00		2 100 000,00

6. Nehmen Sie Stellung zu der Aussage, dass die Bilanz nur einen relativ groben Überblick über die Zahlungsfähigkeit eines Unternehmens gibt.

Themen
- Investitionsbegriff
- Investitionsarten
- Verfahren der statischen Investitionsrechnung

Mögliche Verknüpfungen zu anderen Themengebieten/Fächern
- Deutsch/Kommunikation: Argumentationstechniken
- Tabellenkalkulation: Durchführung der statischen Investitionsrechnung mithilfe einer Tabellenkalkulation

Die Gellhus Dreherei GmbH möchte eine neue CNC-Maschine anschaffen, da die bisher verwendete Maschine veraltet ist und sehr häufig ausfällt und repariert werden muss. Nach der Sichtung der Angebote der verschiedenen Hersteller sind zwei Angebote übrig geblieben, zwischen denen jetzt eine Auswahl getroffen werden muss. Zur Entscheidungsfindung sitzen der Geschäftsführer, Herr Becker, die Abteilungsleiterin der Finanzabteilung, Frau Hasselschmidt, und der Abteilungsleiter der Fertigung, Herr Kawinski, zusammen.

Folgendes Datenmaterial zu den beiden Maschinen steht zur Verfügung:

Kosten	Einheit	Typ A	Typ B
1. Anschaffungskosten (A)	€	130 000,00	150 000,00
2. Geplante Nutzungsdauer (J)	Jahre	10	10
3. Maximale Leistungseinheiten pro Jahr (LE)	Stück	36 000	40 000
4. Fixe Kosten (Kf)			
— Wartung alle 2 Jahre	€	4 000,00	
— Generalüberholung nach 5 Jahren	€		10 000,00
5. Variable Kosten (Kv)			
— Material pro Stück	€	0,50	0,50
— Löhne pro Stück	€	0,70	0,65
— Energie pro Stück	€	0,08	0,06
— Sonstige variable Kosten	€	0,06	0,07
6. Erlöse pro Stück (E/LE)	€	2,78	2,95
7. Restwert nach der Nutzungsdauer (RW)	€	10 000,00	12 000,00

Das durchschnittlich gebundene Kapital soll mit 10 % verzinst werden.

Da die potenziellen Lieferer beide schon CNC-Maschinen an die Gellhus Dreherei GmbH geliefert haben, mit denen es bisher keine größeren Probleme gegeben hat, soll die Entscheidung zwischen den beiden Alternativen nur nach kostenrechnerischen Kriterien erfolgen. Qualitative Unterschiede bei den Lieferanten müssen nicht berücksichtigt werden.

Die Abteilungsleiterin des Vertriebs, Frau Sichel, rechnet in Zukunft mit wachsenden Absatzzahlen. Sie hat folgende Tabelle für die Sitzung zur Verfügung gestellt.

Erwartete Absatzzahlen für die Nutzungsdauer									
1. Jahr	2. Jahr	3. Jahr	4. Jahr	5. Jahr	6. Jahr	7. Jahr	8. Jahr	9. Jahr	10. Jahr
21 000	24 000	25 000	28 000	31 000	33 000	34 000	35 000	36 000	40 000

 **1.** Welche Investitionsart liegt hier vor?

2. Berechnen Sie die durchschnittliche Absatzzahl für die beiden Maschinen. Anmerkung: Berücksichtigen Sie dabei die unterschiedlichen maximalen Produktionskapazitäten der Maschinen.

3. Informieren Sie sich anhand des Informationstextes über die Verfahren der statischen Investitionsrechnung.

4. Führen Sie folgende Rechnungen durch:
- eine Kostenvergleichsrechnung,
- eine Gewinnvergleichsrechnung,
- eine Rentabilitätsrechnung und
- eine Amortisationsrechnung.

Geben Sie bei jedem Verfahren an, für welche CNC-Maschine Sie sich entscheiden würden.

5. Frau Hasselschmidt favorisiert die CNC-Maschine A. Herr Kawinski hingegen ist für Maschine B. Mithilfe von welcher bzw. welchen statischen Investitionsverfahren werden sie versuchen, Herrn Becker zu überzeugen?

6. Teilen Sie die Klasse in zwei Gruppen. Versetzen Sie sich in einen der beiden Kontrahenten und sammeln Sie Argumente für die Wahl ihrer CNC-Maschine und gegen die jeweils andere Alternative. Gehen Sie dabei kritisch auf die verwendeten Verfahren der Investitionsrechnung ein.
Führen Sie ein Rollenspiel in Ihrer Klasse durch, wie das Treffen von Herrn Becker, Frau Hasselschmidt und Herrn Kawinski verlaufen könnte. Beobachtungsauftrag: Halten Sie die während der Diskussion angeführten Argumente schriftlich fest.

14 Informationen zur Handlungssituation

14.1 Investitionsbegriff

In der Handlungssituation 13, „Nichts als Zahlen – oder?" haben wir bereits folgenden Investitionsbegriff kennengelernt:

> *Investition umfasst die **Verwendung** der durch die Finanzierung **beschafften Mittel**.*

Die Investitionen lassen sich grundsätzlich in die folgenden Investitionsarten einteilen:

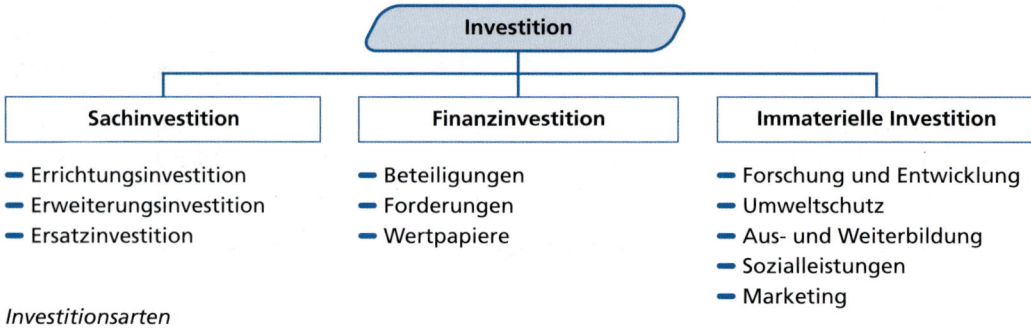

Investition		
Sachinvestition	**Finanzinvestition**	**Immaterielle Investition**
– Errichtungsinvestition – Erweiterungsinvestition – Ersatzinvestition	– Beteiligungen – Forderungen – Wertpapiere	– Forschung und Entwicklung – Umweltschutz – Aus- und Weiterbildung – Sozialleistungen – Marketing

Investitionsarten

Investitionen sind in der Regel sehr teuer, sodass die Entscheidung für oder gegen eine Investition bzw. die Auswahl zwischen verschiedenen Alternativen sehr sorgfältig getroffen werden muss. Das nachfolgende Schaubild zeigt einen typischen Ablauf von der Investitionsanregung bis zur Realisierung und Kontrolle der Investition.

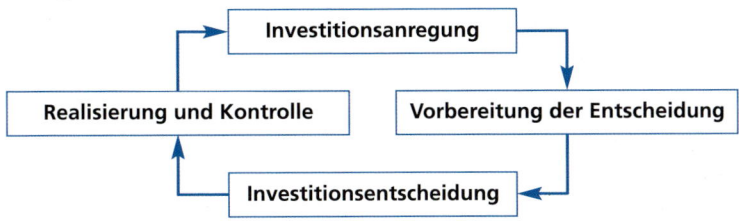

Grundlagen des Investitionsprozesses

14.2 Investitionsrechnung

Die Investitionsrechnung ist ein Verfahren zur Bewertung einzelner Investitionsobjekte oder Investitionsprogramme. Sie dient als wichtigste Hilfestellung bei der Investitionsentscheidung. Es wird zwischen statischen und dynamischen Verfahren unterschieden.

> *Statische Investitionsrechenverfahren* *berücksichtigen zeitliche Unterschiede im Auftreten von Einnahmen und Ausgaben einer Investition nicht oder nur unvollkommen in einer* ***Durchschnittsrechnung****.*
> *Dynamische Investitionsrechenverfahren* *berücksichtigen den zeitlichen Ablauf der Einnahmen und Ausgaben durch die ausdrückliche Verwendung der* ***Zinseszinsrechnung****.*

In der Praxis wird aus Gründen der Einfachheit oft nur mit statischen Investitionsverfahren gerechnet, sodass diese im Weiteren auch nur behandelt werden.
Zur Verdeutlichung der verschiedenen Verfahren der statischen Investitionsrechnung sowie deren Vor- und Nachteile dient das folgende Beispiel.

Ein Industriebetrieb möchte eine neue Stanzmaschine kaufen. Es liegen zwei Angebote vor. Den Entscheidungsträgern steht folgendes Datenmaterial zur Verfügung.

Kosten	Einheit	Typ A	Typ B
1. Anschaffungskosten (A)	€	45 000,00	50 000,00
2. geplante Nutzungsdauer (J)	Jahre	10	10
3. maximale Leistungseinheiten pro Jahr (LE)	Stück	34 000	33 000
4. fixe Kosten (Kf)			
— Wartungskosten pro Jahr	€	3 000,00	3 500,00
5. variable Kosten (Kv)			
— Material pro Stück	€	0,31	0,29
— Löhne pro Stück	€	0,82	0,78
— Sonstige pro Stück	€	0,20	0,20
6. Erlös (E) pro Stück	€	2,05	1,98
7. Restwert nach der Nutzungsdauer (RW)	€	1 000,00	1 200,00
8. erwartete durchschnittliche Absatzzahlen pro Jahr (AZ)	Stück	32 000	

Das durchschnittlich gebundene Kapital soll mit 10 % verzinst werden ($\Rightarrow$ i = 10 %).

BEISPIEL

BEISPIEL

14.2.1 Kostenvergleichsrechnung

Bei der Kostenvergleichsrechnung werden die Kosten verschiedener Investitionsalternativen miteinander verglichen. Dabei kann man entweder die Gesamtkosten je Zeitabschnitt oder die Stückkosten je Leistungseinheit miteinander vergleichen. Ausgewählt wird dann die Alternative mit den geringeren Gesamtkosten bzw. Stückkosten.

Weiterführung des Beispiels: Auswahl einer Investitionsalternative mithilfe der Kostenvergleichsrechnung

Kosten	Einheit	Typ A	Typ B
1. durchschnittliche fixe Kosten p. Periode (K_f)			
— Abschreibungen (AfA = (A – RW)/J)	€	4 400,00	4 880,00
— Zinsen (Z = ((A – RW)/2 + RW) · i)	€	2 300,00	2 560,00
— Sonstige K_f	€	3 000,00	3 500,00
2. durchschnittliche Absatzzahl (AZ)	Stück	32 000	32 000
3. durchschnittliche variable Kosten p. Periode (K_v)			
— Material	€	9 920,00	9 280,00
— Löhne	€	26 240,00	24 960,00
— Sonstige	€	6 400,00	6 400,00
4. durchschnittliche Kosten (K) pro Periode (K_f + K_v)	€	52 260,00	51 580,00
5. durchschnittliche Kosten pro Stück (K/AZ)	€	1,63	1,61

Ergebnis: Die Stanzmaschine B verursacht sowohl niedrigere Gesamtkosten als auch niedrigere Stückkosten. Stanzmaschine B wird gekauft.

Anmerkungen:
- Es wird die lineare Abschreibungsmethode angewandt. (Siehe auch Handlungssituation 12, „Die Meier-Drucker OHG erhält eine Kosten- und Leistungsrechnung".)
- Bei der Berechnung der Zinsen (Z) auf das gebundene Kapital wird unterstellt, dass das Kapital kontinuierlich durch die Umsatzerlöse freigesetzt wird.

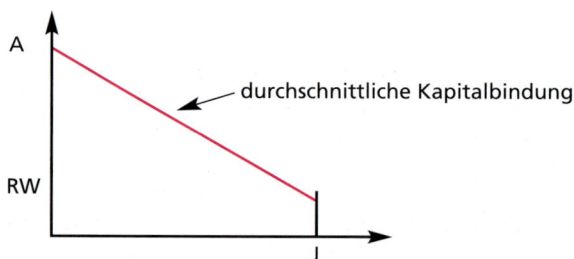

Daher gilt:

$$\text{durchschnittliche Kapitalbindung} = \frac{\text{Anschaffungswert} - \text{Restwert}}{2} + \text{Restwert}$$

- Sind die Absatzzahlen bei den Investitionsalternativen unterschiedlich, müssen die Stückkosten miteinander verglichen werden, um die Vorteilhaftigkeit zu bestimmen.

Bei der Kostenvergleichsrechnung werden bei der Entscheidung zwischen den Investitionsalternativen nur die Kosten betrachtet. Wichtig ist aber auch, welche Leistungen mit den Investitionsobjekten erwirtschaftet werden können.

14.2.2 Gewinnvergleichsrechnung

Die Gewinnvergleichsrechnung erweitert die Kostenvergleichsrechnung um die Erlöskomponente.

Gewinn = Erlös – Kosten

Die Wahl für eine Investition wird aufgrund des Gesamtgewinns bzw. des Gewinns pro Stück getroffen.

Weiterführung des Beispiels: Auswahl einer Investitionsalternative mithilfe der Gewinnvergleichsrechnung

Kosten	Einheit	Typ A	Typ B
1. durchschnittliche Erlöse pro Periode (E · AZ)	€	65 600,00	63 360,00
2. durchschnittliche Kosten pro Periode	€	52 260,00	51 580,00
3. durchschnittlicher Gewinn (G) pro Periode (1. – 2.)	€	13 340,00	11 780,00
4. durchschnittliche Erlöse pro Stück	€	2,05	1,98
5. durchschnittliche Kosten pro Stück	€	1,63	1,61
6. durchschnittlicher Gewinn pro Stück (4. – 5.)	€	0,42	0,37

Ergebnis: Die Stanzmaschine A erwirtschaftet sowohl einen höheren Gesamtgewinn als auch einen höheren Stückgewinn. Stanzmaschine A wird angeschafft.

Gewinnschwellenanalyse (Break-even-Analyse)
Welche Stückzahl muss mindestens abgesetzt werden, um einen Gewinn zu erwirtschaften?

Typ A	Typ B
Gewinn = Erlöse pro Stück · Absatzmenge – (fixe Kosten + variable Kosten · Absatzmenge) = 0	
$2,05 \, x - (9\,700 + 1,33 \cdot x) = 0$	$1,98 \, x - (10\,940 + 1,27 \cdot x) = 0$
$\Rightarrow 0,72 \, x = 9\,700$	$\Rightarrow 0,71 \, x = 10\,940$
$\Rightarrow x = 13\,472,2$	$\Rightarrow x = 15\,408,5$
$\Rightarrow$ Es müssen mindestens 13 473 Stück abgesetzt werden.	$\Rightarrow$ Es müssen mindestens 15 409 Stück abgesetzt werden.

Die Gewinnvergleichsrechnung kann auch dann angewandt werden, wenn die Vorteilhaftigkeit von nur einer Investitionsmöglichkeit beurteilt werden soll. Es gilt: Eine Investitionsalternative ist dann vorteilhaft, wenn der Gewinn größer als Null ist.

Bei der Gewinnvergleichsrechnung wird der unterschiedliche Kapitaleinsatz bei der Investition nicht ausreichend berücksichtigt. Weichen die Kapitalkosten der Investitionsalternativen deutlich voneinander ab, ist es sinnvoll, statt der Gewinnvergleichsrechnung die Rentabilitätsrechnung anzuwenden.

14.2.3 Rentabilitätsrechnung

Entscheidungsgröße bei der Rentabilitätsrechnung ist die durchschnittliche Periodenrentabilität. Gewählt wird die Alternative mit der höchsten Periodenrentabilität.

BEISPIEL

Weiterführung des Beispiels: Auswahl einer Investitionsalternative mithilfe der Rentabilitäts-rechnung

Kosten	Einheit	Typ A	Typ B
1. durchschnittlicher Gewinn pro Periode + durchschnittliche Zinsen pro Periode (G + Z)	€	15 640,00	14 340,00
2. durchschnittlicher Kapitaleinsatz ((A – RW)/2 + RW)	€	23 000,00	25 600,00
3. durchschnittliche Rentabilität (1. / 2. · 100)	%	68,00	56,02

Ergebnis: Die durchschnittliche Rentabilität von Stanzmaschine A ist höher. Die Entscheidung sollte daher zugunsten dieser Stanzmaschine ausfallen.

Soll nur die Vorteilhaftigkeit einer Investition geprüft werden, gilt, dass die Investition dann sinnvoll ist, wenn die Rentabilität über einer von der Unternehmensleitung vorgegebenen Mindestrendite liegt.

14.2.4 Amortisationsrechnung

Ein weiteres wichtiges Verfahren der statischen Investitionsrechnung ist die Amortisations-rechnung. Entscheidungsgröße ist die Amortisationszeit, d. h. der Zeitraum, in dem es möglich ist, die Anschaffungskosten wiederzugewinnen und die laufenden Kosten zu decken. Ausge-wählt wird dann die Alternative mit der kürzeren Amortisationszeit.
Die Amortisationszeit wird oft zur Berechnung des Risikos verwendet. Je kürzer die Amorti-sationszeit, desto geringer ist das Risiko. Das ist vor allem bei Produkten, die schnell veralten, wie z. B. Software, wichtig. So sollte ein Update erst dann auf den Markt gebracht werden, wenn sich die vorherige Version amortisiert hat.

BEISPIEL

Weiterführung des Beispiels: Auswahl einer Investitionsalternative mithilfe der Amortisati-onsrechnung

Kosten	Einheit	Typ A	Typ B
1. ursprünglicher Kapitaleinsatz (A)	€	45 000,00	50 000,00
2. jährliche Wiedergewinnung = Gewinn pro Periode + jährliche Abschreibungen (G + AfA)	€	17 740,00	16 600,00
3. ∅ Amortisationsdauer (1. / 2.)	€	2,54	3,00

Ergebnis: Stanzmaschine A hat sich bereits nach 2,54 Jahren amortisiert. Da dies deutlich ge-ringer ist als die Nutzungsdauer von zehn Jahren und auch besser als die Amortisationszeit der Maschine B, sollte hier eine Investitionsentscheidung zugunsten der Stanzmaschine A erfolgen.

14.3 Kritik an der statischen Investitionsrechnung

Bei den hier dargestellten Verfahren handelt es sich um Verfahren der statischen Investitions-rechnung. Diese berücksichtigt den zeitlichen Ablauf der Einzahlungen und der Auszahlungen nicht, sondern rechnet lediglich mit Durchschnittswerten. Dadurch werden keine Zinseszinsen berücksichtigt. Flüssige Mittel sind jedoch umso weniger wert, je ferner der Zeitpunkt ist, an dem über sie verfügt werden kann.
Trotz dieser Mängel werden die Verfahren der statischen Investitionsrechnung in der Praxis oft verwendet. Will man zu einer exakteren Entscheidung kommen, muss man auf Verfahren der dynamischen Investitionsrechnung zurückgreifen. Diese berücksichtigen den zeitlichen Ablauf der Ein- und Auszahlungen durch die Verwendung der Zinseszinsrechnung.

Vertiefungsaufgaben zur Handlungssituation 14

1. Ermitteln Sie die Vorteilhaftigkeit zwischen den zwei Investitionsalternativen mithilfe

   a) der Kostenvergleichsrechnung,
   b) der Gewinnvergleichsrechnung,
   c) der Rentabilitätsrechnung
   und
   d) der Amortisationsrechnung (bei Vollauslastung).

	Alternative 1	Alternative 2
A	100 000,00	50 000,00
J	10	6
i	6 %	6 %
max. Leistungseinheit	20 000	10 000
K_f (ohne AfA und Z)	700	250
K_f	0,4	0,5
Erlöse	1,84	1,92
RW	10 000,00	0

   e) Stellen Sie die Kostenverläufe grafisch dar.
   f) Berechnen Sie den jeweiligen Break-even-Point der Alternativen.

2. Bei der Sinno OHG gehen im Schnitt 700 Postsendungen pro Tag ein. Die Post wird von einer Mitarbeiterin sortiert und in die einzelnen Abteilungen verteilt. Diese Teilzeitkraft arbeitet jeden Tag vier Stunden. Eine Arbeitsstunde wird mit 35,00 € kalkuliert. In der Unternehmung wird an 230 Tagen im Jahr gearbeitet. Mit Beginn des neuen Geschäfts-jahres soll ein automatisiertes Posteingangssystem installiert werden, von dem folgende Daten bekannt sind:

Leistung:	350 Sendungen/ Stunde
Personalbedarf:	1 Mitarbeiter
Anschaffungspreis:	40 000,00 €
Restwert am Ende der Nutzungszeit:	2 000,00 €
Nutzungsdauer:	5 Jahre
Jährliche Zinskosten:	2 000,00 €
Sonstige fixe Kosten:	600,00 €/Jahr

   a) Wie viel Euro betragen die jährlichen Kosten bei manueller Bearbeitung des Post-eingangs?
   b) Berechnen Sie die Höhe der jährlichen Abschreibung (bei linearer Abschreibung).
   c) Wie hoch sind die jährlichen Kosten des automatisierten Posteingangssystems?
   d) Wie viel Euro würde die jährliche Einsparung bei Einsatz des Posteingangssystems betragen?
   e) In wie vielen Jahren hat sich die Investition amortisiert?

3. Ein Fachinformatiker möchte ein Zusatzmodul für eine Anwendung zur Verwaltung von Kundeninformationen programmieren. Dabei rechnet er mit folgenden Kosten:
   Personalkosten: 50 Stunden, Stundensatz: 50,00 €
   Sachkosten: 250,00 €
   Durch dieses Modul kann der Preis der Anwendung von 450,00 € auf 455,00 € angeho-ben werden. Pro Monat werden durchschnittlich 110 Anwendungen verkauft. Wann hat sich die Investition amortisiert?

**Themen
mit Verknüpfung**
- Zukunftswerkstatt

**Mögliche Verknüpfungen zu anderen
Themengebieten/Fächern**
- Berufsbild
- Fortbildungsmöglichkeiten
- Gesellschaftliche Fragestellungen
- Textverarbeitung und Deutsch/
  Kommunikation: Präsentation

Sie stehen jetzt kurz vor Abschluss Ihrer Berufsausbildung.

1. Welche Probleme und Schwierigkeiten sehen Sie nach Abschluss der Berufsausbildung? Sammeln Sie alle Problemfelder mithilfe eines Brainstormings gemeinsam an der Tafel (Kritikphase).

2. Strukturieren Sie die genannten Problemfelder und bilden Sie Gruppen, die jeweils für ein Problemfeld eine oder mehrere fantasievolle Utopien entwerfen. Gehen Sie dabei von einem Zeitraum bis ca. 10 Jahre nach Bestehen der Abschlussprüfung aus (Fantasiephase).

3. Stellen Sie die Utopien in der Klasse vor.

4. Entwickeln Sie in Gruppen Lösungsstrategien für die Verwirklichung der Utopien (Verwirklichungsphase).

5. Präsentieren Sie die Lösungsstrategien in der Klasse und diskutieren Sie die unterschiedlichen Lösungen.

15 Informationen zur Handlungssituation

15.1 Die Methode der Zukunftswerkstatt

Die Zukunftswerkstatt ist eine Methode, um mittel- und langfristig wünschenswerte Zustände zu planen und zu erreichen. Während die Methode, die bereits 1960 entwickelt worden ist, zunächst überwiegend zur Lösung von sozialen Problemen angewandt wurde, hat sie inzwischen auch Einzug in die Unternehmen gehalten. Sie besteht aus drei Phasen:

In der **Kritikphase** wird das Problem möglichst genau beschrieben. Dabei sollen alle Gruppenmitglieder frei ihre Ängste, Befürchtungen, Erfahrungen, Einstellungen und Argumente äußern. Ergebnis der Kritikphase kann z.B. ein Beschwerdekatalog oder eine Problemlandkarte sein.

Ausgehend von einer Kritikphase werden optimistische Träume und Utopien in der **Fantasiephase** entwickelt. In dieser Phase soll das Thema positiv betrachtet und wünschenswerte Lösungen für die Probleme entwickelt werden. Eigene Wünsche, Träume und Hoffnungen sollen ohne Rücksicht auf ihre mögliche Verwirklichung geäußert werden. Ziel ist die Entwicklung von Visionen. In dieser Phase soll noch keine Kritik an den Visionen geäußert werden.
In der **Verwirklichungsphase** werden die Visionen auf ihre Möglichkeiten zur Realisierung hin überprüft. Hier setzt wieder der Realismus der Teilnehmer ein. Es soll überlegt werden, welche Ziele erreicht werden können und welche Maßnahmen dafür ggf. notwendig sind. Idealerweise endet diese Phase daher mit einem Aktionsplan.

Sachwortverzeichnis

Bildquellenverzeichnis

Adidas AG, Herzogenaurach: S. 82
akg-images GmbH, Berlin: S. 193
Bank-Verlag GmbH, Köln: S. 167.1
Bergmoser u. Höller Verlag, Aachen: S. 26, S. 51, S. 56, S. 192, S. 194.2
Björn Hänssler – bopicture/Bildungsverlag EINS, Köln: S. 10, S. 296, S. 297
BMW AG, München: S. 214
Bundesagentur für Arbeit, Nürnberg: S. 40, S. 41
Bundesministerium für Arbeit und Soziales, Berlin: S. 60
Bundesverband Deutscher Inkasso-Unternehmen (BDIU) e. V., Berlin: S. 176.1, S. 176.2
Cornelia Kurtz, Boppard/Bildungsverlag EINS, Köln: S. 142, S. 146, S. 147, S. 148
Creditreform Wirtschaftsforschung, Neuss: S. 285.2
Deutsche Gesetzliche Unfallversicherung e. V. (DGUV), Berlin: S. 119
Deutsche Post AG, Bonn: S. 74.1, S. 205.2
Deutsche Postbank AG, Bonn: S. 166.1
Deutscher Sparkassen Verlag GmbH, Stuttgart: S. 166.2
dpa Picture-Alliance GmbH, Frankfurt: S. 76. 1 (Sven Simon),
    S. 96 (dieKLEINERT.de/Niels Schröder), S. 124.2 (Dycj), S. 124.3 (Britta Pedersen),
    S. 124.4 (Britta Pedersen), S. 204 (Franz-Peter Tschauner), S. 211 (Jing ran/Imaginechina)
dpa-infografik GmbH, Hamburg: S. 13, S.14.1, S. 14.2, S. 23, S. 42, S. 43, S.46, S. 48, S. 50, S. 53, S. 55,
    S. 57, S. 58.1, S. 58.2, S. 59, S. 67, S. 68, S. 88, S. 92, S. 93, S. 149, S. 170, S. 189, S. 195, S. 196,
    S. 197, S. 203, S. 205
EURO Kartensysteme GmbH, Frankfurt a. M.: S. 167.2, S. 167.3, S. 167.4, S. 168.2
Fotolia.com: S. 31 (DeWe), S. 38 (Adam Gregor), S. 64 (Robert Mizerek),
    S. 86 (Ramona Heim), S. 99 (auremar), S. 102 (Coka), S. 106 (pressmaster),
    S. 111 (Arrow Studio), 124.1 (bsilvia), S. 140 (Pavel Losevsky), S. 152 (Roxanne McMillen),
    S. 175 (Alexander Spörr), S. 182 (Trueffelpix), S. 183 (auremar), S. 209 (ehrenberg-bilder),
    S. 212 (moodboard3), S. 219 (Arto), S. 225 (Ronald Hudson), S. 228 (Foto-Ruhrgebiet),
    S. 229 (James Steidl), S. 249 (pavelkubarkov), S. 255.1 (Martina Topf), S. 255.2 (Martina Topf),
    S. 261 (Gina Sanders), 285.1 (.shock), S. 289 (unpict), S. 289 (Werner Heiber), S. 295 (bildpix.de)
Industrie- und Handelskammer Nord Westfalen: S. 11, S. 33.1
Institut der deutschen Wirtschaft Köln Medien GmbH, Köln: S. 9, S. 33.2
MasterCard Europe SPRL, Frankfurt a. M.: S. 168.1, S. 168.3
MEV Verlag GmbH, Augsburg: S. 20, S. 21.1, S. 21.2, S. 125, S. 151.1, S. 151.2, S. 180, S. 220.1,
    S. 220.2, S. 220.3, S. 220.4, S. 220.5, S. 240, S. 273
Nadine Dilly, Oberhausen/Bildungsverlag EINS, Köln: S. 242, S. 250
PricewaterhouseCoopers, Frankfurt a. M.: S. 169
Spinner Werkzeugmaschinenfabrik, Sauerlach: S. 288
Statistisches Bundesamt, Wiesbaden: S. 15.1, S. 15.2
Visa Deutschland, Frankfurt a. M. (Copyright Visa 2017): S. 168.4
Wolfgang Berger, Filderstadt: S. 74.2

Umschlagbilder:
Fotolia.com: 1. (goodstock), 2. (goodluz), 3. (benjaminnolte), 4. (Cornerman)